高等教育“十四五”规划教材
立信精品教材

U0955071

商业银行业务与经营

（第二版）

主编　张素勤　李鹏
副主编　张靖霞　牛海霞

立信会计出版社
LIXIN ACCOUNTING PUBLISHING HOUSE

图书在版编目(CIP)数据

商业银行业务与经营 / 张素勤，李鹏主编. —2 版. —上海：立信会计出版社，2021.10(2022.7 重印)
高等教育“十三五”规划教材　立信精品教材
ISBN 978-7-5429-6956-9

Ⅰ. ①商… Ⅱ. ①张… ②李… Ⅲ. ①商业银行—银行业务—高等学校—教材②商业银行—经营管理—高等学校—教材 Ⅳ. ①F830.33

中国版本图书馆 CIP 数据核字(2021)第 216055 号

策划编辑　陈　旻
责任编辑　陈　旻
封面设计　南房间

商业银行业务与经营(第二版)
SHANGYE YINHANG YEWU YU JINGYING

出版发行	立信会计出版社		
地　　址	上海市中山西路 2230 号	邮政编码	200235
电　　话	(021)64411389	传　　真	(021)64411325
网　　址	www.lixinaph.com	电子邮箱	lixinaph2019@126.com
网上书店	http://lixin.jd.com		http://lxkjcbs.tmall.com
经　　销	各地新华书店		

印　　刷	常熟市华顺印刷有限公司		
开　　本	787 毫米×1092 毫米	1/16	
印　　张	20		
字　　数	500 千字		
版　　次	2021 年 10 月第 2 版		
印　　次	2022 年 7 月第 2 次		
印　　数	1 151—2 250		
书　　号	ISBN 978-7-5429-6956-9/F		
定　　价	52.00 元		

前　言

商业银行是我国金融体系的重要组成部分，已经成为国民经济和社会发展的中流砥柱。近年来，我国商业银行体系规模从小到大，实力从弱到强，盈利水平稳步增长，公司治理日趋完善，风险控制能力不断增强，经营管理创新绩效显著，切实担当起了应负的社会责任，为我国经济高质量发展做出了突出贡献。然而，随着我国经济金融改革不断深化，金融监管日益加强，金融科技突飞猛进，外部竞争日趋激烈，客户需求更加多元化，使得银行利差空间不断缩窄，经营形势日益严峻，转型发展压力空前巨大。商业银行该如何应对这些挑战、更好地适应市场竞争需要，已成为理论界和实务界共同关注的焦点。

在此背景下，本书以我国商业银行业务与经营实践为依托，结合国际银行业发展的动态，将商业银行理论研究最新成果与实务相融合，为经济金融类相关专业教学与研究提供支撑。

本书系统地阐述了商业银行的基本业务，着重讲解了商业银行经营管理的重点知识，探讨了我国银行业未来发展的趋势，力图构建一套适合中国国情的商业银行理论框架。本书的特点可以概括为三个方面：一是新。本书吸收了商业银行相关最新理论和业务实践，充分反映了我国商业银行领域的新变化和监管的新要求。二是实。本书邀请交通银行河南省分行相关业务专家参与审稿，注重将商业银行理论与我国银行业实际相联系，突出应用性。三是全。本书涵盖了商业银行主流的业务种类，同时也拓展了商业银行经营管理所涉及的领域。

本书由郑州航空工业管理学院张素勤教授和李鹏教授担任主编，郑州航空工业管理学院张靖霞副教授和河南财政金融学院牛海霞副教授担任副主编。全书共十三章，写作分工如下：第一和第三章，由张素勤负责编写；第二、第四和第五章，由张靖霞负责编写；第六和第十章，由李艳辉负责编写；第七和第十一章，由牛海霞负责编写；第八和第九章，由盛昌琴负责编写；第十二和第十三章，由李鹏负责编写。本书由主编、副主编负责拟定大纲并审稿，最后由主编负责总纂全书并定稿。

在编写过程中，我们得到了众多专家和朋友们的热心帮助和指导：交通银行河南省分行的牛丽娟、梁红明等提供了大量翔实的资料；立信会计出版社的编辑同志为本书的出版付出了大量的劳动；郑州航空工业管理学院研究生王秀娟和毕琼霄参与了本书的文字校对等工作；在写作过程中我们也参考了国内外同行的研究成果。在此一并向大家表示衷心的感谢！

本书依托的河南省精品在线开放课程"商业银行业务与经营"已登录中国大学慕课网，在该平台上提供了大量配套案例、习题、视频资源和可以下载的课件，以方便高校教师教学和社会读者自学使用，网址为"https：www. icourse163. org/couse/ZZIA-1462115177。"

由于我们受水平所限，加上时间仓促，书中难免存在疏漏和错误之处，真诚欢迎读者不吝赐教。电子邮箱为 syyhzzhy@126. com，欢迎读者与我们联系。

编　者

2021 年 10 月

目　录

第一章 商业银行概述

本章学习目标

在现代经济活动中，商业银行的各项业务与经营活动对国家的经济发展有着十分重要的影响。学生通过本章学习，应掌握商业银行的性质；了解商业银行的起源与发展历程；掌握商业银行的职能与地位；掌握我国商业银行的三大经营管理原则及其关系；熟悉商业银行的设立条件及组织形式；熟悉我国商业银行法对商业银行设立的有关规定。

第一节 商业银行的职能与地位

一、商业银行的性质

商业银行是以追求最大利润为目标，以多种金融负债与资产为经营对象，利用负债进行信用创造，为客户提供综合性、多功能服务的金融企业。同时，商业银行是以经营存款、放款，办理转账结算为主要业务，以盈利为主要经营目标的金融企业。

依据我国2015年《中华人民共和国商业银行法》(以下简称《商业银行法》)的规定，商业银行是指依照《商业银行法》和《公司法》设立的吸收公众存款、发放贷款、办理结算等业务的企业法人。

商业银行既具有现代企业的基本特征，又属于特殊的金融企业。

(一) 商业银行是企业

商业银行在下列方面具有企业的一般特征：第一，与普通企业一样，商业银行必须具有业务经营所必需的自有资本。第二，商业银行实行独立核算、自负盈亏，经营目标也是利润最大化。我国《商业银行法》规定，商业银行"实行自主经营，自担风险，自负盈亏，自我约束"。因此，获取最大利润是商业银行经营的最终目标，也是商业银行发展的内在动力。第三，和普通企业一样，商业银行也必须依法经营、照章纳税。

(二) 商业银行是金融企业

商业银行是经营货币资金的金融企业。商业银行的活动范围不是一般的商品生产和商品流通领域，而是货币信用领域。商业银行是承担资金融通功能的金融企业。一般企业创造的是使用价值，而商业银行创造的是能充当一般等价物的存款货币。

(三) 商业银行是特殊的金融企业

商业银行是特殊的金融企业，是综合性、多功能的金融企业。其特殊性表现在三个方面。

1. 商业银行不同于中央银行

商业银行与中央银行的主要区别体现在经营业务的目标和资金的往来对象不同。商业银行是以盈利为经营目标的，而中央银行的经营活动是为实现国家的宏观经济政策服务，是不以盈利为目标的。商业银行业务往来的对象是工商企业、公众及政府，而中央银行业务往来的对象是政府和金融机构。商业银行是做具体业务的银行，而中央银行不仅是银行的银行，也是管理金融事务的国家机关。

2. 商业银行不同于政策性银行

商业银行与政策性银行都是从事银行业务的金融机构，其最根本的区别是经营目标不同。政策性银行一般是指政府出资或参股设立，以贯彻国家产业政策、区域发展政策为目的，不以盈利为目标，在特定的业务领域内从事金融活动的金融机构。商业银行是以盈利性作为其经营目标的金融企业。

3. 商业银行不同于其他非银行金融机构

商业银行与其他非银行金融机构的区别主要体现在经营业务的范围和方式不同。商业银行是最典型的银行，可以经营完全的信用业务，能够提供更多、更全面的金融服务，是唯一能够吸收活期存款的金融机构。其他非银行金融机构，如信托、保险和证券投资等机构，不能吸收活期存款，只能提供某一方面或某几个方面的金融服务。随着金融自由化和金融创新的发展，商业银行经营的业务和提供的服务范围越来越广泛，现代商业银行正向“万能银行”和“金融百货公司”方向发展，业务活动多样化是商业银行业务发展的必然趋势。

二、商业银行的产生与发展

(一) 早期的商业银行

汉语中，“银行”一般指专门从事货币信用业务的机构。在我国《辞海》中，“银行”是指通过存款、放款、汇兑、储蓄等业务，承担信用中介的信用机构。银行一词，英文为“Bank”，来源于意大利语(Banca)，原为储钱柜的意思，指早期货币兑换商借以办理业务所使用的板凳。人们公认的近代银行萌芽是在意大利的威尼斯。早在1272年，意大利的佛罗伦萨就已出现一家巴尔迪银行，1310年又有佩鲁齐银行设立，后因债务问题两家银行于1348年倒闭。1397年，意大利又设立了麦迪西银行。

比较具有近代意义的银行是在1587年建立的威尼斯银行。中世纪的威尼斯凭借其优越的地理位置而成为著名的世界贸易中心，欧洲各国商人云集于此。为了顺利地进行商品交换，需要把各自携带的大量不同形状、不同成色和重量的各地铸币兑换成威尼斯地方货币，于是就有专门的货币兑换商出现，专门从事货币兑换业务。随着商品经济的发展，货币收付的规模也日益扩大，各地商人为了避免长途携带和保存大量金属货币带来的不便和危险，便将用不完的金属货币委托货币兑换商保管，单纯为兑换铸币而收取手续费的商人开始出现。后来又发展到委托货币兑换商办理支付和汇兑，货币兑换商借此集中了大量货币资金。货币兑换商发现这些长期大量集存的货币余额相当稳定，可以用来发放高利贷，获取高额利息收入，因此，货币兑换商便从原来被动接受客户委托保管货币，转变成积极主动地揽取货币保管业务，并降低保管费或不收取保管费，到后来还给委托保管货币的客户一定的好处，此时货币保管业务便演变成了存款业务，货币兑换商演变成了集存款、贷款和汇兑支付、结算业务于一身的早期银行，于是货币兑换商逐渐地开始了信用活动，银行的萌芽开始出现，体现银行本质特征的信用业务就由此产生和发展。

（二）现代商业银行的形成

商业银行是商品经济发展到一定阶段的必然产物，并随着商品经济的发展不断完善。现代商业银行的最初形式是资本主义银行，通过两种途径产生：一种是由高利贷银行演变而成的，一种是由股份制银行发展而成的。

1. 高利贷性质的商业银行

16世纪初，由于欧洲商品经济的发展，给予早期银行极大刺激。货币兑换商们由原来货币兑换业务逐步发展成为既办理兑换业务又经营货币存款、贷款、汇款等业务，形成了以存款、放款和汇款三大业务为主的专门经营机构——银行，如意大利的威尼斯银行、米兰银行等。

随着欧洲世界贸易中心的北移，银行由意大利传到欧洲各国，16世纪后半叶，荷兰、德国等相继成立了带有浓厚高利贷性质的银行，如荷兰的阿姆斯特丹银行、德国的纽伦堡银行等。这些金融机构的主要经营内容为货币的兑换和存款、贷款发放等，年平均利率高达20%～30%，经营对象主要为国家、政府或有特权的少数企业。高利贷银行由于利率过高，阻碍了资本主义经济的发展。

2. 股份制商业银行

英国是资本主义生产方式建立最早的国家，其近现代商业银行的产生发展有一定的代表性。1653年，英国建立了资本主义制度，英国的工业和商业都有了较大的发展。工商业的发展，需要有可以提供大量资金融通的专门机构与之相适应，金匠业在原来为统治者提供融资服务、经营债券、办理贴现等业务的基础上，又以自己的信誉做担保，开出代替金属条块的信用票据，并得到人们广泛接受，具有流通价值。至此，更具近代意义的银行产生了。随着资本主义生产方式的产生、发展和壮大，资本主义经济的发展和国际贸易的进一步扩大，迫切需要建立能汇集闲置货币资本，并按照适度的利息水平提供贷款的银行，早期银行逐步实现向近现代商业银行的过渡。工业革命对资金产生了巨大需求，客观上要求商业银行能发挥金融中介作用，把大量闲置资金汇集起来，然后以适度的利率贷给工商企业。在这种形势下，西方商业银行以两种不同的途径建立起来：一些高利贷性质的银行业，逐渐适应新的生产关系，最后演变为商业银行；另一些商业银行则根据资本主义原则以股份形式组建和创建起来。

1694年，英国成立的英格兰银行是世界上第一家资本主义股份制的商业银行，也是现代商业银行产生的象征。新成立的英格兰银行实力雄厚、规模巨大，向工商企业贷款的利率较低，成为当时现代银行的典范。此后现代商业银行体系在全世界范围内得到快速发展。

（三）我国的商业银行

与西方的银行相比，我国的银行产生较晚。我国在南北朝时期（公元420—589年）就出现抵押业务的经营，隋唐时期（公元581—907年）典当业已比较普遍。到了唐代，随着贸易的发展，产生了兼营银钱保管、汇兑和贷款的机构——柜坊，出现了类似汇票的“飞钱”，这是我国最早的汇兑业务。在北宋时期，四川富商发行的交子，成为我国早期的纸币。明清时期，当铺成为主要的信用机构，一些较大的经营银钱兑换的钱铺发展成为银庄，逐步开办存款、汇兑业务。

我国出现最早的现代银行是外国银行在华开设的分支机构。从1845年开始，英国的汇隆银行、麦加利银行，法国的法兰西银行纷纷在中国建立分支机构。在国外银行发展的刺激下，为了摆脱外国银行的支配，清政府于1897年在上海成立了中国通商银行，标志着中国现代银行的产生。此后，浙江兴业银行、交通银行相继成立。人们根据我国长期使用白银作为货币材料这一情况，遂将当时专门从事货币信用业务的这类外国金融机构"Bank"称为"银行"，这一翻译既达意又形象。

我国最早的国家银行是1905年清政府成立官商合办的户部银行，1908年改为大清银行，1912年改为中国银行。1948年12月，中国人民银行在石家庄成立。经过70多年的发展，截至2019年12月末，我国有国有大型商业银行6家，即中国工商银行、中国农业银行、中国银行、中国建设银行、交通银行和中国邮政储蓄银行。全国股份制商业银行12家，即中信银行、光大银行、招商银行、上海浦东发展银行、民生银行、华夏银行、平安银行、兴业银行、广发银行、渤海银行、浙商银行和恒丰银行。此外，还有134家城市商业银行、1 478家农村商业银行、18家民营银行、28家农村合作银行、41家外资法人银行和1 630家村镇银行等商业银行机构。

三、商业银行的职能

商业银行是一国经济中最重要的金融中介机构，拥有信用中介、支付中介、信用创造、金融服务和调节经济五大职能。

(一) 信用中介

信用中介是商业银行最基本的职能。信用中介是指商业银行通过负债业务和资产业务将资金的供求双方联结起来，实现社会资金融通的职能。一方面，商业银行通过吸收存款和借入款项等负债业务，把社会上的各种闲散货币资金集中到商业银行。另一方面，商业银行又通过贷款、投资等资产业务，把吸收来的资金投向需要资金的各企业和部门。商业银行在发挥信用中介职能时，既是货币资金的借入者，又是货币资金的贷出者。商业银行的信用中介职能示意图，如图1-1所示。

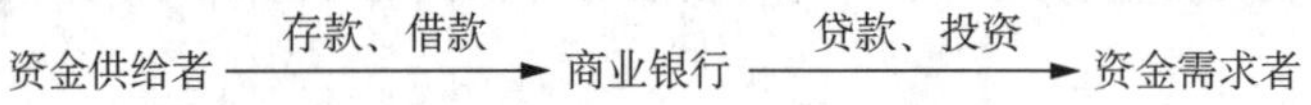

图1-1 商业银行的信用中介职能示意图

商业银行发挥信用中介职能可以起到以下作用。

1. 将闲散货币资金转化为资本

商业银行通过开办活期存款和储蓄存款等业务，把居民手中的闲散货币资金集中起来，积少成多后再投放到生产和流通领域，成为生产资本、商品资本或货币资本，扩大社会资本的规模，促进生产和流通的发展。

2. 让闲置资金得到充分利用

商业银行通过各种存款形式，还能把从再生产过程中游离出来的暂时闲置的货币资金转化为生产资本、商品资本等职能资本，在社会资本总量不变的情况下，提高资本使用效率，扩大生产和流通规模，提高社会资本总的增值能力。

3. 续短为长，满足社会对长期借贷资本的需求

尽管商业银行的资金有存有取，但是商业银行的资金总有一个始终存在的最低余额，加上商业银行存款种类的多样化，就可以使众多短期资金来源在期限上相互衔接，变成数额巨大的长期稳定资金余额，以满足社会对长期借贷资本的需求。

（二）支付中介

支付中介是商业银行的传统职能，是在信用中介的基础上产生的。支付中介是指商业银行利用活期存款账户，为客户办理各种货币结算、货币收付、货币兑换和转移存款等业务活动的职能。借助这一职能，商业银行成为工商企业、政府、家庭个人的货币保管者、出纳人和支付代理人，使商业银行成为社会经济活动的出纳中心和支付中心，成为整个社会信用链的枢纽。

从历史上看，商业银行支付中介职能在逻辑上要早于信用中介职能，但当银行的信用中介功能形成后，支付中介功能的发挥就要以信用中介功能为前提了。现代商业银行所提供的转账结算、支付汇兑等服务主要是面向其存、贷款客户的，而支付中介功能发挥得好，反过来又促进了银行存贷款业务的扩大，使银行的信用中介功能得到更充分的展现。

商业银行在执行支付中介职能的过程中，发挥着重要的作用。首先，可以使商业银行持续拥有比较稳定的廉价资金来源，客户如果想利用商业银行的支付中介功能获得转账结算等服务便利，就必须在商业银行开立活期存款账户，并存入一定的资金，这使商业银行能集中大量低息甚至无息资金，有利于降低银行资金成本。其次，可以节约社会流通费用。由于商业银行广泛提供转账结算和支票收付服务，既可以加速资金周转，又可以大大减少现金的使用量和流通量，进而使现金的保管、铸造、印刷和运转等社会流通费用大大减少。

随着经济的发展和互联网的应用，以网络为平台的第三方支付迅速形成了较为重要的支付方式，对商业银行的支付中介地位产生冲击。相比于传统的银行支付方式，第三方支付具有使用成本低、操作简便、服务周到的优势，受到了广大客户的支持，对商业银行中间业务造成了巨大的冲击，支付结算功能遭到弱化。然而，第三方支付平台在支付便捷的同时也出现了很多安全问题。因此，面对客户的多样化需求，商业银行要构建便捷的支付体系，优化支付流程，提升金融产品质量。此外，商业银行要加强与第三方支付平台的合作，实现互利共赢。

（三）信用创造

信用创造是商业银行的特殊功能，是在信用中介和支付中介职能的基础上产生的。信用创造是指商业银行利用可以吸收活期存款以及各项资金来源的有利条件。商业银行通过发放贷款、从事投资和办理结算等业务活动，衍生出更多存款，达到扩大信贷规模，从而扩大社会货币供给量的最终目的。

商业银行的信用创造对整个社会经济的发展具有巨大的推动作用。商业银行通过派生存款的创造为社会提供更多的资金，有力地支持了经济的发展。更重要的是，通过信用创造的制约机制，商业银行可以成为调节国民经济的强有力的经济杠杆。中央银行可以根据国家宏观经济发展的实际情况，通过对基础货币投放量、存款准备金率和再贴现率等进行适度调整，来影响商业银行的信用创造规模，最终达到对全社会货币供应量进行灵敏、有效的控制，促进国家经济的平衡、协调、快速发展的目的。

（四）金融服务

金融服务是指商业银行利用其在国民经济活动中的特殊地位，及其在提供信用中介和支付中介业务过程中所获得的大量信息，运用电子计算机等先进手段和工具，为客户提供的其他服务。这些服务主要有咨询、代理融通、信托、租赁和财富管理等。

通过提供金融服务，商业银行既扩大了社会联系面和市场份额，加快了信息传播，提高了信息技术的利用价值，促进了信息技术的发展，又为银行取得不少手续费收入。借助日新月异的信息技术，商业银行的金融服务功能正在发挥着越来越大的作用，并使整个商业银行业发生革命性变化，向着“网络银行”“智慧银行”“开放银行”和“物联网银行”的方向发展，以期为客户提供更便捷、全方位的金融服务。

（五）调节经济

调节经济是指商业银行在中央银行货币政策指引下，配合国家宏观政策，通过其信用中介活动，借助于存贷款利率、金额、期限和偿还条件等差异，体现对经济结构的调节，引导资金流向，调整产业结构。商业银行还可以通过在国际市场上的融资活动，调节本国的国际收支状况。

四、商业银行的地位

商业银行业是业务品种齐全、技术手段先进、服务质量不断提高的关键性行业，对整个社会经济活动的影响显著，在国民经济中居于重要的地位。

（一）商业银行是整个国民经济活动的中枢

商业银行是从事工商企业、家庭个人和政府存贷款业务的金融机构，它与工商企业、家庭个人和政府有着密切的资金借贷关系，并且通过办理各种形式的结算业务，为社会经济活动实现绝大部分的货币周转。它的存款、贷款业务活动直接影响并在相当大程度上制约着工商企业、家庭个人的经济活动和经营范围，影响着经济结构的变化。它的结算业务又加速了社会资金流转，提高了资金使用效益，并为企业和居民的经济活动以及日常生活带来了极大的便利。在提供这些业务的过程中，商业银行也就自然而然地成为整个国民经济活动的中枢。

（二）商业银行业务活动对社会货币供给有重要影响

商业银行是各种金融机构中唯一能接受活期存款的机构，商业银行利用工商企业、家庭个人和政府开设的活期存款账户，一方面，大量吸收活期存款，并提供转账结算服务；另一方面，利用贷款、投资业务和支票转账结算服务又引发派生存款，通过这种派生存款的创造与削减，来影响社会货币供给总量。

（三）商业银行是社会经济活动的信息中心

商业银行通过其日常业务活动，详细地掌握各行业、部门、企业及家庭个人等最全面、准确的经济信息。商业银行成为海量信息的生产者，并在此基础上为各部门、企业和个人提供投资咨询和财务咨询服务。商业银行已经成为全社会大数据管理的重要数据来源和社会经济活动的信息中心，为社会经济的发展提供积极的引导作用，为调整产业结构、产品结构及国民经济中其他各项重要的比例关系，实现经济稳定、持续的发展，做出重要贡献。

(四) 商业银行是国家实施宏观调控的重要途径

商业银行是社会资本运动的中心,是国家实施宏观经济调控政策的重要途径。由于市场经济还存在信息不对称、未来不确定等缺陷,政府有必要根据不同时期经济发展的需要,制定并实施财政政策、货币政策等宏观经济政策,对经济实行宏观调控。这些宏观经济政策的实施都和商业银行有着密切的关系。政府利用财政信用调节经济时所发行的政府债券,有很大一部分销售给商业银行。当政府实行产业政策对经济结构进行调整时,商业银行就要配合政府的产业政策调整贷款投向。当中央银行制定和执行货币政策,调节信贷规模、调节社会货币供给量时,也主要是通过商业银行的业务活动来进行的。例如,当出现经济过热、通货膨胀率过高的经济现象时,中央银行就会实行紧缩性货币政策,提高存款准备金率、提高利率或在公开市场上卖出有价证券,而商业银行就要减少其贷款和投资规模,增加存款,与中央银行相配合实现货币政策最终目标。

第二节 商业银行的经营管理原则

商业银行的经营具有高负债率、高风险的特点,受到政府严格的监管与约束。这一经营特点决定了商业银行必须在保证安全性和流动性的前提下,才可能实现获取利润的目标。我国《商业银行法》规定,商业银行以安全性、流动性、效益性为经营原则,实行自主经营、自担风险、自负盈亏和自我约束。

一、安全性原则

安全性是商业银行第一经营原则,是商业银行生存的前提。

商业银行必须保持足够的清偿力,经得起重大风险和损失,能随时应付客户的提存,使客户对银行保持坚定的信任。坚持安全性原则有助于避免各种不确定性因素对银行的资产、负债、利润、信誉造成不良影响,保证商业银行的稳健经营和发展。以安全性为经营管理原则,可以减少资产损失,增强预期收益的可靠性,也有助于银行树立良好的公众形象。商业银行必须做到以下几点。

(一) 合理安排资产规模和结构,注重资产质量

商业银行通常都按照贷款与存款的比率、资本净值与资产的比率、不良贷款占全部贷款的比率等指标要求来控制其资产规模与结构。如果贷款与存款比率过高,甚至贷款总额超过存款总额,都表明该商业银行资产的风险系数过大,会影响银行经营的安全性。如果不良贷款占贷款总额比率过高,也反映该银行资产质量低劣,会危及银行的安全。商业银行要通过保留一定的现金资产和优质有价证券来改善资产结构,提高抵抗风险的能力。

(二) 提高自有资本在全部负债中的比重

商业银行的资金来源主要是吸收存款和借入款项,这种负债经营本身就包含着很大的风险,所以商业银行是高风险行业,商业银行主要是靠保持清偿力来抵御和防范这种风险。保持清偿力的基础是商业银行拥有充足的自有资本。自有资本在全部负债中的比例高低,既是人们判断一个银行实力的主要依据,也是银行信用及赢得客户信任的基础。一家商业

银行若能在社会上有较高的信用，得到人们的充分信任，那么即使发生暂时的资金周转困难，也会因人们的信任而不发生挤兑，保证其经营安全。所以，商业银行要根据实际情况，不断补充自有资本总额。

（三）必须遵纪守法，合法经营

商业银行必须健全法规制度，强化合规性管理，对各种业务建立科学和严格的管理流程，特别是对那些内含风险较高的业务要有完善的、体现权力制衡的内控机制，并严格执行各项规章制度。

商业银行要认真贯彻审慎经营、稳健发展理念，确保银行以稳妥的方式开展业务。商业银行应当严格遵守银保监会制定的审慎经营规则，包括法人治理、风险管理、内部控制、资本充足率、资产质量、损失准备金、风险集中、关联交易和资产流动性等内容，制定其他相应的审慎经营规则，必须要认识、监测与控制银行业务内在的风险。

二、流动性原则

商业银行的流动性，是指资产的变现能力和负债的筹集能力，体现在资产和负债两个方面。商业银行筹集和运用资金，必须始终保持较大的流动性，随时可以适当的价格取得可用资金，以便随时应付客户提存及银行各项支付的需要。

（一）资产的流动性

资产的流动性，是指在银行资产不遭受损失的条件下，能够迅速变现的能力。衡量商业银行资产变现能力有两个标准：一是资产变现的成本，某项资产变现的成本越低，则该项资产的流动性就越强；二是资产变现的速度，某项资产变现的速度越快，越容易变现，则该项资产的流动性越强。

商业银行流动性最高的资产包括库存现金、在中央银行的超额准备金存款和在其他银行的活期存款。这三项资产均可随时用于清偿支付，所以每家商业银行都必须保持一定比例的这类资产。流动性较高的资产有对其他银行或金融机构的临时贷款、银行购买的国债及其他短期债券等。流动性较差的资产有中长期贷款等。

（二）负债的流动性

负债的流动性，是指银行在需要时能够以较低的成本、快速地获得所需要资金的能力。某项负债的筹资成本越低、筹集速度越快，该项负债的流动性就越强。

在一般情况下，下列资金来源被认为是商业银行可以取得的，即直接向中央银行借款、向中央银行再贴现、发行可转让存单、向其他银行借款和利用回购协议等。这些来源的资金成本相对较低，不会造成银行为增加流动性而减少贷款和投资。

三、效益性原则

效益性是商业银行经营活动的最终目标。因此商业银行既要追求自身的盈利，又要注重社会效益。

作为企业法人，盈利是商业银行的首要目的，商业银行一切经营活动的中心和原动力是取得最大效益，这既是银行充实资本、提高竞争力的基础，也是股东利益之所在。效益提升，可以增加股东权益，提高股票价格，增加资本；可以增强银行信誉，吸引更多的客户，筹集更多的资金；可以增强抵御金融风险的能力；可以吸引更多更好的人才。

商业银行的盈利来自商业银行业务收入与业务支出的差额。商业银行的业务收入主要有贷款利息、投资收入和劳务收入等。商业银行的业务支出主要有存款利息、借款利息、贷款投资损失和经营费用等。因此，商业银行可以通过提高收入水平、降低成本和改善经营管理等途径提高银行的效益。商业银行实现盈利的主要途径有以下几方面。

（一）尽量减少现金资产，扩大盈利资产比重

现金资产是商业银行资产中流动性最强、盈利性最差的资产，它不能为银行提供利润收入。长期贷款和长期投资又是商业银行资产中盈利性最好、流动性最差的资产，是银行利润的主要来源。为了保持银行流动性，保证银行有足够的清偿力，商业银行必须保有一部分现金资产，但其规模不能太大，否则会影响银行盈利水平。

（二）以尽可能低的筹资成本取得更多的资金

对商业银行而言，只有取得更多的资金来源、吸收更多的存款，才能更多地发放贷款和进行投资，扩大盈利性资产。吸收资金要有成本，商业银行不能不顾资金成本高息揽存，这既不利于其他银行，又使自己的资金成本上升，业务支出增加，最终不仅会降低本银行的盈利水平，还有可能使银行陷入高额利息支出的困境，有时甚至导致银行破产倒闭。所以，商业银行在吸收资金来源时都要仔细核算成本，使资金来源成本低于资金运用所获得的净收入，以保证银行的盈利最大化。现代商业银行都很注意通过为客户提供良好的服务来吸引更多的廉价资金。例如，活期存款利息率很低，有很多西方国家还规定不给活期存款支付利息，这种不付息或低息的活期存款可以通过现金或支票方式存入，也可以通过贷款投资等业务派生。如果一家商业银行能比其他银行为客户提供更多更好的服务，则不仅会使该银行的原始存款大量增加，还会使贷款、投资业务扩大从而带来更多的派生存款，使银行资金成本水平总体下降，提高了银行的盈利能力。

（三）减少贷款和投资损失

贷款和投资损失不仅会冲销银行的利润，还会危及银行的安全，所以人们也常用贷款和投资损失的多少作为衡量一家银行经营状况好坏的重要标准。为了保证自身经营安全、实现其盈利最大化目标，商业银行特别注重对贷款和投资项目的预测管理，并十分重视贷后检查。积极过问债务人的经营状况，以减少坏账损失风险，按时足额收回本金和利息，增加银行的利润收入。

此外，商业银行还要注意加强内部经济核算，节约管理费用；严格操作规程，完善监管机制减少事故和差错；防止内部人员因违法、犯罪活动而造成银行重大损失。

实现安全性、流动性和效益性目标，是商业银行经营管理的基本要求所决定的，也是商业银行实现自身微观效益和宏观经济效益相结合、相一致的要求所决定的。商业银行的“三性”原则既有联系又有矛盾。一般来说，流动性与安全性成正比，流动性越强，风险越小，安全越有保障。流动性、安全性与效益性成反比，流动性越强，安全性越好，效益水平就越低。安全性是经营的前提，只有经营安全，才可能会获利；流动性是实现安全的必要条件，有了较高的流动性，才会安全经营，盈利才能得到保证；效益性是商业银行经营的最终目标，保证安全性、流动性的目的就是为了获得盈利，取得最大的经济效益。因此，商业银行在经营管理中，必须从资产和负债两个方面加强管理，不断调整和协调安全性、流动性和效益性。银行

在对资金来源和资产规模及各种资产的风险、收益、流动性进行全面预测和权衡的基础上，首先考虑安全性，在保证安全的前提下争取最大的利润，解决安全性和效益性的矛盾，而实现安全性和效益性统一的最好选择就是提高银行经营的流动性。

第三节　商业银行的设立及组织结构

一、商业银行设立的条件

商业银行是以安全性、流动性和效益性为经营原则的高风险金融企业。设立商业银行一般应有利于银行业的公平竞争，在确保银行安全、稳健运营的前提下，以最适度的规模获得较大的市场份额。在创立商业银行之前，应对在该地区设立商业银行的可行性、该地区经济及金融条件的有利性进行分析。

(一) 经济条件

拟设立商业银行地区的经济条件，是指该地区的生产力发展水平、人口状况、工商企业经营状况和地理位置等影响商业银行经营管理的因素与条件。

1. 生产力发展水平

一个地区的生产力发展水平对该地区商品经济的发育程度和总体经济实力有直接影响，对商业银行资产负债业务的规模与结构产生制约性的影响。在生产力发展水平较高的地区，商品经济发达，企业数量众多，大中型企业多，企业效益较好，居民收入水平较高。由此，该地区会形成较多的社会闲置货币资金，有利于商业银行扩大存款；客户对商业银行贷款的需求量往往也很大。随着生产力水平的提高，人口增多，人们的收入增长，该地区企业和居民对住房和汽车等高层次消费品的需求也不断增长，从而使该地区对银行借贷资金的需求规模不断扩大。伴随着存款、贷款业务的发展，商业银行的中间业务，如转账结算、汇兑和信用证等业务也会不断发展。因而，商业银行应当设立在生产力发展水平较高的地区。

2. 人口状况

拟设立商业银行地区的人口状况，会影响商业银行的资金来源和资金运用的额度、结构和成本。商业银行只有设立在人口密集的地区，才可能以较低的成本吸收到足够量的资金；也只有把商业银行设立在人口众多的地区，市场的资金需求量才可能足够大。商业银行应该设立在人口众多而且人口变动合理的地区。从商业银行经营的角度看，合理的人口变动应该是：人口数量增长快；人口中高收入者所占比例增长快；人口结构中高消费群体的人群众多。因为相对而言，处于高收入的人群存款较多、消费水平高、消费需求大，对商业银行贷款的需求量也较大，更有利于商业银行开展资产负债业务。当然，人口的分布和变动也体现着该地区经济和商业发达的程度。越是经济发展水平高、商业发达的地区，人群的收入水平越高、收入的增长越快，人口越密集，越有利于商业银行开展业务。

3. 工商企业经营状况

工商企业经营状况与银行业务的兴衰息息相关。商业银行的中间业务主要是为工商企业而开办的，一个地区的工商企业众多，且经营良好，发展稳定，行为规范，在该地区设立商业银行，既可以促进工商业繁荣，又有利于商业银行业务发展，经营风险较小，取得较高的经济效益。

4. 地理位置

商业银行应当选择设立在交通便利、通信发达的地区。该地区集中了各种大量的资源，尤其是人力资源和信息资源。商业银行属于高风险行业，需要有大量高素质人才经营管理，开展业务，也需要有足够的信息供银行管理者作为决策参考依据。商业银行的资产业务、负债业务和中间业务等都对信息和通讯有很强的依赖性，尤其是在商业银行业务电子化和网络化的背景下，很难想象，一家设立在交通落后、信息闭塞、通讯不便地区的银行能取得良好的经营业绩。

(二) 金融条件

金融条件的好坏取决于一个地区潜在客户的信用意识、经济的货币化程度、金融市场的发育状况、金融机构的竞争状况和监管当局的有关政策。

1. 客户的信用意识

商业银行所从事的经营活动是以借贷为主的信用活动，这种信用活动是以公众对信用的需求为基础的。公众的信用意识强，对银行信用的需求就旺盛，有利于商业银行拓展自己的业务量。反之，公众的信用意识弱，对银行信用的需求就不足，就不利于银行资产业务、中间业务的拓展。信用意识强的地区，人们的偿债意识也强，商业银行业务的风险就小，有利于银行业务经营的安全性。信用意识强的地区，信用制度就比较发达，对银行资金的周转、调拨都会带来很大的方便，有利于提高银行经营的流动性。

2. 经济的货币化程度

经济的货币化程度是与该地区市场的经济发展水平正相关的。某一地区的市场经济比较发达，则该地区经济货币化程度就比较高，货币流通量也比较大，能够为商业银行的业务经营提供良好的货币基础。

3. 金融市场的发育状况

健全和规范的金融市场会为商业银行拓展业务提供一个良好的发展空间。在一个金融市场发育迟缓的地方，商业银行的业务经营活动会遇到许多不便，资金融通渠道少而不畅，参与金融活动的经济主体少而信用意识较弱，利率管制严而利率水平变动不灵活等，都会使商业银行业务拓展受到限制。金融市场比较发达的地区，融资渠道多且市场资金调度方便，参与金融活动的经济主体多而信用意识较强，银行潜在客户众多，利率管制合理而利率水平变动灵活，有利于商业银行发挥资金雄厚的规模优势，并有利于银行利用各种先进的管理方法和金融工具来降低经营成本。因而，商业银行应选择在金融市场具有一定深度和广度比较好的地区设立。在一个比较成熟的金融市场上，融资规模大，融资工具和手段多，资产的流动性强，融资活动比较规范，这些都为商业银行业务拓展提供了良好的市场基础。

4. 金融机构的竞争状况

金融机构的竞争状况将会影响拟设立商业银行所在地的市场份额和盈利能力。商业银行是能够吸收活期存款的金融机构。设立一家新的商业银行不仅要考虑和已有的商业银行进行竞争，还要考虑和其他金融机构进行竞争。因此，在一个地区设立商业银行之前，必须对该地区金融业发展与竞争状况进行充分的调查研究，既要注意对原有商业银行数量、存款规模及其增长趋势、贷款能力及潜在贷款需求、盈利水平及盈利能力、经营政策及业务范围等进行分析，还要注意对该地区其他金融机构的数量、规模、业务范围和业务状况等进行调查分析，在此基础上预测设立新的商业银行有无较大的发展空间，然后决定是否要在该地区设立商业银行。

5. 监管当局的有关政策

监管当局的有关监管政策会对商业银行的经营活动及其盈利水平发生重要影响。这包括对商业银行业务经营范围有无限制、对工商业发展的方针、对地方金融机构特别是地方商业银行有无优惠政策、对金融机构违法经营活动的惩罚是否严厉等。在金融业实行信贷、保险、信托、证券分业经营的地区，商业银行往往只能经营信贷业务，而无权经营其他业务，此时银行的经营范围就非常狭窄，资产业务的开展就难以分散化，风险较大而盈利的空间较小。反之，在金融混业兼营的地区，商业银行可以经营任何金融业务，银行的经营范围就非常广泛，业务的开展就种类多且分散化，风险较小而盈利的空间较大。当然，金融混业兼营环境下，商业银行存在更多的竞争对手，当该地区监管当局对所有金融机构都能一视同仁，对违法金融机构一律都能给予严厉惩处，则该地区的金融活动就比较规范，会为商业银行的经营活动提供良好的政策环境。在那些监管当局对各种不同金融机构实行差别对待，如在对某些金融机构管制松而对某些金融机构管制特别严格的地区，则不宜设立商业银行，因为这种政策会导致不公平竞争，并容易滋生违法犯罪活动，不利于商业银行的发展。

二、商业银行设立的程序

设立商业银行一定要严格把关和约束，规范监管，严格准入制度，才能够预防金融风险，防止给投资人带来重大损失，产生极坏的社会影响。一旦投资者（包括机构投资者或政府）决定在某一地区设立商业银行，就要按照规定程序办理组建商业银行的事务。依照我国《商业银行法》和《公司法》规定，商业银行设立程序有申请登记、招募股份和验资开业三个步骤。商业银行设立程序示意图，如图 1-2 所示。

申请登记 ——→ 招募股份 ——→ 验资开业

图 1-2　商业银行设立程序示意图

（一）商业银行设立的一般程序

1. 申请登记

（1）商业银行的形式

大多数国家都明确规定，商业银行必须以公司形式组织。有不少国家，如美国、法国和英国等，还规定创立商业银行不能以个人名义申请。美国规定，设立商业银行必须有 5 个以上的发起人；英国规定，银行必须有 6 个以上的合作者共同建立；法国规定，不允许采用个体独资经营的方式。这些规定主要出于两方面考虑：一是商业银行的社会性较强，成立之后将会和众多的客户发生资金往来关系、债权债务关系，为保障社会公众的利益，商业银行必须是公司法人；二是为了防止有人借设立商业银行之名，骗取他人财富，危及社会公众和存款人和投资者的利益。

(2) 填写并上交申请登记书

凡申请设立商业银行者，必须按《公司法》和《银行法》的要求，将申请登记书送至金融主管部门。申请登记书必须载明下列内容：银行的名称及公司组织的种类、资本总额、业务种类及经营范围、业务计划、总行及分行所在地、发起人姓名、籍贯、住址及履历等。

当主管部门接到申请登记书后，按以下原则进行审核：是否有利于竞争，防止银行业垄断；是否有利于保障银行体系的安全，防止倒闭；是否有利于保持商业银行的合理规模，降低管理费用，提高服务质量。经审核，如果金融监管部门认为符合上述原则要求，并且新设行的业务种类及业务计划都比较适当，便给予批准。

2. 招募股份

现代商业银行多以股份公司的形式建立。当申请营业登记书被核准之后，发起人的实有资本往往不足，应依照股份公司的有关规定，进行招股。发起人要制定招股章程及营业计划书，写明发行规模、股份种类。如果是委托其他银行代募，则要写明代募行名称等。然后呈中央银行等主管机构审批，待批准后进行股东招募工作。商业银行股本招募有两种方式，一是公开招募，即向社会公开发行银行股票；二是定向招募，即将银行股票卖给指定的投资者。

3. 验资营业

股本筹集完毕，应该向有关部门呈交验资证明书，申请开业。经有关部门验收，资本规模额达到规定要求，方可发给营业执照，开始营业。

(二) 我国商业银行设立的程序

我国《商业银行法》规定，设立商业银行，应当经国务院银行业监督管理机构审查批准。未经国务院银行业监督管理机构批准，任何单位或个人不得从事吸收公众存款等商业银行业务，任何单位不得在名称中使用“银行”字样。我国审查批准商业银行及其分支机构的设立、变更、终止及其业务范围等，由银保监会来履行监管职责。

1. 设立条件

依据我国《商业银行法》的规定，设立商业银行，应当具备下列条件：有符合本法和《公司法》规定的章程；有符合本法规定的注册资本最低限额；有具备任职专业知识和业务工作经验的董事、高级管理人员；有健全的组织机构和管理制度；有符合要求的营业场所、安全防范措施和与业务有关的其他设施。设立商业银行，还应当符合其他审慎性条件。依据《中华人民共和国银行业监督管理法》的规定，商业银行应当严格遵守的审慎经营规则，包括风险管理、内部控制、资本充足率、资产质量、损失准备金、风险集中、关联交易和资产流动性等内容。

设立全国性商业银行的注册资本最低限额为10亿元人民币。设立城市商业银行的注册资本最低限额为1亿元人民币，设立农村商业银行的注册资本最低限额为5 000万元人民币。注册资本应当是实缴资本。国务院银行业监督管理机构根据审慎监管的要求，可以调整注册资本最低限额，但不得少于上述规定的限额。同时，我国对村镇银行、民营银行和外资银行的设立条件有不同幅度的放宽。

2. 申请设立

设立商业银行，申请人应该向国务院银行业监督管理机构提交下列文件、资料：申请书，申请书应载明拟设立商业银行的名称、所在地、注册资本、业务范围等；可行性研究报告；规定的其他文件、资料。

设立商业银行，申请人应该填写正式申请表，并提交下列文件、资料：章程草案；拟任职的董事、高级管理人员的资格证明；法定验资机构出具的验资证明；股东名册及其出资额、股份；持有注册资本 5%以上的股东的资信证明和有关资料；经营方针和计划；营业场所、安全防范措施和与业务有关的其他设施的资料；国务院银行业监督管理机构规定的其他文件、资料。

3. 审批及成立

我国《银行业监督管理法》规定，国务院银行业监督管理机构应当在规定的期限，做出批准或不批准的书面决定；决定不批准的，应当说明理由。银行的设立，自收到申请文件之日起，6 个月内；银行业的变更、终止，以及业务范围和增加业务范围内的业务品种，自收到申请文件之日起，3 个月内；审查董事和高级管理人员的任职资格，自收到申请文件之日起，30 日内。决定批准的，颁发经营许可证；决定不批准的，应当书面通知申请人并说明理由。商业银行领到金融经营许可证后，到工商管理机构领取营业执照，自领取营业执照之日起，商业银行成立。

经批准设立的商业银行，由国务院银行业监督管理机构颁发经营许可证，并凭该许可证向工商行政管理部门办理登记，领取营业执照。

三、商业银行的外部组织形式

商业银行的外部组织形式是指商业银行在社会经济生活中的存在形式。商业银行的外部组织形式可以按照组织形式和经营范围进行不同的分类。

(一) 按商业银行的组织形式划分

按组织形式，可以把商业银行分为单一银行制、分行制和持股公司制。

1. 单一银行制

单一银行制是指商业银行只有一个单独的银行机构，银行业务完全由一个营业机构来办理，不设立或不允许设立分支机构。这种形式在美国的商业银行非常普遍。其主要原因是：美国是一个各州独立性极强的联邦制国家，在历史上，各州的经济发展极不均衡，东西部差距很大。为了促使经济的均衡发展，鼓励中小企业的发展，各个州都采取了许多措施来限制金融权力的集中，反对银行兼并，反对银行业务在不同州之间的相互渗透，防止银行吞并，禁止银行跨州开设分支机构，特别禁止其他地区银行在本州设立分支机构。结果造成美国的商业银行很多，其中大部分商业银行的规模较小。

单一银行制有下列优点：其一，银行在各区域内独立经营，符合自由竞争的原则，因为数量较多的银行同时存在，可以维持竞争局面，防止垄断。其二，有利于银行与当地政府的协调，促进本地区的经济发展。其三，单一制银行在经营决策上自主性强，灵活性大，能够根据市场环境的变化及时调整、改变经营策略。

单一银行制存在的缺点有：其一，该制度使银行业务限制在某个地区、某个行业，使银行易受该地区、该行业经济发展状况的影响，风险难以分散。其二，由于银行规模较小，难以采用新技术，其业务发展和金融创新受到限制，经营成本较高，抵御风险的能力弱，信誉差，也不易取得规模效益。其三，由于没有分支机构，商业银行的数量众多，不利于金融当局的监管。其四，由于没有分支机构，跨地区金融交易的成本较高，不利于资金余缺的调剂，使资金无法得到最有效的配置。

2. 分行制

分行制的特点是法律允许除了总行之外，在国内外各地普遍设立若干分支机构，形成以总行为中心的、庞大的银行网络。这种银行制度源于英国的股份制银行，大多数国家的商业银行采取这种制度，我国的商业银行也是实行分行制。

和单一银行制相比，实行分行制的优点非常明显：其一，分行制下的商业银行，一般规模较大，易于采用现代化的设备，能够为客户提供全面的高质量的金融服务，它有利于银行吸收存款、扩大资本总额和经营规模，能取得规模经济效益。其二，由于分支机构众多，业务上可以相互支持，代理业务成本低，便于银行使用现代化管理手段和设备来提高服务质量，加快资金周转速度，提高资金的使用效率。其三，银行内部可以实行高度分工，提高效率，降低成本，有利于银行调剂资金、转移信用、分散和减轻多种风险。其四，总行家数少，有利于金融监管当局的控制和管理，其业务经营受地方政府干预小。其五，由于资金来源广泛，有利于提高银行的竞争实力，资产实力雄厚，信誉好，市场占有率高。

但是，分行制也有其自身的缺陷，主要体现在以下方面：其一，易于形成金融垄断，不利于充分竞争。其二，分行制下的商业银行，内部层次众多，增加了银行的管理难度，就要求总行对分支机构具备较强的控制能力，要求总行具有完善的信息系统和严密的成本控制手段，否则将造成效益的下降。其三，在人员的安排轮换上也会出现某些弊端：如果调动频繁，则会导致新人对市场、环境及客户了解不够；如果一些人员长期待在一个地方，总行的控制能力将会下降。其四，分支机构管理人员不像单一制银行那样关心当地经济的发展，分支机构的经营成果主要由上级行来评价，盈利也要上交总行，其经营决策自然要依据总行的业务方针来决定。

3. 持股公司制

持股公司制的银行亦称集团制银行，即由一个集团成立股份公司，专门负责收购其他独立的银行具有决定性表决权的股份。这些独立银行的业务和经营决策权属于股权公司控制，从而实现大银行通过持股公司把许多小银行甚至一些企业置于自己控制之下。持股公司有两种类型：非银行性持股公司和银行性持股公司。前者是通过大企业控制某一银行的主要股份组织起来的；后者是由大银行直接组织一个持股公司，由若干较小的银行从属于这一大银行。

持股公司制商业银行的优点是：能够有效扩大资本量，增强银行的实力，提高抵御金融风险的能力，提高市场竞争力，弥补了单一银行制的不足。而持股公司制容易形成银行业的集中和垄断，不利于银行业的竞争，在一定程度上限制了银行经营的自主性，不利于银行业的创新。

（二）按商业银行的经营范围划分

按经营范围划分，商业银行可分为全能银行制和专业银行制。

1. 全能银行制

全能银行制又称综合性银行制，是指金融监管当局对商业银行业务领域没有限制，商业银行可以经营所有的金融业务，即商业银行不仅可以全面经营银行业务，而且能经营证券业务和保险业务。

全能银行制在以德国为代表的欧洲大陆国家广为流行，德国是实行全能银行制的典型代表。全能银行制的优点，体现在以下方面：第一，能向客户提供全面、综合的金融服务，增强与客户的联系。如果客户需要资金，全能银行可以提供贷款；如果客户想发行债券或股票，全能银行可以承销或包销；如果客户想收购或兼并其他企业，全能银行可以提供咨询和财务顾问服务等。由于全能银行能够经营全面性银行业务，可以从不同领域、不同层次与客户进行合作，因而容易在银行与客户之间建立密切的、伙伴式的关系。第二，有利于银行体系的稳定。全能银行开展全面、综合的银行业务可以使其业务多元化，达到分散风险的目的。全能银行制的缺点主要是容易导致金融业的垄断。

2. 专业银行制

专业银行制又称单元银行制，商业银行只能经营传统银行业务，即吸收存款、发放贷款等业务，不得兼营证券业务。其余的如长期信用、证券投资、信托和保险等业务则有专门的专业金融机构经营，商业银行不得涉足。银行业与证券业相分离的金融体制又称为“分业经营”体制，即银行业与信托业、证券业和保险业的分业经营。

四、商业银行的内部组织结构

商业银行的内部组织结构，是指就单个商业银行而言，银行各部门内部及部门之间相互联系、相互作用的组织管理系统。以股份制商业银行为例，其组织结构可分为决策机构、执行机构、监督机构和管理机构四个层次。

（一）决策机构

商业银行的决策机构由股东大会、董事会以及董事会下设的各种委员会组成。

1. 股东大会

依据《公司法》的规定，股东大会是由全体股东共同组成的权力机构，是商业银行的最高权力机构和决策机构，是对公司的重大问题行使最终决策权的机构。普通股股东所取得的股息随银行盈利的多少而变动，分配商业银行剩余资产时在优先股股东之后，风险较大，但有权参加股东大会，按拥有的股权份额履行表决权和投票权，参与银行的经营管理决策。股东可以亲自参加或委托他人参加股东大会。银行应该定期召开股东大会，或特殊情况下召开临时股东大会，每次股东大会，股东都有权听取和审议银行的一切业务报告，并有权提出咨询，有权对银行的经营方针管理决策和各种重大议案进行表决。

2. 董事会

商业银行董事会是由股东大会选举产生的决策机构，是股东大会的执行机构。各银行董事会的人数视银行规模大小不同而定。美国规定，每家商业银行的董事至少要有 5 人，多则可达 25 人，董事的任期一般为 1～3 年不等，可连选连任。

商业银行董事长由董事会决定，在股东大会休会期间，银行的决策机构实际上就是董事会，由董事长召集董事会做出各项决策。商业银行董事会负有以下一些重要职责：确定银行的经营目标和经营决策，银行经营目标是银行经营活动的依据，银行经营决策是银行实现目标的具体对策，要根据经济环境的变化而随时加以调整；选择银行高级管理人员；设立各种委员会或附属机构，以贯彻董事会决议，监督银行的业务经营活动。

(二) 执行机构

商业银行的执行机构由总经理(行长)和副总经理(副行长)及各业务职能部门组成。

1. 总经理(行长)

总经理(行长)是银行的行政首脑，其职责是执行董事会的决定，组织开展银行的业务活动。出任商业银行总经理(行长)的人选需具备以下条件：具有经营和管理银行的专门知识和组织才能，并在商业银行高级管理工作岗位上工作过若干年份；有较强的事业心和责任心，忠于职守，重视效益；善于研究客户的心理需要，把握时机，做出正确决策；富有想象力，善于运用新的思维和方法对待银行经营中遇到的问题开辟新的业务；能与下属保持良好的联系，善于调动下属的积极性。

2. 副总经理(副行长)及各业务职能部门

在总经理(行长)的领导下，商业银行一般设置若干个副总经理(副行长)以及业务职能部门。例如，银行内部可设置贷款、信托与投资、营业、会计人事和公共关系及开发研究等部门，通常由银行的高级副总经理(副行长)主管贷款业务，在高级副总经理(副行长)领导下，有 2 名副总经理分别主管工商贷款和其他贷款业务。由 1 名副总经理(副行长)主管信托投资，由 1 名副总经理(副行长)主管营业，包括柜台业务、财务会计、保管和其他业务。由人事部经理主管人事工作包括行员培训等，由公共关系部经理负责对外联络工作。

一般把商业银行中负责业务开拓、直接面对客户的部门，称为前台部门；把从事风险管理、计划财务、产品开发、人力资源管理和战略规划等部门，称为中台部门；将负责支持业务和交易处理系统的部门，称为后台部门。

(三) 监督机构

商业银行的监督机构由股东大会选举产生的监事会、审计委员会及银行的稽核部门组成。

监事会由监事组成。当选为银行监事的，一般都是具有丰富的银行管理经验的人员，他们熟悉银行业务的各个环节，能及时发现银行经营活动中存在的问题。监事会的职责是对银行的一切经营活动进行监督和检查。监事会的检查比稽核委员会的检查更具有权威性，它除了检查银行执行部门的业务经营和内部管理之外，还要对董事会制定的经营方针和重大决策、规定、制度及其被执行的情况进行检查。一旦发现问题，可以直接向有关部门提出限期改进的要求。

(四) 管理机构

商业银行的管理机构由全面管理、财务管理、人事管理、经营管理和市场营销管理等几方面组成。

全面管理由董事长、总经理(行长)负责，主要职责是确定银行目标业务计划和经营预测，并制定政策指导、控制及评价分支机构及银行业务、职能部门的工作。

财务管理由副总经理(副行长)负责，主要职责是负责银行筹资及成本管理、现金管理等，并编制财务预算，进行财务控制、审计、税收和风险管理。

人事管理由人事部门负责，主要职责是招募、培训职工，进行工作和工资评审、处理劳资关系。

经营管理由总经理(行长)负责，主要职责是根据银行确定的计划和目标，安排组织各种银行业务，分析经营过程中出现的各种问题，保证银行经营安全。

市场营销管理由总经理（行长）、副总经理（副行长）及有关业务、职能部门负责人共同参与，主要职责是分析消费者行为及市场变动状况，确定市场营销战略，开展广告宣传、促销和公共关系，制定银行服务价格，开发产品和服务项目。

每家商业银行都应当根据它所服务的地区市场的特点采取多种方法来构筑其组织体系，绝不能一概而论。银行所服务的地区差别对于银行的信贷需求有很大的差异，而地区的信贷需求往往又决定了银行的信贷业务规模及信贷部门的组织结构，并对信贷人员素质提出不同要求。

五、我国商业银行的组织形式与组织结构

（一）我国商业银行的外部组织形式

目前，我国商业银行组织制度主要采取分行制，允许商业银行在全国范围或一定区域内设立分支行，各分行不具有独立法人资格，整个银行对外是一个独立法人。

我国商业银行实施分业经营制。《商业银行法》第三条规定，商业银行可以经营下列部分或者全部业务：吸收公众存款，发放短期、中期和长期贷款，办理国内外结算，办理票据承兑与贴现，发行金融债券，代理发行、代理兑付、承销政府债券，买卖政府债券、金融债券，从事同业拆借，买卖、代理买卖外汇，从事银行卡业务，提供信用证服务及担保，代理收付款项及代理保险业务，提供保管箱服务，其他业务。《商业银行法》第四十三条规定，商业银行在中国境内不得从事信托投资和证券经营业务，不得向非自用不动产投资或者向非银行金融机构和企业投资，但国家另有规定的除外。

（二）我国商业银行的内部组织结构

我国《商业银行法》规定，商业银行的组织结构适用公司法的规定。商业银行的体制、经营环境不同，其内部组织结构会有一定差异。下面以中国工商银行为例，分析我国商业银行的组织结构。

中国工商银行建立了由股东大会、董事会、监事会和高级管理层组成的组织结构，中国工商银行组织结构示意图，如图 1-3 所示。

股东大会是中国工商银行的权力机构，依法对重大事项做出决策，包括决定银行的经营方针和投资计划，审议批准银行的年度财务预算方案和决算方案，审议批准银行的利润分配方案和弥补亏损方案，修订银行章程、股东大会、董事会和监事会议事规则等。董事会是中国工商银行的决策机构，对股东大会负责。董事会下设风险管理委员会、战略委员会、审计委员会、提名委员会、薪酬委员会、关联交易控制委员会。监事会是中国工商银行的监督机构，向股东大会负责，对银行财务活动、风险管理和内部控制、董事会和高级管理层及其成员履职尽责情况进行监督。高级管理层是执行机构，对董事会负责。行长依据法律、法规、规章和银行章程规定、股东大会及董事会的授权行使职权。高级经营管理层设行长 1 名，副行长 1 名，其他行领导 2 名。

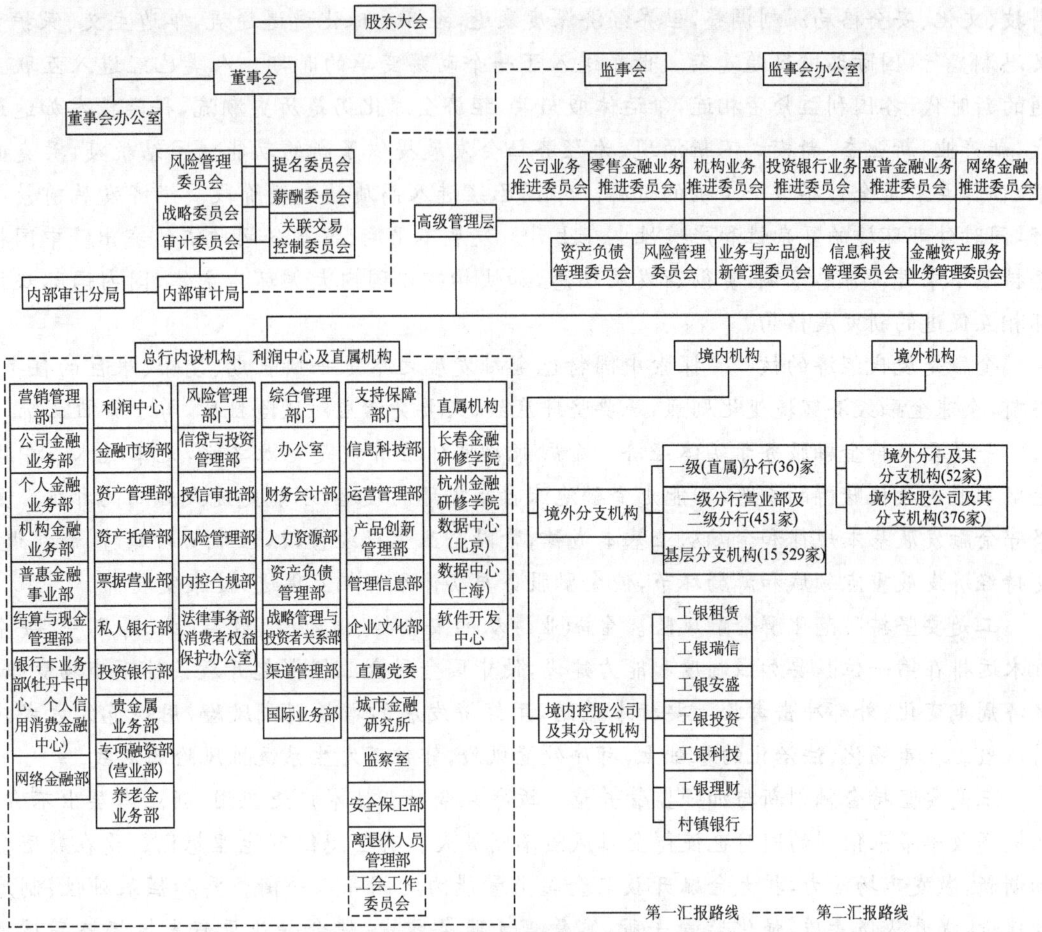

图 1-3 中国工商银行组织结构图

课程思政案例

中国金融不能走歪路、歧路、邪路

一、思政目标

本案例围绕以银行社会责任为核心的金融素质教育展开，重点让学生感悟可持续发展理念的重要性，强化学生对金融与实体经济互相促进、健康发展的理解，增强对学生的爱国主义教育，突出培养学生实现中华民族伟大复兴的时代责任感。

二、案例内容

2020 年 10 月 24 日，在中国金融四十人论坛在沪举办的 2020 第二届外滩金融峰会上，国家副主席王岐山致辞称，要坚持金融服务于实体经济。中国金融不能走投机赌博的歪路，不能走金融泡沫自我循环的歧路，不能走庞氏骗局的邪路。要坚守金融发展基本规律和金融从业基本戒律，使金融服务与实体经济相互促进、健康发展。

当前，世界百年未有之大变局叠加新冠肺炎疫情大流行肆虐全球，触动国际政治、经济、科技、文化、安全格局深刻调整，世界经济深度衰退，经济全球化遭遇逆流，单边主义、保护主义思潮盛行，国际环境日趋复杂。世界进入了一个动荡变革的时期。人类已经进入互联互通的新时代，各国利益紧密相连，命运休戚与共，经济全球化仍是历史潮流，科学技术加速迭代，新产业、新业态、新模式不断涌现，为经济社会发展提供了新的动能。团结抗疫，共克时艰，合作共赢是全世界唯一正确的选择。中国已经进入高质量发展阶段。经济发展前景向好，同时外部环境的复杂性和严峻性也在上升。发展不平衡、不充分问题依然突出。中国将坚持稳中求进工作总基调，贯彻新发展理念，加快构建以国内大循环为主体，国内国际双循环相互促进的新发展格局。

金融是现代经济的核心。探索中国特色金融发展之路是一项长期、复杂、艰巨的任务。当前，全球金融经济环境变化剧烈，既要坚守底线，又要灵活应对风险挑战，勇于除旧立新。

一是要坚持金融服务于实体经济。金融脱离实体经济就是无源之水，无本之木。中国金融不能走投机赌博的歪路，不能走金融泡沫自我循环的歧路，不能走庞氏骗局的邪路。要坚守金融发展基本规律和金融从业基本戒律，紧贴企业生产经营，抓住市场新趋势、新机遇，支持经济发展重点领域和薄弱环节，使金融服务与实体经济相互促进，健康发展。

二是要坚持防范化解金融风险。金融业遵从的安全性、流动性、效益性三原则中，安全性永远排在第一位。要加强制度和能力建设，使中国金融企业经得起开放条件下市场竞争、经济周期变化、外部冲击考验。要标本兼治，用经济发展的增量削减风险，用规范的方式应对风险。在市场化、法治化的基础上，有序处置风险，守住不发生系统性风险的底线。

三是要坚持金融创新与加强监管并重。近年来金融新技术广泛应用，新业态层出不穷，在提高效率带来便利的同时也使得金融风险不断放大。有理想但不能理想化。要在鼓励金融创新，激发市场活力，扩大金融开放与金融监管能力之间寻求平衡。要加强基础性、制度性建设，提升队伍素质，强化监管手段，寓管理于服务之中，使金融业更好支持经济高质量发展。

（摘选自 2020 年 10 月 24 日国家副主席王岐山在中国金融四十人论坛举办的 2020 第二届外滩金融峰会上的致辞。）

三、思考题

1. 如何理解商业银行经营安全性、流动性与效益性的关系？
2. 商业银行如何支持经济发展重点领域和薄弱环节？

参考文献

[1] 2020 年 10 月 24 日王岐山在 2020 第二届外滩金融峰会上的致辞，http://www.takungpao.com/news/232108/2020/1025/512383.html。

[2] 人民银行召开金融支持稳企业保就业工作座谈会，http://www.gov.cn/xinwen/2020-08/03/content_5532072.htm。

本章小结

1. 商业银行的性质。商业银行是以追求最大利润为目标，以多种金融负债与资产为经营对象，利用负债进行信用创造，为客户提供综合性、多功能服务的金融企业。商业银行既具有现代企业的一般特征，独立核算、自负盈亏、照章纳税，又是综合性、多功能、能够吸收活期存款的特殊金融企业。

2. 商业银行的职能与地位。商业银行拥有信用中介、支付中介、信用创造、金融服务和调节经济五大职能。商业银行在国民经济中处于重要地位，是整个国民经济活动的中枢，业务活动对社会货币供给有重要影响，是社会经济活动的信息中心，也是国家实施宏观调控的重要途径和基础。

3. 我国商业银行的经营管理原则。我国商业银行以安全性、流动性和效益性为经营管理原则，安全性是商业银行的第一原则，效益性是商业银行的最终经营管理目标。

4. 商业银行的设立。商业银行的设立要符合公平竞争、安全稳健和规模适度原则。商业银行设立的程序有申请登记、招募股份和验资开业三个步骤。

5. 商业银行的组织形式。商业银行的外部组织形式主要有三种类型，即单一银行制、分行制与持股公司制。我国商业银行主要采取分行制，实施分业经营模式。商业银行的内部组织结构，可分为决策机构、执行机构、监督机构和管理机构四个层次。

本章思维导图

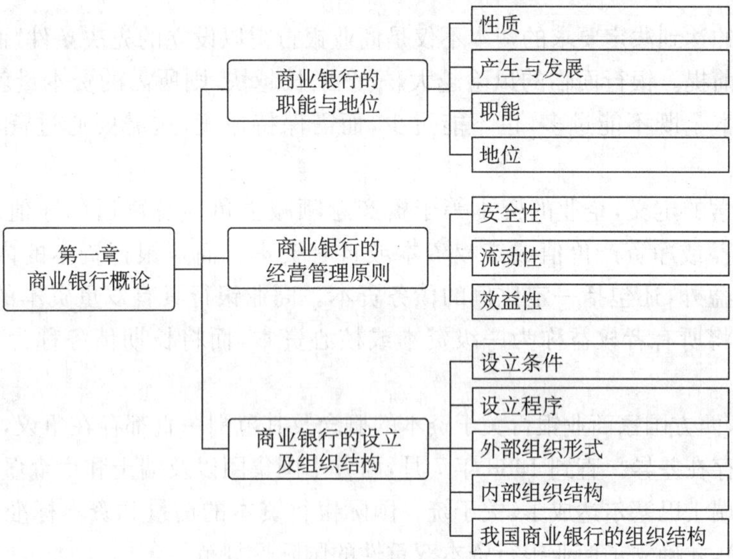

图 1-4　思维导图

思考题

1. 如何理解商业银行的性质？
2. 商业银行有哪些职能？
3. 简述商业银行在国民经济中的地位。
4. 如何理解我国商业银行的经营管理原则？
5. 我国商业银行设立的条件和程序是什么？
6. 简述商业银行的外部组织形式和内部组织结构。

第二章 商业银行资本管理

本章学习目标

资本是商业银行业务经营的基础和防范风险的根本保障。学生通过本章学习，应了解商业银行资本的功能，掌握商业银行资本的来源构成；了解《巴塞尔协议》产生的背景及其发展历程；掌握《巴塞尔协议Ⅰ》《巴塞尔协议Ⅱ》《巴塞尔协议Ⅲ》的主要内容及其评价；了解《巴塞尔协议》在中国的实施开展情况；掌握中国商业银行资本金的构成、资本充足率的计算方法、监管要求；掌握资本管理的策略。

第一节 资本金的构成与功能

一定数额的达到法定要求的资本不仅是商业银行得以设立的先决条件，而且是其生存、发展和壮大的前提。银行面临的风险越大，资产增长越快，则所需的资本量就越多。然而，商业银行的资本金既不能过多，也不能过少，而需保持适度，这需要通过资本金的管理来实现。

根据会计学的定义，企业的资本等于资产总额减去负债总额后的净值。这个净值被称为所有者权益或净资产价值或产权资本或自有资本。商业银行资本的内涵较为宽泛，除了所有者权益外，还包括一定比例的债务资本。商业银行具有双重资本的特点。为此，商业银行经常将所有者权益称为一级资本或核心资本，而将长期债务称为二级资本或附属资本。

长期以来，西方国家商业银行关于资本的概念及其范围一直都存在争议，各国商业银行的资本构成也存在差异。直到 1988 年 7 月，西方十国集团以及瑞士和卢森堡共十二个国家的中央银行在瑞士巴塞尔达成了《关于统一国际银行资本的衡量和资本标准的协议》(简称《巴塞尔协议》)，才确立了商业银行资本双重性的国际性规范。

一、商业银行资本的构成

(一) 股本:普通股和优先股

1. 普通股

银行普通股是一种所有权证书，代表普通股股东对银行的所有权。这种所有权体现在银行普通股股东享有分配和处置银行税后利润的权利，以及拥有制定和修改银行章程、任免银行董事会成员、决定银行经营大政方针的权利。银行普通股是银行资本来源的核心，具有永久性质。普通股通常来源于以下两种情况:一是在银行组建时，由投资者投资形成；二是在银行增资时，通过发行普通股形成。

普通股是银行资本来源的核心。增发普通股有助于增强银行的资本实力，增强抵御风险的能力，维护金融体系的安全。但增发普通股对银行现有股东而言，并非是最具吸引力的资本来源形式。其原因在于：一方面，增发普通股具有股权稀释效应，削弱了现有股东对银行的控制权，摊薄了现有股东在近期内的收益水平。另一方面，增发普通股的成本较其他资本来源形式相比要高，不利于银行市场价值最大化目标的实现。因而，银行在增加资本决策时，是否选择增加普通股融资，需要考虑以下几个因素：第一，其他资本来源的可得性及其资本构成的限制；第二，其他资本来源方式的灵活性及其成本。

2. 优先股

银行优先股也是一种权利证书，它代表优先股股东对银行的所有权。但这种所有权体现在银行优先股股东享有按照固定的股息率取得股息的权利，以及对银行清算财产分配权优于普通股股东的优先权，而不拥有对银行经营的表决权。实际上，优先股具有普通股和债券的双重特点。

优先股具有如下特性：第一，优先股融资不会稀释股权，可以减缓银行普通股股价和收益的下降。当银行需要补充资本时，发行普通股会带来普通股股价和每股收益的一定比例的降低，特别是在银行普通股股价低于面值时，这一比例的降低会导致市场对普通股的“消化”能力和接受能力的降低，造成银行普通股抛售的压力，对普通股股东构成极为不利的影响。而发行优先股则不然，与发行普通股相比，尽管发行优先股会增加固定股息支付的压力，但由于不会增加普通股股数，从而不会造成普通股股价和收益的比例下降，进而可以起到减缓普通股股价和收益下降的作用。第二，优先股的资本成本低于普通股。银行是按固定的股息率向优先股股东支付股息的，银行向优先股股东支付的股息小于向普通股股东支付的股利。第三，优先股无到期日，不存在偿还压力。第四，优先股融资具有财务杠杆效应。在正效应情况下，优先股融资可提高普通股的收益率。正是因为优先股的上述特性，银行普遍接受优先股这一融资方式。

（二）盈余：资本盈余和留存收益

盈余由两部分构成：一是资本盈余，二是留存收益。资本盈余是由外源资本渠道形成的盈余，而留存收益则是由内源资本渠道形成的盈余。

1. 资本盈余

资本盈余由两部分构成：一是资本公积，二是重估储备。

(1) 资本公积。资本公积是指由商业银行的投资者或其他人或其他单位投入，所有权归属于银行股东，但不构成银行股本的那部分资本。具体来说，资本公积来源于以下几个部分：①资本溢价。资本溢价是指投资者实际缴纳的出资额超过股本的部分。理论上，银行发行普通股和优先股融资时，股票发行价格可分为溢价、平价和折价。但在实际操作时，通常是按照等于或高于股票面值的价格发行。如果采取溢价发行，银行发行股票实际筹集的资金必然大于按面值计算的股本，超出股本以上的那部分就是资本溢价。资本溢价是资本公积来源的主体。②接受捐赠财产的价值。它包括银行接受的现金资产和非现金资产的价值，以及银行在对被投资单位的长期股权投资采用权益法核算时，银行按其持股比例计算的被投资单位接受捐赠的财产价值。③外币资本折算金额。这是指银行接受境外投资者的外币投资时，由于汇率变化而形成的按即期汇率计算的外币折算为记账本位币的金额与按签订出资协议时的汇率计算的外币折算为记账本位币的金额的差额。

(2) 重估储备。重估储备来源于对银行的某些资产的价值进行重新评估。重估储备可以通过两种形式产生:一种是对计入资产负债表的银行房产的正式评估,称作房产物业重估储备;另一种是来自隐藏价值的资本名义增值,是由于银行持有的有价证券价值上升所造成的,称为证券重估价值。

2. 留存收益

留存收益由盈余公积和未分配利润两部分构成。

(1) 盈余公积。盈余公积是指银行按照规定从税后净利润中提取的各种积累资金。我国银行的盈余公积包括:①法定盈余公积,是指银行按照有关法律规定的比例从税后净利润中提取的盈余公积。②任意盈余公积,是指根据股东会决定,按照规定的比例从税后净利润中提取的盈余公积。③公益金,是指银行按照规定的比例从税后净利润中提取的用于职工集体福利设施支出的基金。

(2) 未分配利润。未分配利润是指银行以前年度实现的,留待以后年度分配的留存利润。

(三) 债务资本:资本票据和债券

银行的债务资本是指固定期限不低于5年(包括5年),除非银行倒闭或清算,不用于弥补银行日常经营损失,且其要求权排在存款和其他负债之后的长期债务。因此,债务资本又称后期偿付债务或次级债务。这部分债务具有特殊性质,体现在:第一,这部分债务具有明确的利息和偿还期限,在性质上属于银行负债;第二,在银行倒闭或清算时,因其要求权安排在存款和其他负债之后,客观上发挥着保护存款人利益的作用,因而又具有资本性质。

银行的债务资本通常包括资本票据和债券两类。

1. 资本票据

资本票据是一种以固定利率计息的小面额后期偿付证券,其期限在7~15年。它可以在金融市场上出售,也可以向银行的客户推销。

2. 债券

债券包括两类:一类是资本债券,另一类是可转换债券。资本债券是指那些期限较长、发行面额较大的债务凭证。可转换债券是指银行发行的可按事先约定在一定时期内转换为普通股的资本性债券,这种债券既具有债券的性质,又具有股票的性质。

债务资本可以发挥资本的作用,是银行的补充性资本。它具有如下优势:第一,债务利息在税前列支,可降低筹资成本,提高银行股东收益率,实现企业价值最大化目标。第二,债务资本不会稀释银行股权,不会影响股东对银行的控制权。但是,因为债务资本在本质上还是银行的债务,到期需要偿还,因而,银行应控制次级债务规模,以免发生违约。

(四) 其他来源:储备金

储备金是指银行为了应付未来回购、赎回资本债务或防止意外损失,按照一定比例从税前利润中提取的各种准备金,主要包括偿债基金、贷款损失准备金和证券损失准备金等。

对于偿债基金,在未来需要回购和赎回债务资本时,银行用历年从税前利润中提取积累的偿债基金偿还债务,这部分基金客观上起到了替换债务资本的作用,因而,偿债基金具有补充资本的作用,是银行的一项资本来源。对于贷款损失准备金和证券损失准备金,当未来贷款、证券投资发生损失时,银行可以用历年从税前利润中提取和积累的这部分准备金予以弥补,客观上起到了与股本相同的作用,是银行的一项资本来源。由于这些准备金是在税前列支,可以享受税收优惠,同时又具有与股本相同的作用,因而备受商业银行的青睐。

二、商业银行资本的功能

各国对资本的定义不同,对资本功能的描述也不同。例如,联邦储备理事会对银行资本功能的描述是:对不可预见的损失能起缓冲作用,协助维持公众对某一银行的信心,当发生不能偿债的情况时对提款人提供部分保护,支持银行的合理增长。英国英格兰银行曾在1980年发表的一份"资本标准"中,确认资本的四个重要功能是:作为损失的缓冲;对潜在的存款者表明股东用自己的资金承担风险的意愿;提供无固定融资成本的资源;作为对总的经营基础投入资金的适宜形式。

一般来说,商业银行资本的功能主要有营业功能、保护功能和管理功能三项。

(一)营业功能

资本的营业功能是指资本是商业银行经营的基础。根据我国《商业银行法》相关规定,任何银行在设立时,必须首先筹集一定数量的资本金;否则,商业银行的设立就无从谈起。同时,银行设立时需要有营业场所、营业设备以及一定数量的铺底资金,这些方面投资所需的资金只能由股东投入的资本金来解决。随着银行规模不断扩大,营业场所和营业设备方面的投资也会随之增加,相应地,追加的资本金投入也会增大。

(二)保护功能

资本的保护功能是指资本是商业银行抵御经营风险、弥补资产损失的物质基础,进而可以起到保护债权人权益、保证商业银行经营安全的作用。

根据剩余索取权理论,股东是企业收益的索取者,也是企业损失的承担者。这主要体现在:一是企业经营取得的利润归股东所有,在会计核算上反映为所有者权益增加,即资本增加;二是企业经营发生的损失由股东承担,在会计核算上反映为所有者权益的减少,即资本减少。可见,股东投入的资本是企业抵御经营风险、弥补资产损失的重要物质基础。企业拥有充足的资本实力,就能有效抵御经营风险,一方面保护了债权人的权益,另一方面也保证了自身经营的安全。

作为特殊的金融企业,商业银行资本的保护功能更显突出。商业银行的业务经营体现在通过吸收存款的方式筹集资金,然后以贷款或投资的方式运用资金。贷款和投资业务的风险是客观的,一旦风险变为现实就会发生资产损失。因此,商业银行必须拥有充足的资本,以便有效抵御经营风险。由于商业银行是高负债企业,其资金来源的绝大部分是存款人的存款,因此,其对资本的要求也有别于一般企业,体现在资本的构成方面,除了所有者权益以外,还包括一定比例的债务资本。

需要强调的是,在实行存款保险制度之后,当存款人的存款遭受损失时,由存款保险机构进行补偿,这一制度虽然在一定程度上保护了债权人的权益,但是却不能完全取代资本的保护功能,因为存款保险制度对存款人权益的保护是有限度的。

(三)管理功能

资本的管理功能是指银行管理当局通过一系列资本指标对商业银行经营实施监督管理,同时商业银行自身也应加强资本管理以满足监管当局规定的最低资本要求。

信用中介功能是商业银行的最基本功能，商业银行通过负债业务，集中社会上的各种闲散货币资金，然后通过资产业务投向需要资金的各经济部门，实现社会资金在资金盈余方和赤字方之间的融通。在间接融资格局下，商业银行所具有的信用中介功能使其成为社会经济活动的枢纽，商业银行经营是否安全对整个金融体系的稳定有着至关重要的影响。然而，商业银行是一个高负债企业，同时其资产业务的风险又是客观存在的，因此，为保证金融体系的安全，各国银行监管当局都对商业银行实施强有力的监管，其中一项重要内容就是在资本方面制定一系列监管指标，如资本充足率等。从商业银行自身来看，为保证经营的安全，通过调整资产和负债业务，使相关的资本指标达到监管当局规定的要求。

第二节　资本充足性与《巴塞尔协议》

保持资本充足性是银行安全审慎经营的前提。这主要表现在：存款人希望银行拥有充足的资本，使其债权保障度得以维护；社会公众及金融管理当局也要求银行资本充足，以防止银行冒险经营，保证金融稳定地发展；从银行自身管理要求而言，保持充足的资本是其安全经营、稳定发展的前提和基础。因此，银行持有充足的资本既是风险管理的要求，也是在安全经营基础上追求更多利润的保障。

一、商业银行资本充足性及其意义

银行资本充足性是指银行资本数量必须超过金融管理当局所规定的能够保障正常营业并足以维持充分信誉的最低限度；同时，银行现有资本或新增资本的构成，应该符合银行总体经营目标或所需新增资本的具体目的。因此，银行资本充足性有数量和结构两个层面的内容。

（一）资本数量的充足性

资本数量的充足性受银行经营规模和金融部门管理规定等因素影响。从不同的角度出发，对资本数量充足性的认识也不尽相同。从金融管理当局维护银行的安全和银行体系稳定的角度看，其所规定的开业许可额是最低限额。从存款人角度看，小额存款人（一般指低于 50 万元）因其在银行倒闭时能按照存款保险制度获得全部偿付，因而对银行资本是否充足并不太关注；而未保险存款人的态度则恰恰相反。不同类型的银行家对资本数量的态度也不一样。稳健型的银行家为增强公众的信心，乐意保持更多一些的资本，而风险型银行家的态度则相反。然而，商业银行资本量的充足性同时包含资本适度的含义，保持过多的资本是没有必要的。首先，高资本量会有高资本成本，特别是权益资本成本不能省税，资本的综合成本大大高于吸收存款的成本，由此降低了银行的盈利性。其次，过高资本量反映银行可能失去了较多的投资机会，缺乏吸收存款的能力以及收回贷款的能力。因此，对商业银行而言，资本充足性是资本适度，并不是越多越好。

（二）资本结构的合理性

资本结构的合理性是指普通股、优先股、留存盈余和债务资本等应在资本总额中占有合理的比重。从静态角度看，资本结构是指债务资本与股权资本的比例关系，或指银行债务资本在总资本中所占的比重。从动态角度看，商业银行为了满足自身的成长需要，或为了降低融资成本,或为了增强融资灵活性等,它们会按一定的融资顺序增加资本或调整其资本构成。因此,商业银行的资本结构不是一成不变的,而是灵活的。合理的资本结构既可以降低商业银行的经营成本与经营风险,又可以使银行具备筹资灵活性和财务稳健性。

根据《巴塞尔协议》的分类,资本包括核心资本和附属资本。核心资本包括普通股、优先股、资本公积、盈余公积、未分配利润等。这些是银行真正意义上的自由资金。金融管理部门规定的资本最低限额必须由核心资本来满足。因此,核心资本在资本总额中所占的比重直接影响银行的经营风险。

规模不同的商业银行其资本结构应该有所区别。小银行为吸引投资者及增强其金融灵活性,应力求以普通股筹措资本;大银行则可相对扩大资本性债券,以降低资本的使用成本。资本结构还受银行经营情况变动的影响。贷款需求和存款供给是否充足会大大影响资本结构。当贷款需求不足而存款供给相对充分时,银行增资的方式应以增加附属资本为主;反之,应采取增加银行核心资本的做法。

二、商业银行资本充足性的衡量

由于银行资本充足性评价标准的多样化,因此,衡量银行资本充足性是一个非常复杂的工作。随着银行经营目标的变化以及银行资本管理理论的发展,银行资本充足性的衡量指标和方法也日趋科学合理。

(一) 比率分析法

比率是评价银行资本充足性最直观和简单的指标。比率分析法是指通过资本与资产负债表项目的各种比率指标来确定商业银行资本需要量的方法。常见的用于衡量资本充足性的指标有下述几个。

1. 资本与存款比率

这是最早用来衡量银行资本需要量的指标,由美国在20世纪30年代最先使用,后被许多国家采用。它表明银行资本对存款的耐力程度。为防止银行出现流动性风险,银行应保持一定的资本与存款比率。第二次世界大战前,各国银行普遍要求资本与存款的比率保持在10%左右。但是,银行的流动性风险主要来自贷款和投资等资产项目的变现能力不足,而不是存款,更不能将银行的风险与存款的规模视为正比例关系。因此这种方法逐渐被各国放弃。

2. 资本与总资产比率

由于银行的损失主要来自资产,该比例将银行资本量与全部资产挂钩,简洁明了,它能在一定程度上反映银行抵御资产意外损失的能力。由于这一比率计算比较方便,直到现在还常常被人们用来作为迅速测试资本需要量的一种方法。该比率一般要求在8%左右。但是,该指标未能考虑资产结构对资本需求量的影响。

3. 资本与风险资产比率

随着银行资产结构的变化,银行的风险资产增加,原先的资本与资产比率越来越显示出其缺陷。于是,商业银行家及金融管理当局设计了资本与风险资产比率,以此来真实反映商业银行的资本是否充足。一般认为,该比率至少要达到15%以上。比率中的风险资产是指不包括商业银行第一、第二级准备金在内的资产,只有这些资产才有必要考虑其保障程度。

这一指标将不必由资本给予保障的资产排除在外，较多地体现了资本“抵御资产意外损失”的功能，该指标比前两个指标更具科学性。

但是，资本与风险资产比率并没有考虑不同类别资产的风险差异，不同风险的资产对资本的需要量不同。

4. 资本与不同类型风险资产的比率

在考虑了不同资产对资本的不同要求后，提出了资本对于不同类型风险资产的比例，这一方法又称纽约公式。1952 年，该方法由美国纽约联邦储备银行设计，它根据商业银行资产风险程度的差异，将银行资产分为六类，并分别对每类资产规定了各自的资本要求比率。将银行资本需要量与资产风险程度挂钩，是资本与风险资产比率的深化。

(1) 无风险资产。它包括现金、存放同业、短期国债等第一、第二级准备金等流动性很强的资产。这类资产流动性高，风险极低，不需要资本做担保，即资本要求比率为 0。

(2) 风险较小资产。它包括 5 年以上的政府债券、政府机构债券、安全性较好的信用担保贷款等风险小于一般资产的贷款和投资。这些资产的流动性较高，风险较小，风险权数定为 5%，即纽约公式对其要求为 5%的资本保障。

(3) 普通风险资产。它包括除政府公债之外的证券投资和证券贷款，故又称有价证券资产。其风险较大，流动性也较差，故风险权重定为 12%。

(4) 风险较高资产。它包括财务状况较差、信用水平较低和担保不足的债务人的贷款。这类资产的风险权数为 20%。

(5) 有问题资产。它包括超过偿付期限的贷款、可疑贷款。银行持有此类资产遭受损失的概率很大，故其风险权数为 50%。

(6) 亏损资产和固定资产。亏损资产是指银行投入资本因损失而收不回来的资产。固定资产是指购置的进行生存、发展、开展业务的物质条件，是被固化了的资本。这类资产应由银行资本金抵偿，因而其风险权数为 100%。

银行在以上分类基础上，利用加权平均法将上述资产额分别乘以各自的资本资产比率要求，并进行加总，即可求得银行最低资本量。很明显，这一指标比前面的三个指标更具科学性。

(二) 综合分析法

综合分析法是西方商业银行采用的一种确定银行资本需要量的方法。该方法认为，银行资本需要量不仅受资产数量和结构的影响，同时还受银行经营管理水平和资产流动性等多种因素影响。因此，就必须综合多方面因素进行分析。

20 世纪 70 年代，美国金融监管当局认为影响资本需要量的非数量因素主要有八种：第一，银行的经营管理水平；第二，资产的流动性；第三，收益及留存盈余；第四，存款结构的潜在变化；第五，银行股东的特点和信誉；第六，营业费用的数量；第七，营业活动的有效性；第八，银行满足本地区现在与将来竞争需要的能力。

综合分析法虽然全面，但在某些方面的判断上不可避免地带有一定的主观性，常常影响分析结论的准确性。因此，在实际工作中，人们常常将综合分析法与比率分析法结合起来运用。

在以上银行资本充足性衡量的论述中，涉及了一些比率指标，这些指标从各个不同的侧面反映了对资本的要求。但是，由于西方各国关于银行资本量定义的不统一，资本充足性也没有规范标准，从而导致了在国际范围内商业银行资本管理的混乱。因此，统一国际商业银行资本构成并制定银行资本充足比例的国际监管条例就成为大势所趋。

三、《巴塞尔协议》产生的背景

为了加强银行资本的保护功能，促进国际银行体系的安全，消除国际银行在国际金融市场上的不平等竞争条件，1987 年 12 月 10 日，国际清算银行在瑞士的巴塞尔召开了由 12 个西方发达国家中央银行行长参加的会议，专门讨论加强经营国际业务的商业银行资本及风险资产的监管问题，并于 1988 年 7 月达成了《巴塞尔协议》。《巴塞尔协议》产生的背景主要有以下几个方面。

(一) 国际银行业竞争日趋激烈，资本与资产的比例呈下降趋势

20 世纪 60 年代以后，在负债管理理论的影响下，西方商业银行采取积极的扩张策略，使得资产负债规模迅速扩大，资本与资产的比例呈现不断下降趋势。1970 年，世界最大的 37 家银行的资本与资产的比例略大于 5%，到了 1980 年，该比例仅为 3.75%左右。资本与资产比例的下降趋势使得商业银行抵御信贷风险的能力降低，引起各国银行管理当局的高度关注。

(二) 金融衍生品交易量直线上升，国际银行业风险加大

20 世纪 60 年代以来，国际银行业金融创新活动迅速发展。特别是 20 世纪 80 年代后，随着期货业的出现，各种金融衍生工具层出不穷，并在国际银行业广泛使用，其交易量直线上升。这一现象使得国际银行业之间的关系更加复杂，相互依赖程度加深，资本在各国间的流动更加频繁和难以控制，一旦某个环节出现问题，将会对国际金融市场带来巨大的冲击，其后果是十分可怕的。

(三) 金融危机呈现国际化趋势

金融的国际化使得各国银行之间的关系日益密切和复杂，形成了一个错综复杂的金融链条，一旦这一链条中的某家银行发生倒闭，势必会波及链条中的其他银行。受此影响，某家银行破产倒闭所引发的金融危机，不仅仅影响该国家或地区的经济，还会波及其他国家甚至是世界经济，引发全球性的经济危机。20 世纪 80 年代，由墨西哥债务危机引发的拉美债务危机就是其中一例。金融危机的国际化趋势，使得各国银行管理当局意识到防范国际银行业风险已刻不容缓。

四、《巴塞尔协议》的内容

《巴塞尔协议》是 1975 年 2 月成立的国际性常设跨国银行监督管理机构——巴塞尔委员会颁布的一系列国际统一银行监督管理的重要文件的统称。自从巴塞尔委员会成立以来，颁布了一系列有关商业银行资本金标准和风险管理的指导性文件。随着经济情况的变化，《巴塞尔协议》也在不断地发展，这里重点介绍与资本有关的文件及 1988 年、2004 年和 2010 年巴塞尔协议。

(一) 1988 年《巴塞尔协议Ⅰ》的主要内容

为促进世界各国商业银行的公平竞争，并增强国际金融体系的安全性，1988 年西方

12 国的中央银行在瑞士巴塞尔达成了《关于统一国际银行资本衡量和资本标准的协议》(以下简称《巴塞尔协议Ⅰ》),规定 12 个参加国应以国际可比性及一致性为基础,制定各自的银行资本的标准及规定。其主要内容包括:监管资本及其构成;银行资产的风险权重和加权比率以及表外项目的信用转换系数;标准化比率指标和过渡期的实施安排。

1. 监管资本的构成

该协议把资本分成两部分:第一级资本称为核心资本,由股本和税后留利中提取的储备金组成;第二级资本称为附属资本,由未公开储备、重估准备、普通呆账准备金、带有债务性质的资本工具、长期次级债务所组成。

《巴塞尔协议Ⅰ》对银行资本定义的依据为:银行资本的构成部分应取决于资本吸收银行损失的能力,而不是银行资本的不同形式。因此,银行资本应以吸收表内、表外业务可能产生的损失为基础。但是,世界各国对银行资本构成因素和解释并不一致。

1) 核心资本

核心资本具有资本价值相对稳定的特点,由永久性股东权益和公开储备组成。永久性股东权益包括已经发行并完全缴足了的普通股股本和永久性非累积优先股;公开储备是指以留存盈余或其他盈余形式在资产负债表上明确反映的储备,包括股票溢价、资本增值、未分配利润和每年利润中提留的收益等。另外,对于综合列账的银行持股公司,核心资本还包括其不完全拥有的子公司中的少数股东权益。

2) 附属资本

附属资本又称补充资本,是处于次要地位的资本,主要由非公开储备、重估储备、普通准备金及普通呆账准备金、带有债务性质的资本工具、次级长期债务组成。

(1) 非公开储备。它是指不在银行资产负债表上公开标明的储备,这种储备与公开储备具有相同的质量,可以自由、及时地被用于应付未来不可预见的损失。由于其没有公开于资产负债表中,许多国家不承认其为资本的合法构成部分,因此不能被包括在核心资本中,且只有在国家金融监督机构允许的条件下方可进入附属资本之内。

(2) 重估储备。它来源于对银行某些资产价值进行重新评估,以便反映其真实市值,或者使其相对于历史成本更接近于真实市值,并且将重估的储备包括在银行的资本中。《巴塞尔协议Ⅰ》认为,重估储备可以通过两种形式产生:一种是对计入资产负债表的银行房产的正式重估,称作房产物业重估储备;另一种是来自隐藏价值的资本名义增值,是由于银行持有的有价证券价值上升所造成的,称为证券重估价值。

巴塞尔委员会认为,重估储备计入附属资本的条件是监管机构认为这些资产是审慎作价的,并且充分反映了价格波动及被迫强制销售的可能性。另外,巴塞尔委员会认为,在列入附属资本之前,应对重估储备的账面价值和市场价值之间的差额打 55%的折扣,以反映市场价值波动的风险,以及一旦增值收益实现后需要纳税的可能性。

(3) 普通准备金及普通呆账准备金。它们是银行为了防备未来可能出现的亏损而设立的准备金,可以列入银行的附属资本。不过,如果是为了已经确认的损失或者为了某项特别资产明显下降而设立的准备金,则不能用来防患未确定的损失,因此,不能列入附属资本范围之内。

(4) 带有债务性质的资本工具。这类资本工具既带有一定的股权性质,又有一定的债务性质，能够在不必清偿的情况下承担损失、维持经营，因而可以列为附属资本。《巴塞尔协议Ⅰ》规定，这类资本工具必须符合下列要求：第一，它们是无担保的、从属的和缴足金额的；第二，它们不可由持有者主动赎回，未经监管当局事先同意也不准赎回；第三，除非银行被迫停止交易，否则它们须用于分担损失；第四，虽然基本工具会带来连带付息的责任，而且还不能像普通股的股息和红利那样削减或延期支付，但是当银行盈利不敷支出时，可以允许推迟支付这些利息。

《巴塞尔协议Ⅰ》认为，累积性优先股可列入该种资本内。另外，加拿大的长期优先股、法国的经常变动的参与证券和从属证券、英国的循环从属债务和优先股及美国强制性的可转换债务工具也可列入这一范畴。

(5) 次级长期债务。这类资本包括普通的、无担保的、初级锁定期限最少在5年期以上的次级债务资本工具和不许赎回的优先股。这类工具由于期限固定，并且通常不用于分担继续从事交易的银行损失，因此，必须对其在资本中所占的比例严格加以限制。《巴塞尔协议Ⅰ》规定，这类债务最多不能超过核心资本的50%。

在规定了两级资本之后，《巴塞尔协议Ⅰ》又指出，为计算以风险加权的资本比率，应将商誉从核心资本中扣除，并扣除没有综合到银行集团的资产负债表中的、对从事银行业务和金融活动的附属机构的投资，以避免同一资本来源在一个集团的不同机构中重复计算。

为了不对某些国家内银行体系在结构方面的重大变革(如银行资本的集中、兼并等)造成妨碍，巴塞尔委员会暂时不赞成从银行资本中扣除其所持有的、由其他银行或接受存款公司所发行的资本。

2. 资产风险权重的规定

20世纪80年代中期前，发达国家的金融管理当局所规定的银行最低资本限额仅与银行的总资产有关，而与银行资产的质量与风险没有直接的联系。1986年，美国金融管理当局首先提出银行资本数额应反映银行资产的风险程度。银行资本应能够吸收与消化由于客户违约而产生的损失。

1) 资产负债表内的资产风险权数

根据资本与风险资产对称的规律，银行最低资本限额应建立在资产的风险等级之上。各国在银行表内资产风险类别与风险权数的判断标准上各不相同。《巴塞尔协议Ⅰ》对资本充足性规定了国际统一的标准。该协议把表内资产分成四类，其风险权重分别为0、20%、50%和100%。资产风险权数根据资产风险大小而定，风险越小的资产，其风险权数越小；反之，则越大。

银行在风险权数给定的基础上，利用加权平均法，将各项资产的货币数额乘以其风险等级权数，得到该项资产的风险加权值，各级风险加权值的累加值即为银行表内风险加权资产。它是确定银行资本限额的重要依据之一。表内风险资产的计算公式为：

$$表内风险资产 = \sum 表内资产额 \times 风险权数$$

根据《巴塞尔协议Ⅰ》，风险资产的类别及相应的权数为：

(1) 0风险权数的资产。它包括：第一，现金；第二，以本币定值，并以此通过对央行融通资金的债权；第三，对经济合作与发展组织(OECD)成员国，或对国际货币基金组织达成与其借款总体安排相关的特别贷款协议的国家的中央政府或央行的其他债权；第四，用现金或者用 OECD 国家中央政府债券做担保，或由 OECD 国家的中央政府提供担保的贷款等。

(2) 20%风险权数的资产。它包括：第一，对多边发展银行的债权以及由这类银行提供担保或以这类银行的债券做抵押的债权；第二，对 OECD 国家内的注册银行的债权以及由 OECD 国家内注册提供担保的贷款；第三，对 OECD 以外国家注册的银行余期在 1 年内的债权和由 OECD 以外国家的法人银行提供担保的、余期在 1 年内的贷款；第四，托收中的现金款项；第五，对非本国的 OECD 国家的公共部门机构的债权，以及由这些机构提供担保的贷款等。

(3) 50%风险权数的资产。完全以居住用途的房产做抵押的贷款归入这一类。

(4) 100%风险权数的资产。它包括：第一，对私人机构的债权；第二，对 OECD 之外的国家的中央政府的债权；第三，对公共部门所属的商业公司的债权；第四，房屋设备和其他固定资产；第五，不动产和其他投资；第六，所有其他的资产等。

2) 资产负债表外项目的信用转换系数

银行资产负债表外业务的迅速发展及其资产风险增大，银行资本要求也应包含和体现这类活动可能产生的损失。但表外业务风险测定非常困难，《巴塞尔协议Ⅰ》建议采用信用转换系数把表外业务额转换为表内业务额，然后再根据表内同等性质的项目进行风险加权。

《巴塞尔协议Ⅰ》把银行的表外项目分成五大类，并对前四类表外业务分别给定了信用转换系数，第五类则因其与外汇和利率有关而须做特别处理。资产负债表外业务及其信用转换系数如下，各国可根据其市场业务的做法，在有限的范围内将特定的表外业务划入下面所列的业务之内：

(1) 100%信用转换系数的表外业务。它包括：第一，直接信用替代工具，如保证和承兑；第二，销售和回购协议以及有追索权的资产销售；第三，远期资产购买、超远期存款和部分缴付款项的股票和代表承诺一定损失的证券。

(2) 50%信用转换系数的表外业务。它包括：第一，某些与交易有关的或有项目；第二，必票据发行融通和循环报销便利；第三，其他初始期限在 1 年以上的承诺。

(3) 20%信用转换系数的表外业务。有自行偿付能力的与贸易有关的或有项目。

(4) 0 信用转换系数的表外业务。类似初始期限在 1 年以内的，或可以在任何时候无条件取消的承诺均属此列。

(5) 与外汇和利率有关的或有项目。商业银行在这里项目的交易中，可能发生的损失仅仅是替换成本，而非交易合同所代表面值的信用风险。为此，《巴塞尔协议Ⅰ》建议使用现时风险暴露法和初始风险暴露法这两种特殊的处理方法。

信用转换系数是表外业务转换为表内资产的前提条件，也是正确计算银行风险加权资产的重要依据，表外风险资产的计算公式为：

$$\text{表外风险资产} = \sum \text{表外资产} \times \text{信用转换系数} \times \text{表内相对性质资产的风险权数}$$

3.《巴塞尔协议Ⅰ》的实施要求

在对表内资产风险权数及表外项目的信用转换系数讨论的基础上，就可以计算银行资本充足性。《巴塞尔协议Ⅰ》中规定在计算公式为：

$$一级资本比率=\frac{核心资本}{风险资产总额}\times 100\%$$

$$二级资本比率=\frac{附属资本}{风险资产总额}\times 100\%$$

$$资本对风险资产比率=\frac{核心资本+附属资本}{风险资产总额}\times 100\%$$

《巴塞尔协议Ⅰ》有其具体的实施要求：国际大银行的资本对风险资产比率应达到8%以上，其中核心资本至少要占总资本的50%，一级资本比率不应低于4%；附属资本内普通贷款准备金不能高于风险资产的1.25%，次级长期债务的金额不得超过一级资本的50%。

虽然《巴塞尔协议Ⅰ》的规定并不具有强制性，但它是当今国际银行业最重要的公约之一，对从事国际业务的商业银行来说，具有很强的约束力。

4. 对《巴塞尔协议Ⅰ》的评价

《巴塞尔协议Ⅰ》是在认识到银行资本金是抵御银行风险的一道防火墙的前提下，规定银行必须保持一定的资本充足比率，从而抵御银行信用风险和化解债务危机的协议。该协议虽然没有任何官方约束力，但却约定俗成地适用于所有从事国际业务的银行机构。该协议自发布以来，满足特定资本充足率已成为银行从事国际银行业务的通行证。《巴塞尔协议Ⅰ》的颁布和实施，不仅有助于国际商业银行资本的统一规范管理，缩小各国在金融管理方面的差异，而且有利于建立优胜劣汰的机制，使得各国商业银行能够平等竞争，提高资源在全世界范围内的优化配置。

不可否认，《巴塞尔协议Ⅰ》在加强资本金管理、提高银行风险抵御能力、限制银行资产的无节制扩张和化解债务危机等方面表现出强劲的生命力。但是，随着越来越多的金融衍生工具的运用、资产证券化和银行控股公司的出现，《巴塞尔协议Ⅰ》也不断地面临着实践的挑战。

(1)《巴塞尔协议Ⅰ》对于风险外延的和内涵的界定比较狭隘。《巴塞尔协议Ⅰ》仅仅考虑信用风险，忽视了其他风险。人们从巴黎银行、大和银行的倒闭到东南亚金融危机，逐步认识到信用风险不是唯一影响银行安全的风险因素。银行实际上处于一个动荡不安的市场中，受到市场风险、操作风险、利率风险和流动性风险等其他风险的困扰和侵袭。即使满足8%的资本充足率，也并不意味着银行可以高枕无忧。

(2)《巴塞尔协议Ⅰ》滞后于金融创新。金融监管的过程就像是一场追逐的游戏，被监管者始终都跑在监管者的前面。被监管的银行为了逃避监管，总喜欢寻找监管的漏洞，不断开发出并不违背监管条例的创新工具而"逍遥法外"，从而实现监管套利。例如，金融资产证券化、金融控股公司的广泛建立以及银行全能化等工具创新和组织创新，不仅使监管部门鞭长莫及，而且引发了信用风险以外的其他风险。

(3)《巴塞尔协议Ⅰ》对非OECD成员国有歧视待遇。对于非OECD成员国银行、政府超过1年的债权，无论其信用程度如何，风险权重均为100%；而由OECD成员国对金融机构担保的债权，则一律为20%。这使得非OECD成员国银行不得不保持更多的资本储备，从而降低其财务杠杆效应，削弱了其国际竞争力，不利于其从事国际金融业务，参与国际竞争。

(4) 风险敏感度不高。《巴塞尔协议Ⅰ》规定的风险权重过于单一，对于OECD成员国仅有 0、20%、50%及 100%四个档次，无法反映信贷风险的真实程度。当不同风险资产在同一档次中转换时，风险权重无法随之变化。即在同一风险权数等级中，没有进一步对信贷风险进行细化。例如，对 AAA 级公司发放的贷款与发放给 CCC 公司的贷款的风险权数没有差别。因此，有限的风险权重档次并不能充分体现各种资产之间的信用差别，也就难以准确反映银行面临的真实风险。

此外，《巴塞尔协议Ⅰ》还忽略了信贷风险可以通过组合分散的可能性。当资产和资产组合信贷风险之间具有相关关系时，可以通过资产组合的分散，控制一部分信贷风险。《巴塞尔协议Ⅰ》中风险权重的设定实际是假设各种资产的风险具有独立性。

(二) 2004 年《巴塞尔协议Ⅱ》的主要内容

《巴塞尔协议Ⅰ》以不同形式在全世界 100 多个国家被采用。然而，随着技术进步和金融创新，巴塞尔委员会认识到有必要对协议进行修改。经过成员国以及全球银行监管当局的广泛讨论，巴塞尔委员会分别公布了三次意见征询稿，最终于 2004 年 6 月通过了《统一资本计量和资本标准的国际协议：修订框架》(以下简称《巴塞尔协议Ⅱ》)，并于 2006 年年底在成员国开始实施。

《巴塞尔协议Ⅱ》包括最低资本规定、监管当局的监管检查以及市场纪律三大支柱。其中，监管当局的监督检查以及市场纪律是最低资本要求的补充。三大支柱相辅相成，有助于提高金融体系的安全性和稳健性。

1. 第一支柱：最低资本规定

《巴塞尔协议Ⅱ》承袭了《巴塞尔协议Ⅰ》中对资本的界定以及对资本充足率的要求。《巴塞尔协议Ⅱ》解决的是对风险加权资产的风险计量问题。第一支柱涵盖了对市场风险、信用风险和操作风险的资本要求。其中，操作风险是指由于不正确的或错误的内部操作过程、人员、系统或外部事件导致直接或间接损失的风险。根据《巴塞尔协议Ⅱ》，总资本比率的分母等于所有信用风险加权的风险资产加上 12.5 倍的市场风险和操作风险的资本要求。即：

$$资本充足率=\frac{资本总额}{信用加权资产+12.5\times(市场风险的资本要求+操作风险的资本要求)}\geqslant 8\%$$

假定某一银行的信用风险加权资产为 875 美元，对市场风险的资本要求为 10 美元，对操作风险的资本要求为 20 美元，那么总资本比率的分母为 1 250 美元[875+(10+20)×12.5]。《巴塞尔协议Ⅱ》中要求的资本总额与总风险加权资产比率仍然为 8%。

对于信用风险的衡量，可以循序渐进地采用标准法、初级内部评级法或高级内部评级法。标准法是在《巴塞尔协议Ⅰ》中处理信用风险的方法上修改而成，该方法以外部评级机构对信贷资产和借款人的信用评估作为分析的基础。在内部评级法中需要确定的参数有违约概率、违约损失率、违约风险暴露和有效期限。如果银行可以决定四个参数，则称为高级法；如果银行仅有权限决定违约概率，则称为初级法。只有满足信息披露、遵守监管审查的最低要求的银行才可以选择内部评级法。这种循序渐进的方法将鼓励银行不断提高计量和管理风险的能力。《巴塞尔协议Ⅱ》中对于操作风险的度量同样提供了三种循序渐进的方法，即基本指标法、标准法和内部度量法，并且提出未来银行可以根据自身的损失分布、业务类型和风险种类逐步实行操作损失分布法。

2. 第二支柱:监管当局的监督检查

监管当局的监督检查被视为最低资本要求和市场纪律的重要补充。但是,监管当局的监督检查无法替代管理部门的经验和判断。管理层最了解银行面临的风险,因此保证资本充足率的责任仍然在管理层。确保银行能够在全面风险评估的基础上进行完善的资本充足性估算是第二支柱的目标。监管当局将负责评估银行相对于其承担的风险水平资本是否充足,包括银行是否妥善处理了不同风险之间的关系。在第二支柱中,巴塞尔委员会希望银行与监管当局能够积极展开对话,当资本不足时,可以迅速果断地采取措施降低风险和补充资本金。由此,监管部门可以集中精力对付那些问题银行。此外,监管当局必须负责衡量在第一支柱下银行是否满足使用内部评级法的最低要求。

监管当局进行监督检查必须遵循以下四项原则:第一,银行应具备与其风险状况相适应的评估总量资本的一整套程序,以及维持资本水平的战略。第二,监管当局应检查和评价银行内部资本充足率的评估情况及其战略,以及银行监测和确保满足监管资本的能力,若对最终结果不满意,监管当局应采取适当的监管措施。第三,监管当局应希望银行的资本高于最低监管资本比率,并应有能力要求银行只有高于最低标准的资本。第四,监管当局应争取及早干预,从而避免银行的资本低于抵御风险所需的最低资本水平;如果资本得不到保护和修复,则需迅速采取补救措施。

此外,监管当局可通过现场检查、非现场检查或与银行相关部门约谈,以监督检查最低标准的遵守情况。监管当局可能需要充实并重新配置资源,以支持第一制度下先进计量法实施的监督检查。

监管当局还需要检查其他方面的内容,包括监督检查的透明度以及对银行账簿利率风险的处理。将利率风险放在第二支柱中处理,是因为需要的假设条件太多,巴塞尔委员会相信监管当局的监督检查比单一的资本规定能更好、更有效地处理这类风险。

3. 第三支柱:市场纪律

巴塞尔委员会相信市场纪律具有强化资本监管、帮助监管当局提高金融体系安全稳健的潜在作用。银行有效的信息披露可向市场参与者提供信息,发挥市场的约束作用。《巴塞尔协议Ⅱ》对银行定性和定量信息披露的内容以及披露的频率和渠道也做出相关规定。不能自始至终满足信息披露要求的银行将不具备使用内部评级的资格,但巴塞尔委员会并不要求披露专有信息,也不希望增加银行不必要的负担。

4.《巴塞尔协议Ⅱ》的突破和完善

1) 最低资本规定

《巴塞尔协议Ⅱ》继承了《巴塞尔协议Ⅰ》以资本充足率为核心的监管思路,强调资本金要求的核心地位,但是《巴塞尔协议Ⅱ》中的最低资本规定又对《巴塞尔协议Ⅰ》进行了大刀阔斧的改革,具体体现在以下几个方面:

(1)《巴塞尔协议Ⅱ》中风险的外延得到了扩展。《巴塞尔协议Ⅱ》中风险的外延扩展到市场风险、操作风险和利率风险。随着金融衍生工具的广泛运用和金融自由化的趋势,信用风险、操作风险和其他风险相互交织,威胁着银行经营的稳健性,加大了银行的经营风险,屡屡将银行推向破产的边缘,威胁着整个金融体系的稳定。全面风险管理的概念早在 1997 年 9 月推出的《有效银行监管的核心原则》中就已经确立了。虽然该文件未能提供具有操作性的监管办法和完整的计量模型，但它为《巴塞尔协议Ⅱ》的全面风险管理深化埋下了伏笔。《巴塞尔协议Ⅱ》就是一个比较完善的、包容各种风险的计量模型，它充分体现了风险和资本要求相对称的原则。

(2)《巴塞尔协议Ⅱ》对资信水平高的银行和企业予以承认，不再寻求所谓的国家下线。若银行和企业享有高于注册国的外部评级，对其风险暴露可以享受优惠风险权重。同时，银行对其他银行的以本币计值并以本币作为资金来源的短期债权亦享受优惠风险权重。这些方案更加客观地反映了风险的情况，破除了国别歧视，有利于公平竞争。

(3) 风险敏感度增强。在企业风险暴露的风险权重中增加150%的风险档，对低资信企业的风险权重也有所调整，扩大了150%风险权重下涵盖的项目等。这些举措都是巴塞尔委员会对提高风险敏感程度所做出的努力，使模型能够更有效地辨别风险。

(4) 改进了计量方法。对于信用风险的计量有标准法、初级的内部评级法和高级的内部评级法；对于操作风险有基本指标法、标准法和内部计量法。银行和监管部门可以根据掌握的资源和技术力量，循序渐进地选择特定的计量方法。这些计量方法的设计采取了激励和约束机制。选择比较高级的方法的银行必须满足一些基本前提，但是可以享受更多的自主权或者享受某种权重优惠，或者可以在国际融资市场以较低的资金成本筹集资金。这样就激发了银行的升级愿望，使银行不再是被动地适应监管要求，而是主动地去配合监管部门的审查，满足监管要求。

(5) 承认了某些信用缓解技术，如抵押、担保和信用派生品等，更侧重于这些技术的风险特性，而不是表面形式。鉴于某些风险缓解技术可能会带来其他形式的风险，巴塞尔委员会根据各种方法制定了最低操作标准。这使得《巴塞尔协议Ⅱ》能够更加客观地度量信用风险，摒弃了《巴塞尔协议Ⅰ》过于僵化呆板的计算模式。

(6) 扩大了资本的约束范围。针对各界对《巴塞尔协议Ⅰ》的批评，《巴塞尔协议Ⅱ》对诸如组织形式、交易工具等的变动，提出了相应的资本约束对策。对于单笔超过银行资本规模经营15%的对非银行机构的投资，或者这类投资的总规模超过银行资本规模，就要从银行资本中减除相同数额；对于以商业银行业务为主的金融控股公司以及证券化资产，则重新制定了资本金要求，要求银行提全、提足所有种类、各种形式资产的最低资本金；此外，还充分考虑到了控股公司下不同机构的并表问题，并已着手推动与保险业监管机构的合作，拟制定新的相应规则来形成金融业联合监管的架构，以适应银行全能化发展的大趋势。

2) 监管当局的监督检查

《巴塞尔协议Ⅱ》强调监管部门的监督检查，但始终坚持银行管理部门负有保持资本充足的责任。同时，《巴塞尔协议Ⅱ》注意到银行作为利益主体可能会利用信息的不对称做出违背监管规则的逆向选择，并由此产生道德风险的问题。因此，将监管部门的监督检查提上日程，并对监管部门的职责做了全面规定，使各国中央银行或其他监管部门都有了一个明确而详尽的行动指南。

3) 市场约束

《巴塞尔协议Ⅱ》强调市场约束在强化资本监管、帮助监管当局提高金融体系安全稳健方面的作用。如果市场参与者能够主动、积极地关注银行的经营状况，并且参与银行的监管，银行在千千万万投资者的注视下必然会产生控制风险水平、强化风险管理的内在要求。

市场的约束力量会比监管部门的监管有效得多。要使市场真正对银行发挥作用,先要解决信息披露的问题,使市场能够及时了解到银行的财务水平、风险水平和所持有的资本数量等信息。《巴塞尔协议Ⅱ》对银行的信息披露的内容、渠道和频率等都做出了相关规定,为市场机制发挥作用创造了信息条件。

(三)《巴塞尔协议Ⅲ》的内容

《巴塞尔协议Ⅱ》于 2008 年在全球范围内实施,但正是这一年,爆发了美国次贷危机。这次席卷全球的次贷危机真正考验了《巴塞尔协议Ⅱ》,也促使其在危机中不断得到修订和完善。巴塞尔委员会最终于 2010 年 9 月通过了修订后的《巴塞尔协议Ⅲ》,其内容主要有以下几方面。

1. 提高资本充足率要求

根据这项协议,全球商业银行在 2015 年之前,核心资本充足率的下限由 4%提高至 6%,普通股构成的核心一级资本占风险资产的下限由 2%上调至 4.5%,同时计提 2.5%的资本防护缓冲资本和不高于 2.5%的反周期缓冲准备资本,这样核心资本充足率的要求可达到 8.5%~11%,总资本充足率要求仍维持在 8%不变。资本留存缓冲要求银行在 2016 年 1 月至 2019 年 1 月予以落实。

2. 严格资本扣除限制

对于少数股权、商誉、递延税资产、对金融机构普通股的非并表投资、债务工具和其他投资性资产的未实现收益、拨备额与预期亏损之差、固定收益养老基金资产和负债等计入资本的要求有所改变。

3. 扩大风险资产覆盖范围

提高了再资产证券化风险暴露的资本要求,增加了压力状态下的风险价值,提高了交易业务的资本要求,提高了场外衍生品交易和证券融资业务的交易对手信用风险的资本要求等。

4. 引入杠杆率

为弥补资本充足率要求下无法反映表内外总资产的扩张情况的不足,减少对资产通过加权系数转换后计算资本要求所带来的漏洞,推出了杠杆率,并逐步将其纳入第一支柱。

5. 加强流动性管理

为了加强流动性管理,降低银行体系的流动性风险,引入了流动性监管指标,包括流动性覆盖率和净稳定资产比率。同时,巴塞尔委员会提出了其他辅助监测工具,包括合同期限错配、融资集中度、可用的无变现障碍资产和与市场有关的监测工具等。

6. 强化系统重要性银行的监管

对系统重要性银行提出 1%的附加资本要求,降低"大而不能倒"带来的道德风险。同时,巴塞尔委员会与金融稳定局着手研究一项针对具有系统重要性银行的综合方案,可能包括资本附加费和或有资本等。

第三节 商业银行的资本管理策略

根据《巴塞尔协议》,商业银行的资本充足率必须达到规定的要求。如果资本充足率未达到规定的要求,商业银行就必须根据自身的具体情况,采取一定的对策,使资本充足率达到规定要求。根据资本充足率的计算方法，资本管理的对策应从以下两方面入手：一是增加资本总量，优化资本结构；二是压缩资产规模、调整资产结构，降低风险资产额，防范市场风险和操作风险。通常前者称为分子对策，后者称为分母对策。

一、分子对策

所谓分子对策，是指通过增加资本总量或调整资本结构，使资本充足率达到规定要求的对策。

(一) 资产持续增长模型

在一定的利润率水平下，银行盈利与其资产规模是成正比的，因此，为实现盈利性目标，银行应保持资产持续增长。美国经济学家戴维·贝勒于 1978 年提出了银行资产持续增长模型。

银行资产持续增长率为：

$$SG_1 = \frac{TA_1 - TA_0}{TA_0} = \frac{\Delta TA}{TA_0}$$

上式中：SG_1 表示银行资产持续增长率，TA_0 表示银行总资产，ΔTA 表示银行资产增加额。

又因为，在既定的资本充足率要求下，银行资产增长率与股本增长率成正比，因此有：

$$\begin{aligned} SG_1 &= \frac{\Delta TA}{TA_0} \\ &= \frac{\Delta EC}{EC_0} \end{aligned}$$

上式中：EC_0 表示银行股总股本，ΔEC 表示银行股本增加额。

对公式可进一步整理如下：

$$\begin{aligned} SG_1 &= \frac{\Delta EC}{EC_0} = \frac{EC_1 - EC_0}{EC_0} = \frac{[EC_0 + ROA \times (1-DR) \times TA_1] - EC_0}{EC_0} \\ &= \frac{ROA \times (1-DR) \times TA_1}{EC_0} = \frac{ROA \times (1-DR)}{EC_0/TA_1} \\ &= \frac{ROA \times (1-DR)}{\frac{[EC_1 - ROA \times (1-DR) \times TA_1]}{TA_1}} \\ &= \frac{ROA \times (1-DR)}{\frac{EC_1}{TA_1} - ROA \times (1-DR)} \end{aligned}$$

公式中：ROA 表示资产收益率，DR 表示银行红利分配比例，$\frac{EC_1}{TA_1}$ 表示资本比率。

可以看出，银行资产持续增长率与银行资产收益率（ROA）成正比，与银行红利分配比例（DR）成反比，与银行资本比率（EC_1/TA_1）成反比，与银行利润留存比例[$ROA \times (1-DR)$]成正比。

若考虑外源资本因素，公式还可以改写为：

$$SG_1 = \frac{ROA \times (1-DR) + \Delta EK/TA_1}{EC_1/TA_1 - ROA \times (1-DR)}$$

公式中：ΔEK 表示外源资本增加额。

公式表明，在既定的资本比率下，银行资产增长率与利润留存比例成正比，与外源资本增加额成正比。因此，要保持资产持续增长，必须增加利润留存和外源资本。

（二）内源资本策略

利润留存的方式增加资本是银行补充资本的一条重要途径。与外源资本融资相比，内源资本融资具有诸多优点：第一，不必通过公开市场筹集资本，可以免去发行成本，因而可以降低融资成本；第二，相对于发行普通股而言，不会稀释股权，从而不会导致股东控制权的削弱和股东每股收益的降低。

内源资本融资也具有一定的局限性，体现在：第一，内源资本融资的多少取决于银行的盈利状况。在红利分配比例不变的情况下，银行的盈利水平提高，留存利润会相应增加，从而可以支持更多的资产增长；反之，则相反。第二，内源资本融资的多少取决于银行的股利分配政策。在盈利水平既定的情况下，银行的股利分配比例降低，利润留存比例提高，留存利润会增加，从而可以支持更多的资产增长；反之，则相反。由于降低股利分配比率会使当期股利分配减少，从而导致股票市场价格降低，因此，银行在制定股利政策时，通常会采用稳定的股利分配政策，即银行每年按照一个相对固定的比例向股东支付股利。

（三）外源资本策略

当银行的内源资本融资无法满足其资本需要时，可考虑通过外源资本融资解决资本不足问题。外源资本融资的方式包括以下几种。

1. 发行普通股

普通股代表银行股东对银行的所有权。一般情况下，银行在组建时是采取发行普通股的方式筹集本金。在经营过程中，如果银行发生资本不足时，也可以通过向社会公众增发股票的方式筹集资本。

发行普通股增加的是银行的核心资本，因此，发行普通股增加资本是银行监管当局鼓励的一种外源资本融资方式。但是，银行本身则持有相反的态度。这是由于：第一，发行普通股筹集资本的发行费用较高；第二，发行普通股会削弱银行原有股东的控制力，分散银行的控制权；第三，发行普通股会降低杠杆作用，使银行的每股收益降低。

一般情况下，不同规模的银行选择外源资本融资的余地是不一样的。对大银行而言，由于其信誉和知名度较高，发行普通股融资较为容易。同时，发行新股后对原有股东的控制权的稀释程度较轻，也较为愿意发行普通股融资。但是，对中小银行而言则不同，由于信誉和知名度较低，发行普通股融资较为困难。同时，发行新股后对原有股东的控制权的稀释程度较重，也相对不愿意发行普通股融资。

2. 发行优先股

优先股是介于银行债券和普通股之间的一种融资工具。它有固定的股息收入，其股息分配优于普通股，在银行清算时，优先股股东拥有优先清偿权，但无表决权。

与发行普通股一样，发行优先股也要承担较高的发行费用，同时，由于优先股股息率高于债券利息率，而且，股息支付又是在普通股之前，因此，发行优先股会减少普通股的股利分配金额。

3. 发行中长期债券

根据《巴塞尔协议》，商业银行可以发行中长期债券补充资本，属于附属资本范畴。这种债券的特点是，在银行清算时，其求偿权位于各类存款之后，同时，其平均期限较长。

发行中长期债券筹集资本具有诸多优点：第一，中长期债券的利息在税前支付，可以享受税收优惠，从而降低融资成本。第二，中长期债券虽然是被银行作为资本使用的，但在本质上仍然是一种债券，因而不会削弱股东对银行的控制权。第三，如果债券资本的收益超过利息成本，可增加银行股东的每股收益。

但是，发行中长期债券也有具有一定的限制，体现在：第一，中长期债券具有法定的还本付息要求，如果银行发行的中长期债券数量过多，会增加银行还本付息的压力，使银行背上沉重的债务负担，降低社会公众对银行的信心。第二，由于利率的多变性，发行中长期债券会使银行面临利率风险，在遇到利率上升时会增加银行的利息负担。第三，发行中长期债券在数量上具有限制。《巴塞尔协议》规定，附属资本不得超过总资本的50%，长期次级债务不得超过核心资本的50%。

基于以上分析，外源资本融资策略为：对核心资本不足的银行来说，应通过发行新股的方式来筹集资本。为了不影响股东利益以及增强今后融资的灵活性，银行可考虑通过发行优先股的方式来增加资本。对于核心资本已占到50%以上的银行来说，可考虑通过发行中长期债券的方式来增加资本。

二、分母对策

分母对策就是通过优化资产结构，尽可能地降低风险权重高的资产在总资产中的比重，同时加强表外业务管理，尽可能选择转换系数较低、其相应风险权重较低的表外业务。因此，分母对策的重点是压缩资产规模，降低风险资产的比重，从而提高资本充足率。

(一) 压缩资产规模

在既定的资本充足率要求下，银行资产规模越大，对资本的需求也越大。因此，对于资本充足率未达到要求的银行来说，通过出售一部分高风险或市值较高的金融资产，可减少银行资产规模，就会相应提高资本对资产的比例。与工商企业不同，银行资产构成有其自身特点：第一，现金资产存量较高；第二，金融债权比例极高；第三，房产等被固化了的资本相对较少。因此，压缩银行资产规模应符合银行资产管理的目标要求。

银行持有一定比例的现金资产，其目的在于保持流动性和清偿力，体现在：一是要满足客户提取存款进行日常交易的需要；二是要满足银行监管当局对法定准备金的规模规定；三是要满足于中央银行或其他往来支行支票清算对现金的要求；四是要满足代理行支付代理费而换取服务所需要的现金。银行满足以上四个方面对现金需要能力的大小反映了其流动性的强弱。银行流动性与盈利性往往矛盾，但与安全性往往一致，因此，银行现金存量的大小应以直接满足流动性要求为目标，而与资本管理关系不大，主要是因为银行现金资产是无风险资产。

银行金融债权主要包括各种证券投资和贷款，其收入是银行收入的主体，因此，它们在银行资产中所占比例很高。银行持有的证券主要是具有高流动性和低风险的金融证券，这部分资产既能满足银行对流动性的要求，又能满足银行对盈利性的要求，是银行管理流动性和盈利性的重要手段。因此，证券投资的管理目标不是简单压缩其规模，而是应从流动性和盈利性管理角度，实施有效的投资组合；银行贷款是银行资产业务的主要部分，是银行资产管理中最重要的内容，也是银行资本管理的主要对象。如果银行资本充足率未达到规定要求，压缩贷款规模应是银行资本管理的重点。

（二）调整资产结构

在总资本和总资产不变的情况下，调整资产结构，降低资产中高风险资产的比重，会相应降低风险资产规模，从而可以提高资本充足率。如前所述，在银行的资产构成中，现金资产的作用在于保持银行流动性和清偿力，且无风险。证券投资除了能满足流动性和盈利性的要求外，还能为银行调整贷款规模提供空间，因此，资产结构调整的重点应是证券投资和各类贷款。由于贷款的风险权重高于金融证券，因此，在资本充足率未达到规定要求时，可以通过降低具有高风险权重的贷款比重，提高具有降低风险权重的金融证券比重，以提高资本充足率。

三、经济资本配置管理

（一）经济资本概述

经济资本是指用于承担业务风险或购买外来收益的股东投资总额，是由商业银行的管理层内部评估而产生的配置给资产或某项业务用以减缓风险冲击的资本，因此，经济资本又称风险资本。它是描述在一定的置信度水平上和一定时间内，为了弥补银行的非预计损失所需要的资本。

经济资本是根据银行资产风险程度的大小计算出来的。计算经济资本的前提是必须要对银行的风险进行模型化、量化，这样还能计算出各个业务部门或各个业务产品所需要的资本来。经济资本的一个重要特点，就是它是指所“需要的”资本，“应该有”多少资本，而不是银行实实在在已经拥有的资本。其计算公式为：

经济资本 = 信用风险的非预期损失 + 市场风险的非预期损失 + 操作风险的非预期损失

（二）经济资本配置管理的内容

经济资本的配置是商业银行实施资本管理的重要内容，是银行主动运用经济资本进行指导发展战略和业务决策的具体体现。经济资本配置管理是指根据一项业务发展所需要的资本额（即经济资本额），在对全行经济资本的总体水平评估基础上，综合考虑信用评级、监管当局规定、股东收益和经营风险等因素。将经济资本在各个机构、各项业务中进行合理配置，使业务发展与银行的资本充足水平相适应。

经济资本配置主要包括两方面的内容：一是根据银行资本实力、股东目标与偏好、监管要求，确定整个机构的总体风险水平以及相应的抵御风险损失的风险资本限额。二是根据银行内各业务部门的风险调整的绩效测量，在各部门间进行风险资本限额分配，并根据风险调整后的绩效评估对经济资本分配进行动态调整。经济资本配置的目的在于构建一个与银行的总体风险战略和股东目标相一致的业务风险组合。

第四节　我国商业银行的资本管理

为了加强我国商业银行资本管理，银行监管部门根据《巴塞尔协议》，结合我国的具体国情，在不同时期相继出台了一系列有关商业银行资本管理的规章制度，以加强对我国银行业资本的监管，维护银行体系的稳健运行。本节内容在回顾《巴塞尔协议》在中国开展进程的基础上，结合《商业银行资本管理办法(试行)》相关规定，对我国商业银行的资本管理进行介绍。

一、《巴塞尔协议》在我国的实施

为了将我国的银行监管标准与世界接轨，在充分考虑《巴塞尔协议》的监管标准的基础上，结合本国的实际情况，2004 年，我国银行监管部门出台了《商业银行资本充足率管理办法》，明确规定了资本充足率的计算方法和监督检查措施，以满足《巴塞尔协议Ⅰ》的基本要求。随后，在 2008 年全球金融危机爆发之后，我国开始银行业资本监管的改革。2009 年 10 月，银行监管部门出台了《关于完善商业银行资本补充机制的通知》，主要用来规范次级债券在银行间的交叉持有等问题，同时提高了核心资本的要求。2009 年 12 月，银行监管部门又发布了《商业银行资本充足率信息披露指引》，对银行业资本充足率信息披露的内容、范围和流程进行了明确规定。此后，银行监管部门还发布了《商业银行资本计量高级方法验证指引》《商业银行资本充足率监督检查指引》和《商业银行资产证券化风险暴露监管资本计量指引》。

随着《巴塞尔协议Ⅲ》的实施，全球步入《巴塞尔协议Ⅲ》时代。2011 年 4 月，中国银监会根据《巴塞尔协议Ⅲ》的规定，在借鉴国际最佳实践经验并结合国内监管实际的基础上，发布了《中国银行业实施新监管标准指导意见》，对我国商业银行的资本充足率、杠杆率和流动性等方面的监管标准做出了明确规定，确立了银行业监管标准的政策框架；同年 6 月，银行监管部门发布了《商业银行杠杆率管理办法》，确立了银行业杠杆率监管的基本框架；同年 7 月，发布了《商业银行贷款损失准备管理办法》。

2012 年 6 月 7 日，中国银监会颁布《商业银行资本管理办法(试行)》(以下简称《资本办法》，该文件被称为中国版《巴塞尔协议Ⅲ》)，并于 2013 年 1 月 1 日正式实施。与此同时，《资本办法》颁布之前实施的一系列法律法规废止。《资本办法》全面引入了《巴塞尔协议Ⅲ》确立的资本质量标准及资本监管最新要求，涵盖了最低资本要求、储备资本要求和逆周期资本要求、系统重要性银行附加银行资本要求等多层次监管要求，促进银行资本充分覆盖银行面临的系统性风险和个体风险。

二、我国商业银行资本概述

(一) 资本构成

1. 核心一级资本

核心一级资本包括：

(1) 实收资本或普通股。

(2) 资本公积。

(3) 盈余公积。

(4) 一般风险准备。

(5) 未分配利润。

(6) 少数股东资本可计入部分。

2. 其他一级资本

其他一级资本包括：

(1) 其他一级资本工具及其溢价。

(2) 少数股东资本可计入部分。

3. 二级资本

二级资本包括：

(1) 二级资本工具及其溢价。

(2) 超额贷款损失准备。

商业银行采用权重法计量信用风险加权资产的，超额贷款损失准备可计入二级资本，但不得超过信用风险加权资产的1.25%。超额贷款损失准备是指商业银行实际计提的贷款损失准备超过最低要求的部分。贷款损失准备最低要求指100%拨备覆盖率对应的贷款损失准备和应计提的贷款损失专项准备两者中的较大者。

商业银行采用内部评级法计量信用风险加权资产的，超额贷款损失准备可计入二级资本，但不得超过信用风险加权资产的0.6%。超额贷款损失准备是指商业银行实际计提的贷款损失准备超过预期损失的部分。

(3) 少数股东资本可计入部分。

(二) 资本扣除项目

计算资本充足率时，商业银行应当从核心一级资本中全额扣除以下项目：

(1) 商誉。

(2) 其他无形资产(土地使用权除外)。

(3) 由经营亏损引起的净递延税资产。

(4) 贷款损失准备缺口。

商业银行采用权重法计量信用风险加权资产的，贷款损失准备缺口是指商业银行实际计提的贷款损失准备低于贷款损失准备最低要求的部分。

商业银行采用内部评级法计量信用风险加权资产的，贷款损失准备缺口是指商业银行实际计提的贷款损失准备低于预期损失的部分。

(5) 资产证券化销售利得。

(6) 确定受益类的养老金资产净额。

(7) 直接或间接持有本银行的股票。

(8) 对资产负债表中未按公允价值计量的项目进行套期形成的现金流储备，若为正值，应予以扣除；若为负值，应予以加回。

(9) 商业银行自身信用风险变化导致其负债公允价值变化带来的未实现损益。

(三) 资本净额

在资本构成分析的基础上，资本净额的计算公式如下：

$$资本净额 = 核心资本 + 附属资本 - 扣减项$$

资本净额是约束商业银行业务发展的紧箍咒。尤其对于高风险的银行信贷业务，保持一定数量的资本净额是信贷业务规模扩张的前提。我国银行监管部门往往根据资本净额来衡量银行授信的集中度和关联交易合规情况。

三、我国商业银行资本充足率计算公式

根据《资本办法》规定，我国资本充足率计算公式为：

$$资本充足率 = \frac{总资本 - 对应资本扣减项}{风险加权资产} \times 100\%$$

$$一级资本充足率 = \frac{一级资本 - 对应资本扣减项}{风险加权资产} \times 100\%$$

$$核心一级资本充足率 = \frac{核心一级资本 - 对应资本扣减项}{风险加权资产} \times 100\%$$

商业银行总资本包括核心一级资本、其他一级资本和二级资本。商业银行应当按照本办法第三章的规定计算各级资本和扣除项。

商业银行风险加权资产包括信用风险加权资产、市场风险加权资产和操作风险加权资产。商业银行应当分别按照一定方法计量信用风险加权资产、市场风险加权资产和操作风险加权资产。

四、我国商业银行资本充足率监管要求

《资本办法》对我国商业银行资本充足管理的具体要求如下所述。

(一) 最低资本要求

商业银行各级资本充足率最低要求：核心一级资本充足率不得低于5%，一级资本充足率不得低于6%，资本充足率不得低于8%。

(二) 储备资本和逆周期资本要求

商业银行应当在最低资本要求的基础上计提储备资本。储备资本要求为风险加权资产的2.5%，由核心一级资本来满足。

在特定情况下，商业银行应当在最低资本要求和储备资本要求之上计提逆周期资本。逆周期资本要求为风险加权资产的0～2.5%，由核心一级资本来满足。

(三) 附加资本要求

在满足最低资本要求、储备资本和逆周期资本要求外，系统重要性银行还应当计提附加资本，国内系统重要性银行附加资本要求为风险加权资产的1%，由核心一级资本满足。如果国内银行被认定为全球系统重要性银行，所适用的附加资本要求不得低于巴塞尔委员会的统一规定。

(四) 第二支柱资本要求

银行监管部门有权在第二支柱框架下提出更审慎的资本要求，确保资本充分覆盖风险，包括根据风险判断，针对部分资产组合提出的特定资本要求；根据监督检查结果，针对单家银行提出的特定资本要求。

(五) 杠杆率监管要求

商业银行并表和未并表的杠杆率均不得低于4%。系统重要性银行于2013年年底前达到最低杠杆率要求,非系统重要性银行于2016年年底前达到最低杠杆率要求。

课程思政案例

国务院决定支持商业银行多渠道补充资本金

一、思政目标

本案例围绕以审慎经营为核心的银行可持续发展教育展开,重点让学生理解资本监管对银行审慎经营的重要性,强化学生对银行资本监管的理解,培养学生审慎经营思维,提高学生对防范风险、实现银行可持续发展重要性的认知水平。

二、案例内容

2019年2月11日,国务院常务会议决定支持商业银行多渠道补充资本金,增强金融服务实体经济和防风险能力。这次会议提出:一是对商业银行提高永续债发行审批效率,降低优先股、可转债等准入门槛,允许符合条件的银行同时发行多种资本补充工具;二是引入基金、年金等长期投资者参与银行增资扩股,支持商业银行理财子公司投资银行资本补充债券,鼓励外资金融机构参与债券市场交易。会议强调,资本金得到补充的商业银行要完善内部机制,提高对民营、小微企业贷款支持力度。可以预计,资本实力增强的银行业将会投入更多真金白银进入实体经济需要的领域。

"国家提出创新商业银行资本补充工具,支持银行多渠道补充资本,非常及时和重要,既有利于商业银行稳健可持续发展,更有助于提升商业银行服务实体经济的意愿和能力。"中国人民大学重阳金融研究院副院长董希淼表示。

加强资本监管是商业银行监管体系的核心要求之一。目前,我国商业银行资本充足水平总体良好。数据显示,截至2018年三季度末,商业银行资本充足率、一级资本充足率、核心一级资本充足率分别达到13.81%、11.33%、10.8%,均符合监管要求。

"但是,商业银行仍然面临着较大的资本压力,随着资管新规等监管规定实施,表外业务正在回归表内,加快资本金消耗;成立理财子公司、金融资产投资公司等子公司,需要投入相当数量的资本金。"董希淼说。

目前我国商业资本补充工具较少,尤其是对非上市中小银行而言,一般通过发行二级资本债补充二级资本,可以使用的一级资本工具有限,优先股、可转债等发行门槛较高。资本补充机制不畅在一定程度上对我国银行业支持实体经济能力产生制约。

交通银行金融研究中心高级研究员梁栋材表示,永续债作为《巴塞尔协议Ⅲ》框架下的其他一级资本补充工具,在国外尤其是英美法等发达国家发展较快,已经成为一种较为成熟的混合资本融资工具。发行永续债是我国商业银行补充其他一级资本的重大工具创新。

据了解,银保监会近日已经批准中国银行发行不超过400亿元无固定期限资本债券,成为我国商业银行获批发行的首单此类新的资本工具。

三、思考题

1. 国家为什么要支持商业银行多渠道补充资本金?

2. 商业银行资本金的主要作用是什么?

参考文献

新华社. 国务院决定支持商业银行多渠道补充资本金. 2019-02-11, http://www.gov.cn/zhengce/2019-02/11/content_5364866.htm。

本章小结

1. 商业银行资本的内涵不同于一般企业,除了所有者权益外,还包括一定比例的债务资本。商业银行具有双重资本的特点。商业银行经常将所有者权益称为一级资本或核心资本,而将长期债务称为二级资本或附属资本。

2. 商业银行资本的功能主要有营业功能、保护功能和管理功能三个。资本的营业功能是指资本是商业银行经营的基础。商业银行设立时必须首先拥有一定数量的资本金;资本的保护功能是指资本是商业银行抵御经营风险、弥补资产损失的物质基础,进而可以起到保护债权人权益、保证商业银行经营安全的作用;资本的管理功能是指银行管理当局通过一系列资本指标对商业银行经营实施监督管理,同时商业银行自身也应加强资本管理以满足监管当局规定的最低资本要求。

3. 银行资本充足性是指银行资本数量必须超过金融管理当局所规定的能够保障正常营业并足以维持充分信誉的最低限度;同时,银行现有资本或新增资本的构成,应该符合银行总体经营目标或所需新增资本的具体目的。因此,银行资本充足性有数量和结构两个层面的内容。

4. 1988 年 7 月在瑞士巴塞尔达成了《关于统一国际银行的资本计量和资本标准的协议》(简称《巴塞尔协议Ⅰ》),其主要内容包括监管资本及其构成、银行资产的风险权重和加权比率以及表外项目的信用转换系数、标准化比率指标和过渡期的实施安排等。2004 年 6 月,巴塞尔委员会通过了《统一资本计量和资本标准的国际协议:修订框架》(简称《巴塞尔协议Ⅱ》),并于 2006 年年底在成员国开始实施。其主要包括最低资本规定、监管当局的监管检查以及市场纪律三大支柱。其中,监管当局的监督检查以及市场纪律是最低资本要求的补充。巴塞尔委员会于 2010 年 9 月通过了修订后的《巴塞尔协议Ⅲ》,其内容主要有提高资本充足率要求、严格资本扣除限制、扩大风险资产覆盖范围、引入杠杆率、加强流动性管理、强化系统重要性银行的监管等。

5. 根据《巴塞尔协议》,商业银行的资本充足率必须达到规定的要求。如果资本充足率未达到规定的要求,商业银行就必须根据自身的具体情况,采取一定的对策,使资本充足率达到规定要求。根据资本充足率的计算方法,资本管理的对策应从以下两方面入手:一是增加资本总量,优化资本结构;二是压缩资产规模、调整资产结构,降低风险资产额,防范市场风险和操作风险。通常,前者称为分子对策,后者称为分母对策。

6. 2012 年 6 月 7 日,中国银监会颁布《商业银行资本管理办法(试行)》(该文件被称为中国版《巴塞尔协议Ⅲ》),并于 2013 年 1 月 1 日正式实施。与此同时,《资本办法》颁布之前实施的一系列法律法规废止。该办法全面引入了《巴塞尔协议Ⅲ》确立的资本质量标准及资本监管最新要求,涵盖了最低资本要求、储备资本要求和逆周期资本要求、系统重要性银行附加银行资本要求等多层次监管要求,促进银行资本充分覆盖银行面临的系统性风险和个体风险。

本章思维导图

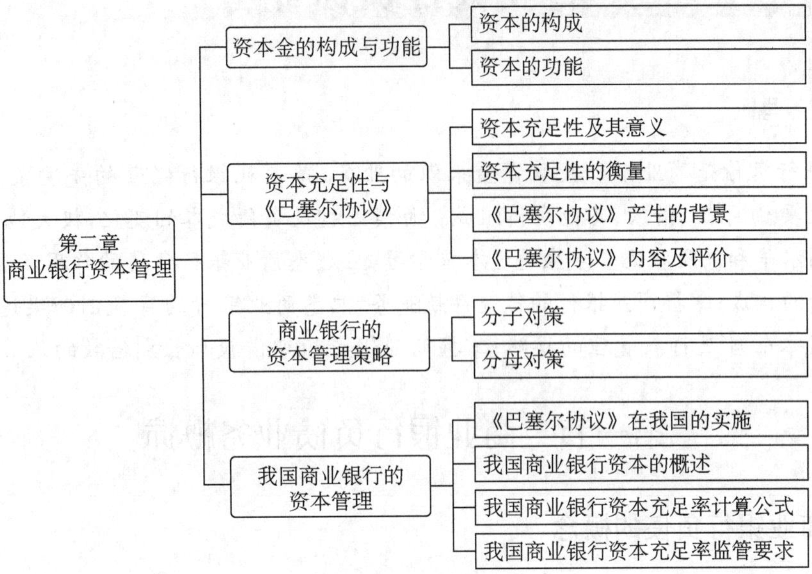

图 2-1　思维导图

思考题

1. 商业银行资本的概念和作用是什么？
2. 根据《巴塞尔协议》，商业银行的资本筹集渠道有哪些？
3. 简述《巴塞尔协议Ⅰ》的主要内容及评价。
4. 简述《巴塞尔协议Ⅱ》的主要内容及评价。
5. 简述《巴塞尔协议Ⅲ》的主要内容及评价。
6. 简述资本管理分子对策的主要内容。
7. 简述资本管理分母对策的主要内容。
8. 我国商业银行的资本由哪些项目构成？
9. 联系我国商业银行实际情况，谈谈提高我国商业银行资本充足率的策略。

第三章 商业银行负债业务

本章学习目标

商业银行负债是商业银行获取资金来源的业务，是商业银行经营的先决条件。商业银行的负债主要由存款、借款、其他负债组成。负债结构及负债成本的变化，极大地影响着商业银行的盈利水平和风险状况。学生通过本章学习，应熟悉商业银行负债的作用及原则，掌握商业银行负债的构成；掌握商业银行的传统存款业务，熟悉商业银行的存款创新渠道；掌握商业银行存款成本管理及存款管理的思路；掌握商业银行短期借款和长期借款的基本渠道。

第一节 商业银行负债业务概述

一、商业银行负债的概念

商业银行负债是指由商业银行承担的、尚未偿还的、能够以货币计量、必须以资产或劳务偿付的债务。负债代表着商业银行对其债务人所承担的全部经济责任，是商业银行的债务，是支撑商业银行资产业务的重要资金来源。

商业银行负债有广义和狭义之分。广义的负债，是指除商业银行自有资本之外的一切资金来源；狭义的负债，是指商业银行存款、借款等非资本性债务。本章以狭义的负债为研究对象。

二、商业银行负债的作用

负债业务是商业银行最基础、最主要的业务。作为信用中介，商业银行必须首先使自己成为全社会最大的债务人，然后才能成为全社会最大的债权人。作为支付中介，商业银行必须以客户的存款为基础，才能代为办理货币资金的收付，实现货币的流通与支付。可见，负债业务是商业银行开展资产业务与表外业务的基础与前提。商业银行负债业务的重要作用表现在以下方面。

(一) 负债是商业银行吸收资金的主要来源

负债是商业银行吸收资金的主要来源，是银行经营的先决条件。商业银行通过负债业务经营，将全社会各种闲散资金和待用资金有效地聚集起来，形成商业银行重要的资金来源，变消费基金为生产基金，变“死”钱为“活”钱，从而增加和扩大了商业银行信贷资金的总量。按照《巴塞尔协议Ⅲ》的有关要求，商业银行总资本不得低于10.5%的监管要求，因此，商业银行的负债提供了近90%的资金来源，负债规模的大小，体现了商业银行实力的强弱。

(二) 负债是商业银行保持流动性的手段

通过负债业务，银行聚集起大量的可用资金规模，以确保合理贷款的资金需求和存款提取、转移的资金需要。同时，负债也是决定银行盈利水平的基础，一方面，在资产价格水平一定的情况下，负债成本费用的高低决定了银行盈利水平的高低；另一方面，银行负债所筹集的资金一般是贷放给企业，银行只能获取所贷放资金的一部分收益。这两方面都决定了银行资产的盈利水平要远远低于一般工商企业，银行要想获取社会平均利润，就必须尽量扩大负债规模，使资产总额几倍于自有资本。

（三）负债是商业银行开展资产业务与中间业务的基础和前提

负债业务是商业银行开展资产业务的基础和前提。商业银行的负债规模及结构，制约着资产的规模与结构；而资产业务的开展，又可以促进负债业务的扩大。例如，商业银行通过贷款可以成倍地派生存款。商业银行要想扩大信贷规模，就必须大力组织存款。信贷资金的运动规律，决定了银行信贷资金来源与运用之间在期限、利率和信用关系等方面存在着内在的对应风险。商业银行必须注重存款期限、利率结构以及币种等问题对资产结构的影响，使之相互之间保持动态的平衡，谨防出现“借短放长”或者存贷利率倒挂等不合理现象。同时，负债也是商业银行开展中间业务的基础，正是因为商业银行的负债业务和资产业务把银行与客户有机地联系在一起，这就为商业银行进一步开拓与发展中间业务创造了条件。例如，通过存款业务的开展，可以为客户提供转账结算服务，从而提高了资金的周转速度，节省了全社会的流通费用；转账结算的范围和金额一般也是随着商业银行存款客户的增加和存款额的扩大而扩大。所以，转账结算等中间业务的发展，有赖于存款等负债业务的发展。

（四）负债是商业银行同社会各界广泛联系的渠道

商业银行作为国民经济的综合部门和资金运动的枢纽，是社会资金活动的集散地。社会上所有经济单位的闲散资金和货币收支，都离不开商业银行的负债业务。一方面，银行为社会各界提供金融投资的场所、金融投资的工具，如各种存款和金融债券；另一方面，由于客户的资金流向经营领域，其货币收支随时会反映到银行的账面上，银行可以对其资金规模、资金流向以及经营活动了如指掌。银行在为客户提供各种信息咨询、担保等金融服务的同时，也可以为宏观金融决策部门和银行自身的营销策略反馈必要的市场信息。所以，负债业务是商业银行同社会各界进行联系、提供服务、反馈信息和有效监督的重要渠道。

三、商业银行负债的原则

商业银行负债经营应遵循依法筹资、成本控制、量力而行和结构合理的原则。

（一）依法筹资原则

依法筹资原则是指商业银行在筹资过程中，不论采取何种方式或渠道，都必须要严格遵守国家的相关法律法规，不得进行违法筹资和违规筹资活动。依法筹资原则有两重含义：一是商业银行的筹资范围和渠道都必须符合有关法律的规定，不得超范围筹集资金；二是商业银行筹资必须严格遵守国家的利率政策，严禁高息揽存。一旦商业银行违法违规筹资，就会受到法律的制裁和监管部门的严格监控和制裁。

（二）成本控制原则

成本控制原则是指商业银行在筹资活动中，要通过各种方法、手段来力求降低筹资成本，为取得合理的利差创造条件，努力提高盈利水平。盈利性是商业银行追求的最终经营目标，而商业银行盈利水平的高低取决于收入与成本的配比关系，其中，筹资成本又是经营成本的重要内容。所以，在其他条件相同的情况下，筹资成本的高低是直接影响商业银行盈利水平的关键因素。控制商业银行的筹资成本有两条基本途径：一是通过扩大筹资规模，降低变动成本，来达到降低筹资成本的目的；二是选择合理的筹资结构，使利息高低不同的负债相互组合，使负债综合平均成本最低。

(三) 量力而行原则

量力而行原则是指商业银行在筹资活动中，要按照资产负债比例管理的规定组织筹资活动，避免过度负债行为。由于商业银行具有高负债、高风险的特点，客观上要求商业银行只有严格遵守资产负债比例的规定，才能提高经营信誉，保证经营的安全性，避免经营亏损甚至破产倒闭。量力而行是商业银行稳健经营在筹资方面的具体表现。在负债中要做到量力而行，应该做到：一是努力达到资本充足率标准，这样可以制约商业银行的负债规模；二是提高资产质量，降低不良贷款比例，这样可以减轻商业银行的负债压力，加快资金周转速度，减少经营损失。

(四) 结构合理原则

结构合理原则是指商业银行在筹资活动中，通过保持合理的负债结构，来降低筹资成本和负债风险。衡量商业银行负债结构是否合理没有绝对的标准，可以通过两个方面来反映：一是负债(筹资)的综合平均成本，即负债的综合平均成本低，负债结构就合理；反之，就不合理。二是保持稳定的筹资来源，实行多样化的筹资方式和筹资渠道，避免单一的筹资方式和筹资渠道，减少筹资来源不稳定因素。

四、商业银行负债的构成

商业银行的负债由存款、借款和其他负债组成。存款是商业银行的被动负债，借款是商业银行的主动负债。在实际业务中，由于经济发展和金融环境的变化，商业银行的负债结构也处在不断变动之中，但是存款负债始终是商业银行的主要负债，也是银行经常性资金的来源。

以中国工商银行为例，2020 年年末，中国工商银行的总负债为 304 355.43 亿元，比上年末增加 30 181.10 亿元，增长 11.0%。其中，客户存款 251 347.26 亿元，增加 21 570.71 亿元，增长 9.4%。中国工商银行负债构成，如表 3-1 所示。

表 3-1 中国工商银行负债构成表 单位：亿元

项目	2020 年 12 月 31 日		2019 年 12 月 31 日		2018 年 12 月 31 日	
	金额	占比	金额	占比	金额	占比
客户存款	251 347.26	82.6%	229 776.55	83.8%	214 089.34	84.4%
同业及其他金融机构存放和拆入款项	27 842.59	9.1%	22 665.73	8.3%	18 144.95	7.2%
卖出回购款项	2 934.34	1.0%	2 632.73	1.0%	5 148.01	2.0%
已发行债务证券	7 981.27	2.6%	7 428.75	2.7%	6 178.42	2.4%
其他	14 249.97	4.7%	11 670.57	4.2%	9 985.85	4.0%
负债合计	304 355.43	100.0%	274 174.33	100.0%	253 546.57	100.0%

资料来源：中国工商银行网站中国工商银行 2020 年度报告。

从表 3-1 可以看出，中国工商银行负债总额呈逐年上升趋势。负债结构中，客户存款依然是中国工商银行最主要的资金来源，存款占负债总额的比重远远高于非存款负债。2018 年至 2020 年，客户存款均占 82% 以上。从客户结构上看，公司存款增加 9 165.98 亿元，增长 7.6%；个人存款增加 11 827.92 亿元，增长 11.3%。从期限结构上看，定期存款增加 5 082.71 亿元，增长 4.4%；活期存款增加 15 911.19 亿元，增长 14.4%。虽然存款依然是中国工商银行最主要的资金来源，但是 2018 年至 2020 年的客户存款占比均有所下降。

从表 1-3 可知，2018 年至 2020 年，中国工商银行负债结构中，同业及其他金融机构存放和拆入款项占负债总额的比例从 7.2%上升到 2020 年的 9.1%，已发行债务证券占负债总额的比重从 2.4%上升到 2.6%，其他负债从 4.0%升至 4.7%，说明中国工商银行的负债结构从过去的单一依赖存款负债，过渡到客户存款与同业存放、债券等共存的多元化负债时代，以支撑资产业务发展的需求。商业银行的负债管理从传统的注重存款吸收转向负债结构的多样化是必然选择，尤其是在互联网金融热潮的冲击下，商业银行的经营和存款面临更多挑战，需要商业银行从被动负债管理转向主动负债管理。

第二节　商业银行存款业务

存款是商业银行最主要的资金来源，是商业银行经营活动的基础和前提，存款的数量和种类制约着银行的资产规模和结构。商业银行业务经营的成功与否，首先取决于能否吸收到所需要的资金，因此，存款在负债业务中占有最主要的地位。

一、商业银行的传统存款业务

（一）活期存款

活期存款是指客户无需预先通知，可以随时提取和支付的存款。开立活期存款账户主要是为了通过银行进行各种支付结算，存户可以随时开出支票对第三方进行支付而不用事先通知银行，因此，活期存款又称支票存款。活期存款是商业银行的重要资金来源，也是商业银行创造信用的重要条件。一般情况下，活期存款指单位、法人的存款。

活期存款的特点是流动性比较大，存取频繁，风险较大，并需要提供许多相关的业务，如存取服务、转账服务和提现服务等，因而其成本比较高。因此，活期存款的利息成本较低，但是营业成本较高。由于取款无需事前通知，所以活期存款是商业银行最不稳定和最无法预测的资金来源，潜在的到期期限最短。因而，商业银行对活期存款一般不支付或只支付极少的利息，甚至有时还要收取一定的手续费。

活期存款具有货币支付手段和流通手段的功能，能提高银行的信用创造能力。在活期存款的存取过程中，商业银行会获得一个稳定的活期存款余额，可以用于期限较长的高盈利资产。活期存款的支票大多用于转账而不是提现，会形成派生存款，能有效提高银行的盈利水平。商业银行还可以通过吸收活期存款增进与客户的联络，在免费或低费的服务中争取客户、增加存款。因此，活期存款也是商业银行扩大信用、联系客户的重要渠道。但是，由于活期存款的流动性较强，各个国家一般都规定了比较高的存款准备金率。

(二) 定期存款

定期存款是相对于活期存款而言的,是一种预先与客户约定期限,一般到期才能支取的存款。定期存款的利率视期限而定,期限越长,利率越高。传统的定期存款单不能转让流通,仅是提取存款的凭证,是存款所有权及获取利息的权利证书,因此,定期存款在灵活性、方便性、流动性和创造派生存款方面都不如活期存款。但定期存款单可以作为动产抵押品向银行贷款。

定期存款的特点是手续简便,费用较低,风险较小,定期存款只需开具一张定期存单,客户凭存单在到期时一次性办理支取本息手续,期间不需提供其他服务,银行所花的费用比较低。定期存款与活期存款相比,稳定性较好,客户一般未到期不能支取,存款准备金率比较低。而且由于定期存款存期固定,期限较长,为商业银行提供了稳定的资金来源,商业银行可以用来发放长期放款和投资。定期存款是银行稳定的资金来源,资金利率高于活期存款,营业成本低于活期存款。

(三) 储蓄存款

储蓄存款是个人为积蓄货币和取得利息收入而开立的存款账户。储蓄存款属于个人存款,各国政府对储蓄存款都有比较严格的法律规定,以保障存户存款的安全。例如,规定储蓄存款的使用范围,不能用于无确定保证的信贷业务;若银行破产,储蓄存户有资产优先受偿权;以及限制储蓄存款的最高数额;储蓄存款一般只能由商业银行的储蓄部门和专门的储蓄机构来经营。

在美国,个人、政府和企业都可合法地持有储蓄存款。我国的储蓄存款专指居民个人的银行存款,政府机关、企业单位的所有存款都不能称为储蓄存款,公款私存是违法行为。由于我国商业银行长期以来坚持贯彻“存款自愿,取款自由,存款有息,为储户保密”的储蓄政策,因此,定期储蓄存款实际上已成为居民投资的首选项目,储蓄存款正越来越成为我国商业银行稳定可靠的资金来源。

按存取方式不同,储蓄存款可以分为活期储蓄存款和定期储蓄存款两种。活期储蓄存款的存取没有一定期限,储户不能透支款项。定期储蓄存款类似于定期存款,须先约定期限,利率较高,有零存整取、整存整取和存本取息等多种形式。这类存款的存折同样没有流动性,不能转让流通和贴现,如果要提前支取,存户必须预先通知银行。

二、商业银行的存款业务创新

20 世纪 70 年代以来,随着各国经济的发展,传统的商业银行存款业务越来越不能满足社会的多样化需要。同时,在金融体系内部,金融机构通过各种手段竞相吸引存户,为扩大存款展开了激烈的竞争。建立灵活方便的存款种类,已成为商业银行竞争的一条重要途径。近年来,西方商业银行积极开展存款业务的创新,在提倡存款服务便利化、存款利率浮动化的同时,不断推出新的存款品种。

(一) 商业银行存款创新的原则

商业银行对存款工具的设计和创新,应该坚持以下原则。

1. 规范性原则

商业银行创新必须符合存款的基本特征和规范,也就是说,要依据银行存款所固有的功能进行设计,对不同的利率形式、计息方法、服务特点、期限差异、流通转让程度和提取方式等进行选择、排列和组合,以创造出无限丰富的存款品种。凡是脱离存款本质特征的设计,也就不称其为存款工具创新。

2. 效益性原则

效益性原则是指多种存款品种的平均成本以不超过原有存款的平均成本为原则。银行存款创新最终以获取一定的利润为目标,如因成本过高而导致银行收益下降甚至亏本,显然与银行的经营目标相悖。

3. 连续性原则

银行存款工具创新是一个不断开发的进程,因此,必须坚持不断开发、连续创新的原则。

4. 社会性原则

创新的存款工具,不能有损于社会宏观经济效益,应当有利于平衡社会经济发展所必然出现的货币供给和需求的矛盾,能合理调整社会生产和消费的关系,缓和社会商品供应和货币购买力之间的矛盾。

(二) 我国商业银行的存款工具创新

我国商业银行的存款工具创新有多种形式,此处主要介绍大额可转让定期存单、同业存单和结构性存款等有代表性的存款创新。

1. 大额可转让定期存单

大额可转让定期存单是指商业银行为吸引客户的大额资金而签发给存款人的一种固定利率、大面额、可转让的定期存单。大面额存单的特点是可以转让,并且有较高的利率,兼有活期存款流动性和定期存款盈利性的优点。从国际经验看,不少国家在存款利率市场化的过程中,都曾以发行大额存单作为推进改革的重要手段。20 世纪 60 年代初,美国市场利率不断上涨,各种证券收益率提高,而商业银行活期存款却不能支付利息,定期存款利率也受到上限限制,导致企业和个人把资金转移到证券市场,商业银行的存款大量流向证券市场。为了稳定和扩大存款,美国花旗银行于 1961 年开始发行大额可转让定期存单,作为逃避政府最高利率管制与存款准备金规定的一种手段。与传统的定期存款相比,可转让定期存单的面额较大,10 万~100 万美元不等,利率一般高于同期的定期存款利率,且可随时在二级市场出售转让,因此对客户颇具吸引力。

花旗银行发行的大额可转让定期存单的特点主要有:面额大,一般在 500 万~1 000 万美元之间,最低 10 万美元,通常是 1 000 美元的整数倍;期限固定,一般从 14 天到 1 年不等,但是以 30~180 天最为常见;不记名;可以在市场上自由转让流通;安全性强,只可以定期支取;利率高于商业银行其他同期同档利率水平。

我国的大面额可转让定期存单于 1986 年由交通银行首次发行,利率高于同期存款。由商业银行直接向认购者出售,采取零售式发行,对居民个人发行的面额是 500 元或 500 元的整数倍;对企业发行的面额是 5 万元或 5 万元的整数倍,利率高于商业银行同期同档存款利率水平。2015 年 6 月,中国人民银行颁布了《大额存单管理暂行办法》。我国大额存单的发行主体为银行业存款类金融机构,投资人包括个人、非金融企业和机关团体等非金融机构投资人;鉴于保险公司、社保基金在商业银行的存款具有一般存款属性,且需缴纳准备金,这两类机构也可以投资大额存单。考虑到不同投资群体投资能力的差异,《大额存单管理暂行办法》在存单起点金额设计上对个人和机构投资人有所区别,个人投资人认购的大额存单起点金额不低于30万元，机构投资人则不低于1 000万元。大额存单发行利率以市场化方式确定。固定利率存单采用票面年化收益率的形式计息，浮动利率存单以上海银行间同业拆借利率为浮动利率基准计息。大额存单可以转让、提前支取和赎回。2016年，中国人民银行将个人投资人认购大额存单的起点金额调为20万元。

2. 同业存单

同业存单是存款类金融机构在全国银行间市场上发行的记账式定期存款凭证，存款类金融机构包括政策性银行、商业银行、农村合作金融机构以及人民银行认可的其他金融机构，其投资和交易主体为全国银行间同业拆借市场成员、基金管理公司及基金类产品。

为拓展银行业金融机构的融资渠道，促进货币市场发展，2013年12月中国人民银行颁布了《同业存单管理暂行办法》。存款类金融机构发行同业存单，应当于每年首只同业存单发行前，向中国人民银行备案年度发行计划。存款类金融机构可以在当年发行备案额度内，自行确定每期同业存单的发行金额、期限，但单期发行金额不得低于5 000万元人民币。发行备案额度实行余额管理，发行人年度内任何时点的同业存单余额均不得超过当年备案额度。同业存单发行采取电子化的方式，在全国银行间市场上公开发行或定向发行。全国银行间同业拆借中心提供同业存单的发行、交易和信息服务。同业存单的发行利率、发行价格等以市场化方式确定，自2017年9月1日起，金融机构不得新发行期限超过1年(不含)的同业存单，期限为1个月、3个月、6个月、9个月和1年，可按固定利率或浮动利率计息，并参考同期限上海银行间同业拆借利率定价。同业存单在银行间市场清算所股份有限公司登记、托管和结算。公开发行的同业存单可以进行交易流通，并可以作为回购交易的标的物，定向发行的同业存单只能在该只同业存单初始投资人范围内流通转让。发行人不得认购或变相认购自己发行的同业存单。

同业存单由于是低成本同业负债，市场扩容迅速，市场认可度显著提升，已成为股份制商业银行和农村商业银行的重要同业负债。

同业存单的特点及优势明显。对客户而言，同业存单流动性好。同业存单可以在二级市场交易，可以买卖，质押范围也越来越广泛；同业存单是定向发行，不同期限不同利率定价；同业存单收益增强，既有票面利率，又可以获得资本利得。此外，同业存单价格透明，操作方便。同时，对商业银行而言，同业存单具有稳定性，同业存单存款优于同业存款的稳定性，无提前支取的风险；属于商业银行的主动负债，商业银行可以根据期限、利率调整负债结构；商业银行通过同业存单获得的存款属于应付债券，无需缴纳存款准备金。此外，通过开展同业存单业务，商业银行还可以积累稳定的客户和投资人，有利于商业银行的长远发展。

3. 结构性存款

长期以来，利率水平尤其是存款利率水平在我国受到严格的管制。银行在传统货币市场的利差空间越来越小，寻找提高存款收益的突破口成了各家银行努力的方向，通过将期权等衍生金融工具纳入传统负债业务是银行提高存款收益的最有效方法。商业银行面对较大的吸收存款压力，积极发展结构性存款并将其作为揽储的金融工具。

(1) 结构性存款的定义

根据中国人民银行《存款统计分类及编码标准(试行)》(银发〔2010〕240号)的规定，结构性存款是指金融机构吸收的嵌入金融衍生工具的存款，通过与利率汇率、指数等的波动挂钩或与某实体的信用情况挂钩，使存款人在承担一定风险的基础上获得更高收益的业务产品。结构性存款可视为“存款＋期权”，其具有固定收益证券和金融衍生品的双重特征。

结构性存款的本质是存款而非理财，需纳入资产负债表内核算，并缴纳存款准备金。中国银行保险监督管理委员会（以下简称中国银保监会）规定，商业银行应对结构性存款产品实施分离管理，基础资产按照储蓄存款业务管理，衍生交易部分按照金融衍生产品业务管理，一定程度上降低了结构性存款产品交易风险。但由于其嵌入境外衍生产品交易，投资者、银行以及管理部门仍面临一定的风险。

商业银行吸收结构性存款后，资金用于两部分：一部分和普通存款一样，用于发放贷款和配置债券等固定收益类金融产品，这部分配置较多；另一部分则配置于高风险高收益的金融衍生品，这部分配置较少。与一般存款相比，储户面临的更大风险主要来自金融衍生品投资部分，其预期的高收益也主要来自金融衍生品的投资收益。对储户而言，其收益也分为两部分：一部分是存款所产生的利息收益，另一部分是金融衍生品的投资收益。

（2）结构性存款的特点

结构性存款和理财产品都有保本型和非保本型，但是两者有明显区别。在商业银行的资产负债表上，结构性存款、保本型理财产品计入表内，非保本型理财产品计入表外。在存款准备金缴存上，结构性存款的保本部分、保本型理财需要缴纳存款准备金，非保本型理财不需要缴纳存款准备金。在资金资产配置方面，结构性存款部分可配置金融衍生品，也可以配置石油等大宗商品；而理财产品则配置债券，包括结构性存款在内的存款，拆放同业及买入返售等标准化资产。在信息透明度方面，理财产品的资金投向存在资金池运作，客户往往不清楚资金的最终投向，而结构性存款的衍生品投资往往在产品说明中有明确介绍。在风险保障方面，结构性存款的存款部分实行存款保险制度，最高偿付限数为 50 万元；而非保本型理财产品则没有这类保护。

（3）结构性存款创新的背景

就结构性存款产生及快速发展的背景看，都有商业银行吸收存款压力较大的因素存在。2017 年以来，结构性存款得到快速发展，除了与商业银行吸收存款压力较大有关外，还与监管规定要打破刚性兑付等有密切的关系。从未来的发展看，在防范金融风险的大背景下，金融去杠杆会长期延续，严监管也会长期坚持，商业银行吸收存款的压力会长期存在，打破刚性兑付也是不可逆转的趋势。同时，个人和非金融企业的理财需求规模较大并长期持续存在，因而，有理由相信结构性存款作为保本型理财的替代产品将获得长期发展。

2016 年金融去杠杆力度加大，2017 年强化了金融监管，银行业信贷投放大幅降低，通过信贷渠道派生存款规模大幅下降，企业存款和个人存款在 2017 年都发生大幅下降。同时，因为金融严监管，银行业金融同业资产规模快速下降，导致通过金融同业资产扩张创造存款的能力下降。因而银行业吸收存款的压力加大，需要寻求金融工具尤其是高收益的金融工具来提高存款的吸引力，并增强在同业中的竞争力。

当前相关监管要求打破刚性兑付，将导致结构性存款替代保本型理财。2018 年 4 月，我国银保监会发布了《关于规范金融机构资产管理业务的指导意见》（以下简称《资管新规》），要求金融机构严控风险底线，明确指出“资产管理业务是金融机构的表外业务，金融机构开展资产管理业务时不得承诺保本保收益”。商业银行原有的保本型理财不再属于资管产品的范畴，非保本型理财也将实施净值化管理，对银行尤其是中小行的负债形成冲击，银行业此时便选择了与保本型理财替代性较高的结构性存款产品来吸引客户，结构性存款替代保本理财成为银行揽储的利器，得到迅速发展。商业银行结构性存款在一定程度上成为保本理财产品的替代品。目前商业银行结构性存款的收益率在3%～5%之间，利率一般挂钩某种外汇价格、主要指数和市场利率等。虽然其收益计入表内，但不受存款类产品的各种价格限制。

然而部分商业银行开展的结构性存款属于"假结构"，并未真正与利率、汇率和指数等的波动挂钩，实质上已成为一种变相高息揽存的手段。2019年10月，中国银保监会发布实施《关于进一步规范商业银行结构性存款业务的通知》，强调银行"不得发行收益与实际承担风险不相匹配的结构性存款"，规范结构性存款中的衍生品交易部分，要求银行制定实施相应的风险管理政策和程序。

三、商业银行存款成本管理

存款业务是银行吸收资金的业务，资金的吸收只有在能为银行带来利润的条件下，才是合理的；否则，会对银行带来不利影响。因此，在银行存款业务经营中，要重视对存款成本的分析选择，要在不增加存款成本或尽量少增加成本的情况下，争取更多的存款，保持存款的稳定增长。

（一）商业银行存款成本的构成

银行存款成本主要有利息成本、营业成本、资金成本、可用资金成本、相关成本、加权平均成本和边际存款成本等。

1. 利息成本

利息成本是指商业银行以货币形式按照约定的存款利率和存款金额支付给存款者的报酬。存款利率有固定利率与浮动利率之分。由于市场利率是不断变化的，若以固定利率计息，当市场利率下降时，银行就要遭受损失；反之，则客户就要遭受损失。因此，以浮动利率计息对存款人和银行都有降低风险的功效。

2. 营业成本

营业成本又称服务成本或非利息成本，是指除利息以外的其他所有开支，包括广告宣传费、柜台和外勤人员的工资、设备折旧、办公费用以及其他为存户提供服务所需的开支等。这种成本因存款的种类或形式不同而有很大的区别。一般来说，活期存款由于利率低，要提供的服务多，所以服务成本高；而定期存款因利率高，要提供的服务少，所以营业成本就相对较低。近年来，由于竞争的加剧，一些商业银行为了吸引客户存款往往通过更多的服务来获得竞争优势，导致营业成本增加较快，因此，营业成本是商业银行成本控制的重点。

3. 资金成本

资金成本是指商业银行为吸收存款而向客户支付的一切费用，包括利息成本和营业成本之和，反映了银行为获得存款而付出的代价。资金成本率的计算公式如下：

$$资金成本率 = \frac{利息成本 + 营业成本}{吸收的全部存款} \times 100\%$$

4. 可用资金成本

可用资金成本是指银行吸收的资金在扣除应交的法定存款准备金、必要的超额准备金后，可实际用于贷款和投资的资金所应该负担的全部成本。可用资金成本是确定银行盈利性资产价格的基础，也是银行经营中资金成本分析的重点。

5. 相关成本

相关成本是指与增加存款有关，以上四种成本之外的成本支出。它主要有风险成本和连锁反应成本。风险成本是指因存款增加引起银行风险增加而必须付出的代价。连锁反应成本是指银行对新吸收存款增加服务和利息，而引起的对银行原有存款也要相应增加的开支。

6. 加权平均成本

加权平均成本是指存款资金的每单位平均借入成本。其计算公式如下：

$$\text{加权平均成本} = \frac{\sum(\text{每种存款资金来源的量} \times \text{每种存款的单位平均成本})}{\text{各类存款总量}}$$

7. 边际存款成本

边际存款成本是指银行增加最后一个单位存款所支付的成本。其计算公式如下：

$$\text{边际存款成本} = \frac{(\text{新增利息} + \text{新增营业成本})}{\text{新增存款资金}}$$

下面以中国工商银行为例，分析商业银行的存款成本情况。2018—2020 年，中国工商银行的存款利息支出分别是 2 802.12 亿元、3 310.66 亿元、3 641.73 亿元，存款平均付息率分别是 1.45%、1.59%、1.61%。中国工商银行按产品类型划分的存款平均成本，如表 3-2 所示。由于存款付息率的上升和客户规模的增加，中国工商银行存款平均余额从 2018 年年底的 193 172.69 亿元，增加到 2020 年年底的 226 703.73 亿元。

表 3-2 中国工商银行按产品类型划分的存款平均成本 单位：亿元

项目	2020 年			2019 年			2018 年		
	平均余额	利息支出	平均付息率	平均余额	利息支出	平均付息率	平均余额	利息支出	平均付息
公司存款									
定期	47 570.09	1 119.77	2.35%	45 069.60	1 065.80	2.36%	42 868.39	986.25	2.30%
活期	67 872.04	537.52	0.79%	64 175.58	492.99	0.77%	59 834.90	420.12	0.70%
小计	115 442.13	1 657.29	1.44%	109 245.18	1 558.79	1.43%	102 703.29	1 406.37	1.37%
个人存款									
定期	57 236.92	1 671.53	2.92%	51 752.28	1 395.33	2.70%	44 881.28	1 088.72	2.43%
活期	45 099.84	172.43	0.38%	38 668.82	153.99	0.40%	37 192.78	141.05	0.38%
小计	102 336.76	1 843.96	1.80%	90 421.10	1 549.32	1.71%	82 074.06	1 229.77	1.50%
境外业务	8 924.84	140.48	1.57%	8 804.18	202.55	2.30%	8 395.34	165.98	1.98%
存款总额	226 703.73	3 641.73	1.61%	208 470.46	3 310.66	1.59%	193 172.69	2 802.12	1.45%

资料来源：中国工商银行网站中国工商银行 2019 年、2020 年年度报告。

（二）商业银行存款成本控制

1. 存款结构和成本选择

在一般情况下，如果存款期限长，利率和成本就高；反之，存款期限短，利率和成本就低。但如深入分析，情况未必一定如此。例如，活期存款的利率虽低，但营业成本高，因此，活期存款的总成本并不一定低。

在银行经营管理实践中，对存款结构的选择，需要正确处理以下关系：尽量扩大低息存款的吸收，降低利息成本相对数；正确处理不同存款的利息成本和营业成本的关系，力求不断降低营业成本支出；活期存款的发展战略必须以不减弱银行的信贷能力为条件；定期存款的发展不以提高自身的比重为目标，而应与银行存款的派生能力相适应。

2. 存款总量和成本控制

在商业银行的存款总量和成本之间的关系有四种不同的组合，包括：存款总量增长，成本反而下降；存款总量增长，成本随之上升；存款总量增加，成本不变；存款总量不变，成本增加。

以上四种组合表明，存款成本不但与存款总量有关，而且与存款结构、利息成本和营业成本占总成本的比重、单位成本内固定成本和变动成本比率等，都有密切的关系。因此，要求银行经营在不增加货币投入的情况下，尽量组合更多的存款，走内涵扩大再生产之路。例如，不能用率先提高存款利率、增设营业网点、增加内勤外勤人员等办法去扩大存款市场，而应在改变存款结构、创新存款品种、提高工作效率和服务质量等方面下功夫。

3. 可用资金的历史平均成本和边际成本分析

可用资金的历史平均成本，是指银行对已吸收的存款的全部利息成本加上营业成本除以全部可用资金。可用资金的历史平均成本对评价银行迄今为止的经营状况有极重要的意义，但其主要缺陷是不考虑未来利息成本变动。因为银行经营主要是面向未来，而不是回顾过去。当未来利率上升时，历史平均成本就低于新吸收的存款的实际成本，这样以历史成本为基础的资产收益率必然会相应下降，从而也就不能实现利润目标。当未来利率下降时，情况则相反，历史平均成本将高于新吸收成本存款的实际利息成本，这样使营利性资产的价格可能因高估而不利于竞争。

确定边际存款成本非常重要。因为只要已知边际存款成本，银行就可相应确定资金收益率的目标，使资产收益率略高于边际成本率，以弥补信用风险损失，保持适当的盈利。而且除存款外，可用资金的边际成本可反映其他各种资金来源的相对成本，以确定新增资金来源的最低费用目标。但是边际成本难以精确计算，商业银行需要对利率预测的结果进行经常性调整，以尽量使存款边际成本的预测趋于精确。

四、商业银行存款管理

在商业银行负债中，存款占有举足轻重的地位。各国商业银行在负债业务不断创新的情况下，存款负债仍是其最主要的资金来源。我国商业银行负债中存款的比重一般较高，如中国工商银行 2019 年 12 月 31 日资产负债表中，负债总额 274 174.33 亿元，其中客户存款为 229 776.55 亿元，占其全部负债的比重高达 83.8%。

（一）银行存款的积极经营策略

存款规模大小主要取决于客户的动机和选择，对银行来说，存款实质上是一种被动负债。银行要在存款经营中实现预期的目标,就必须变被动负债为主动负债的积极经营,通过采取一系列策略和措施使自己推出的存款工具能迅速占领市场。银行要注重挖掘和维持巨大的可能存款量。为此,银行既要与尽可能多的存款对象保持密切的友好关系,尽量创造出能为不同收入层面、职业、居住地域和行业特征的客户提供所需存款产品的条件,又要通过不断创新和开拓,创造出尽可能多的存款工具、服务手段和技巧策略。

1. 储蓄存款

对居民储蓄存款,要注意以下几方面问题:第一,必须重视利率高低的杠杆作用和优质高效的服务开发,并针对客户的储蓄动机设计出多样化的储蓄存款工具。第二,必须重视积极的营销,做好广告宣传,加强外勤并合理设置网点。第三,必须重视积极盛营的内部管理要求,注重储蓄业务操作的现代化建设,提高储蓄工作人员的积极性,改善服务态度。

2. 企业存款

对企业存款来说,要以提供全方位的信息服务,密切银行与企业的关系为核心,开发多样化的企业存款工具,努力以贷引存,做到存贷结合,并能结合银行的资产业务和中间业务,协助企业管好、用好资金。

(二) 提高存款稳定性的策略

存款的稳定性,是形成银行中长期和高盈利资产的主要资金来源。衡量存款稳定性的主要指标有活期存款稳定率和活期存款平均占用天数。其计算公式如下:

$$活期存款稳定率=\frac{活期存款最低余额}{活期存款平均余额}\times 100\%$$

$$活期存款平均占用天数=\frac{活期存款平均余额\times 计算期天数}{存款支付总额}$$

因此,提高存款的稳定性,主要表现为提高活期存款的稳定率和延长存款的平均占用天数。

按照存款的波动性程度,商业银行存款可划分为易变性存款、准变性存款和稳定性存款三大类。易变性存款主要指活期存款,这类存款是现实的购买和支付手段,客户随时都可能向银行提现和转账,因此,这类存款的稳定性最差。准变性存款主要指定活两便存款、通知存款等。这类存款既不能提现和转账,又没有支取约定期限的制约。其稳定性介于活期存款和定期存款之间。稳定性存款主要指定期存款、可转让存单及专项存款等。这类存款在约定期内一般不能提前支取,是稳定性较强的存款。保证银行存款稳定性的重点是提高易变性存款的稳定性,同时努力延长稳定性存款和易变性存款的平均占用天数。

完善存款偏离度管理是规范银行吸收存款行为、督促银行强化合规经营的重要举措。2018 年 6 月,中国银保监会发布了《关于完善商业银行存款偏离度管理有关事项的通知》(银保监办发〔2018〕48 号),建立加强商业银行存款偏离度管理制度,进一步督导商业银行合规发展、有效防控风险,改进绩效考评体系,从根源上约束存款"冲时点"行为。强化存款日均贡献考评,明确规定商业银行不得设立时点性存款规模考评指标,也不得设定以存款市场份额、排名或同业比较为要求的考评指标,分支机构不得层层加码提高考评标准及相关指标要求。要求商业银行不得采取返利吸存、第三方中介吸存、延迟支付吸存、以贷转存吸存、以贷开票吸存、理财产品倒存和同业业务倒存等手段违规吸收和虚假增加存款。商业银行应加强存款稳定性管理,约束月末存款"冲时点"行为,商业银行的月末存款偏离度不得超过 4%。

其计算公式如下：

$$月末存款偏离度=\frac{月末最后一日各项存款-本月日均存款}{本月日均存款}\times 100\%$$

（三）保持存款的适度规模

存款是商业银行最主要的资金来源，存款的多少直接体现着一家银行的资金实力大小。但是存款是有成本的，因此并不是存款越多对银行的经营就越有利。

从宏观经济运行的角度分析，影响商业银行存款规模的主要因素有宏观经济发展水平、金融当局货币政策和目标、金融法制法规的建设与完善等宏观因素，也有存款利率、服务质量、网点设置、产品创新、雇员形象、银行环境和资信状况等微观因素。因此，一国商业银行存款总量取决于该国国民经济发展的总体水平，其增减变化则受到多种因素的影响和制约，如存款利率变动情况、居民收入水平和消费支出结构、商品供给状况和物价水平、金融市场的发展水平以及传统习惯等。

从宏观角度判断存款规模是否适度，需要考虑多种因素，很难确定一个严格的数量标准。一般认为，只要存款的增长能够满足社会经济发展的需要，就达到了目标。从商业银行经营管理的角度分析，一家银行的存款量应控制在能够满足其贷款的发放及承受吸收存款的成本和管理负担的范围内，如超过这一范围，就属于不适度的存款增长，会给银行经营增加负担。只有当存款的期限结构既能满足银行资产业务的要求又能适当降低成本，存款的品种结构既能满足资产结构的要求又能满足客户多样化规模的需求，其规模才是合理的。

第三节　商业银行借款业务

一、商业银行的短期借款

（一）商业银行短期借款的特征

相对于吸取存款而言，商业银行的短期借款是一种主动性负债，在时间、金额和期限上都有较大的选择余地，金额相对集中，可以弥补短期头寸的短缺，但利率较高，风险较大。短期借款的主要特征表现在以下几个方面。

1. 流动性

活期存款的余额随时都在发生变化，定期存款也存在提前支取的可能性，商业银行难以主动把握和控制，因而，在准确掌握某一时点上存款对于流动性的需要比较难。商业银行的短期借款具有充分的主动性，无论是时间和金额上都有明确的约定，银行既可以事先精确掌握，又可以加以有计划的选择和控制，有利于对负债的管理。

2. 集中性

存款是商业银行从众多分散的客户中获得的资金，每一笔的金额相对较小。短期借款则无论在时间上还是金额上都相对集中，每一笔借款的平均金额要大大高于每一笔存款的平均金额。由此，也使得短期借款的偿还时间和金额也相应集中，就对商业银行资产的流动性提出了较高的集中性要求，一旦无法在约定期限还款，就会影响银行信誉，加大风险。

3. 利率风险较高

一般情况下，短期借款的利率高于同期存款的利率，而且短期借款的利率与市场资金供求关系密切相关，极易受市场利率变动的影响。一旦市场上资金出现供不应求，短期借款的利率可能会快速上升，导致商业银行负债成本大幅度提高。因此，要加强对短期借款的成本分析和控制，降低利率风险。

4. 主要用于弥补短期头寸短缺

短期借款的时间较短，银行不能够长期占用，一般只用于弥补头寸短缺，解决银行临时性资金的不足和周转困难时的资金需要。尽管短期借款的稳定余额也可以长期占用，但是绝不能用短期借款来满足盈利性资产的资金需要，短期借款的动机只能是为了满足银行经营的流动性需要。

（二）商业银行短期借款的意义

1. 短期借款是商业银行非存款资金来源的重要渠道

在商业银行的负债业务中，存款始终是最主要的资金来源，但是随着商业银行的发展，非存款性负债日益增长，同业拆借、向中央银行借款、回购协议和向欧洲货币市场借款等短期负债，已经成为商业银行的重要资金来源。

2. 短期借款是满足商业银行周转金需要的重要手段

周转金是商业银行经营的保护性资金，只有持有足够的周转金，商业银行才能满足可能出现的支付需求。短期借款既能够降低存款波动的不利影响，又在一定程度上兼顾了盈利性的要求，因此，商业银行倾向于通过短期负债来满足资金周转的需要。

3. 短期借款提高了商业银行的资金管理效率

短期借款是商业银行的主动性负债，对流动性的需要在时间上和金额上都十分明确，商业银行依据安全性、流动性和盈利性的需要，对短期借款的时间和金额进行有效组合，提高资金的管理效率。同时，短期借款的增加使得商业银行资产和负债的流动性相应提高，能够更多地持有高盈利性的资产，从而有利于银行利润水平的提高。

4. 短期借款扩大了银行的经营规模，拓展了银行参与市场竞争的深度与广度

短期借款的增加意味着商业银行资金来源的增多，为银行资产业务的进一步拓展创造了条件，银行的经营规模将会随之扩大。商业银行通过短期借款可以加强与银行同业往来，有利于共同防御各种风险；银行向中央银行借款，为中央银行掌握商业银行信息和金融市场情况提供了资料，有利于中央银行执行货币政策；银行在国际金融市场的短期借款，有利于形成统一的国际金融市场。

（三）商业银行短期借款的方式

商业银行的短期借款渠道有同业借款、向中央银行借款和其他短期借款等方式。商业银行短期借款方式，如图 3-1 所示。

图 3-1 商业银行短期借款方式

1. 同业借款

同业借款是指商业银行之间或商业银行与其他除中央银行之外的金融同业之间进行的短期资金融通，主要用于日常性资金周转，是商业银行解决短期资金余缺、调剂法定准备金头寸而融通资金的重要渠道。

2. 向中央银行借款

商业银行向中央银行借款主要有两种形式，一是再贴现，一是再贷款。

(1) 再贴现。再贴现是指商业银行在办理贴现业务后，为了应付短期资金需要而再一次向中央银行办理贴现获取资金的行为。再贴现的金额，按票据面额扣除再贴现利息计算，再贴现利率一般略低于再贷款的利率。再贴现是中央银行三大传统货币政策工具之一，中央银行通过调整再贴现的利率、票据种类等，可以影响商业银行的筹资成本，起到影响基础利率的作用。

(2) 再贷款。再贷款是指商业银行从中央银行得到的信用贷款，是商业银行除存款之外最重要的资金来源，是中央银行控制货币供应量的主要途径之一。

3. 其他短期借款渠道

(1) 转贴现。转贴现是指中央银行之外的投资人在二级金融市场上购进票据的行为。转贴现的利率可以由双方议定，也可以贴现率为基础并参照再贴现率而确定。二级市场的投资人在票据到期之前还可以继续转手买卖，继续办理转贴现。

(2) 回购协议。回购协议是指商业银行在出售证券等金融资产时签订协议，约定在一定期限后，按约定价格购回所出售证券，以获得即时可用资金的方式。协议签订后，银行向资金供给者出售证券、获得资金，协议期满时，再做反方向交易，以资金购回证券。回购协议最常见的交易方式有两种：一是证券的卖出和购回采用一致的价格，协议到期时以约定的收益率在本金之外另付费用；二是购回证券的价格高于出售证券的价格，差额即资金供给者的收益。回购协议通常在相互高度信任的金融机构之间进行，一般期限较短。商业银行通过回购协议融通的资金，不提交存款准备金，有利于实际借款成本的下降。

(3) 欧洲货币市场借款。欧洲货币市场具有以下特点：欧洲货币市场不受任何国家的政府管制和纳税限制。借款条件灵活，借款不限制用途；存款利率较高，放款利率较低，存放款利差较小；欧洲货币市场资金调度灵活、手续简便，业务方式主要是凭信用，短期借款一般只需要协议，无需担保品；借款利率由交易双方依据伦敦银行同业拆借利率(LIBOR)具体商定。由于我国对涉外金融管制较严，除中国银行外，国内其他商业银行对欧洲货币市场的短期借款渠道尚未真正开通。

二、商业银行的长期借款

(一) 商业银行长期借款的特征

与存款相比，金融债券具有许多特征：第一，筹资的目的不同。吸收存款是为了扩大银行资金来源的总量；发行债券是为了增加长期性资金来源和满足特定用途的资金需要。第二，筹资的机制不同。商业银行吸收存款是经常性的、无限额的；而发行债券是集中性的、有限额的。在商业银行吸收存款中，商业银行没有主动性，存款的金额、期限、币种和支取完全取决于存款的客户意愿；发行债券的主动权则在商业银行手中，商业银行对于债券发行的金额、利率、偿还期限和发行范围拥有绝对的主动权。第三,筹资的稳定性不同。存款的期限弹性很大,客户随时可能支取,银行要留有充足的支付保证金,使得存款资金的稳定性差;而债券有明确的到期日,一般无需提前还本付息,债券资金的稳定性较好。第四,筹资的流动性不同。除大额可转让定期存单外,存款的关系维系在存款人和吸存银行之间,一般无法转让,流动性差;金融债券一般不记名,可以在二级金融市场上流通转让,流动性强。第五,筹资的成本不同。吸收存款,商业银行需要众多的营业机构和营业网点、营业人员,业务量大,单位资金的筹集成本高;而发行金融债券则可以通过电话、互联网在国内外销售,单位资金的筹集成本低。

(二) 商业银行长期借款的意义

商业银行的长期借款主要通过发行金融债券的方式进行。

商业银行借助于发行金融债券筹集资金具有十分积极的意义。第一,发行金融债券面向全社会,筹集范围广泛,不受商业银行所在地区资金状况、营业网点和人员数量的限制,可以突破商业银行原有的存贷关系的限制。第二,债券的利率较高、流动性强,对客户有较强的吸引力,有利于提高商业银行筹资的速度和数量。第三,发行债券所筹集的资金无需缴纳准备金,无形中会大大提高银行对筹集资金的利用率。第四,商业银行可以依据资金使用的需要,有针对性地发行债券,使资金来源与资金运用在期限上保持对称,有利于商业银行资产负债结构的均衡。

但是,金融债券的发行数量、利率受到管理当局严格的限制,银行要承担较高的发行费用,而金融债券流动性的强弱也较大地受金融市场发育和完善、规范程度的制约。所以,越是金融市场不够发达和完善的国家,金融债券不仅仅种类少,而且发行数量也较小。在欧美等大多数国家中,由于商业银行和其他金融机构同属于股份公司组织,故这些金融机构发行的金融债券,其发行、流通和转让与公司债券受相同法规管理。

(三) 商业银行金融债券的种类

1. 一般性金融债券

一般性金融债券主要用于长期资金的筹集。其种类有普通金融债券、累进利息金融债券和贴现金融债券等。

普通金融债券是指商业银行发行的一种定期存单式的到期一次还本付息的债券,期限以3年以上居多,利率固定,一般略高于同期存款利率,平价发行,不计复利。累进利息金融债券是指商业银行发行的浮动期限式的利率与期限挂钩、分段累进计息的金融债券,期限为1～3年,平价发行,投资期限越长利率越高,债券持有者可以在最短和最长期限之间随时兑付,但是不满1年的不能兑付。累进利息金融债券有利于鼓励长期投资,也使得商业银行所筹集的资金相对稳定。贴现金融债券又称贴水金融债券,是指商业银行发行的在一定期限内、按一定的贴现率、以低于面值的价格折价发行的金融债券。这种债券的票面不印制利率和本金金额(发行价格),票面金额是到期兑付的债券本息额,发行价格与票面金额的差额就是投资者的收益。

2. 资本性金融债券

资本性金融债券是指商业银行为弥补资本金的不足而发行的资本性债券,其性质介于存款负债和股票资本之间,在《巴塞尔协议》中统称为附属资本或次级长期债务。

(1) 次级债。次级债是指固定期限不低于5年(包括5年),除非银行倒闭或清算,不用于弥补银行日常经营损失,且该项债务的索偿权排在存款和其他负债之后的商业银行长期债务次级债。其计入资本的条件是:不得由银行或第三方提供担保,并且不得超过商业银行核心资本的50%。商业银行应在次级定期债务到期前的5年内,次级债券计入资本的部分应每年累积折扣20%,即剩余期限在4年(含4年)以上的,以100%计;剩余期限在3~4年的,以80%计;剩余期限在2~3年的,以60%计;剩余期限在1~2年的,以40%计;剩余期限在1年以内的,以20%计。商业银行可根据自身情况,决定是否发行次级定期债务作为附属资本。

我国商业银行发行次级定期债务,须向银监会提出申请,提交可行性分析报告和招募说明书协议文本等规定的资料。募集方式为由银行向目标债权人定向募集。2003年11月,银监会参考《巴塞尔协议》对附属资本中"长期次级定期债务"的规定,发布了《关于将次级定期债务计入附属资本的通知》,推动商业银行发行次级定期债务补充附属资本。为规范商业银行次级债券行为,2004年6月,银监会与中国人民银行联合发布了《商业银行次级债券发行管理办法》,允许商业银行在银行间市场发行次级债券,进一步扩大了商业银行融资渠道,明显改善了我国商业银行资本不足、资本补充渠道单一的状况。

次级债属于债权融资,是向机构投资者定向募集资金,补充银行的资本金,银行通过次级债融资就必须考虑还本付息的压力,从而增强自身的盈利能力。

2001年,兴业银行作为我国第一家获准发行次级债的商业银行发行了30亿元的次级债。其他银行也陆续发行次级债,作为资本补充来源。2010年3月19日,中国银行发行次级债249亿元,中国工商银行也于2010年9月发行220亿元次级债用于补充资本金。

(2) 混合债。混合债(混合资本债券)是指针对《巴塞尔协议》对于混合(债务、股权)资本工具的要求而设计的一种债券形式,所募集资金可计入银行附属资本。作为商业银行补充资金的重要金融工具,混合债在国际上普遍为各银行所采用。2005年2月,中国银监会下发《关于商业银行发行混合资本债券补充附属资本有关问题的通知》,允许符合条件的商业银行发行混合资本债券,在满足规定的条件下可以将混合资本债券计入附属资本。2006年9月,中国人民银行发布第11号公告,对商业银行在银行间市场发行混合资本债券的行为做出具体规范。之后不久,兴业银行在全国银行间市场成功发行首只混合资本债券,发行总额40亿元,期限15年(经中国银监会批准,发行人10年后可赎回)。混合债的发行拓宽了商业银行补充资本充足率的渠道,能够缓解商业银行资本不足、资本补充渠道较少的状况,也使得银行的成长性不过分受到资本困境的约束。

混合债具有以下优势:第一,具有更强的资本属性。混合债的期限明显比次级债长。目前次级债的期限普遍为5年,而混合债的期限在15年以上,同时混合债自发行之日起10年内不得赎回,10年后只有在得到银监会批准后具有一次赎回权。次级债每年计入附属资本的比例是递减的,而混合债计入附属资本的比例在存续期的最后5年才开始递减,这样混合债的每年平均资本要比次级债低,而混合债的基本属性表现得更强。第二,混合债提高了银行抗风险能力。这体现在利息递延和损失吸收两方面。利息递延是指发行混合债的银行在利息支付方面有一定的灵活性,核心资本充足率低于4%时,银行有权递延支付利息;当盈余公积与未分配利润之和为负,且最近12个月内未支付普通股现金股利时,银行必须延期支付利息。损失吸收是指银行陷入经营困境时，必须递延本金和利息。这种经营困境包括两种特定的情况：一种情况是当债券到期时，银行无力支付清偿权在混合债之前的银行债务；另一种情况则是银行支付混合债将导致无力支付偿索权在该债券之前的银行债务。这两种情况下均可延期支付混合债的本金和利息。混合债的清偿顺序列于商业银行其他负债之后、先于商业银行股权资本。

（3）可转债。可转债全称为可转换债券，在目前国内市场，是指在一定条件下可以被转换成公司股票的债券。可转债具有债权和期权的双重属性，其持有人可以选择持有债券到期，获取公司还本付息；可以选择在约定的时间内转换成股票，享受股利分配或资本增值。所以，从某种意义上讲，可转债对投资者而言是保证本金的股票。可转债具备了股票和债券两者的属性，结合了股票的长期增长潜力和债券所具有的安全和收益固定的优势。此外，可转债比股票还有优先偿还的要求权。在我国，可转债已经与增发、配股一起并称为沪深股市上市公司二次融资的三大手段。

（4）可分离债。可分离债即分离交易的可转换公司债券，是指上市公司公开发行的认股权和债券分离交易的可转换公司债券。其实质是一种债券和权证的投资组合。通过发行可分离债来融资的财务费用较少。可分离债一方面可以减少融资过程中的成本，另一方面企业有可能因为权证的到期行权而使股权稀释，发行量大，稀释效应也会强。但整体而言，财务费用节省的效应会大于股权稀释的影响。

3. 国际金融债券

国际金融债券是指商业银行在国际金融市场上发行的、面额以外币表示的金融债券。

（1）外国金融债券。外国金融债券是指债券发行的商业银行通过外国金融市场所在国机构组织发行的、以该国货币为面值的金融债券。其特点是发行债券的商业银行在一个国家，债券的面值货币属于另一个国家。例如，我国商业银行通过日本金融机构在东京市场发行的日元债券就属于外国金融债券。

（2）欧洲金融债券。欧洲金融债券是指发行金融债券的商业银行通过其他金融机构，在债券面值货币以外的第三国发行的金融债券。其特点是发行债券的商业银行在一个国家，债券在另一个国家或几个国家发行，而债券的面值货币属于第三国。例如，我国商业银行在伦敦市场发行美元债券、在法兰克福市场上发行日元债券，就属于欧洲金融债券，前者称为欧洲美元债券，后者称为欧洲日元债券。

（3）平行金融债券。平行金融债券是指发行银行为筹措资金，在几个国家同时发行债券，分别以各投资国的货币标价，债券的筹资条件和利率基本相同。属于一家银行同时在不同国家发行的几笔外国金融债券。

课程思政案例

金融伦理的重要性

一、思政目标

本案例围绕以诚信、合规为核心的金融伦理教育和法治教育展开，重点让学生理解伦理责任和社会责任在金融从业中的重要性，提高学生的金融伦理意识，加强对学生以公平和信用为核心的金融伦理教育，营造和培育学生积极的金融伦理文化和社会责任意识。

二、案例内容

近年来，在新兴信息技术助推下，金融科技快速发展，提升了金融服务效率，也增强了金融发展活力。金融和科技的深度融合，带来个人隐私保护、信息茧房效应、数字鸿沟等伦理道德挑战。2021 年 3 月，浙江互联网金融联合会发起成立金融科技伦理(专业)委员会，这是全国第一个省级金融科技伦理委员会。在金融科技发展的关键阶段，引入伦理责任、社会责任机制，是非常重要和非常必要的。

伦理对于金融体系是至关重要的。对于金融体系而言，伦理是其有效运转的基础，金融从诞生那天起就与诚实、信用等伦理原则相伴相随。因此，把信用看成是“金融业的生命线”一点也不过分。金融机构中普遍存在的腐败现象，金融市场中，尤其是证券市场中的欺诈与操纵无所不在，以及由于不健康的投资理念与金融文化而引发的银行危机，似乎都在提醒我们，金融伦理实际上在金融体系稳健运行中扮演着重要作用。在金融领域中，伦理应该被提高到更高的高度去认识和理解。

金融体系在三个方面与其他领域相比有明显的特殊性：首先，金融领域比其他领域更容易发生与信任相关的不道德行为。其根本原因在于金融所涉及的都是“别人的钱”，因此，金融领域中的机构和个人出于贪婪的欲望而更容易发生欺诈、操纵、违约和不公平交易。商业银行有可能为满足自己的私欲而放弃稳健经营理念，而把大量储蓄者的资金用于高风险领域，从而导致巨额损失。其次，金融体系与其他领域相比，其信息不对称程度更加严重，从而更容易引发道德风险和逆向选择行为。当一个储蓄者将自己的资金放到一个商业银行时，他相信银行可以秉持稳健经营的理念而进行谨慎的投资，从而保证其资金的安全性。但是在某些时候，银行反而是风险爱好者，银行会置风险于不顾而选择那些投机性很强的项目，这就是典型的道德风险，而逆向选择也非常普遍地存在于金融体系之中。最后，金融领域的知识壁垒更高，普通投资者和民众很难清楚地了解金融体系的运作模式。最近几十年来，金融创新日新月异，各种新兴的金融机构和金融产品层出不穷，基于金融创新的各种生金融工具令人眼花缭乱。投资者很容易被各种新兴金融产品和繁复的合同条款所误导，做出错误的投资决策，而基金经理、银行业务员和保险经纪人凭借在知识和信息上的优势来欺骗投资者和投保人。

因此，在金融领域，伦理原则的强调具有更重要的意义，金融伦理是金融体系正常运作的必要前提。金融市场各类主体必须具有强烈的自主观念、法制观念、公平公正观念、契约观念、平等观念和诚信观念等基本金融伦理理念，在金融业务发展中遵守金融伦理基本规范，通过在金融机构和金融从业人员中广泛和有效地渗透金融伦理观念，在金融体系中营造和培育一种积极的金融伦理文化和社会责任意识，使得金融体系在自我道德约束的基础上稳健运行，以提高金融体系和整个经济运行的稳定性和安全性。

(本文摘选自：王曙光著《金融伦理学》，北京大学出版社，2011 年版。)

三、思考题

1. 金融伦理为什么重要？
2. 存单变保单，误导客户，违背哪些金融伦理？

参考文献

[1] 王曙光.《金融伦理学》，北京大学出版社，2011 年版。

[2] 浙江成立全国首个省级金融科技伦理委员会，http://finance.sina.com.cn/roll/2021-03-02/doc-ikftpnnz0619866.shtm。

本章小结

1. 商业银行负债是指商业银行承担的、尚未偿还的、能够以货币计量、必须以资产或劳务偿付的债务。商业银行负债有广义和狭义之分。广义的负债，是指除商业银行自有资本之外的一切资金来源；狭义的负债，是指商业银行存款、借款等非资本性债务。本章以狭义负债为研究对象。

2. 商业银行首先成为全社会最大的债务人，然后才能成为全社会最大的债权人。负债是商业银行吸收资金的主要来源，是保持流动性的手段，也是银行开展资产业务与中间业务的基础和前提，是银行同社会各界广泛联系的渠道。商业银行负债经营应遵循依法筹资、成本控制、量力而行和结构合理的原则。

3. 商业银行的负债由存款、借款和其他负债组成。存款是商业银行的被动负债，借款是商业银行的主动负债。

4. 商业银行的传统存款业务有活期存款、定期存款和储蓄存款。

5. 结构性存款是指金融机构吸收的嵌入金融衍生工具的存款，通过与利率汇率、指数等的波动挂钩或与某实体的信用情况挂钩，使存款人在承担一定风险的基础上获得更高收益的业务产品。结构性存款具有固定收益证券和金融衍生品的双重特征。

6. 银行存款成本主要有利息成本、营业成本、资金成本、可用资金成本以及相关成本。银行存款要实施积极经营策略，提高存款的稳定性，重点是提高活期存款的稳定率和延长存款的平均占用天数。同时，商业银行存款规模要适度，并不是存款越多对银行的经营就越有利。

7. 商业银行的短期借款渠道有同业借款、央行借款和其他借款。商业银行的长期借款主要通过发行金融债券的方式进行，包括一般性金融债券、资本性金融债券和国际金融债券。

本章思维导图

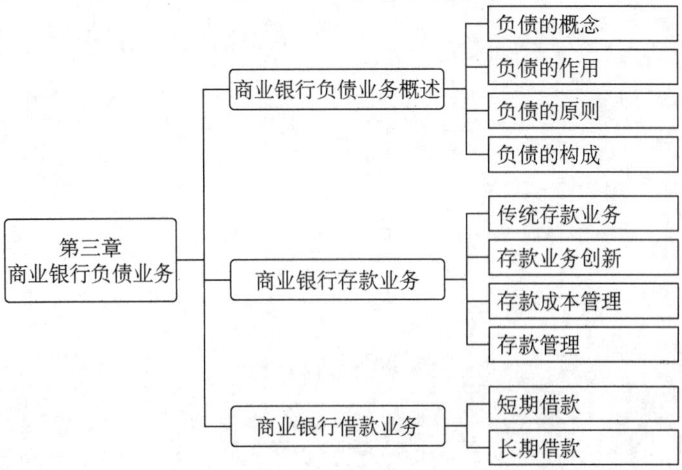

图 3-2　思维导图

思考题

1. 商业银行负债的作用和原则是什么？
2. 商业银行存款越多越好吗？为什么？
3. 如何加强商业银行的存款成本管理？
4. 商业银行短期借款和长期借款有何差异性？
5. 外国金融债券和欧洲金融债券有何不同？

第四章 商业银行现金资产与流动性管理

本章 学习目标

学生通过本章学习，应掌握现金资产的构成、作用及管理原则；熟悉并掌握库存现金的影响因素及库存现金需要量的预测；熟悉法定存款准备金的管理要点，掌握超额准备金的影响因素及管理方法；了解同业存款的管理目的与方法；掌握流动性需求的概念、类型与预测方法；掌握流动性供给的方式；理解流动性管理的内涵；熟悉并掌握流动性需求供给协调管理的方法。

第一节 商业银行现金资产概述

商业银行是高负债经营的金融机构，保持一定的清偿力对保证商业银行的稳健运营非常重要。现金资产为商业银行提供了最基本的流动性供给，是流动性最强的资产，可以随时用于满足客户的提现和贷款需求。

一、现金资产构成

日常生活提到的现金，一般是指交易中的纸币或硬币，对银行来说，就是客户由于存取而形成的库存现金，这些是所谓的狭义现金概念。而这里要探讨的商业银行现金资产，指的是广义的现金概念，主要由库存现金、在中央银行存款、存放同业存款和在途资金构成。

（一）库存现金

库存现金是指商业银行保持在金库中的现钞和硬币。库存现金的主要作用是银行用来应付客户提现和银行本身的日常零星开支。为了维护商业银行日常的正常经营，银行必须保留一定比例的库存现金。但是，库存现金又是一种非盈利资产，并且保存库存现金需要花费大量的保管费用。因此，商业银行不能保留过多的库存现金，必须保持适度的规模。

（二）在中央银行存款

在中央银行存款是指商业银行存放在中央银行的款项，由法定存款准备金和超额存款准备金两部分组成。

法定存款准备金是按照法定比率必须向中央银行缴存的存款准备金，具有强制性。其目的在于保障银行有充足的资金应付存款客户的提取，避免因流动性不足致使商业银行发生挤兑或者流动性危机。法定存款准备金已经成为中央银行进行宏观调控的重要货币政策工具，商业银行必须根据央行法定存款准备金率的变动及时调整其法定准备金。

超额存款准备金有广义和狭义两种含义。广义的超额存款准备金，是指商业银行吸收到存款中扣除法定准备金之后的余额；狭义的超额存款准备金，是指在存款准备金账户中，超过了法定存款准备金的那部分存款。这部分存款犹如工商企业在商业银行的活期存款，是商业银行在中央银行账户上保存的用于日常支付和债权债务清算的资金。它是商业银行的可用资金，其规模的大小直接影响着商业银行的信贷扩张能力。

法定存款准备金率的变化直接影响着商业银行超额存款准备金量的大小，在准备金总量不变的情况下，法定存款准备金与超额存款准备金在数量上存在此消彼长的关系。超额存款准备金数量的变化，又影响着商业银行信贷规模的大小，所以法定存款准备金率成为中央银行重要的货币政策工具手段。

（三）存放同业存款

存放同业存款是指存放在其他商业银行用于银行间票据清算、代理收付、委托代理和投资咨询等业务的存款。它属于活期存款的性质，可以随时支取，因此，被视为银行的现金资产。该业务也有利于促进银行之间的业务往来和协作。

（四）在途资金

在途资金又称托收未达款，是指本行通过对方银行向外地付款单位或个人收取的票据款项。商业银行在办理票据清算过程中，会产生需要委托其他商业银行收款但尚未收妥的款项，这其实是一笔他行占用的资金，但由于在途时间短，收妥后即成为存放同业存款，因此一般将其视为银行的现金资产。

二、现金资产功能

（一）保持清偿力

商业银行是以利润最大化为经营目标的特殊企业，而现金资产又是一种无利或微利资产，在商业银行的总资产中，现金资产占比越高，盈利性资产就越少，因此，商业银行为了实现盈利性目标，就不能保持过多的现金资产。商业银行的经营资金主要来源于客户存款和各种借入款项，因此，商业银行必须随时无条件满足客户提取存款的要求，否则就有可能影响银行信誉，引发流动性风险，甚至使银行陷入清偿力危机而遭受破产的风险。所以，商业银行在追求盈利的过程中，必须保持一定数量的可直接用于应付提现和清偿债务的资产，而现金资产正是为了满足银行的清偿力而安排的准备资产。

（二）保持流动性

商业银行的经营环境复杂多变，从其经营的安全性和盈利性要求考虑，商业银行应不断调整资产负债结构，保持一定的流动性。这不仅要求银行资产负债结构的合理搭配确保原有贷款和投资的高质量，同时需要银行持有一定数量的流动性准备资产，以利于银行及时抓住新的贷款和投资机会，从而为增加盈利、吸引客户提供条件。

第二节　商业银行现金资产的管理

一、现金资产管理原则

现金资产是商业银行流动性最强的资产，持有一定数量的现金资产，能够满足商业银行经营过程中的流动性需要。现金资产同时又是一种无利或微利资产，过多持有现金资产又会使银行失去很多盈利机会，因此，商业银行持有的现金资产不宜过多也不宜过少。商业银行现金资产管理的目的，就是要在确保流动性需要的前提下，将持有的现金资产的机会成本降到最低，以协调好银行经营的安全性与盈利性，使银行经营状况达到最佳。为此，银行现金资产的管理必须遵循以下原则。

（一）总量适度原则

总量适度原则是指在一定时期内商业银行的现金资产必须保持在一个适当的规模内。这个适当规模是指由银行现金资产的功能和特点决定的在保证银行经营过程中流动性需要的前提下，为保持现金资产付出的机会成本最低时的现金资产数量。总量适度原则是商业银行现金资产管理最重要的原则。只有坚持现金资产的适度规模，才能实现银行经营安全性和盈利性的统一，促使银行经营总目标的实现。

（二）适时调节原则

适时调节原则是指银行要根据业务过程中的现金流量变化，及时调节资金头寸，确保现金资产的规模适度。银行现金资产规模的变化，取决于在一定时期内银行业务经营过程中的现金流量的变化情况。银行要保持适度的现金资产规模，就需要根据现金流量的变化情况，及时地进行资金调度。当现金收入大于现金支出而使现金资产存量超过其适度规模时，应及时将多余部分头寸运用出去；而当现金支出大于现金收入而使现金资产存量小于适度规模时，银行应及时筹措资金补足头寸。因此，适时调节资金头寸是实现现金资产规模适度的必要手段。

（三）安全保障原则

安全保障原则是指商业银行防止库存现金被盗、被抢或因清点、包装的差错及自然灾害等原因造成的风险。商业银行大部分现金资产由其在央行和同业的存款及库存现金构成，除库存现金外，其他的现金资产都是通过银行账户的资金转移完成支付的，只有库存现金是以现钞、硬币等实物形态存在，就不可避免地会发生风险。因此，银行要对库存现金严加管理，必须健全安全防范制度，严格业务操作规程，确保资金的安全无损。

二、库存现金的管理

库存现金是具有安全流动性的非盈利资产，库存现金越多，流动性越强，而盈利性越差。为了保证在必要的流动性前提下实现更多的盈利，就需要把库存现金压缩到最低程度。为此，银行必须通过分析影响库存现金数量变动的各种影响因素，准确测算库存现金需要量，及时调节库存现金的存量，同时，加强各种管理措施，确保库存现金的安全。

（一）影响银行库存现金的因素

1. 现金收支规律

银行的现金收支在数量上和时间上都有一定的规律可循。例如，对公出纳业务，一般都是上午大量支出现金，而下午则大量收入现金。此外，现金收支还受季节性因素的影响，有的季节银行现金收入多而支出少，而有的季节则正好相反。比如，春节前后现金收支就存在明显的季节因素变化，春节前一般现金支出较多而现金收入较少，而春节后正好相反。银行可以根据历年的现金收支状况，分析找出规律，为资金头寸的测算提供依据。

2. 营业网点及 ATM 机的数量

营业经营业务的每一个营业网点都需要一定的铺底资金，每一台 ATM 机也需要保证一定量的现钞供给。一般来说,营业网点与ATM机的数量越多,对库存现金的需求量也越多。

3. 后勤保障的条件

银行库存现金数量与后勤保障条件也有密切关系。如果银行后勤保障条件较好,运送现金的车辆、保安充足,且服务周到,就没有必要在每个营业网点存放太多的现金;否则,就必须在每个营业网点存放较多的现金。但是,这样做会增加占压现金的费用。

4. 与中央银行发行库的距离、交通条件与发行库的规定

如果商业银行的营业网点与中央银行发行库距离较近,交通运输条件较好,商业银行就可以尽量压缩库存现金的规模。中央银行发行库的营业时间、出入库时间的规定,也对商业银行的库存现金产生重要影响。如果中央银行发行库的营业时间短、规定的出入库时间和次数少,势必增加商业银行的库存现金。

5. 银行结算工具的品种

随着银行业务的不断创新,银行结算工具的种类不断增多,现代化的结算方式日益被客户接受。特别是随着网络技术的发展,微信、支付宝扫码支付等第三方支付方式的出现,非现金的支付方式日益成为现代居民,尤其是年轻群体广为追求的新型结算方式。因此,新的结算工具越多,结算方式越先进,客户接受的程度越高,银行需要保持的库存现金就越少。

6. 商业银行内部管理

商业银行内部管理也是影响库存现金的一个重要因素。例如,银行内部是否将库存现金指标作为员工工作业绩的考核指标,是否与员工的经济利益挂钩,银行内部各专业岗位的配合程度等,都会影响库存现金的数量变化。

(二) 库存现金需要量的确定

1. 库存现金需要量的匡算

银行库存现金是其为了完成每天现金收支活动而需要持有的即期周转金。匡算库存现金需要量主要应考虑两个因素:

(1) 库存现金周转时间。银行库存现金周转时间的长短受多种因素的影响,如银行营业网点的分布状况和距离、交通运输工具的先进程度和经办人员的配置、进出库制度与营业时间的相互衔接情况等。一般来说,城市银行的网点分布距离较近,交通运输条件较好,库存现金的周转时间则较短;农村银行的网点分布一般比较分散,相互之间的距离较远,而且交通运输条件也较差,其库存现金的周转时间较长。同时,银行的库存现金是分系统层次供给的,下级行的现金由上级行供给,因此,上级行库存现金的周转时间也包含了下级行库存现金的周转时间,所以,管理层次多的银行与管理层次少的银行相比,其库存现金周转时间也长一些。

(2) 库存现金支出水平的确定。从理论上讲,所有现金支出和现金收入都会影响库存现金,但在匡算库存现金需要量时,银行主要是防止出现收不抵支的问题。通常只需考察现金支出水平对库存现金的影响。匡算现金支出水平,一方面要考虑历史上同期的现金支出水平,另一方面要考虑一些季节性和临时性因素的影响。在实际工作中可用以下公式来计算现金支出水平:

$$\text{即期现金支出水平} = \text{前期平均现金支出水平} \times \text{保险系数} \times \text{历史同期平均发展速度}$$

其中：

$$前期平均现金支出水平 = 前30天现金支出累计发生额/30$$

$$保险系数 = 标准差 \times 置信概率度$$

$$标准差 = \sqrt{\sum(每天现金支出额 - 平均现金支出额)^2/30}$$

$$历史同期平均发展速度 = \sqrt[考察年数-1]{\frac{去年同月现金支出累计发生额}{最早年份同月现金支出累计发生额}}$$

公式中：同月是指考察时点前半月和考察时点后半月相加。

求出即期现金支出水平后，以此与库存现金周转时间相乘，再加减一些其他因素，即库存现金需要量。

2. 最适送钞量的计算

为了保持适度的库存现金规模，商业银行的营业网点需要经常性地调度现金头寸，及时运送现金。但运送现金需要花费一定的费用，如果这种费用过大，超过了占压较多现金而付出的成本就得不偿失了。因此，银行有必要对运送现金的成本收益做一个比较，以决定最适的送钞量。在这个最适的送钞量上，银行为占用库存现金和运送钞票所花费的费用之和应当是最小的。

可以运用经济批量法来进行测算。其计算公式是：

$$T = C \times Q/2 + P \times A/Q$$

公式中：T 表示总成本，A 表示一定时期内的现金收入（或支出）量，Q 表示每次运钞数量，P 表示每次运钞费用，C 表示现金占有费率，A/Q 表示运钞次数，$Q/2$ 表示平均库存现金量，$P \times A/Q$ 表示全年运钞总成本，$C \times Q/2$ 表示库存现金全年平均占用费。

根据以上公式，用微分法求经济批量的总成本 T 为极小值时的运钞量 Q，以及以 Q 为自变量，求 T 对 Q 的一阶导数，则：

$$T' = \frac{dT}{dQ} = \frac{C}{2} - \frac{A \times P}{Q^2}$$

令 $T' = 0$，则：

$$\frac{C}{2} - \frac{A \times P}{Q^2} = 0$$

$$Q^2 = \frac{2AP}{C}$$

$$Q = \sqrt{2A \times P/C}$$

【例 4-1】 工商银行某市分行在距离中心库 30 千米处设一个营业网点，根据往年有关数据测算，年投放现金量为 1 825 万元，平均每天投放 5 万元（全年按 365 天计算）。每次运钞需要支出燃料费、保安人员出差补助费约 50 元，资金占用费率为年 6.6%，代入公式得：

$$Q = \sqrt{2 \times 1\,825 \times 0.005/6.6\%} = 16.63(万元)$$

即每次运钞 16.63 万元，大约每 3 天送 1 次，按此计算的总费用为：

$$T=\frac{C\times Q}{2}+\frac{P\times A}{Q}=\frac{6.6\%\times 16.63}{2}+\frac{1\ 825\times 0.0050}{16.63}=1.0975(\text{万元})$$

如果每天运钞 1 次，每次运钞 5 万元，其总费用为：

$$\frac{6.6\%\times 5}{2}+\frac{1\ 825\times 0.0050}{5}=1.99(\text{万元})$$

如果每星期运钞 1 次，每次运钞 35 万元，其总费用为：

$$\frac{6.6\%\times 35}{2}+\frac{1\ 825\times 0.0050}{35}=1.416(\text{万元})$$

上述三种方案比较，显然按经济批量法计算的第一种方案最经济，所以该银行应当确定大约 3 天运送 1 次，每次运送 16.63 万元的现金。

3. 现金调拨临界点的确定

从银行维持日常营运和节约现金占用费角度上看，银行库存现金不宜过多也不宜过少，必须保持合理的库存现金数量。一旦出现临时性的大额现金支出就需要调拨现金。由于银行从提出现金调拨申请到实际收到现金需要有一个时间差，特别是那些距离现金中心库较远的营业网点，必须提前测算现金调拨的临界点，以保持一个相对保险的现金库存量。计算现金调拨临界点的公式如下：

现金调拨临界点 = 平均每天正常支出 × 提前时间 + 保险库存量

保险库存量 =（预计每天最大支出 − 平均每天正常支出）× 提前时间

【例 4-2】 在上例中，该网点的最适运钞量是 16.63 万元，提前时间为 1 天，平均每天正常支出 5 万元，预计每天最大支出量为 7 万元，则：

保险库存量 = (7 − 5) × 1 = 2(万元)

现金调拨临界点 = 5 × 1 + 2 = 7(万元)

因此该网点的库存现金降到 7 万元时，就应当申请调拨现金 16.63 万元。

4. 银行保持现金适度量的措施

在测算了最适运钞量和现金调拨临界点之后，银行保持适度库存现金已经有了一个客观的依据，但要切实管好库存现金，使库存现金规模经常保持在一个适度规模上，还需要银行内部加强管理，提高管理水平。银行应从以下几方面采取措施：第一，应将库存现金状况与有关人员的经济利益挂钩，促使有关人员在保证支付的前提下，主动压缩库存规模，实现现金库存的最优化。第二，尽可能在对公现金出纳业务中实现规范化操作。为此，要大力开展代发工资业务，要把开户单位发工资日及每天的资金支出金额均匀地排列在每一天，要掌握客户发放工资和其他大额提现的时间和金额规律。第三，要掌握储蓄现金收支规律，只要掌握了这种规律，银行就可以在保证支付的前提下压缩备用金的库存。第四，解决压低库存现金的技术性问题。

（三）严格库房安全管理措施

从经营的角度讲，银行的库存现金显然是最为安全的资产。但事实上，银行库存现金也有其特有的风险，这种风险主要来自被盗、被抢和自然灾害的损失，也来自业务人员清点、包装中的差错，还可能来自银行内部不法分子的贪污挪用。因此，银行在加强库存现金适度性管理的同时，应当严格库房的安全管理，在现金清点、包装、入库、安全保卫、出库和现金运送等环节，采取严密的责任制度、监测制度、保卫制度和有效的风险防范措施，确保库存现金的安全无损。

三、存款准备金的管理

存款准备金是商业银行现金资产的主要构成部分。存款准备金包括两个部分：一是按照中央银行规定的比例上缴的法定存款准备金；二是准备金账户中超过了法定存款准备金的超额存款准备金。因此，存款准备金的管理包括满足中央银行法定存款准备金要求和超额存款准备金的适度规模控制两个方面。法定存款准备金不仅是为了防范银行的流动性危机，更重要的是，它作为中央银行调节商业银行信用规模的一项重要工具而被纳入货币政策的操作体系。因此，商业银行的存款准备金管理中，首先应当满足法定存款准备金的要求。

（一）法定存款准备金的管理

法定存款准备金的管理，主要是准确计算需要的法定存款准备金数量和及时上缴。目前，在西方国家计算法定存款准备金需要量的方法有适用于非交易性账户存款的滞后准备金计算法，以及适用于交易性账户存款的同步准备金计算法。

1. 滞后准备金计算法

滞后准备金计算法是根据前期存款负债的余额来确定本期准备金的需要量。具体来说，银行应根据 2 周前的存款负债余额来确定目前应当持有的准备金数量。这样银行可以将 2 周前的 7 天作为基期，以基期的实际存款余额为基础，计算准备金持有周应持有的准备金的平均数。滞后准备金计算法，如表 4-1 所示。

表 4-1　滞后准备金计算法

第一周	第二周	第三周
计算基期周		准备金持有周

例如，银行在 7 月 10 日（星期二）至 16 日（星期一）期间的非交易性存款平均余额为 300 万元，按照 8%的存款准备金率，该行在 7 月 24 日（星期二）至 30 日（星期一）这一周内应保值的准备金平均余额为 24 万元。

2. 同步准备金计算法

同步准备金计算法是以本期的存款余额为基础计算本期的准备金需要量。具体来说，一般确定 2 周为一个计划期。例如，从 7 月 11 日（星期三）到 7 月 24 日（星期二）为一个计划期，计算在这 14 天中银行交易性账户存款的日平均余额，准备金的保持期从 7 月 13 日（星期五）开始到 7 月 26 日（星期四）结束，这 14 天的准备金平均余额以 7 月 11 日至 24 日的存款平均余额为基础计算。

银行可根据以上两种方法计算出来的准备金需要量加总，就是一定时期需要缴纳的存款准备金金额。再将这一需要量与已缴纳的存款准备金余额相比较，及时从中央银行调减或补足。

(二) 超额存款准备金的管理

超额存款准备金是商业银行在中央银行准备金账户上超过了法定存款准备金的那部分存款。超额存款准备金是商业银行最重要的可用头寸,是银行用来进行投资、贷款、清偿债务和提取业务周转金的准备资产。商业银行在中央银行的超额存款准备金虽然也能获得一定的利息收入,但与其他盈利资产,如贷款和投资等相比,属于微利资产。因此,银行在超额存款准备金账户保留的存款不宜过多。银行超额存款准备金管理的重点,就是要在准确测算超额存款准备金需要量的前提下,适当控制准备金规模。

1. 影响存款准备金需要量的因素

影响商业银行超额存款准备金需要量的因素主要有:

(1) 存款波动。商业银行的存款包括对公存款和储蓄存款。一般来说,对公存款的变化主要是通过转账形式进行的,如本行客户对他行客户付款,会导致对公存款下降,同时本行超额存款准备金流出;本行客户收取他行客户支付的货款,这会使本行对公存款增加,同时超额存款准备金也增加。对个人的储蓄存款和部分对公存款的变化则主要是通过现金收支来表现的。由于储蓄存款大多是以现金存入,当存款增加,首先表现为现金增加,然后银行将现金缴存中央银行,最终引起超额准备金的增加;反之,则相反。

商业银行在分析存款波动对超额存款准备金需要量的影响时,重点应分析导致存款下降的情况。因为只有在存款下降时才会导致超额存款准备金需要量的增加。存款的下降受近期因素和历史因素影响,在实际匡算中,还必须考虑其他特殊因素的影响。

(2) 贷款的发放与收回。贷款的发放与收回对超额存款准备金的影响主要取决于贷款使用的范围,如果贷款的使用对象是本行开户的企业,本行在中央银行的存款将不会发生变化,如果贷款发放的对象是在他行开户的企业,或者本行开户的企业在取得贷款后立即对外支付,就会减少本行在中央银行的存款,从而使本行的超额存款准备金下降。此时,银行就需要准备足够的超额存款准备金。

同理,贷款的收回对超额存款准备金的影响也因贷款对象的不同而有所不同。他行开户的贷款企业归还贷款会使本行超额存款准备金增加,而本行开户的贷款企业归还贷款不会影响超额存款准备金的需要量。

由此贷款发放对超额存款准备金需要量的计算公式是:

$$\begin{matrix}\text{贷款发放对超额存}\\\text{款准备金的需要量}\end{matrix}=\begin{matrix}\text{用于对他行}\\\text{支付的贷款}\end{matrix}+\left(\begin{matrix}\text{用于对本行}\\\text{支付的贷款}\end{matrix}-\begin{matrix}\text{已收回}\\\text{贷款}\end{matrix}\right)\times\begin{matrix}\text{法定存款}\\\text{准备金比率}\end{matrix}$$

(3) 其他因素。除了存款波动和贷款的发放与回收外,还有其他因素对于商业银行超额存款准备金有影响。这些因素主要有:第一,向中央银行借款因素。商业银行向中央银行借款和还款的规模对比,导致超额存款准备金的增加或减少。在一定的期间,当借款额大于还款额时,超额准备金增加,当借款额小于还款额时,超额准备金减少。第二,同业往来因素。商业银行之间的往来,如果是通过中央银行来支付清算,则同业应付及应收头寸会影响超额存款准备金规模。如果在某一时期的同业往来中,某商业银行的同业往来是应付头寸,则说明该行的拆入资金大于拆出资金,需要进行对外偿付资金,其超额存款准备金会减少;反之,若是应收头寸则超额存款准备金会增加。第三,法定存款准备金调整因素。在一定时期内，商业银行在中央银行的存款规模一定的情况下，法定存款准备金与超额存款准备金是此消彼长的关系。如果在此期间中央银行调整法定存款准备金比率，或者商业银行存款规模变化，都会影响该银行在央行的超额存款准备金数量。第四，信贷资金调拨因素。当分析期内需要调出信贷资金时，会减少商业银行的超额存款准备金，而当可以调入信贷资金时，就会增加超额存款准备金。第五，财政性存款因素。财政性存款的上缴，会减少商业银行的超额存款准备金。

2. 超额存款准备金的调节

商业银行超额存款准备金是微利资产，但是其对于商业银行的流动性却有着非常重要的作用。从节省机会成本的角度来说，商业银行应该持有较少的超额准备金，但如果超额存款准备金不足，银行又将被迫从外部以较高成本借入资金。所以，商业银行需要权衡超额存款准备金持有的机会成本与超额存款准备金不足时补偿流动性的成本，以保持超额存款准备金的适度规模。

当未来的头寸需要量较大，现有的超额存款准备金不足以应付需要时，银行就应当设法补足头寸，增加超额存款准备金；当未来头寸需要量减少，现有超额存款准备金剩余时，则应及时将多余的超额存款准备金运用出去，寻求更好的盈利机会。商业银行可通过同业拆借、短期证券回购及商业票据交易、向中央银行融资、商业银行系统内资金调度、出售其他资产等多种方式来进行超额存款准备金头寸的补充。

四、同业存款的管理

（一）同业存款的目的

任何一家银行由于业务特点和人力、物力的限制，都不可能在其他业务触及的每一个地方设立分支机构。它在没有分支机构的地区的一些金融业务，就需要委托当地的银行等金融机构来代理。那些较大的银行一般都是双重角色。一方面，它作为其他银行的代理行而接受其他银行的存放同业款。另一方面，它又是被代理行，将一部分资金以活期存款形式存放在其他代理行。这就形成了银行之间的代理行业务。商业银行在其他金融机构保持的一定数量的活期存款就是同业存款。

银行之间开展代理业务需要花费一定的成本。商业银行在其代理行保持一定数量的同业存款，主要目的就是支付代理行代办业务的手续费。代理行可以将同业存入款用于投资，用于投资的收入补偿其成本并获利，由于这部分存款也随时可以使用，与库存现金和在央行的超额准备金没有什么区别，因此也成为商业银行现金资产的组成部分。

同业存款的管理也需要遵循适度规模原则，同业存款虽然可以获得一定的利息收入，但相对于其他投资来说，是微乎其微的。同业存款过多，机会成本就会相应增加；而同业存款过少，则会影响银行之间委托代理业务的开展，不利于银行之间的协作。所以，商业银行同样需要对同业存款需要量进行准确预测。

（二）同业存款需要量的测算

商业银行同业存款需要量主要受到以下几个因素的影响：

（1）使用代理行的服务数量和规模。同业存款的目的就是同业之间的协作，所以所需代理行服务数量和规模就成为影响同业存款需要量的最重要因素。代理行服务数量和规模与同业存款需要量成正比关系。

(2) 代理行的收费标准。在银行之间进行委托代理业务时，代理行通常会向委托行收取一定数量的手续费，所以，代理行的收费标准也会对同业存款需要量产生影响，收费标准越高，同业存款需要量越大。

(3) 可投资余额的盈利率。这里的可投资余额，是指同业存款的可投资余额。银行的同业存款是可以获取一定的利息收入的，银行通过同业存款的投资收益来弥补其为他行代理业务支付的成本。所以，同业存款中可投资余额盈利情况对同业存款需要量产生直接影响。通常，同业存款盈利率与同业存款需要量成反比关系。

第三节 商业银行流动性管理

流动性对于商业银行的经营是十分必要的，这是因为，商业银行的存款和贷款之间存在着期限的不匹配，以及商业银行的资产和负债业务对利率都具有很强的敏感性。期限的不匹配要求银行必须时刻准备足够的现金满足客户现金的需求；利率的变动同时影响存款和贷款的需求，使银行的流动性头寸发生变化，如果出现流动性的缺口，则银行必须及时采取措施弥补流动性不足，防止流动性危机的发生。

一、商业银行流动性与流动性管理概述

商业银行的流动性是指商业银行满足存款人提取现金要求、借款人的正常贷款需求，支付到期债务的能力。商业银行提供现金满足客户提取存款的要求和支付到期债务本息，这部分资产称为基本流动性，基本流动性加上为贷款需求提供的资产，称为充足流动性。商业银行通过两种方式保持充足的流动性：一是通过负债、增资的方式，如吸收存款、发行债券和注入资金等方法；二是通过资产变现，如收回信贷资产、出售持有的有价证券和固定资产等。

流动性管理是指商业银行在经营活动中既要保持足够流动性的资产以满足对流动性需求，又要防止流动性过剩带来的成本增加。其实质在于避免流动性盈余和不足，主要通过对商业银行资产和负债的流动性进行管理，以实现商业银行资产和负债的流动性供需之间的合理匹配。当资金来源与运用不匹配时，商业银行便存在流动性缺口，即商业银行流动性供给与需求之差。当流动性供给增加，而流动性需求减少时，则表现为流动性过剩；当流动性供给减少，而流动性需求增加时，则表现为流动性不足。当然，也可能出现流动性供给与需求同增同减的情况，但幅度可能不尽相同。因此，商业银行需要对流动性进行合理预测，对流动性供给的渠道进行合理分析，并讲究科学合理的流动性管理策略，以尽量避免出现流动性风险。

二、商业银行流动性需求和流动性供给

(一) 商业银行流动性需求的概念与类型

1. 商业银行流动性需求的概念

商业银行流动性需求是客户对银行提出的、必须立即兑现的现金需求。商业银行日常面对的流动性需求通常来自存款客户提取现金、合理的贷款需求、偿还其他负债(如由于同

业拆借、回购协议、向央行借款等方式形成的对其他金融机构或央行的债务)、向央行缴存存款准备金、支付营业费用及税金和向股东支付股利等。

2. 商业银行流动性需求的类型

商业银行的流动性需求根据其自身特点,可以分为以下类型。

(1) 季节性流动性需求。季节对银行的存贷款业务具有很重要的影响。流动性需求由于存贷款的波动而出现季节性特征。存贷款的季节性变动通常与自然气候类型、社会习俗和地区习惯等密切相关。例如,贷款业务中的农业贷款,通常是春季贷款需求较高,秋季贷款资金回笼较多,这便显示了很强的季节性。商业银行的客户类型越单一,则季节性流动性需求越明显,这就需要商业银行能够区分存款与贷款的季节性变动部分与可靠稳定部分。商业银行可以通过历史资料,加上对相应行业进行研究,预测各行业资金需求的季节性,进而预测出本行的流动性需求。

(2) 趋势性流动性需求。这是一种长期性的流动性需求,是由商业银行所服务地区的人口、劳动力、技术、储蓄、消费和投资等社会经济发展情况决定。如果商业银行服务的主要区域是最新开发地区,或者商业银行服务的产业是新兴产业,其贷款需求一般会比较大且存款较少,在较长时间内表现为净现金需求。如果商业银行服务于成熟稳定地区或产业,则贷款需求较少而存款较多,现金需求量较少。

(3) 周期性流动性需求。这种流动性需求是由经济发展的周期性所引发的。经济周期的变化会引起企业投资与盈利水平的变化,进而导致居民的收入和消费水平的变化。银行存款的吸收和贷款的发放依赖于企业的投资需求和居民的收入水平,所以,银行的流动性需求受到经济周期的影响。银行可以通过在以往经济周期中,自身存贷款的相应规模和变动,预测下一个经济周期银行的流动性需求变化情况。

(4) 临时性流动性需求。银行的发展不仅受到宏观经济的影响,同时也会受到一些突发事件的影响。例如,突发性自然灾害、重大政治和经济事件、战争、信用危机等,这些都会给商业银行的流动性带来临时冲击。商业银行无法预测这些临时性因素的发生,只能通过储备足够的准备金或临时向市场寻求流动性来应对。

(二) 商业银行流动性供给渠道

商业银行在对流动性状况有了大致的估算后,就可以根据其需求组织相应的流动性供给。

1. 负债业务流动性供给

商业银行从负债方提供流动性主要通过吸收客户存款、向央行借款或再贴现、同业拆借、发行金融债券等渠道。其中,吸收客户存款是商业银行最重要的流动性来源。而且,存款的综合成本在商业银行的各项资金来源中是相对较低的,所以,各家商业银行都非常重视存款工作。吸收客户存款已成为商业银行持续稳定的流动性供给来源。

2. 资产业务流动性供给

商业银行从资产方提供流动性供给主要有三种方法。

第一种方法是通过持有一定比率的、流动性较强的资产,以银行资产的方式来存储流动性。它包括持有一定比率的现金资产(如现金、存放在央行的超额准备金等);持有一定数量的、可以随时在货币市场上变现的各种有价证券,尤其是各种短期有价证券,来满足日常的流动性需要。

第二种方法是贷款与证券的到期偿还。一般而言，银行发放的贷款和持有的证券都有明确的到期日，这些资产如能到期偿还，也可以为商业银行提供流动性供给，但如果贷款逾期、证券不能按时收回本息，就会影响商业银行的流动性供给。

第三种方法是通过资产转换的方式来满足增加的流动性需要。仅通过银行所持有的流动性较强的资产无法弥补流动性缺口时，银行可以通过在市场上出售部分资产，如未到期的信贷资产、有价证券、固定资产等来弥补。这些方式一般成本较高，而且会向市场释放一种影响银行信誉与公众信心的不良信号，除非迫不得已，银行是不会采取这些方式补充流动性的。

3. 表外业务流动性供给

随着金融创新进程的加快与深入发展，除了传统的银行存贷业务外，商业银行所从事的一些表外业务也为其提供了稳定的经济来源。承兑、担保、贷款承诺、期权与期货、远期与互换等表外业务为商业银行带来了丰富的收入来源，这些手续费、佣金收入占银行总收入的比重越来越大，已成为商业银行流动性供给的重要渠道。

三、流动性需求预测

商业银行流动性管理的核心任务就是要保证银行经营过程中的适度流动性。也就是说，一方面，银行要保证其流动性储备能够足以满足正常和非正常的现金支出需要；另一方面，银行又要追求盈利最大化。为此，需要商业银行准确计算和预测流动性需要，为银行的流动性管理提供可靠依据。银行预测流动性的方法主要有以下几种。

(一) 资金来源与运用法

资金来源与运用法又称因素法，是指商业银行通过对引起未来一段时间内存款、贷款及应缴存款准备金变化情况的分析，判断预测期内流动性需要量的方法。

存款和贷款是影响银行流动性状态的重要业务。存款增加、贷款减少会减少银行的流动性需求；反之，存款提取、贷款增加则会增加流动性需求。因此，银行对于流动性预测，主要包括对存款客户提取存款要求的预测以及对贷款客户贷款需求的预测。

除了存贷款业务外，其他资金来源与运用业务也会影响流动性需求的变化。需要注意的是，有些资金来源与运用项目的变化，不会引起商业银行可用资金总量的变化，但会引起可用资金结构的变化，如向中央银行缴存法定存款准备金、收回和增加存放同业等。

资金来源与运用法的关键是对影响存贷款变动的因素进行准确预测。一般来讲，影响存贷款变化的因素除了宏观经济、金融的运行状况以及货币政策导向外，还有各种微观因素的影响。具体而言，影响商业银行存款变化的因素主要包括个人收入的预期增长率、社会商品零售额预期增长率、存款利率变化、货币市场预期收益率、预期的通货膨胀率等；影响商业银行贷款变化的主要因素包括国民生产总值的预期增长率、企业的预期利润率、货币供应量的预期变化、预期的通货膨胀率、商业银行贷款利率的预期变化等。

商业银行存款数额的变动相应地会影响其应上缴存款准备金数额的变化，因此，商业银行在对同一时期内存款与贷款的可能变化进行估算，并根据估算变化值来预计未来的流动性盈余与流动性赤字时，应考虑到存款准备金的变化情况。估算基本公式为：

$$\begin{matrix}\text{未来一段时间内}\\\text{流动性盈余或赤字}\end{matrix}=\begin{matrix}\text{全部存款的}\\\text{预期变化}\end{matrix}-\begin{matrix}\text{存款准备金}\\\text{的预期变化}\end{matrix}-\begin{matrix}\text{全部贷款的}\\\text{预期变化}\end{matrix}$$

【例 4-3】 某商业银行上年总存款为 55 亿元，总贷款为 35 亿元，法定存款准备金率为 15%。该行未来 3 个月存贷款预测表，如表 4-2 所示。

表 4-2　某商业银行存贷款预测表　　单位：亿元

月份	存款总额预测值	存款变化额预测值	存款准备金变化额	贷款总值预测值	贷款变化额预测值	预计流动性盈余（+）或赤字（−）
上年	55			35		
1	50	−5	−0.75	40	+5	−9.25
2	52	+2	+0.3	43	+3	−1.3
3	55	+3	+0.45	39	−3	+5.55

从表 4-2 中可见，该银行在 1 月份预计存款要下降，而贷款要增加，则 1 月份银行会出现现金支出大于现金收入的状况，即出现流动性赤字 9.25 亿元；预计 2 月份存款贷款均会有小幅增加，但 2 月份最终预计还会出现小幅赤字；到了 3 月份，存款继续增加，贷款有小幅下降，会出现流动性盈余 5.55 亿元。为此，根据上述流动性的预计情况，银行管理者需要采取不同的应对措施：当出现流动性盈余时，积极地将资金发放出去，以获取最大的资金收益；当出现流动性赤字时，采取适当的方式筹措资金，以满足银行的流动性需要。

（二）资金结构法

资金结构法是指对商业银行的负债业务按照被提取的可能性进行结构分类，对不同种类的债务根据其流动性需要提取不同比例的准备金，再与资产业务流动性需求进行加总便是商业银行整体的流动性需求的预测方法。存款和贷款是商业银行最主要的资产和负债业务，它们的变动是影响商业银行流动性变化的主要因素。因此，资金结构法主要是通过分析存贷款的资金结构及其变化趋势来预测未来的流动性。

资金结构法的基本步骤如下所述。

1. 划分存款或银行负债的类型

存款是商业银行的被动型负债，商业银行无法直接控制存款的数量、结构以及变动趋势，只能根据以往的经验数据以及对客户存款行为特征的分析，而对客户存款的数量以及变动趋势做出大致的估计。商业银行可以根据存款的一些基本特征来划分存款的类型，并由此分析其变化规律和特点。这种分类方法也可以运用于银行的整个负债业务类型中。

通常，根据被提取的可能性，银行负债可以分为三类。

(1) 易变性负债。这类负债对利率极为敏感，随时有被提取的可能，如活期存款、同业拆借等，银行必须能够随时应付客户提存或借入款的偿付要求。

(2) 准变性负债。这类负债在近期内有可能被取走，但又不能确定，如定活两便存款、零存整取存款以及到期可以自动转存的存款等，银行需要保留足够的资金，以应付其流动性需求。

(3) 稳定性负债。这类负债是银行可以在较长时期内使用的资金，近期内被提取的可能性极低，如到期不能自动转存的定期存款、金融债券等，商业银行只需保留极少的资金以应付流动性需求。

2. 确定流动性准备提取比率并计算负债业务的流动性准备

根据上述三类负债的稳定性程度，需要相应提取不同比率的流动性准备，这些比率的确定大多根据历史经验或者银行习惯判断，并非千篇一律。例如，西方商业银行根据长期的历史经验对上述负债提取流动性准备的比率一般为：对易变性负债提取95%的流动性准备，对准变性负债提取30%的流动性准备，对稳定性负债提取15%的流动性准备。其计算公式为：

$$
\begin{aligned}
\text{负债的流动性准备} = & (\text{易变性负债} - \text{法定存款准备金}) \times 95\% \\
& + (\text{准变性负债} - \text{法定存款准备金}) \times 30\% \\
& + (\text{稳定性负债} - \text{法定存款准备金}) \times 15\%
\end{aligned}
$$

3. 计算资产的流动性准备

资产的流动性需求，主要体现在贷款的需求方面。一般来说，为了保持银行与客户之间的良好关系，银行必须随时准备发放贷款以满足符合银行信用评估要求的客户的合理融资要求。贷款发放后，借款者通常会立即使用这些资金，因此，贷款的流动性准备一般为100%。为此，商业银行必须预计最大可能的新增贷款需求，并保持100%的流动性准备，满足银行贷款的流动性需求。其计算公式为：

$$\text{贷款的流动性准备} = \text{新增贷款额} \times 100\%$$

4. 计算银行总流动性需求

银行总流动性需求计算公式为：

$$\text{总流动性需求} = \text{负债的流动性准备} + \text{贷款的流动性准备}$$

【例 4-4】 某商业银行支行目前的存款与非存款负债情况为：易变性存款为3 200万元，准变性存款（包含大额存款和非存款负债）为3 000万元，稳定性存款为1.2亿元。三类资金的流动性准备比率分别为95%、30%、15%。根据规定，其法定存款准备金比率为15%。该银行上年度贷款总额为1.4亿元，根据历史经验，该行贷款年均增长率为10%。按此比率计算，在未来1年中，该行的新增贷款余额的最大可能是1.54亿元，其中，目前新增已发放1.1亿元。问：该行应保持多少流动性准备？

$$
\begin{aligned}
\text{流动性总需求} = & \text{负债的流动性准备} + \text{贷款的流动性准备} \\
= & (3\,200 - 3\,200 \times 15\%) \times 95\% + (3\,000 - 3\,000 \times 15\%) \times 30\% \\
& + (12\,000 - 12\,000 \times 15\%) \times 15\% + (15\,400 - 11\,000) \times 100\% \\
= & 9\,279(\text{万元})
\end{aligned}
$$

(三) 概率分析法

概率分析法是指借助于数学中概率论有关方法来分析估算商业银行流动性状况的预测方法。商业银行的存款超出预测数额而出现大幅度增长，或者贷款需求可能由于经济不景气等原因超出预测而大幅度降低，将使商业银行出现大量的流动性盈余，这是流动性最好的状况。如果商业银行的存款超出预测，出现大幅度的下降，甚至达到历史的最低点，而合格贷款需求超出预测出现大幅度上升时，商业银行面临着巨大的流动性赤字，这是流动性最坏的状况。在实际工作中，商业银行面临流动性最好和最坏的可能性较低，而介于两者之间的可能性较大。

对于上述三种情况，银行可以根据经验以及对各种影响因素的掌握，给出每种情况出现的概率，并据此计算银行预期的资金流动性需求。其计算公式如下：

流动性需求＝最好状况出现的可能性×最好状况下银行的流动性缺口
＋最坏状况出现的可能性×最坏状况下银行的流动性缺口
＋最可能状况出现的可能性×最可能状况下银行的流动性缺口

【例 4-5】 某商业银行预计下周存贷款业务变化情况。概率分析法运用实例，如表 4-3 所示。

表 4-3 概率分析法运用实例 单位:亿元

可能的流动性状况	预期存款	预期贷款	预期流动性缺口	发生概率
最好的状况(最大存款、最小贷款)	3.5	2.3	＋1.2	10%
最可能的状况	2.8	2.6	＋0.2	70%
最坏的状况(最小存款、最大贷款)	2.3	3.1	－0.8	20%

根据表 4-3 数据，商业银行的流动性需求为：

流动性需求＝1.2×10%＋0.2×70%＋(－0.8)×20%
＝0.1(亿元)

因此，银行的相关管理部门要为下周可能出现的 0.1 亿元的流动性盈余做出计划，合理安排资金使用。

四、流动性需求与流动性供给的协调管理

商业银行的流动性需求与流动性供给之间必须相互协调，才能保证银行获得需要的流动性。因此，商业银行必须对自身的流动性供需状况进行总体评价，并通过选择不同风格的管理策略和管理方法，保证银行流动性处于最佳状态。

(一) 商业银行流动性供需状况的评价方法

商业银行可以采用以下两种方法进行流动性状况的评价。

1. 缺口分析法

商业银行流动性需求与流动性供给的主要影响因素，如表 4-4 所示。

表 4-4 商业银行流动性需求与供给的主要影响因素

资金来源项目(流动性供给增加)	资金运用项目(流动性需求增加)
收回贷款利息和本金	发放贷款
债券变现或到期收回	客户提取存款
吸收存款	偿还借款
出售银行资产	购买债券
货币市场借款	运营费用及税金
同业拆借	缴纳法定存款准备金
手续费、佣金服务收入	收购股份
发行新股	派发现金股利

当商业银行流入的流动性供给大于流出的流动性需求时，商业银行流动性表现为正缺口，商业银行存在流动性盈余。此时，银行应该设法将多余的流动性资金投入到盈利性资产中。

当商业银行流入的流动性供给小于流出的流动性需求时，商业银行流动性表现为负缺口，商业银行存在流动性赤字。此时，银行应及时筹集资金，满足银行的流动性需求，避免出现流动性危机。

2. 比率分析法

商业银行可以采用多种流动性指标或者是建立流动性评价指标体系来衡量银行流动性的大小。商业银行常用流动性指标，如表 4-5 所示。

表 4-5　商业银行常用流动性指标

指标	计算公式	与流动性关系
现金比率	(库存现金＋同业存款)/总资产	＋
流动性证券比率	政府债券/总资产	＋
无风险资产比率	(库存现金＋同业存款＋政府债券)/总资产	＋
同业拆借净值比率	(同业拆出－同业拆入)/总资产	＋
流动资产比率	(库存现金＋同业拆借净值＋政府债券)/总资产	＋
流动性货币比率	货币市场资产/货币市场负债	＋
短期投资比率	(短期同业存款＋同业拆出＋短期证券)/总资产	＋
短期投资敏感负债率	(短期同业存款＋同业拆出＋短期证券)/敏感性负债	＋
核心存款比率	核心存款/总资产	＋
定活存款比率	活期存款/定期存款	－

注：① “＋”表示指标越高流动性越好，“－”表示指标越低流动性越好。
② 敏感性负债是指各种对利率变动敏感的资金来源，如同业拆借、回购协议证券等。

通过对各项指标的计算，银行可以分析并了解某一时期的流动性供需状况，并采取相应的举措。

此外，我们还可以用一些市场衡量标准来评价银行的流动性管理状况。为此，银行管理应该特别重视一些市场风险信号，如公众信心、银行股票价格的变化、大额可转让存单以及其他负债的风险溢价情况、银行出售资产的频率以及损失情况、银行满足客户的承诺状况与履约情况、银行是否频繁并大量地从中央银行借款等。通过这些市场信号对商业银行的流动性管理效果进行衡量，有利于商业银行内部管理，也有利于监管当局、储户和投资者对银行的经营状态做出正确的判断。

(二) 流动性需求管理的策略

通过采取一定的方法对商业银行的流动性状况进行评判后，如果出现较大的流动性盈余，则说明银行资金利用效率较低，会影响银行盈利能力。但如果出现流动性赤字，说明银行流动性不足；如果不能及时筹集资金补足流动性，则很容易造成银行流动性危机。所以，保持适度的流动性，在面临流动性赤字时采取必要策略满足流动性需求是银行长远发展的关键所在。通常，银行在进行流动性需求管理决策时注意遵循以下策略，银行可以根据自身的规模和营运特点选择合适的管理策略。

1. 进取型策略

依靠主动负债而非变现资产的方式弥补流动性缺口，称为进取型策略。通常采取这种策略要求银行必须具有较大规模的资产、雄厚的实力且信誉良好。能否采取这种策略的关键在于对负债成本与资产运用收益的对比分析。如果筹集负债的成本低于资产运用的收益，那么便可以采取这种方式。但是，采取这种策略时，遇到市场资金供给不足时，则筹资成本会较高，有时即使愿意出较高的成本也不能短时间内筹集到足够的资金，容易导致流动性风险发生。

2. 保守型策略

当银行出现流动性不足时，银行通过资产转换的方式来弥补流动性缺口，这种策略称为保守型策略。这种方式下，银行无须在市场上融资，受市场资金供求的影响较小，对银行的规模和信誉要求较低。这种策略要求银行要留有较高的第二准备金，且在流动性不足时收缩资产的规模。这种策略虽然风险较小，但会给银行带来较高的机会成本，一般只有中小银行才愿意采取这种策略。

3. 成本最低策略

商业银行可以结合自身的情况与市场状况，在对资金成本与风险承受能力进行分析的基础上，选择一个成本最低的方案称为成本最低策略。可以通过资产的转换或出售，也可以通过发行债券或吸收存款，甚至可以综合采取以上两种方案。只要能在有限的时间内、现有市场条件下，以最低成本满足流动性需求，就是最佳方案。

（三）流动性需求与流动性供给协调管理方法

1. 资产的转换和出售

资产的转换和出售时，银行通过调节自身资产的规模和结构来满足自身流动性需求的方式。为了保持适当的流动性，银行通常会持有流动性资产，流动性资产一般包括库存现金、在央行的超额准备金、同业拆出款项、短期政府债券、商业票据和短期回购协议等。当商业银行出现流动性不足时，可以以较低的成本在市场上迅速变现，方便快捷地弥补流动性不足。流动性资产收益较低，如果银行持有的流动性资产过多就会给银行带来较高的机会成本，如果流动性资产较少，当出现流动性不足时容易出现资金链断裂，引发流动性风险。此外，当银行出现较严重的流动性不足时，可以通过其他银行资产的转换和出售来获取流动性。但是，其他资产的流动性较差，且转换和出售需要承担较高的交易费用，还可能由于市场价格波动给银行带来资产损失。所以，商业银行在经营中，应该科学地预测流动性需要，尽量保持适度的流动性资产规模，以减少通过收缩其他资产的方式来缓解流动性不足情况出现。

2. 主动负债

商业银行可以通过主动负债的方式来筹集资金，满足自身流动性需求。主动负债包括向中央银行再贴现和再贷款、同业拆借、发行大额可转让定期存单、回购协议等方式。通过这种方式获取流动性，可以使银行在日常经营中保持较少的流动性资产，增加盈利性资产的比例，提高商业银行的盈利能力。但是，主动负债方式受货币政策与货币市场等外界因素影响较大，特别是当市场发生系统性资金短缺时，银行很难从外界筹集到资金，就容易引发流动性风险。主动负债是银行盈利性较高、风险较大的一种流动性管理方式，较多的约束使得其只适用于规模大、信誉好的银行。

课程思政案例

英国诺森罗克银行挤兑事件

一、思政目标

本案例围绕以控制风险为核心的金融风险教育展开，重点让学生理解流动性风险管理在银行经营管理中的重要性，强化学生对流动性风险的理解，培养学生风险管理思维，提高学生对防控流动性风险的认知水平。

二、案例内容

2007年，受美国次级债危机导致的全球信贷紧缩影响，英国第五大抵押贷款机构——诺森罗克银行发生储户挤兑事件。自9月14日起全国范围的挤兑发生以来，截至18日，仅仅几天的时间就有30多亿英镑从诺森罗克银行流出，占该行240多亿英镑存款总量的12%左右，其电话银行和网上银行业务一度出现崩溃。为防止系统性银行危机的出现，英国财政部、英格兰银行与金融管理局先后采取了注资以及存款账户担保等救助措施，诺森罗克银行的储户挤兑情况才有所缓解，银行体系的恐慌局面才得以控制。

此次该银行的挤兑事件发生原因总结为以下五个方面：

第一，融资过于依靠批发市场。与其他银行资金主要来自储户不同，诺森罗克银行大部分资金来源于金融机构。在其资金来源构成中，零售存款业务资金来源不足全部的1/4，而超过3/4的资金来自批发市场，这个比例远远高于英国其他几大抵押贷款公司。不同于零售存款融资具有较强的稳定性特征，资金绝大部分来源于批发市场的诺森罗克银行更容易受到市场上资金供求的影响。

第二，资产负债的利率缺口过大。批发市场和住房贷款市场不同的定价机制加大了诺森罗克银行的利率缺口。无论是发行债券还是住房贷款的资产证券化都是依据市场上3个月的Libor来定价的，然而该银行的住房抵押贷款则是按照英格兰银行的基准利率来发放。这种投融资的定价方式在货币市场利率大幅高于官方利率时会造成银行损失。在当时该银行的资产中，发放给消费者的抵押贷款达967亿英镑，占总资产的85.2%。据估计，在这967亿英镑抵押贷款中有120亿英镑是直接暴露在这种利率缺口风险之下的。

第三，原有的融资渠道受阻。7月份以来，受美国次贷危机造成的全球货币市场流动性紧张的影响，主要靠批发市场来融资的诺森罗克银行已经很难再获得稳定的融资渠道。

第四，上半年以来经营收益下降。资产负债利率缺口的扩大以及因流动性不足导致的贷款业务放缓降低了经营收益，而引起储户挤兑的直接原因正是该银行预期收益的下降。尽管上半年诺森罗克银行在抵押贷款市场上的份额大幅增加，从2006年下半年的14.5%上升到18.9%，总资产也比一年前增长了28%，但是其利润并没有显著地上升。2007年上半年，诺森罗克银行的税前利润不足3亿英镑，几乎与上年同期没什么变化。资产大幅增加，而赢利不增，足见银行经营收益下降的事实。2017 年 9 月 14 日，诺森罗克银行又发出经营预警，指出利率的升势出乎意料，信贷萎缩问题导致资产增长放缓，预计 2007 年的税前利润将比预计低 20%左右。这一消息的公布也直接引发了当日大范围内的储户挤兑。

第五，投资美国次债级带来的损失。诺森罗克银行在美国次级债券市场上的投资并不多，仅占其全部资产的 0.24%，大约有 2.75 亿英镑，其中，2 亿英镑投资在美国的债务抵押债券，0.75 亿投资于房产抵押担保证券。同时，这些有价证券的持续期小于 2 年，不会对 2006 年或 2007 年的放贷产生影响。但是，尽管相对于总体的资产来说损失不大，但这在诺森罗克银行的所有有价证券投资中已占 40%的份额，而恰恰是这部分投资的损失对市场上投资者的心理影响效应可能更大，使得投资者产生了恐慌情绪。

三、思考题

1. 结合我国现实分析商业银行流动性风险形成的一般原因。

2. 商业银行流动性风险的防范措施有哪些？你如何看待我国商业银行的流动性风险？

参考文献

英国诺森罗克银行挤兑事件，https://www.gaodun.com/caiwu/363359.html。

本章小结

1. 现金资产为商业银行提供了最基本的流动性供给，是流动性最强的资产，可以随时用于满足客户的提现和贷款需求。商业银行现金资产主要由库存现金、在中央银行存款、存放同业存款和在途资金构成。其作用是保持清偿力和流动性。

2. 商业银行现金资产管理的目的，就是要在确保流动性需要的前提下，将持有的现金资产的机会成本降到最低，以协调好银行经营的安全性与盈利性，使银行经营状况达到最佳。银行现金资产管理必须遵循总量适度原则、适时调节原则和安全保障原则。

3. 库存现金是指商业银行保持在金库中的现钞和硬币，其主要作用是银行用来应付客户提现和银行本身的日常零星开支；库存现金是具有安全流动性的非盈利资产，库存现金越多，流动性越强，而盈利性越差。为了保证在必要的流动性前提下实现更多的盈利，就需要把库存现金压缩到最低程度。为此，银行必须通过分析影响库存现金数量变动的各种影响因素，准确测算库存现金需要量，及时调节库存现金的存量，同时，加强各种管理措施，确保库存现金的安全。

4. 中央银行存款是由法定存款准备金和超额存款准备金两部分组成，只有超额存款准备金才是商业银行的可用资金。存款准备金的管理包括满足中央银行法定存款准备金要求和超额存款准备金的适度规模控制两个方面。

5. 存放同业存款是商业银行存放在代理行用于银行间票据清算、代理收付、委托代理和投资咨询等业务的存款；同业存款的管理也需要遵循适度规模原则。

6. 商业银行的流动性是指商业银行满足存款人提取现金要求、借款人的正常贷款需求，支付到期债务的能力。商业银行通过两种方式保持充足的流动性：一是通过负债、增资的方式，如吸收存款、发行债券和注入资金等方法；二是通过资产变现，如收回信贷资产、出售持有的有价证券、固定资产等。

7. 商业银行的流动性需求根据其自身特点，可以分为季节性流动性需求、趋势性流动性需求、周期性流动性需求和临时性流动性需求。银行预测流动性的方法主要有资金来源与运用法、资金结构法和概率分析法。

8. 流动性管理是指商业银行在经营活动中既要保持足够的资产流动性以满足对流动性需求,又要防止流动性过剩带来的成本增加。其实质在于避免流动性盈余和不足,主要通过对商业银行资产和负债的流动性进行管理,以实现商业银行资产和负债的流动性供需之间的合理匹配。商业银行流动性管理的核心任务就是要保证银行经营过程中的适度流动性。

本章思维导图

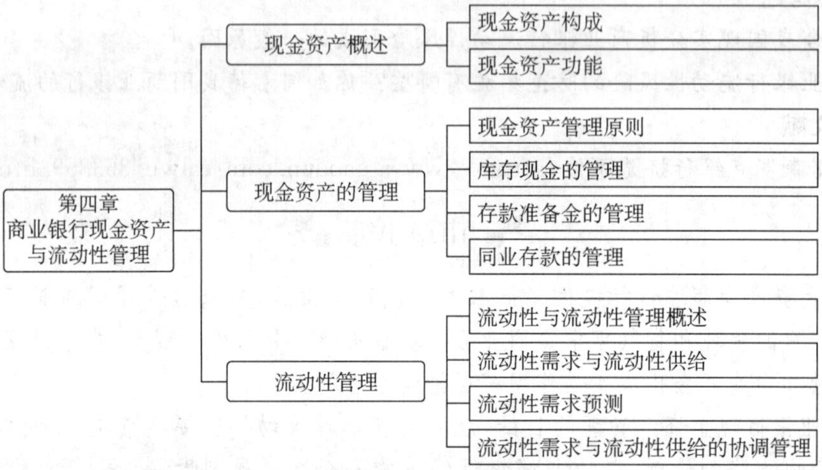

图 4-1　思维导图

思考题

1. 商业银行现金资产由哪些构成？其主要作用是什么？
2. 商业银行现金资产管理的原则是什么？
3. 影响库存现金的因素有哪些？商业银行如何匡算库存现金需要量？
4. 影响商业银行超额准备金需要量的因素有哪些？商业银行如何调节超额准备金需要量？
5. 如何预测商业银行的流动性需求？
6. 商业银行保持流动性的方式主要有哪些？
7. 如何理解商业银行的流动性管理？

第五章 商业银行贷款业务

本章 学习目标

学生通过本章学习，应掌握贷款的定义及其分类方法；了解贷款定价原则，掌握并应用主要贷款定价方法；了解几种常见的贷款种类；掌握贷款信用分析技术及其主要财务指标；掌握不良贷款的处理方法及贷款质量监管指标。

第一节 商业银行贷款概述

贷款是商业银行的传统业务，是商业银行最主要的盈利资产，是商业银行实现股东权益最大化目标的主要经营手段。然而，贷款又是一种风险较大的资产，如何防范和化解风险是商业银行经营管理的重点。

贷款是商业银行作为贷款人，按照一定的贷款原则和政策，以还本付息为条件，将一定数量的货币资金提供给借款人使用的一种借贷行为。其构成要素包括贷款对象、条件、用途、期限、利率和方式等。

一、贷款种类

从银行经营管理的需要出发，可以对银行贷款按照不同的标准进行分类。

(一) 按照贷款期限分类

商业银行贷款按期限不同，可以分为活期贷款、定期贷款和透支三类。

1. 活期贷款

活期贷款在贷款时不确定偿还期限，可以随时由银行发出通知收回贷款。这种贷款比定期贷款灵活、主动，在银行资金宽裕时，可以任客户使用，而在银行需要资金时，又可以随时通知收回贷款。这种贷款的主要特点是灵活利率较低，流动性强。

2. 定期贷款

定期贷款是指具有固定偿还期限的贷款。按照偿还期限的长短，又可以分为短期贷款、中期贷款和长期贷款。短期贷款是指期限在 1 年以内(含 1 年)的各项贷款。中期贷款是指期限在 1 年(不含 1 年)以上 5 年(含 5 年)以内的各项贷款。长期贷款是指期限在 5 年(不含 5 年)以上的各项贷款。定期贷款是商业银行贷款的主要形式。其主要特点是利率较高、流动性差、风险较大且贷款期限较长。

3. 透支

透支是指活期存款客户按照合同向银行透支的款项，它实质上是银行的一种贷款。在透支业务中，虽然不是所有订有透支合同的客户都会透支，而且往往有人透支，还有人存，但是经常会出现在银根紧时客户均透支，银根松时客户都还存的情况，使银行难以有效应对。

(二) 按贷款的保障方式分类

银行贷款按贷款的保障条件不同,可以分为信用贷款、担保贷款和票据贴现。

1. 信用贷款

信用贷款是指银行完全凭借客户的信誉而无需提供抵押物或第三者保证而发放的贷款。这类贷款从理论上讲风险较大,因而,银行要收取较高的利息,且一般只向银行熟悉的较大的公司借款人或资信良好的借款人提供,对借款人的条件,要求较高。

2. 担保贷款

担保贷款是指具有一定的财产或信用做还款保证的贷款。根据还款保证的不同,具体可以分为抵押贷款、质押贷款和保证贷款。抵押贷款是指按规定的抵押方式,以借款人或第三者的财产作为抵押发放的贷款。质押贷款是指按规定的质押方式,以借款人或第三者的动产或权利作为质物发放的贷款。保证贷款是指按规定的保证方式,以第三人承诺在借款人不能偿还贷款时,按约定承担一般保证责任或者连带责任而发放的贷款。

担保贷款由于有财产或第三者承诺作为还款的保证,所以,贷款风险相对较小。但担保贷款手续复杂,且需要花费抵押物(质物)的评估、保管以及核保等费用,贷款的成本也比较大。目前在我国,抵押贷款、质押贷款和保证贷款都是按《民法典》规定的方式来进行的。

3. 票据贴现

票据贴现是贷款的一种特殊方式。它是指银行应客户的要求,以现款或活期存款买进客户持有的未到期的商业票据的方式发放的贷款。票据贴现实行预扣利息,票据到期后,银行可向票据载明的付款人收取票款。如果票据合格且有信誉良好的承兑人承兑,这种贷款的安全性和流动性都比较好。

(三) 按照贷款的偿还方式分类

银行贷款按照其偿还方式的不同,可以分为一次性偿还贷款和分期偿还贷款两种方式。

1. 一次性偿还贷款

一次性偿还贷款是指借款人在贷款到期日一次性还清贷款本金的贷款,其利息可以分期支付,也可以在归还本金时一次性付清。一般来说,短期的临时性周转性贷款都是采取一次性偿还方式。

2. 分期偿还贷款

分期偿还贷款是指借款人按规定的期限分次偿还本金和支付利息的贷款。这种贷款的期限通常按月、季、年确定。商业银行中长期贷款大都采用这种形式,至于贷款到期内分期偿还的次数、每次偿还的本金金额、利息的支付等都由借贷双方谈判决定,并在借款合同中明确规定。

(四) 按照贷款的用途分类

贷款的用途非常复杂,它涉及再生产的各个环节、各种产业、各个部门和各个企业,与多种生产要素相关,贷款用途本身也可以按不同的标准进行划分。

按照我国习惯的做法,通常有两种分类方法:一是按照贷款对象的部门来分类,分为工业贷款、商业贷款、农业贷款、科技贷款和消费贷款;二是按照贷款具体用途来划分,分为流动资金贷款和固定资金贷款。

(五) 按照银行发放贷款的自主程度分类

按银行发放贷款的自主程度划分,银行贷款可以分为自营贷款和委托贷款。

1. 自营贷款

自营贷款是指银行以合法方式筹集的资金自主发放的贷款,这是商业银行最主要的贷款,由于是自主贷款,因此,贷款风险及贷款本金和利息的回收责任都由银行自己承担。

2. 委托贷款

委托贷款是指由政府部门、企事业单位及个人等委托人提供资金,由银行(受托人)根据委托人确定的贷款对象、用途、金额、期限和利率等代为发放、监督使用并协助收回的贷款。这类贷款,银行不承担风险,通常只收取委托人付给的手续费。

(六) 按贷款的质量或风险程度分类

按照贷款的质量或风险程度划分,银行贷款可以分为正常贷款、关注贷款、次级贷款、可疑贷款和损失贷款五类。

1. 正常贷款

正常贷款是指借款人能够履行借款合同,有充分把握按时足额偿还本息的贷款。这类贷款的借款人财务状况无懈可击,没有任何理由怀疑贷款的本息偿还会发生任何问题。

2. 关注贷款

关注贷款是指贷款的本息偿还仍然正常,但是发生了一些可能会影响贷款偿还的不利因素。如果这些因素继续存在下去,则有可能影响贷款的偿还,因此,需要对其进行关注或对其进行监控。

3. 次级贷款

次级贷款是指借款人依靠其正常的经营收入已经无法偿还贷款的本息,而不得不通过重新融资或拆东墙补西墙的办法来归还贷款,表明借款人的还款能力出现了问题。

4. 可疑贷款

可疑贷款是指借款人无法足额偿还贷款本息,即使执行抵押或担保,也肯定要造成一部分损失,这类贷款具备了次级贷款的所有特征,但是程度更加严重。

5. 损失贷款

损失贷款是指在采取了所有可能的措施和一切必要的法律程序之后,本息仍然无法收回或只能收回极少部分。这类贷款继续保留在资产账面上已经没有意义,应当在履行必要的内部程序之后立即冲销。

二、贷款政策

贷款政策是指商业银行为实现其经营目标,在中央银行制定的宏观信贷政策的指导下而制定的指导贷款业务开展的各项方针和措施的总称,也是商业银行为贯彻安全性、流动性和盈利性三项原则的具体方针与措施。

(一) 商业银行制定贷款政策的目的

商业银行制定贷款政策的目的主要有两个:一是保证其业务经营活动的协调一致。贷款政策是指导每一项贷款决策的总原则,理想的贷款政策可以支持商业银行做出正确的贷款决策,对商业银行的经营做出贡献。二是保证商业银行贷款的质量。正确的信贷政策能够使商业银行的信贷管理保持理想的水平，避免风险过大，并能够恰当地选择业务机会。

（二）制定贷款政策应考虑的因素

商业银行在制定贷款政策时，一般要考虑以下因素。

1. 有关法律、法规和国家的货币政策、财政政策

商业银行的贷款业务是在国家的有关法律、法规的规范下，在一定时期国家宏观经济政策和金融监管政策的指导下来开展的。因此，在制定贷款政策时，商业银行的高层管理者首先必须了解并掌握国家有关的法律和法规，熟悉国家在一定时期的财政政策、货币政策以及金融监管政策要求，使商业银行的贷款业务既合法又合理，既体现国家法律和政策的要求，又能取得较好的经济效益。

2. 商业银行的资本金状况

商业银行的资本金状况对贷款政策有重要影响。资本的构成、核心资本与附属资本的比例、资本与加权风险资产的比率、资本与存款的比率以及贷款呆账准备金与贷款的比率等都会影响银行承担贷款风险的能力。资本金实力较强，资本构成中核心资本比率较高、呆账准备金较充裕的银行，承担贷款风险的能力就较强；反之，如果资本实力较弱、资本结构脆弱、呆账准备金较低，银行承担风险的能力也较低，在发放高风险贷款时应十分谨慎。

3. 商业银行的负债结构

商业银行的负债结构和负债的稳定性状况也是影响银行贷款政策的一个重要因素。按照稳健经营的原则，商业银行必须根据负债的结构来安排资产的结构，因此，银行负债的性质、期限、利率和费用等都直接制约着贷款结构的形成。在制定贷款政策时，银行管理者必须从本行负债结构及稳定性状况的现实和可能性出发，合理安排贷款的期限结构、用途结构和利率结构。

4. 服务地区的经济条件和经济周期

经济决定金融，银行所在地区的经济发展状况对银行贷款政策有着直接的影响。在贷款政策文件中，应根据经济发展的现实条件的变化，及时、不断地调整贷款结构、投向，以确保贷款为经济发展服务。同时，银行贷款政策应充分考虑经济周期的影响，在经济萧条、市场不景气时，银行大量发放中长期贷款往往要承受较大的风险。在经济结构调整时期，银行贷款的投向要特别注意与国家产业政策协调。

5. 银行信贷人员的工作能力和经验

制定贷款政策时，银行信贷人员的素质也是一个不容忽视的因素，信贷人员的素质包括知识水平、能力、经验和责任心等。一般情况下，如果本行信贷人员素质较高，银行贷款业务可以更多地向具有较高风险和收益的领域拓展；反之，如果本行信贷人员总体上素质较低，那么，在制定贷款政策时，不仅要对贷款各个环节的工作实施更加严格的控制，而且应尽量避免涉及高风险领域，以免由于信贷人员的知识、能力、经验不足和责任心不强，给银行贷款带来不应有的损失。

（三）贷款政策的内容

商业银行贷款政策的内容应当体现商业银行的经营目的与经营战略，决定商业银行业务方向。商业银行贷款政策的主要内容包括以下几方面。

1. 贷款规模政策（投量政策）

商业银行贷款业务发展战略应当明确确定银行贷款发放的规模和速度。确定贷款业务开展的规模，既要考虑国家宏观经济政策的要求、当时经济发展的客观需要，又要考虑银行的实际能力，既不能过高地估计自己的发展能力，导致业务发展失控，增加贷款风险，也不能过低地估计自己的发展能力，束缚住自己的手脚，丧失业务发展的机会。商业银行在贷款政策中应当为自己确定一个合理的贷款规模，因为这有利于银行制定一项详细而周密的年度贷款计划。虽然影响贷款规模的因素相当复杂，但商业银行在贷款政策的制定中有必要做出说明。通常，银行根据负债资金来源情况及其稳定性状况以及中央银行规定的准备金比率、资本金状况、银行自身流动性准备比率、银行经营环境情况和银行经营管理水平等因素来确定计划的贷款规模，既符合银行稳健经营的原则，又最大限度地满足客户的贷款需求。

2. 贷款结构政策(投向政策)

商业银行贷款业务发展战略还应当明确确定银行贷款发放范围(包括客户、区域、行业)。贷款结构对商业银行信贷资产的安全性、流动性和盈利性具有十分重要的影响，因此，银行贷款政策必须对银行贷款结构做出明确的规定。

(1) 贷款客户结构。不同客户对银行的盈利贡献大相径庭，所以，银行必须首先发现和找到自己的客户群体，解决好客户定位和市场定位问题，对银行贷款客户结构做出调整。

从目前情况看，多数商业银行的客户结构具有以下特点：大企业客户数量占比少，但业务量占比高；中小企业客户数量占比高，但业务量占比小。按照成熟市场的经验，一旦利率完全市场化，随着直接融资渠道的发展和各种金融工具创新，加之非理性的竞争，商业银行将面临大企业客户迅速流失的风险。在稳定的中小企业客户群体尚未建立的情况下，这将会形成对商业银行的沉重打击。通过中小企业客户与大型企业客户对商业银行发展意义的比较分析可以看出，商业银行在追逐大企业客户的同时，应该充分重视中小企业客户，大力发展中小企业客户群，优化贷款客户结构，增强核心竞争力和抵御风险能力。

(2) 贷款区域结构。贷款区域结构是指银行控制贷款业务的地域范围。商业银行受所在地区经济发展的制约，贷款往往集中在某一个区域。

银行贷款的地区与银行的规模有关。大银行因分支机构众多，在贷款政策中一般不对贷款地区做出限制，中小银行则往往将其贷款业务限制在银行所在城市和地区或该银行的传统服务地区，银行在这些地区的贷款投放量往往较大，而且与当地的工商界建立了良好的往来关系。这使得银行对该地区的经济情况比较了解，对借款人的信用分析、贷款质量跟踪检查较为方便、可靠，在该地区放款时对银行来说更安全。

(3) 贷款行业结构。银行管理部门通常在考虑了诸如贷款的风险、保持流动性、银行所要服务的客户类型和银行工作人员的能力等因素后，在农业、工业、商业、交通运输业和服务业等领域中分配贷款总额。

3. 贷款的利率政策(定价政策)

在市场经济条件下，贷款的定价是一个复杂的过程，银行贷款政策应当进行明确的规定。银行贷款的价格一般包括贷款利率、贷款补偿余额和对某些贷款收取的费用，因此，贷款定价也不仅仅是一个确定贷款利率的过程。在贷款定价过程中，银行必须考虑资金成本、贷款风险程度、贷款的期限、贷款管理费用、存款余额、还款方式、银行与借款人之间的关系、资产收益率目标等多种因素。对于贷款业务量较大的银行来说，通常是由贷款委员会或信贷管理部门根据贷款的类别、期限，并结合其他各种需要考虑的因素，确定每类贷款的价格。

2019 年 8 月 16 日，中国人民银行 2019 年第 15 号公告，决定改革完善贷款市场报价利率(LPR)形成机制，并于 8 月 20 日起实施。公告指出，各银行今后应在新发放的贷款中主要参考贷款市场报价利率定价，并在浮动利率贷款合同中采用贷款市场报价利率作为定价基准，各银行不得通过协同行为以任何形式设定贷款利率定价的隐性下限。此举对推动我国商业银行贷款利率市场化发挥了积极的推动作用。

4. 贷款的担保政策

贷款的担保政策中，应根据有关法律确定贷款的担保政策。贷款担保政策一般应包括以下内容：

(1) 明确担保的方式，如《民法典》规定的担保方式有保证人担保、抵押担保、质押担保、留置等。

(2) 规定抵押品的鉴定、评估方法和程序。

(3) 确定贷款与抵押品价值的比率、贷款与质押品价值的比率。

(4) 确定担保人的资格和还款能力的评估方法与程序等。

在再贷款政策中明确上述担保政策是为了在贷款中能够完善贷款的还款保障，确保贷款的安全性。

三、贷款程序

(一) 贷款申请

凡符合条件的借款人在银行开立结算账户与银行建立信贷关系后，如果出现资金需要，都可以向银行申请贷款。借款人申请贷款必须填写借款申请书。借款申请书的基本内容包括借款人名称、性质、经营范围、申请贷款的种类、期限、金额、方式、用途、用款计划以及有关的经济技术指标等。

(二) 贷款调查

银行接到借款人的借款申请后，应指定专人进行调查。调查的内容包括：一是关于借款申请书内容的调查，主要包括内容填写是否齐全、数字是否真实、申请贷款的用途是否真实合理等；二是贷款可行性的调查，主要包括借款人的品行、借款合法性、借款安全性和借款盈利性。

(三) 对借款人的信用评估

银行在对借款人的借款申请进行深入调查研究的基础上，还要利用掌握的资料，对借款人进行信用评估并划分信用等级。信用评估可以由贷款银行独立进行，评估结果由银行内部掌握使用，也可由人民银行认可的有资格的专门信用评估机构对借款人进行统一评估，评估结果供各家银行使用。

(四) 借款审批

对经审查符合贷款条件的借款申请，银行应当及时进行审批。银行要按照“分级负责、集体审定、一人审批”的贷款审批制度进行贷款决策，逐笔逐级签署审批意见并办理审批手续。为了保证贷款决策科学，凡有条件的银行都应当建立贷款审查委员会进行集体决策。

(五) 借款合同的签订和担保

借款合同经审查批准后，必须按《合同法》及相关法规，由银行与借款人签订借款合同。

对于保证贷款,保证人必须向银行出具不可撤销担保或由银行与保证人签订保证合同;对于抵押贷款和质押贷款,银行必须与借款人签订抵押合同或质押合同。需要办理公证或登记的,还应依法办理公证和登记手续。

(六) 贷款发放

贷款合同生效后,银行应按合同规定的条款发放贷款。在发放贷款时,借款人应先填好借款借据,经银行经办人员审核无误,由信贷部门负责人或主管行长签字盖章后送银行会计部门,由其将贷款按规定划入借款人账户,供借款人使用。

(七) 贷款检查

贷款发放以后,银行要对借款人执行合同的情况,即借款人的资信状况进行跟踪调查和检查。检查的内容主要包括借款人是否按合同规定的用途使用贷款、借款人资产负债结构的变化情况、借款人还款能力及还款资金来源的落实情况等。对违反国家有关政策、制度和借款合同规定的,检查人员应及时制止并提出处理意见。对问题突出、性质严重的,要及时上报主管领导甚至上级行采取紧急措施,以尽量减少贷款的风险损失。

(八) 贷款收回

贷款到期后,借款人应主动及时归还贷款本息。一般可由借款人开出结算凭证归还本息,也可由银行直接从借款人账户扣收贷款本息。贷款到期,由于客观情况发生变化,借款人经过努力仍不能还清贷款的,应提前向银行提出展期申请,如果银行同意展期,应办理展期手续。贷款展期后,如果展期期限加上原贷款期限达到新的档次利率期限,就按新期限档次利率计息。如果银行不同意展期或展期以后到期仍不能还款,即列为逾期贷款,银行对其进行专户管理,并加大催收力度。

第二节 商业银行贷款定价

在商业银行贷款业务的经营管理中,贷款定价是一个非常重要的环节。对商业银行来说,为了确保每笔贷款都能盈利,且充分补偿贷款所承受的风险损失,当然希望收取比较高的利息。从客户和竞争对手的角度来看,不仅要考虑客户偿还贷款的能力,还要在激烈的同业竞争中保持一定的价格优势。因此,了解银行贷款定价的影响因素,正确使用贷款定价方法,具有十分重要的意义。

一、贷款定价原则

(一) 利润最大化原则

商业银行作为经营货币信用业务的特殊企业,其追求的主要目标是实现利润最大化。信贷业务是商业银行传统的主营业务,存贷利差是商业银行利润的主要来源。因此,银行在进行贷款定价时,首先必须确保贷款收益足以弥补资金成本和各项费用,并在此基础上尽可能实现利润最大化。

(二) 扩大市场化份额原则

在金融业竞争日益激烈的情况下,商业银行要求得生存和发展,要实现其利润最大化目标,必须在信贷市场上不断扩大其市场份额。影响一家银行市场份额的因素很多,但贷款价格始终是影响市场份额的一个重要因素。如果一家银行贷款价格过高,就会使一部分客户难以承受而最终失去这部分客户,从而缩小银行的市场份额。因此,银行在贷款定价时,必须充分考虑同业、同类贷款的价格水平,不能盲目实行高价政策。

(三) 保证贷款安全原则

贷款业务风险性很高,因此,保证贷款的安全是银行贷款经营管理的核心内容。除了在贷款审查发放等环节严格把关外,合理的贷款定价也是保障贷款安全的一个重要方面。贷款定价最基本的要求是使贷款收益能够足以弥补贷款的各项成本。贷款成本除了资金成本和各项管理费用外,还包括因贷款风险而带来的各项风险费用,如为弥补风险损失而计提的呆账准备金、为管理不良贷款和追偿风险贷款而花费的各项费用等。贷款的风险越大,贷款成本就越高,贷款的价格也就越高,因此,银行在贷款定价时必须遵循风险与收益对称的原则,确保银行贷款的安全。

(四) 维护银行形象原则

作为经营信用业务的企业,良好的社会形象是银行生存与发展的重要基础。商业银行要树立良好的社会形象,就必须守法、诚信、稳健经营,要通过自己的业务活动维护社会的整体利益,不能唯利是图。在贷款定价中,银行要严格遵循国家有关法律、法规和货币政策、利率政策的要求,不能利用贷款价格搞恶意竞争,破坏金融秩序的稳定,损害社会整体利益。

二、影响贷款价格的主要因素

按照一般的价格理论,影响贷款价格的主要因素是信贷资金的供求状况。然而,由于信贷资金是一种特殊的商品,其价格的决定因素就更加复杂。通常,在贷款定价时,银行应当考虑以下几个方面的因素。

(一) 资金成本

银行的资金成本分为资金平均成本和资金边际成本。资金平均成本是指每一单位的资金所花费的利息、费用额。它不考虑未来利率费用变化后的资金成本变动,主要用来衡量银行过去的经营状况。如果银行的资金构成、利率和费用等不变,银行可以根据资金平均成本来对新贷款定价。如果银行资金来源结构、利率和费用都处于变动状况中,则其对贷款定价就意义不大。

资金的边际成本是指银行每增加一个单位的可投资资金所需要花费的利息、费用额。因为它反映的是未来新增资金来源的成本,所以,在资金来源结构变化,尤其是在利率市场化的条件下,以它作为新贷款的定价基础较为合适。资金边际成本根据资金来源的种类、性质和期限等不同而不同,每一种资金来源都会有不同的边际成本。银行通常不能按某一种资金来确定贷款价格,而需要计算边际成本,即新增一个单位的资金来源所平均花费的边际成本。

(二) 贷款风险程度

由于贷款的期限、种类、保障程度及贷款对象等各种因素的不同,贷款的风险程度也有所不同。风险程度不同的贷款,银行为其花费的管理费用或对可能产生的损失的补偿费用也不同。这种银行为承担贷款风险而花费的费用称为贷款的风险费用,也是贷款的风险成本。银行在贷款定价时,必须将风险成本纳入贷款价格之中。

一笔贷款的风险程度及由此而引起的银行贷款的风险费用受多种复杂因素的影响，如贷款的种类、用途、期限、贷款保障、借款人信用、财务状况和客观经济环境的变化等，因此，要精确地预测一笔贷款的平均费用是比较困难的。在实践中，为了便于操作，银行通常根据历史上同类贷款的平均费用水平，并结合未来各种新增因素来确定贷款风险费用率。

(三) 贷款费用

商业银行向客户提供贷款，需要在贷款之前和贷款过程中做大量的工作，这些工作都需要花费人力、物力，产生各种费用。在贷款定价时，应将这些费用考虑进去，作为构成贷款价格的一个因素。当然，在实践中，银行贷款种类不同，所花费的贷款费用也不可能一样，为了操作方便，许多银行通常对各种贷款的收费种类及其标准做具体的规定，在确定每一笔贷款的收费时，只需按规定计算即可。

(四) 借款人的信用与银行的关系

借款人的信用状况主要是指借款人的偿还能力和偿还意愿。借款人的信用越好，贷款风险越小，贷款价格也应越低。如果借款人信用状况不好，过去的偿债记录不能令人满意，银行就应以较高的价格和较严格的约束条件限制其借款。

借款人与银行的关系也是银行贷款定价时必须考虑的重要因素。这里的关系是指借款人与银行正常的业务往来关系，如借款人在银行的存款情况，借款人使用银行服务的情况等。那些在银行有大量存款，广泛使用该行提供的各种金融服务，或长期有规律地借用银行贷款的客户，就是与银行关系密切的客户，在制定贷款价格时，可以适当低于一般贷款的价格。

(五) 银行贷款的目标收益率

商业银行都有自己的盈利目标，为了实现该目标，银行对各项资金运用都应当确定收益目标。贷款是银行主要的资金运用项目，贷款收益率目标是否能够实现直接影响到银行总体盈利目标的实现。因此，在贷款定价时，必须考虑能否在总体上实现银行的贷款收益率目标。当然，贷款收益率目标本身应当制定得合理，过高的收益率目标会使银行贷款价格失去竞争力。

(六) 贷款供求状况

市场供求情况是影响价格的一个基本因素。贷款作为一种金融商品，自然也受这一规律的制约。这里的贷款需求，是指借款人某一时期希望从银行取得贷款的数量。贷款供给是指所有银行在该时期内能够提供的贷款数量。当贷款供大于求时，贷款价格应当降低；当贷款供不应求，贷款价格应当适当提高。

三、贷款价格的构成

(一) 贷款利率

贷款利率是指一定时期客户向贷款人支付的贷款利息与贷款本金的比率。它是贷款价格的主体，贷款利率分为年利率(%)，月利率(‰)和日利率(‱)。银行贷款利率一般有一个基本水平，它取决于中央银行的货币政策和有关的法律规章、资金供求状况和同业竞争状况。根据贷款的使用情况，在具体确定一笔贷款的利率时，可以使用低于一般利率的优惠利率或高于一般利率的惩罚利率。根据确定一般利率的方式不同，贷款利率还可以分为固定利率和浮动利率。前者是指在发放贷款时确定并在借款期间不再变动的利率。后者则是指在借贷期间内根据市场利率变化而定期调整的利率。

贷款利率的确定应以收取的利息足以弥补支出并取得合理利润为依据。银行贷款所支付的费用包括资金成本、提供贷款的费用以及今后可能发生的损失等。合理的利润水平是指应由贷款收益提供的,与其他银行或企业相当的利润水平。

(二) 贷款承诺费

贷款承诺费是指银行对已承诺贷款给顾客而顾客又没有使用的那部分资金收取的费用。也就是说,银行已经与客户签订了贷款意向协议,并为此做好了资金准备,但客户并没有从银行贷出这笔资金,承诺费就是对这部分已做出贷款承诺但没有贷出的款项所收取的费用。承诺费由于是顾客为了取得贷款而支付的费用,因而构成了贷款价格的一部分。

银行收取贷款承诺费的理由是,为了应付承诺贷款的要求,银行必须保持一定高性能的流动资产,这就要放弃收益高的贷款或投资,银行机会成本增加,使银行产生利益损失。为了补偿这种损失就需要借款人提供一定的费用。支付了承诺费的贷款承诺,当借款人需要使用贷款时,银行必须予以及时满足,否则银行要承担法律责任。

(三) 补偿余额

补偿余额是指应银行要求,借款人保持在银行的一定数量的活期存款和低利率定期存款。它通常作为银行同意贷款的一个条件而写进贷款协议中。要求补偿余额的理由是顾客不仅是资金的使用者,还是资金的提供者,而且只有作为资金的提供者,才能成为资金的使用者。存款是银行业务的基础,是贷款的必要条件,银行发放贷款应该成为现在和将来获得存款的手段。从另一方面讲,也是银行变相提高贷款利率的一种方式,因此,它成为贷款价格的一个组成部分。补偿余额的计算分为两个部分,一部分是按实际贷款余额计算的补偿余额;另一部分是按已承诺而未使用的限额计算的补偿余额。

(四) 隐含价格

隐含价格是指贷款定价中的一些非货币性内容。银行在决定给客户贷款后,为了保证客户能偿还贷款,常常在贷款协议中加上一些附加条款。附加条款可以是禁止性的,即规定融资限额及各种禁止事项;也可以是义务性的,即规定借款人必须遵守的特别条款。附加条款不直接给银行带来收益,但可以防止借款人的经营状况的重大变化给银行收益造成损失,因此,它也可以视为贷款价格的一部分。

四、贷款定价方法

(一) 目标收益率定价法

目标收益率定价法是指根据银行贷款的目标收益率来确定贷款价格的方法。在为一笔贷款定价时,贷款主管人员必须考虑发放贷款的预期收益、给借款人提供资金的成本、管理和收贷费用以及借款风险等。目标收益率定价法的计算公式如下:

税前产权资本目标收益率 = (贷款收益 − 贷款费用)/应摊产权资本

贷款收益 = 贷款利息收益 + 贷款管理手续费

贷款费用 = 贷款者使用的非股本资金的成本 + 办理贷款的服务和收贷费用

应摊产权资本 = 银行全部产权资本对贷款的比率 × 未清偿贷款余额

例如,某信贷主管人员对某一公司客户以12%的年利率发放一笔100万元的贷款,借款人使用贷款的资金成本率为10%,贷款管理成本为2 000元,已使用的产权资本占分配贷款资金的8%。假定借款人使用的贷款资金净额等于未归还的贷款余额(即100万元),运用上述的定价公式可得:

$$(12\% \times 1\,000\,000 - 10\% \times 1\,000\,000 - 2\,000)/8\% \times 1\,000\,000 = 22.5\%$$

该笔贷款的税前预期收益率为22.5%。将该收益率与银行的目标收益率相比较,若贷款收益率低于目标收益率,则该笔贷款就需要重新定价。

在计算中,资金成本是贷款费用最主要的部分。大多数银行在计算资金成本时,将债务成本和股权成本分开。在计算债务成本时,先算出新增单项资金来源的边际成本,然后算出新增全部债务的加权边际成本。其中,单项资金来源的边际成本计算公式如下:

$$边际成本 = \frac{新增利息 + 新增购置成本 + 新增保险费}{1 - 新增非盈利性资产的资金百分比}$$

股权资本的边际成本可以通过红利估价模型、资本资产定价模型和股权收益率目标模型等方法计算。对于那些股票尚未上市公开交易的银行来说,通常用股权收益率目标模型来估算股权资本金的边际成本。在这种方法中,股权收益率一般根据负债成本再加上一定百分比来确定,并假设银行资本金市场价值等于资本金的账面价值。

假设银行通过比较负债成本率和资本金的预期收益率,确定了12%的股权收益率目标。如果其边际税率为33%,那么,该银行的税前股权收益率就可以确定为17.91%。计算过程如下:

$$净收益目标值 / 股权总额 = 12\%$$

$$税前收益目标值 \times (1 - 33\%) / 股权总额 = 12\%$$

$$税前收益目标值 / 股权总额 = 12\% \div (1 - 33\%) = 17.91\%$$

股权资本金的成本通常被作为银行的目标利润,它是银行贷款定价时的一个重要的衡量指标。

(二) 基础利率定价法

基础利率定价法又称交易利率定价法,是指允许借款额超过某一最低限额的借款人,在几种基础利率中选择,以决定该笔贷款的利率和展期期限的定价方法。最通行的基础利率是国债利率、大额定期存单利率或银行同业拆借利率等。客户可以从银行认可的利率表中选择基础利率,也可以选择到期日。所确定的贷款利率为同期市场利率加上一定数额。在到期日,经借贷双方同意,贷款可以展期。而后,客户还必须再做一次同样的选择,即再次选择基础利率和到期日。这样在一个特定的时间里,利率是固定的,但展期利率是未知数。

我国从2013年10月25日起建立了贷款基础利率(LPR)集中报价和发布机制。2019年8月16日,中国人民银行发布2019年第15号《改革完善贷款市场报价利率LPR形成机制》公告,在报价原则、形成方式、期限品种、报价行、报价频率和运用要求等六个方面对LPR进行改革,同时将贷款基础利率中文名更改为贷款市场报价利率,英文名LPR保持不变。自2019年8月20日起,我国开始实施改革完善后的贷款市场报价利率形成机制。新报价机制下，LPR由各报价行按公开市场操作利率（主要指中期借贷便利利率）加点形成的方式报价，由全国银行间同业拆借中心计算得出，为银行贷款提供定价参考。目前，LPR包括1年期和5年期以上两个品种。LPR报价行目前包括18家银行，每月20日（遇节假日顺延）9时前，各报价行以0.05%为步长，向全国银行间同业拆借中心提交报价，全国银行间同业拆借中心按去掉最高和最低报价后算术平均，并向0.05%的整数倍就近取整计算得出LPR，于当日9时30分公布，公众可在全国银行间同业拆借中心和中国人民银行网站查询。

2019年8月25日，中国人民银行发布公告，要求自2019年10月8日起，新发放商业性个人住房贷款利率以最近1个月相应期限的贷款市场报价利率为定价基准加点形成。加点数值应符合全国和当地住房信贷政策要求，体现贷款风险状况，合同期限内固定不变。同年10月28日，中国人民银行又发布公告，要求自2020年1月1日起，各金融机构不得签订参考贷款基准利率定价的浮动利率贷款合同。同年12月28日，中国人民银行再次发布公告，要求自2020年3月1日起，金融机构应与存量浮动利率贷款客户就定价基准转换条款进行协商，将原合同约定的利率定价方式转换为以LPR为定价基准加点形成（加点可为负值），加点数值在合同剩余期限内固定不变，也可转换为固定利率。

（三）成本加成定价法

成本加成定价法又称宏观差额定价法，是指以借入资金的成本加上一定利差来决定贷款利率的方法。这种定价法的特点在于不考虑承诺费、服务费和补偿余额等因素，贷款价格主要依据资金总成本及一定的利润目标来确定。其计算公式是：

$$贷款利率 = 贷款成本率 + 利率加成$$

其中：贷款成本包括资金成本、贷款服务成本和营业成本，利率加成则是银行应取得的合理利润。

（四）优惠加数定价法和优惠乘数定价法

这两种方法是西方商业银行普遍使用的贷款定价方法。优惠加数是指在优惠利率基础上加若干个百分点而形成利率的定价方法。优惠乘数是指在优惠利率基础上乘以一个系数而形成利率的定价方法。

不同借款人的风险等级是不同的。银行为控制信用风险，根据借款人的风险等级来确定该借款人所适用的优惠利率，优惠利率不同，优惠加数和优惠乘数也不同。优惠加数定价法和优惠乘数定价法在概念上有些相似，但它们所得的利率标价是不同的，尤其是在优惠利率随市场利率变动而变动时，两者之间会有不同的变化。当利率上升时，优惠乘数利率会以更快的速度上升；反之，则以更快的速度下降。为了避免利率的剧烈波动而给借、贷双方带来利率风险，通常可以在协议中限定利率波动的上下限。

（五）保留补偿余额定价法

保留补偿余额定价法是指将借款人在银行保留补偿余额看做其贷款价格的一个组成部分，在考虑了借款人在银行补偿余额的多少后，决定贷款利率的一种定价方法。在这种方法下，借款人补偿余额不同，贷款利率也有所不同。补偿存款余额越多，贷款利率越低；反之，补偿存款余额越少，贷款利率越高。

例如，假定银行正在审查一笔1年期的100万元的流动资金贷款申请，并决定承诺这笔贷款，同时，以承诺额的0.5%的比例一次性收取贷款承诺费。据预测，该借款人在这1年中贷款的平均使用额度为80万元，年度年存款服务费为4 000元，其债务的加权边际成本为7%，贷款的风险管理费用为5 000元，银行税前股东目标利润率为15%，贷款的资金来源中股权与债务比为1∶9，补偿余额的投资收益率为8%。

方案A，假定借款人保留在账户上的可用于投资的补偿性余额为10万元。方案B，假定客户保留在账户上的补偿性存款余额为6万元（假设这些补偿性余额全部为可投资资金）。银行应如何定价？

本例中，银行发放贷款的费用是一定的：

费用＝存款服务成本＋贷款风险及管理费用＋借入资金利息＋目标利润
＝4 000＋5 000＋800 000×7%＋12 000
＝77 000（元）

目标利润＝银行税前股东目标利润率×股权资本比率×贷款数额
＝15%×10%×800 000
＝12 000（元）

A方案中：

手续费收入＝1 000 000×0.5%＝5 000（元）
补偿性存款投资收入＝100 000×8%＝8 000（元）
应收贷款利息＝77 000－（5 000＋8 000）＝64 000（元）
应收贷款利率＝64 000÷800 000×100%＝8%

B方案中：

手续费收入＝1 000 000×0.5%＝5 000（元）
补偿性存款投资收入＝60 000×8%＝4 800（元）
应收贷款利息＝77 000－（5 000＋4 800）＝67 200（元）
应收贷款利率＝67 200÷800 000×100%＝8.4%

第三节　商业银行贷款的信用分析

信用分析是商业银行在发放贷款之前，对债务人的道德品格、资本实力、还款能力、担保及环境条件进行系统分析，以确定是否给予贷款及相应的贷款条件的分析评估过程。

一、信用分析要素

借款人所具有的道德水准、资本实力、经营水平、担保和环境条件等都各不相同，这使得不同的借款人的还款能力和贷款风险也不尽相同，因此，许多商业银行对客户的信用分析就集中在五个方面，所谓“5C”，即品格（character）、能力（capacity）、资本（capital）、担保（collateral）及环境条件（condition）；也有些银行将信用分析的内容归纳为“5W”因素，即借款人（who）、借款用途（why）、还款期限（when）、担保物（what）及如何还款（how）；还有的银行将这些内容归纳为“5P”因素，即个人因素（personal）、目的因素（purpose）、偿还因素（payment）、保障因素（protection）和前景因素（perspective）。

（一）借款人的品格

借款人的品格是指借款人不仅要有偿还债务的意愿，还要具备承担各种义务的责任感。由于借款人的品格无法计量，因而，银行既可以根据过去的记录和积累的经验进行一系列调查，对借款人的品格进行评估，也可以通过专门的征信机构了解借款人的信用状况，以评估其品格。评估值表明借款人的主观还款意愿并不能表明其实际确实能还本付息。

（二）借款人的能力

能力是指借款人运用借入资金获取利润并偿还贷款的能力。判断一家成熟企业的经营能力，一是看其管理能力及企业管理者的素质、经验和能力，二是判断企业的生产经营能力，如生产成本、产品质量、销售收入及竞争能力。

（三）借款人的资本

资本是借款人财产的货币价值，通常用借款人的资产净值来衡量。资本反映了借款人的财力及承受风险的能力，并作为借款人从银行获取贷款数量大小的一个决定性因素。在评估借款人的资本实力时，一是看业主投入该企业的股东权益资本总量，二是看包括债权资本在内的所有资本的使用效率，三是观察其账面资本与市场价值的区别，以及资本的稳定性和变现能力。

（四）借款人贷款的担保

贷款担保的作用在于为银行贷款提供一种保护，即在借款人无力还款时，银行可以通过处分担保品或向保证人追偿而收回贷款本息，从而使银行少担风险，少受损失，保证贷款本息的安全。评价贷款的担保，要看企业提供的担保品是否适合于做担保品，担保品的整体性、变线性、价格稳定性，贷款保证人的担保资格、经济实力和信用状况，以及保证人担保能力是否与担保贷款额度相符等。

（五）借款人经营的环境条件

借款人经营的环境条件是指借款人自身的经营状况和外部环境。企业的经营状况包括经营范围、经营方向、原材料供应、竞争能力和企业市场应变能力、企业的技术装备水平、生产能力、生产规模、人员素质等一系列因素，这些因素大部分是企业可以控制的。外部环境则是一个外生变量，如企业所处地区的经济现状或所处的行业类型及发展前景。

二、企业贷款信用分析

企业贷款信用分析是指银行在对企业贷款过程中，对企业生产经营活动、管理及控制水平、盈利及清偿能力、外部经营环境和总体风险等进行的分析与评价。企业贷款信用分析内容包括财务分析与非财务因素分析。财务分析又主要包括财务报表分析和财务比率分析。

（一）财务报表分析

财务报表分析是通过收集整理企业财务会计报告中的有关数据，并结合其他有关补充信息，对企业的财务状况、经营成果和现金流量情况进行综合比较和评价，为商业银行提供贷款决策和依据。财务报表分析主要包括资产负债表分析、利润表分析和现金流量表分析。

1. 资产负债表分析

1）资产负债表的作用

资产负债表提供了企业资产负债和所有者权益的总体情况。通过资产负债表提供的资产总额，信贷人员可以了解企业拥有或控制的经济资源及其分布与构成以及企业生产经营能力；通过资产负债表提供的企业负债总额及结构，可以了解企业将要用多少资产或劳务清偿债务，分析企业偿债的对象及先后次序的紧迫情况；通过资产负债表提供的所有者权益情况，可以了解投资者在企业资产中所占的份额，分析权益的结构。

通过资产负债表提供的期末数与年初数进行比较，信贷人员可以了解各项目数量上的变化情况及趋势，为分析企业生产经营情况提供依据。资产负债表还能提供进行财务分析的基本资料，了解企业的偿债能力。

2）资产负债表的分析重点

对资产负债表应重点分析以下几个方面：

（1）应收账款。这是企业偿还短期债务的主要资金来源，也是企业流动资产中流动性仅次于现金的资产。对应收账款的分析应着重掌握三点：一是应收账款的分布。应收账款集中于少数大户，坏账的风险往往大于应收账款分散在众多小户。二是应收账款账龄的分布。账龄过长的应收账款往往预示着不正常现象，风险一般较大。三是应收账款的抵押情况。如果企业应收账款有抵押出去的，就应从应收账款中扣除，因为这些账款已不能作为新贷款的还款来源。

（2）存货。这是企业购入的原材料以及在产品、半成品产和成品，是企业流动资产的重要组成部分，也是偿债的主要物质基础。银行评价企业的存货，应重点分析五个方面的内容：一是存货的规模是否合理。即按企业现有的生产能力和生产规模来衡量存货是否过量，其中重点看原材料储备是否过多，产成品是否积压。二是存货保留时间的长短。如果某种存货保留时间过长，往往表明这种存货已不适用，需要从流动资产中扣除。三是存货的流动性状况，即存货是否能在市场上销售变现。流动性差、变现能力低的存货会占压资金，形成还贷风险。四是存货有无陈旧变质风险。五是存货是否投保。

（3）固定资产。固定资产是企业资本的一部分，可用于最后的债务清偿。当银行向企业发放中长期贷款，特别是发放以固定资产作为抵押的贷款时，需要了解该企业固定资产的状况：一是要了解企业是否按规定提足了折旧。如果没有按规定提足折旧，表明固定资产中含有虚假成分。二是要了解企业固定资产是否全额保险。那些没有保险的固定资产并不一定能给银行贷款带来安全保障。三是要了解企业固定资产的变现能力。如果企业的固定资产使用范围窄，变现能力差，那么，当企业不能还本付息时，银行就很难通过变现固定资产来取得还款资金。

（4）投资。企业除了进行生产和经营外，还进行短期金融资产的投资，购买有价证券。有价证券代表企业的债权或股权，也能够给企业带来投资收入。银行分析企业的证券投资，要注意企业所持有的各种有价证券的合法性、流动性和盈利性，以及有价证券的期限、数额、结构是否合理；要了解有价证券发行人的信用状况，从中分析可能影响企业偿债能力的财务关系或约定义务。发放以有价证券作质押的贷款，对企业证券投资的审查就更为重要。

（5）负债。企业的负债包括短期负债和长期负债。短期负债主要包括短期借款、应付账款、应付票据和应交税金等。对短期负债的分析，首先，要了解企业短期负债的数额有无漏记，如有漏记而没有发现的，会造成银行对企业偿债能力的高估。其次，要了解短期负债的期限，如已过期，则说明企业短期偿债能力可能有问题。长期负债主要包括长期借款和发行的中长期债券。分析长期借款的重点是长期负债的到期日和企业偿还长期负债的安排，已正确评价企业的偿债能力。

(6) 资本。资本的大小既能反映企业财力是否雄厚和债务状况的好坏，又能反映企业的风险承受能力大小。分析资本项目，首先要了解企业的资本是否存在虚假成分；其次要分析企业的资本结构。对股份制企业来说，普通股资本所占比例较大的企业，其资本实力也比较稳定；反之，就比较脆弱。最后，要考察企业是否按规定补充自有资本。

2. 利润表分析

1) 利润表的作用

利润表是企业会计报表中的主要报表，信贷人员应在信贷业务中对其充分利用。通过利润表反映的收入、成本和费用等情况，能够反映企业生产经营的收益情况、成本耗费等情况，表明企业生产经营成果；同时，通过利润表提供的不同时期的比较数字，可以分析企业今后利润的发展趋势及长期获利能力。这些信息都将成为信贷决策十分重要的依据。

2) 利润表的分析重点

通过利润表可以了解企业的经营业绩、投资成果和获利能力的大小。银行分析利润表，首先，应了解企业的销售收入、销售成本、各项费用的真实性，包括对各种账户和原始凭证的核对；其次，可采取纵向和横向比较的方法，将利润表中各项数据与上年度、同行业、同等条件的其他企业进行比较。如发现企业在某一方面的费用过高或收入过低，应进一步查明原因并限期改进。

3. 现金流量表分析

1) 现金流量表的作用

现金流量表提供一定时期现金流入和流出的动态财务信息，表明企业在报告期内由经营活动、投资和筹资活动获得现金，企业获得的这些现金是如何运用的，对能够说明资产、负债、净资产的变动的原因，对资产负债表和利润表起到补充说明的作用，现金流量表是联系资产负债表和利润表的桥梁。

现金流量表能够说明企业的偿债能力和支付股利的能力。在某些情况下，虽然企业利润表上反映的经营业绩很可观，但实际上财务困难，无力偿还到期债务。还有些企业虽然利润表上反映的经营成果并不可观，但却有充足的现金。现金流量表完全以现金的收支为基础，能够真实反映企业的现金状况和偿债能力。此外，通过现金流量表及其他财务信息，还可以分析企业未来获取或支付现金的能力。

2) 现金流量表分析重点

利润是偿还贷款的来源，但不能直接偿还贷款。偿还贷款，最可靠的是现金，贷款人最关心的是借款人的现金流量。现金流量包括现金流入量、现金流出量和现金净流量。企业的现金流入量减去现金流出量等于现金净流量。企业的现金流量来源于三个方面，即企业经营活动产生的现金流量、企业投资活动产生的现金流量以及企业筹资活动产生的现金流量。

通过现金流量分析可得出以下结论：

(1) 若借款人现金净流量大于0，说明企业具备短期的还款能力，且正的现金流量越大，表明企业还款能力越强;借款人现金净流量小于0,说明企业短期还款能力不足,负的现金流量越大,还款能力越弱。

(2) 若借款人经营活动现金净流量大于0,且经营活动现金流入量大于短期借款总额,说明短期借款第一还款来源充足。

(3) 若经营活动现金净流量与投资活动现金流入量之和大于1年内到期的长期借款,说明贷款第一还款来源充足。

(4) 如果借款人经营活动现金净流量小于0,经营活动现金流入量大于短期借款总额,则说明存在短期借款第一还款来源,至于是否充足则视借款人现金流出顺序,即经营活动现金流量首先用于还款,还是用于其他经营活动。若先用于还款或经营活动现金流入量2倍(或2倍以上)于短期借款总额,则可视为第一还款来源充足。

(5) 若借款人经营活动现金流量小于短期借款总额,则说明借款人短期借款第一还款来源肯定不足,必须依靠第二还款来源才能偿还到期债务。

(二) 财务比率分析

财务比率分析是对企业财务状况的进一步量化分析,包括短期偿债能力分析、长期偿债能力分析、盈利能力比率分析、营运能力分析和投资收益分析。

1. 短期偿债能力分析

作为企业短期债务债权人的银行,分析企业的短期偿债能力是十分重要的。因为如果企业不能保持一定的短期偿债能力,那它自然也就不可能保持一定的长期偿债能力,更何况企业即将到期的长期债务一般也要用其可以在近期内变现的流动资产来偿还。

反映企业短期偿债能力的主要财务指标有流动比率、速动比例和现金比率。

(1) 流动比率。流动比率是流动资产除以流动负债的比值。其计算公式为:

$$流动比率 = \frac{流动资产}{流动负债}$$

流动资产包括现金、有价证券、应收账款和存货等。流动负债包括应付账款、应付票据、短期借款、应交税金和应计费用等。流动比率表明企业的短期债务可由预期的该项债务到期前变为现金的资产来偿还的能力。该比值越大,表明企业偿还短期债务的能力越强。

流动比率的值并非越大越好,应有一个合理的限度。一般要求生产企业的最低合理流动比率应保持在2左右。一方面,企业的流动资产在清偿流动负债以后应有余额去应付日常经营活动中其他资金的需要,并且鉴于存货、待摊费用等流动资产变现能力较差,因此,一般来说流动比率不能小于2。另一方面,由于变现能力强的资产(如现金、银行存款、应收票据、应收账款等)往往盈利能力差,为了使企业的经营效果最好、盈余最大,流动比率不能过大,只要保证有足够的短期偿债能力即可。

该比率只有和同行业的平均流动比率、本企业历史上的流动比率比较,才能知道这个比率是高还是低。在一些行业,流动比率低于2是正常的,但另外一些行业则要求流动比率必须大于2。

分析该指标时,要找出流动比率过高或过低的原因,还必须分析流动资产和流动负债所包含的内容以及经营上的因素。一般而言,流动资产中的应收账款和存货的数额及周转速度是影响流动比率的主要因素。有时,流动比率大可能是企业被拖欠的应收账款过多、存货积压或产品滞销、货币资金过多、未能充分利用资金等原因造成的。

(2) 速动比率。流动比率虽然可以用来评价流动资产总体的短期偿债能力,但速动比例比其更能说明资产的变现能力。对于银行等短期债权人来说,速动比率是一个十分重要的财务指标。

速动比率是从流动资产中扣除存货部分再除以流动负债的比值。其计算公式为:

$$速动比率 = \frac{速动资产}{流动负债} = \frac{流动资产 - 存货}{流动负债}$$

在计算速动比率时,剔除存货的原因在于:在流动资产中存货的变现速度较慢。由于某些原因,部分存货可能已经损失报废,但尚未做处理;存货估价还存在着成本与合理市价悬殊的问题。因此,把存货从流动资产中扣除而计算出的速动比率,比流动比率反映的短期偿债能力更加可信。

由于各行业之间的差别,在计算速动比率时,还可扣除其他一些不能代表当时现金流量的流动资产项目,如预付款和其他杂项等。

通常认为,正常的速动比率为1,低于1的速动比率被认为是短期偿债能力偏低。但这只是一般看法,因为不同行业的速动比率会有很大差别,并没有统一标准的速动比率。例如,零售商品通常仅采用现金销售而赊销的应收账款没有或很少,因此可以保持一个低于1的速动比率,这不会影响其短期偿债能力。相反,一些应收账款较多的企业,速动比率可能要大于1。评价速动比例指标还应结合应收账款周转速度指标分析,因为其反映了应收账款的变现能力。

(3) 现金比率。分析企业的短期偿债能力时,往往还可能需要从最保守的角度对其资产的流动性加以考虑。例如,假设企业已将其应收账款和存货全部抵押给其他债权人,或怀疑企业的存货和应收账款存在着流动性问题时,就需要利用现金比率这一指标来评价企业的短期偿债能力了。

现金比率表现为企业资产即时的流动性,它将现金等价物、有价证券与流动负债相联系。其计算公式为:

$$现金比率 = \frac{现金等价物 + 有价证券}{流动负债}$$

利用现金比率对企业的短期偿债能力进行分析时,应结合企业的经营情况。在给企业下结论之前,应先对企业有一个细致的了解,因为企业的管理者对其货币资金的运用可能有某些计划。现金比率很低,说明企业不能及时支付应付款项。但是,如果企业的现金比率很高,则说明企业的现金没有发挥最大效益。因此,在评价企业的短期偿债能力时,这个指标只具有一定的参考价值。因为,如果要求企业有足够的现金等价物、有价证券来偿还其流动负债是不现实的。如果企业短期债务的偿还不得不依赖现金和有价证券,那么,其短期偿债能力很可能不是加强而是削弱了。在以下几种情况下,还是很有必要计算企业的现金比率的:一是企业处于财务困境之中;二是企业的存货和应收账款周转速度很慢;三是处于投机性较强行业中的企业;四是对一个新建企业进行贷款决策而对其经营成功的可能性没有把握时。

2. 长期偿债能力分析

反映企业长期偿债能力的主要财务指标有资产负债率、产权比率、利息保障倍数、经营现金流量与债务总额的比率。

（1）资产负债率。资产负债率是负债总额与资产总额的百分比，它反映了企业的总资产中有多大比例，是通过借债来筹集的。这一比率也可以用来衡量企业在清算时保护债权人利益的程度。其计算公式如下：

$$\text{资产负债率} = \frac{\text{负债总额}}{\text{资产总额}} \times 100\%$$

从债权人的角度来看，资产负债率的比值越低，则表明该企业的长期偿债能力越好。因为在企业清算时，资产的变现所得往往低于账面价值，因此，该比例越低，债权人所得到的保障程度就越高。

从企业的所有者及经营者的角度来看，由于企业通过举债而筹集资金，与企业的自有资金在经营中发挥的效应是相同的，因此，只要企业能够保持较好的盈利水平，企业全部资金利润率超过借款利率，那么，较大的资产负债率就能给所有者和企业带来较大的利润。

银行作为企业的债权人，当然主要需要从债权人的角度考虑问题，希望资产负债率不要太高。但是在分析考查这一比率时应注意到，从长远来看，企业的盈利水平也是保障其长期偿债能力的一个因素，过低的资产负债率表明企业的经营过于保守。到底这个比例多大为宜，应结合企业所在行业的平均水平及企业的历史发展状况来考察，不能一概而论。通常，企业的资产负债率应控制在50%左右。

（2）产权比率。产权比率是负债总额与所有者权益总额之比。其计算公式为：

$$\text{产权比率} = \frac{\text{负债总额}}{\text{所有者权益}} \times 100\%$$

产权比率反映了由债权人提供的资金与所有者提供的资本之间的对应关系，从而反映出企业的基本财务结构是否稳定。一般来说，所有者资本大于借入资产较好，但也不能一概而论。从所有者的角度来看，在通货膨胀加剧的时期，企业多举债可以把损失和风险转嫁给债权人；在经济繁荣时期，多举债可以获得额外的利润；在经济萎缩时期，少借债可以减少利息负担和财务风险。产权比率高是高风险、高报酬的财务结构；产权比率低是低风险、低报酬的财务结构。该指标同时也反映了债权人投入的资金受到所有者权益来保障的程度，或者说，企业清算时对债权人利益的保障程度，因为法律规定债权人的清偿顺序列在所有者之前。

产权比率与资产负债率有着共同的含义，这两个指标可以相互补充。与资产负债率一样，对于这一指标的评价应结合行业状况和企业的历史经营状况。对债权人银行来说，该比率越低，代表其长期偿债能力越强。

（3）利息保障倍数。利息保障倍数是指企业经营业务收益与利息费用的比率，用以衡量偿付借款利息的能力。其计算公式如下：

$$\text{利息保障倍数} = \frac{\text{息税前利润}}{\text{利息费用}}$$

利息保障倍数是从利润表方面考察企业长期偿债能力的一项指标。利息保障倍数越大,企业不能偿付到期债务的风险就越小。如果企业的利息债务偿还情况很好,当本金到期时,企业也能重新筹集到资金。因此,对于作为企业债权人的银行来讲,该比例越高则表明企业长期偿债能力越强。当然,这一比率过高,很可能是因为负债率过小而造成的,这就说明企业的经营过于保守。关于这一方面的分析,可以结合前面对资产负债率、产权比率的分析来理解如何合理确定企业的利息保障倍数,这需要将该企业的这一指标与其他企业,特别是本行业平均水平进行比较,来分析决定本企业的指标水平。同时,从稳健性的角度出发,最好比较本企业连续几年的该项指标,并选择最低指标年度的数据作为标准。

(4) 经营现金流量与债务总额的比率。经营现金流量与债务总额比率反映了企业用每年的经营现金流量偿付所有债务的能力。其计算公式如下:

$$经营现金流量与债务总额比率=\frac{经营现金流量}{债务总额}$$

一般来说,该项比率越高,表明企业承担其债务总额的能力越强。事实上,它也是一种将收益和债务结合起来的指标,只是用经营活动现金流量代替了利润总额。由于经营现金流量可能为负数,故该项指标值也可能为负数。

3. 盈利能力比率分析

企业的盈利能力主要反映企业在营业过程中创造利润的能力,主要通过利润表数据计算获得。

(1) 销售净利率。通常用于衡量盈利能力的财务指标是销售净利率,一般也将其简称为净利率。其计算公式为:

$$销售净利率=\frac{净利润}{销售收入}\times 100\%$$

净利润在我国会计制度中是指税后利润。该指标反映每1元销售收入带来的净利润是多少,表示销售收入的收益水平。因此,此项指标越大,表明企业的盈利能力越强。通过分析销售净利率的升降变动,可以促使企业在扩大销售的同时,注意改进经营管理,提高盈利水平。

(2) 销售毛利率。销售毛利率是毛利占销售收入的百分比。其中,毛利是销售收入与销售成本的差。其计算公式为:

$$销售毛利率=\frac{销售毛利}{销售收入}\times 100\%$$

销售毛利率表示每1元销售收入扣除所销售产品的成本后,有多少钱可以用于各项期间费用和形成盈利。毛利率是企业销售净利率的最初基础,没有足够大的毛利率便不能盈利。此项指标值越大,表明企业的盈利能力越强。

(3) 营业利润率。营业利润率是企业实现的营业利润与销售收入之比。其计算公式为:

$$营业利润率=\frac{营业利润}{销售收入}\times 100\%$$

公式中的销售收入，是指扣除销售折让、销售折扣和销售退回之后的销售金额，其数据可以从利润表中取得，即主营业务收入。营业利润率剔除了投资和营业外收支的影响，但增加了其他业务的盈利因素，反映了企业自身经营业务的获利能力。该项指标值越大，表明企业的盈利能力越强。

4. 营运能力分析

企业的营运能力直接影响和关系着企业的偿债能力和盈利能力，体现着企业的经营绩效。因此，为了更加深刻地理解和掌握企业的偿债能力和盈利能力，对企业的经营业绩做出全面、客观、公正的评价，就必须再对企业的营运能力做深入的分析。

企业营运能力分析是通过一系列周转速度指标分析来实现的，主要包括存货周转速度、应收账款周转速度、资产周转速度、固定资产周转速度和流动资产周转速度等。

(1) 存货周转速度。在流动资产中，存货所占的比重越大，存货的流动性直接影响企业的流动比率，进而影响企业的短期偿债能力。因此，在分析企业的短期偿债能力时，必须特别重视对存货的流动性分析。存货的流动性，一般用存货的周转速度指标来反应，即存货周转率或存货周转天数。

存货周转率是衡量和评价企业购入存货、投入生产、销售收回等各环节管理状况的综合性指标。其计算公式为：

$$存货周转率=\frac{销售成本}{平均存货}$$

$$存货周转天数=\frac{365}{存货周转率}=\frac{平均存货\times 365}{销售成本}$$

其中的销售成本数据，可以从利润表中取得，平均存货为资产负债表中的“期初存货”与“期末存货”的平均数。

一般来说，存货周转速度越快，表明该企业流动资产的变现能力越强，从而其短期偿债能力越好。这一点，在利用流动比率分析企业的短期能力时应特别注意。例如，甲、乙两个企业的流动资产总额均为 100 万元，其中存货额均为 20 万元，流动负债均为 50 万元，其流动资产、负债所包含的内容结构均相同，所不同的是甲企业存货周转率为 8 次/年，乙企业的存货周转率为 4 次/年。表面上看，甲、乙两个企业的流动比率均为 2(100÷50)，似乎两个企业的短期偿债能力相同。但是，应注意到，如果一旦发生特殊情况，需要企业通过销售存货来变现，从而偿还短期债务时，甲、乙两个企业所表现的偿债能力就不同了，甲企业的 20 万元存货仅通过 46 天(365÷8)左右即可变为货币资金，而乙企业则需 91 天(365÷4)的时间才能销售出去取得现金。

存货周转速度指标不仅反映了企业的短期偿债能力，而且也反映了企业经营效率及其资金利用效率和盈利能力。例如，假设某企业销货成本为 60 万元，如果存货周转率为 6 次/年，则平均存货为 10 万元(60÷6)，如果存货周转率降为 5 次/年，则平均存货则提高到 12 万元(60÷5)。而这说明，当年存货周转 6 次时，企业在存货方面占用的资金为 10 万元。但当存货周转率减少 1 次时，存货占用的资金就要增加 2 万元。

正是由于存货周转速度的指标在反映企业短期偿债能力的同时，也反映了企业经营效率及获利能力，因此，在对企业财务报表进行分析时，应特别注意这一指标，可将其作为一项企业营运能力的指标加以运用。

在分析存货周转率时，要与本企业历史资料、其他企业或行业平均水平比较而做出判断。通常来说，该指标高于行业平均水平，表明企业的存货管理效果好；否则，表明企业的存货管理效果尚未达到一般平均水平。

(2) 应收账款周转率。反映应收账款周转速度的指标是应收账款周转率，即年度内应收账款变为现金的平均次数；用时间表示的应收账款周转速度是应收账款周转天数，又称平均应收账款回收期或平均收现期，它表示企业从取得应收账款的权利到回收款项转为现金的时间。其计算公式为：

$$应收账款周转率 = \frac{赊销收入净额}{平均应收账款余额}$$

其中：

$$赊销收入净额 = 销售收入 - 现销收入 - 销售退回、折让与折扣$$

$$平均应收账款余额 = \frac{期初应收账款 + 期末应收账款}{2}$$

从理论上来说，由于应收账款是企业赊销产品时发生的，因此，应与赊销收入净额对应，按赊销收入净额计算应收账款周转率。但是，由于现销收入为企业内部数据，财务报表的外部使用者一般无法取得该项数据，因此，在实务上可采用包括现销收入的“销售净额”去计算应收账款周转率。

对应收账款周转速度指标的评价，应结合企业的行业状况及发展状况进行比较分析。一般来说，应收账款周转率越高，周转天数越短，说明应收账款的回收越快，企业的短期偿债能力越强。在分析时，还要注意结合企业对外赊销的信用条件，如果企业应收账款周转天数为 50 天，但企业对外赊销的信用条件平均为 40 天，则说明该企业应收账款回收情况不好，短期偿债能力差；但如果对外赊销的信用条件为 60 天，说明企业的短期偿债能力较强。

银行作为财务报表的外部使用人，可以将计算出的指标与该企业前期进行趋势比较分析，与行业平均水平进行行业比较分析或与其他类似企业相比较。

(3) 资产周转速度。资产周转速度是指企业销售收入与全部资产平均余额之间的比例关系，通常有两种表现方式：一是资产周转率；二是资产周转天数。

资产周转率是指资产在一定时期(通常为 1 年)内周转了几次，它实际上同时还体现单位总资产在一定时期内创造了多少销售收入。其计算公式为：

$$资产周转率 = \frac{销售收入}{平均资产总额}$$

资产周转天数是指企业资产平均每周转一次所需要的天数。其计算公式为：

$$资产周转天数 = \frac{365}{资产周转率} = \frac{365 \times 平均资产总额}{销售收入}$$

资产周转率反映了资产周转速度，周转率越大，表明资产周转速度越快，资产利用效果越好，销售能力越强，进而反映出企业的偿债能力和盈利能力越令人满意，它是一项正指标；而周转天数为逆指标，越小越好。周转天数越短，表明资产周转速度越快；反之，亦然。

企业可以通过薄利多销的办法加快资产的周转速度，带来利润绝对额的增加。对资产周转速度指标进行分析时，应与企业的前期水平、同行业平均水平和先进水平或其他类似企业相比较，才能判断该项指标的高低。

(4) 固定资产周转速度。固定资产周转速度是指企业一定时期内销售收入与全部固定资产平均余额之间的比例关系。它有周转率和周转天数两种表示方法。

固定资产周转率是指企业的固定资产在一定时期内周转了多少次，次数越多，周转越快。其计算公式为：

$$\text{固定资产周转率} = \frac{\text{销售收入}}{\text{固定资产平均余额}}$$

其中：

$$\text{固定资产平均余额} = \frac{\text{期初固定资产余额} + \text{期末固定资产余额}}{2}$$

固定资产周转天数是指企业的固定资产平均每周转一次所需要的天数。其计算公式为：

$$\text{固定资产周转天数} = \frac{365}{\text{固定资产周转率}} = \frac{\text{固定资产平均余额} \times 365}{\text{销售收入}}$$

固定资产周转速度反映了企业固定资产的周转快慢，周转率越大，周转天数越少，表明周转速度越快，变现能力越强，相应的盈利与偿债能力越强；同时，周转速度越快，会相对节约固定资产，这也就相对扩大了企业的固定资产投入，增强了企业资产利用效率。反之，延缓周转速度就会降低企业固定资产的利用率，从而降低企业的偿债能力。

(5) 流动资产周转率。流动资产周转率是指企业一定时期内销售收入与全部流动资产平均余额之间的比例关系，有周转率和周转天数两种表示方法。

流动资产周转率是指企业的流动资产在一定时期内周转多少次，次数越多，周转速度越快。其计算公式为：

$$\text{流动资产周转率} = \frac{\text{销售收入}}{\text{流动资产平均余额}}$$

其中：

$$\text{流动资产平均余额} = \frac{\text{期初流动资产余额} + \text{期末流动资产余额}}{2}$$

流动资产周转天数是指企业流动资产平均每周转一次所需要的天数。其计算公式为：

$$\text{流动资产周转天数} = \frac{365}{\text{流动资产周转率}} = \frac{\text{流动资产平均余额} \times 365}{\text{销售收入}}$$

流动资产周转速度反映流动资产的周转快慢，周转率越大，周转天数越少，说明周转速度越快，变现能力越强，相应的企业盈利能力及偿债能力越强；同时，周转速度越快，会相对节约流动资产，等于相对扩大资产投入，增强企业盈利能力。反之，延缓周转速度，就需要补充流动资产参加周转，形成资金浪费，降低企业的偿债能力和盈利能力。该项指标需与企业前期、同行业平均水平或其他企业相比较，才能判断其优劣。

5. 投资收益能力

企业投资收益能力是企业投入资金的增值能力。一般用实现利润与投入资金的比率来反映投资收益能力的大小。

(1) 资产收益率。资产收益率是企业净利润与平均资产总额的百分比。其计算公式为：

$$资产收益率 = \frac{净利润}{平均资产总额} \times 100\%$$

其中：

$$平均资产总额 = \frac{期初资产余额 + 期末资产余额}{2}$$

资产收益率指标把企业一定期间的净利与企业的资产相比较，表明企业资产利用的综合效果。指标值越高，表明资产的利用效率越高，说明企业在增加收入和节约资金使用等方面取得了良好的效果；反之，亦然。资产收益率是一个综合指标，为了正确评价企业经济效益的高低，挖掘企业提高利润水平的潜力，可以用该项指标与本企业的前期、本企业计划、本行业平均水平及本行业内先进企业进行对比，分析形成差异的原因。影响资产收益率高低的因素主要有产品的价格、单位成本的高低、产品的产量和销售的数量和资金占用量的大小等。可以利用资产收益率来分析经营中存在的问题，提高销售利润率，加速资金周转。

(2) 净资产收益率。净资产收益率是企业净利润与企业净资产之比，又称权益报酬率。其计算公式为：

$$净资产收益率 = \frac{净利润}{企业净资产} \times 100\%$$

其中：

$$企业净资产 = 所有者权益余额 = 资产余额 - 负债余额$$

净资产收益率是衡量股东资金使用效率的指标，反映企业的净资产盈利能力。净资产收益率越高，表明股东的投资报酬率越高；反之，则投资报酬率越低。但较高的投资报酬率并不意味着有较好的财务业绩，净资产的大幅下降有可能导致未来净资产收益率的大幅上升。因此，银行信贷人员应该将该比例与其他技术指标结合起来分析。

(三) 非财务因素分析

在信用分析中，财务报表分析和财务比率分析都有直接的资料来源，而且具有客观明了、可量化、分析简明迅速等优点。但是，有一些对于借款人信用水平有重要影响的因素无法用数据或财务指标来计量，这是银行对借款人进行非财务因素的分析就显得十分必要，这样可以更加全面、动态地分析借款人的资信状况，从而降低银行的信贷风险。

非财务分析的因素有很多，其中，借款人所处的行业、经营特征和管理方式等是需要重点分析的因素。非财务分析的主要因素，如表 5-1 所示。

表 5-1　非财务分析的主要因素

行业因素	经营因素	管理因素	社会因素
成本结构 成熟期 周期性 盈利性 产品替代性 产品依赖性	企业总体特征 产品总体特征 市场竞争 经营思想 采购环节 生产环节 销售环节	组织形式 管理层经验 管理深度 管理广度 管理层稳定性 员工素质 内部控制 法律纠纷	战争 法律、政策管理 经济技术环境 自然灾害 环保 城市建设

资料来源：郑鸣. 商业银行管理学. 北京：清华大学出版社，2005.

鉴于非财务因素往往定性的因素比较多，其有效性往往依赖于信贷人员的专业经验、专业素质和道德水平，因而，需要和其他风险分析的手段结合使用，以避免出现较大的信用风险。

三、个人贷款信用评估

个人信用评估在个人信贷业务操作流程中占有非常重要的地位，只有科学地评估、预测借款人的信用等级，才能预测贷款到期时借款人的还款能力和还款意愿，为贷款审查和审批提供决策依据，进一步提高信贷资产质量，优化信贷结构，提高银行效益。个人信用评估是个人信用制度中的一个重要组成部分，主要包括个人信用档案的建立和个人信用等级评定两部分。

个人信用档案主要由个人的身份证明和个人社会档案、个人税务情况、个人的社会保险和商业保险记录、个人储蓄和债务记录、个人信用历史、个人资产情况和个人所处社会环境等资料组成，是个人信用的原始资料；个人信用等级评定是通过客观公允的评估方法，把个人信用的原始资料量化处理，得到在经济活动中易于引用的个人信用评分。

第四节　商业银行贷款管理制度

为避免或减少贷款风险，提高贷款经济效益，银行不仅要掌握贷款风险管理的技术方法，同时也需要加强贷款过程的内部控制，通过建立和健全银行内部贷款管理制度，防范贷款风险的产生。

一、审贷分离制度

(一) 贷款“三查”制

贷款“三查”制是指贷前调查、贷时审查和贷后检查。贷前调查是指贷款发放前银行对贷款申请人基本情况的调查，并对其是否符合贷款条件和可发放的贷款额度做出初步判断；调查的重点主要包括申请人资信状况、经营状况、申请贷款用途的合规性和合法性、贷款担保情况等。贷时审查是指审查人员对调查人员提供的资料进行核实、评定，复测贷款风险度，提出审核意见，按规定履行审批手续。贷后检查是指贷款发放后，贷款人对借款人执行借款合同情况及借款人的经营情况进行追踪调查和检查。如果发现借款人未按规定用途使用贷款等造成贷款风险加大的情形，可提前收回贷款或采取相关保全措施。通过实施贷款“三查”，有利于贷款人较为全面地了解和掌握借款人经营状况以及贷款的风险情况，及时发现风险隐患，采取相应风险防范和控制措施，保障银行信贷资金安全。同时，贷款“三查”制执行情况，也是在贷款出现风险后，对相关责任人员进行责任追究或免责的重要依据。

(二) 审贷分离制

审贷分离制，是指按照横向制衡和纵向制约的原则，将信贷业务办理过程中调查、审查、审批及经营管理各个环节的工作职责进行科学分解，由不同层次和不同部门承担，并规范各个相关责任者的行为，实现信贷部门相互制约的制度。

审贷分离制要求严格授权管理，各级行必须在权限范围内办理信贷业务，超越权限的信贷业务，由信贷管理部报有权审批行信贷管理部复审，上级行贷审会审议，有权审批人审批，经营行客户部实施经营管理。

实施审贷分离制使信贷前后台业务分离，即信贷业务的调查与经营管理职能由前台部门承担，信贷业务的审查、审批和决策由后台部门负责。前台接触客户没有决策权，后台不接触客户有决策权，在管理机制上形成部门间相互制衡和业务流程各环节相互制约、各岗位自我约束与协作并重的商业银行内控和运行机制。

二、授权授信制度

授权是指授权主体就信贷业务经营和管理中有关权力事项对授权对象所做出的一种限制性规定。银行授权是指银行一级法人对其所属业务职能部门、分支机构和关键业务岗位开展业务权限的具体规定。

当前商业银行在全国设点布局迅速增加，增设分支机构数量庞大，分支机构层级趋于复杂，业务经营情况不断变化，建立以统一管理、分级授权为基础的授信授权体系，合理确定授信权限，在提高审批效率的同时有效防范风险，对商业银行提高信贷经营效率具有重要意义。因此商业银行必须在法定经营范围内对有关业务职能部门、分支机构关键业务岗位进行授权，建立法人授权管理制度。商业银行业务职能部门和分支机构以及关键业务岗位应在授予的权限范围内开展业务活动。

三、授信管理制度

授信是指商业银行对其业务职能部门和分支机构所辖服务区及其客户所规定的内部控制信用高限额度。具体范围包括贷款、贴现、承兑和担保等。授信当事人分为授信人和受信人，授信人为商业银行业务职能部门及分支机构，受信人为商业银行业务职能部门和分支机构所辖服务区及其客户。

授信方式包括基本授信和特别授信。基本授信是指商业银行根据国家信贷政策和每个地区、客户的基本情况所确定的信用额度；特别授信是指商业银行根据国家政策、市场情况变化及客户特殊需要，对特殊项目及超过基本授信额度所给予的授信。

四、贷款责任制度

为了强化贷款管理过程中每个岗位、每个部门及每个管理人员的工作责任心，在实行审贷分离的基础上，银行还应该按照权责对应原则，建立贷款责任制度。

贷款责任制度的主要内容包括：第一，建立以行长责任制为中心内容的贷款管理责任制体系。第二，将贷款管理的权限与相应的责任分级落实到部门、岗位和个人，按照“统一领导、分级管理、各司其职、各负其责”的原则严格划定信贷人员、信贷部门负责人、行长的贷款权限和责任。第三，在划分贷款责任的前提下，明确奖罚条件和标准，实行“奖优罚劣”，将贷款管理工作的业绩与有关人员的利益挂钩。对损失的贷款，银行应分清贷款责任，对由于信贷管理上或信贷人员个人原因造成的贷款损失，应追究有关责任人的行政、经济以至法律责任。第四，建立信贷人员离职审计制度。贷款管理人员在调离原工作岗位时，银行稽核审计部门应对其在履职期间和权限范围内发放的贷款进行审计，审计不合格或审计中发现问题的信贷人员，暂时不能调离，待问题搞清楚或做出处理后方能调离。

第五节　商业银行主要贷款业务的管理要点

一、信用贷款

信用贷款是指银行完全凭借借款人的良好信用而无须提供任何财产抵押或第三者担保而发放的贷款。信用贷款是以借款人的信用作为还款保证。从广义上讲，它也是一种担保贷款，只不过是借款人本身的信用作为担保。

(一) 信用贷款的特点

与其他贷款相比，信用贷款具有以下特点。

1. 以借款人的信用和未来的现金流量作为还款保证

由于信用贷款是凭借借款人的信用发放的贷款，银行在发放贷款时，没有从借款人处取得任何财产做抵押，而只是获得借款人对于偿还贷款的一种承诺。这种承诺能否兑现，则取决于借款人未来的现金流量。

2. 风险大、利率高

由于借款人的信用状况主要看其既往的信用履历，而借款人未来现金流量又具有很大的不确定性，因此，与其他方式的贷款相比，信用贷款要承担更大的风险。按照风险与收益对称原则，银行对信用贷款应当收取比其他贷款更高的利息，也可以要求借款人在银行保留一定比例的补偿余额，作为对银行承担风险的一种补偿。

3. 手续简便

由于银行发放信用贷款可以省去对担保品选择、股价、管理和对保证人资格、信用、财务等方面的审查手续，因此，贷款过程的手续相对比较简单。

(二) 信用贷款的操作要点

1. 对借款人进行信用评估，正确选择贷款对象

借款人向银行提出借款申请后，银行首先应对借款人的资信状况进行全面而科学的分析。同时,对借款申请书进行审查核实。由于信用借款是凭借借款人的信用来发放的,所以,对客户的信用分析有特别重要的意义。在对借款人进行信用分析的基础上,银行应根据本行的贷款政策、原则和条件,正确选择信用贷款的对象。通常,银行只对那些与本行有着长期借贷交往历史,而且信誉高、经营好、经营实力强、无不良信用记录、预测未来现金流量足以偿还贷款本息的客户发放信用贷款。

2. 合理确定贷款额度和期限

银行确定以信用贷款方式发放贷款后,应根据企业的合理资金需求和银行的资金可供能力做出贷款额度和利率的决策。信用贷款虽以借款人的信用做贷款依据,但借款人的信用状况不可能成为确定贷款额度和期限的直接依据。银行确定贷款额度的直接依据通常有三:一是企业的合理资金需求;二是可作为偿还贷款来源的企业未来现金流量;三是银行的信贷资金可供量。这三个因素同时成为制约贷款额度的上限。确定贷款期限的直接依据是银行贷款制度的规定和企业正常资金周转期限或贷款项目投资回收期限。

3. 贷款的发放与监督作用

银行经审查确定贷款额度和期限后,便可与借款人签订借款合同,随后将贷款按合同划入企业账户。贷款发放后,银行应定期检查贷款使用情况,分析企业资产负债结构变化情况,发现问题及时纠正,消除贷款风险隐患。如果发现借款人在使用贷款中有违反合同的行为,银行应及时发出警告并予以纠正。如果警告和制止无效,银行有权停止贷款,并提前收回已发放的贷款。

4. 贷款到期收回

贷款到期,银行应提前向借款人发出收贷通知。如果借款人因客观原因不能按时还贷,应提前向银行提出展期申请。贷款合同期满,借款人应主动出具结算凭证还款,也可由银行直接从借款人账户中扣收贷款。借款人不能按期还款,银行应将其转入逾期账户,加收罚息。同时,要求借款人制定切实可行的还款计划,督促其尽早还款。

二、担保贷款

担保贷款是指银行要求借款人根据规定的担保方式提供贷款担保而发放的贷款。银行在对借款人进行信用分析后,如果借款人不符合发放信用贷款的条件,银行可对其发放担保贷款。下列情况下,银行应要求借款人提供贷款担保:①借款人的负债率较高,财力脆弱;②借款人没有建立起令人满意的、稳定的利润增长记录;③借款人发行的股票未能销售出去;④借款人是新客户;⑤借款人的经营环境恶化;⑥贷款的期限较长等。

(一) 担保方式与担保贷款种类

我国《民法典》中规定的担保方式主要有保证、抵押和质押三种。相应地,我国目前的担保贷款包括保证贷款、抵押贷款和质押贷款三种。

1. 保证与保证贷款

保证是指保证人与银行约定,当债务人不履行债务时,保证人按照约定履行或承担责任的行为。银行根据《民法典》中的保证方式向借款人发放的贷款称为保证贷款。

《民法典》中规定的保证方式包括一般保证和连带责任保证。当事人在保证合同中约定,债务人不能履行债务时,由保证人承担保证责任的为一般保证。当事人在保证合同中约定保证人与债务人对债务承担连带责任的，为连带责任保证。银行发放保证贷款，贷款保证人就应当按法律规定承担债务的一般保证责任或连带保证责任，当债务人不能履行还款责任时，由保证人负责偿还。

2. 质押与质押贷款

质押权是一种特别授予的所有权。在质押方式下，受质押人在债务全部清偿以前拥有债务人用作质押财产的权利，而且在某些情况下，受质押人还有出卖该财产的权利。以《民法典》中规定的质押方式发放的贷款称为质押贷款。

质押方式与抵押方式的不同点在于：在办理质押贷款时，借款人应将质押财产做法定的移交，但可以不作为实际的实物移交，如只交付储放货物的仓库钥匙或货物的可转让储单即可。我国《民法典》规定的质押包括动产质押和权利质押两种。前者是指债务人或第三人将其动产移交债权人占有，该动产作为债权的担保；而后者所包括的质物有七类：①汇票、本票、支票；②债券、存款单；③仓单、提单；④可以转让的基金份额、股权；⑤可以转让的注册商标专用权、专利权、著作权等知识产权中的财产权；⑥现有的以及将有的应收账款；⑦法律、行政法规规定可以出质的其他财产权利。在银行发放质押贷款的情况下，当债务人不能履行还款责任时，银行可以按照《民法典》的规定将质物折价或者以拍卖、变卖质物的价款优先受偿。

3. 抵押与抵押贷款

抵押是指在债务人或者第三人不转移抵押财产的占有，将该财产作为债权的担保。银行以抵押方式做担保而发放的贷款就是抵押贷款。

根据《民法典》第三百九十五条规定，债务人或者第三人有权处分的下列财产可以抵押：①建筑物和其他土地附着物；②建设用地使用权；③海域使用权；④生产设备、原材料、半成品、产品；⑤正在建造的建筑物、船舶、航空器；⑥交通运输工具；⑦法律、行政法规未禁止抵押的其他财产。以抵押担保的方式发放贷款，当债务人不履行债务时，债权人有权按《民法典》规定以抵押财产折价或者以拍卖、变卖抵押财产的价款优先受偿。

（二）保证贷款的操作要点

保证贷款因为有保证人对贷款提供了担保，体现了一种多边的信用关系，并使银行贷款具有了双重的信用保证，即除了作为借款人的相应保证外，还获得了保证人的信用保证。而要真正落实保证责任，避免出现空头担保现象，还需要在贷款过程中严格审核保证人情况。在保证贷款的操作过程中应重点把握以下环节。

1. 借款人找保

借款人向银行提出贷款申请，银行审查同意贷款并要求借款人提供贷款担保时，借款人应根据贷款的金额、期限，寻找贷款保证人。保证人承担了贷款的保证责任后，应开具贷款保证意向书交借款人转送银行。银行发放保证贷款，让借款人寻找保证人时，有三点需要注意：

(1) 保证人条件。贷款保证人应是具有法人地位并有经济承保能力的经济实体、其他组织和公民。根据《民法典》规定，机关法人不得为保证人，但是经国务院批准为使用外国政府或者国际经济组织贷款进行转贷的除外；以公益为目的的非营利法人、非法人组织不得为保证人。

（2）保证方式选择。保证人承担的保证责任包括一般保证和连带责任保证。一般保证责任贷款到期时，当债务人不能履行债务时，由保证人承担保证责任。但是，一般保证的保证人在主合同纠纷未经审判或者仲裁，并就债务人财产依法强制执行仍不能履行债务前，对债权人可以拒绝承担保证责任；连带责任保证的债务人在主合同规定的债务履行期届满没有履行债务的，债权人可以要求债务人履行债务，也可以要求保证人在其保证范围内承担保证责任。《民法典》第六百八十六条规定，当事人在保证合同中对保证方式没有约定或者约定不明确的，按照一般保证承担保证责任。

（3）保证期间的确定。发放保证贷款要确定保证期间，关于保证期间，《民法典》第六百九十二条规定，保证期间是确定保证人承担保证责任的期间，不发生中止、中断和延长。债权人与保证人可以约定保证期间，但是约定的保证期间早于主债务履行期限或者与主债务履行期限同时届满的，视为没有约定，没有约定或者约定不明确的，保证期间为主债务履行期限届满之日起六个月。债权人与债务人对主债务履行期限没有约定或者约定不明确的，保证期间自债权人请求债务人履行债务的宽限期届满之日起计算；《民法典》第六百九十三条规定，一般保证的债权人未在保证期间对债务人提起诉讼或者申请仲裁的，保证人不再承担保证责任。连带责任保证的债权人未在保证期间请求保证人承担保证责任的，保证人不再承担保证责任。

2. 银行核保

银行接到保证人的保证意向书后，需对保证人的资格和经济承保能力进行审核。审核的主要内容包括：

（1）验证保证人的营业执照，审核保证人是否具有合法的地位。

（2）验证保证人和法人代表的印鉴是否与预留银行印鉴相符。

（3）审阅保证人的财务报表和有关文件，审查贷款保证意向书中所填情况是否真实。

（4）审查保证人的承保能力，看其资产净值是否大于其担保的债务额，避免因“皮包公司”之类的企业充当保证人而成为空头担保。

（5）审查保证人的财产是否已经作为债务抵押或用于对其他借款人的担保，防止因多头担保或相互担保而成为空头担保。

（6）审查保证人的生产经营、经济效益和信用履历情况，以避免因保证人无力担保或无意承担保证而使贷款产生损失。

3. 银行审批

银行在对上述情况进行审核以后，通过计算确定保证人能够提供有效担保的金额，然后根据核保结果，按程序审批贷款。如果保证人不是本行开户的企业，还要与保证人的开户银行取得联系，了解保证人的资信情况，请求协助审查保证人的承保资格和能力。然后，银行要与借款人、保证人三方签订合法完整的借款合同、保证合同，以明确各方责任。

4. 贷款的发放与收回

签订贷款合同和保证合同后，银行应及时按合同将贷款拨付借款人使用。银行和保证人应共同监督借款人按合同使用贷款和按期偿还贷款。贷款到期后，如果借款人按时还本付息，借款合同和保证合同随时失效。如果借款人无力偿还贷款本息，银行就应通知保证人主动承担担保责任。银行有权从保证人账户上扣收所担保的贷款本息。待贷款本息全部扣收完毕，保证合同随即失效。

(三) 抵押贷款的管理要点

由于质押贷款在大部分地方都与抵押贷款相似，因此，在这里我们将两种贷款统称为抵押贷款一并介绍。

1. 抵押物分类

抵押贷款的抵押物，可以分为以下六类：第一，存货抵押，如原材料、半成品和产成品等；第二，证券抵押，如股票、债券、汇票、本票、支票和存单等；第三，设备抵押，如机器设备、车辆和船舶等；第四，不动产抵押，如土地房屋等；第五，客账抵押，如应收账款等；第六，人寿保险抵押，如人寿保单等。

2. 抵押物的选择和估价

(1) 抵押物的选择。借款人的贷款申请经银行审查确认需要以财产做抵押时，借款人应向银行提供拟做贷款抵押物的财产清单。银行从中选择符合要求的财产作为贷款的抵押。

银行在选择抵押物时，必须坚持以下四个原则：第一，合法性原则。即贷款抵押物必须是法律允许设定抵押权的财产。因为，只有法律允许设定抵押权的财产，才能最终履行抵押责任，保证贷款安全。第二，易售性原则。即抵押物的市场需求相对稳定，一旦处分抵押物时能够迅速出售，且不必花费太多的处分费用。第三，稳定性原则。即抵押物的价格和性能相对稳定，市场风险小，同时也易于保管，不易变质。第四，易测性原则。及抵押物的品质和价值易于测定。

按照上述原则选好抵押物后，还要对抵押物进行法律审查和技术鉴定。具体内容主要包括：一是审查借款人对抵押物的权利是否真实、充分，对共同所有的财产，看其是否有共有各方同意设押的书面证明。二是审查抵押人提供的抵押物是否需要有关部门批准，如果需要部门批准，看其是否经过批准。三是审查租赁经营企业的设押物是否属于企业自有资产，如果是租赁资产，银行不得接受抵押。四是审查抵押物有无重复抵押现象。五是审查抵押物实物的真实、完好性；六是审查抵押物有无保险。抵押物保险期间通常要求长于抵押期限1～2个月，为处分抵押物留出足够的时间。

(2) 抵押物的估价。抵押物估价是对抵押物将来处分时的市场价格的估算。对抵押物科学合理地估价，是抵押贷款管理过程中一个十分关键的环节。估价过高，拍卖所得资金不足以补偿贷款资金，银行会受损失；估价过低，又会损害抵押人利益。因此，银行在对抵押物估价时，必须坚持科学性、公正性和防范风险原则，科学、合理地测定抵押物的价值。

对抵押物估价是一项需要十分负责、技术性很强的工作。不同的抵押物，估价方法也不同。对有价证券的估价主要预测未来市场利率的走势、证券债务人的经营状况和国家宏观经济政策和形势的变化；对不动产的估价主要看其所处地理位置及据以取得经济效益的大小。在此基础上，考虑外部配套环境和交通通信便利程度以及不动产的新旧程度、造价、维护费用等因素后确定；对机器设备的估价，先要确定其价值损耗，用会计净值减去技术损耗就是机器设备的估价值。

3. 确定抵押率

抵押率是抵押贷款本息之和与抵押物估价值之比。合理确定抵押率是抵押贷款管理中的一项重要内容。通常，银行在确定抵押率时，应当考虑以下因素：

(1) 贷款风险。贷款人对贷款风险的估计与抵押率呈反向变化。风险越大，抵押率越低；风险小，抵押率可高些。

(2) 借款人信誉。一般情况下，对那些资产实力匮乏、结构不当、信誉较差的借款人，抵押率应低些。反之，抵押率可高些。

(3) 抵押物的品种。由于抵押物品种不同，它们的占管风险和处分风险也不同。按照风险补偿原则，抵押那些占管风险和处分风险都比较大的抵押物，抵押率应当低一些，否则可定得高一些。

(4) 贷款期限。贷款期限越长，抵押期也越长，在抵押期内承受的风险也越大，因此，抵押率应当低一些。而抵押期限短，风险较小，抵押率可高一些。

4. 抵押物的产权设定与登记

产权设定是指银行要证实并取得处分抵押物以做抵押债务的权利。借款人要将财产契约交指定机构登记过户，明确银行为产权所有者和保险受益人。以《民法典》第三百九十五条第一款第一项至第三项规定的财产或者第五项规定的正在建造的建筑物抵押的，应当办理抵押登记。抵押权自登记时设立。第四百零三条规定，以动产抵押的，抵押权自抵押合同生效时设立；未经登记，不得对抗善意第三人。不动产登记，由不动产所在地的登记机构办理。国家对不动产实行统一登记制度。统一登记的范围、登记机构和登记办法，由法律、行政法规规定。

国发〔2020〕18号文件规定，自2021年1月1日起，在全国范围内实施动产和权利担保统一登记。纳入动产和权利担保统一登记范围的担保类型包括：①生产设备、原材料、半成品、产品抵押；②应收账款质押；③存款单、仓单、提单质押；④融资租赁；⑤保理；⑥所有权保留；⑦其他可以登记的动产和权利担保，但机动车抵押、船舶抵押、航空器抵押、债券质押、基金份额质押、股权质押、知识产权中的财产权质押除外。纳入统一登记范围的动产和权利担保，由当事人通过中国人民银行征信中心动产融资统一登记公示系统自主办理登记，并对登记内容的真实性、完整性和合法性负责。登记机构不对登记内容进行实质审查。国家市场监督管理总局不再承担“管理动产抵押物登记”职责。中国人民银行负责制定生产设备、原材料、半成品、产品抵押和应收账款质押统一登记制度，推进登记服务便利化。

抵押物登记的内容主要包括：一是抵押人姓名或企业名称、地址；二是抵押权人名称、地址；三是抵押物名称、数量、规格和价值；四是贷款金额和币种；五是抵押和贷款期限；六是抵押物品保管方式；七是抵押合同签订的日期和地点等。

5. 抵押物的占管与处分

1) 抵押物的占管

占管包括占有和保管两层意思。占有和保管两者密不可分。占有包含了保管的责任，否则不成其为占有，而保管则以占有、持有为前提。抵押物的占管方式有两种：一是抵押人占管；二是抵押权人占管。根据《民法典》中规定的抵押方式设定抵押的财产，一般抵押人不转移财产的占管；根据《民法典》中规定的质押方式设定的质物，一般由抵押权人占管。无论是抵押人占管，还是抵押权人占管，都应当承担相应的占管责任，保证抵押物的完好和无损。

2）抵押物的处分

贷款期满，借款人如果按期照偿还贷款本息，银行应将抵押物及有关证明文件及时退回抵押人，抵押合同终止。如果借款人不能偿还贷款本息，就需要通过处分抵押物来清偿贷款。处分抵押物必须具备一定的条件，包括：①抵押合同期满借款人不能履约还款；②抵押期间抵押人宣告解散；③个体工商户作为抵押人在抵押期间死亡、失踪，且继承人或受馈赠人不能偿还其债务。

抵押物的处分是指通过法律行为对抵押物进行处置的一种权利。抵押物处分方式主要有三种：

（1）拍卖。拍卖是指以公开竞价的方式把标的物卖给出价最高者的一种行为。拍卖所得价款，先用于支付处分抵押物的费用，再扣缴抵押物应纳税款，然后支付抵押物保管费用，最后偿还贷款本息，余额交还抵押人。

（2）转让。转让是指通过合法方式将产权属己的财产所有权出让给他人的一种行为。这种方式适用于证券和无形资产的划分，转让价款除支付有关转让公证费用外，主要用于清偿贷款本息。

（3）兑现。兑现是指有价证券到期，持券人向证券市场或承兑银行要求兑现，由证券机构或承兑银行按票面记载利率将有价证券兑成现金支付给持券人的一种行为。兑现的有价证券本息应首先用于清偿贷款。

6. 最高额抵押

最高额抵押是指抵押人与抵押权人协议，在最高债权额限度内，以抵押物对一定期间内连续发生的债权做担保。借款合同可以附最高额抵押合同。债权人与债务人就某项商品在一定期间内连续发生交易而签订的合同，可以附最高额抵押合同。最高额抵押的主合同债权不得转让。

三、票据贴现

（一）票据贴现的概念与特点

票据贴现是指以票据所有权的有偿转让为前提的预期性资金融通。票据贴现不仅是一种票据买卖行为，也是一种债权债务关系的转移，是银行通过贴现而间接地把款项贷放给票据的付款人，是银行贷款的一种特殊方式。

票据贴现与其他贷款方式相比，具有不同的特点：第一，它是以持票人作为贷款直接对象。其他贷款一般都是以购货企业（付款人）为贷款对象，而票据贴现的直接受款人是持票人。第二，它是以票据承兑人的信誉作为还款保证。贴现的票据一般要求经过承兑，而承兑人是票据的第一付款人，因而，承兑人的信誉就作为贴现的还款保证。第三，它是以票据的剩余期限为贷款期限。票据上载有付款日期，持票人有权无条件的按时收回票款。因此，贴现的期限就是从贴现日到付款日（票据到期日）的时间。第四，实行预收利息的方法。贴现贷款在发放时就预先将贴现利息扣除，因此，其利率（贴现率）一般较同期限的其他贷款低。

（二）票据贴现的管理要点

1. 票据贴现的审查

持票人持未到期的承兑票据向银行申请贴现，应提交贴现申请和贴现票据。银行接到贴现申请后，要从以下几个方面进行认真地审查：

(1) 审查票据的票式和要件是否合法。

(2) 审查票据的付款人和承兑人的资信状况。银行为保证贴现款项的安全收回，应当收贴具有优良信誉的企业和银行作为付款人和承兑人的票据。

(3) 审查票据期限的长短。商业上买卖赊账的付款期限都有一定的时间限制，由此产生的票据也应当有时间的限制。一般商业汇票的期限应在 6 个月之内，最长不超过 9 个月。超过这个期限的票据，银行一般不应收贴。

(4) 审查贴现的额度。贴现的额度一般不得超过贴现申请人的付款能力。因为，贴现票据的偿付虽以付款人最为重要，但贴现申请人也有责任。当付款人拒付时，银行需要向贴现申请人追偿。如果贴现申请人没有足够的财力，银行贴现将面临风险。

银行通过上述审查，最终做出是否收贴的决策，在经过银行内部的审查、审批程序后，办理贴现手续。

2. 票据贴现的期限和额度

票据贴现的日期是指从票据贴现日到票据到期日之间的时间。一般控制在 6 个月之内，最长不超过 9 个月。

票据贴现贷款的额度，即实付贴现额，按承兑票据的票面金额扣除贴现利息计算。其计算公式是：

$$实付贴现额 = 贴现票据面额 - 贴现利息$$

$$贴现利息 = 票据面额 \times 贴现期限(天数) \times (月贴现率 \div 30)$$

3. 票据贴现的到期处理

票据贴现到期后，付款人应事先将票款备足并交存开户银行，开户银行等到期日凭票将款项从付款人账户划转到贴现银行的账户。这样，票据贴现贷款过程全部完成。

如果票据到期，付款人账户不足支付票款可按以下情况处理：

(1) 以银行承兑汇票贴现的，承兑银行除凭票付款外，应对承兑申请人执行扣款。对尚未扣回的承兑金额，视同逾期贷款，应按统一利率收息并实行加息。

(2) 以商业承兑汇票贴现的，其开户银行应将汇票退还贴现银行，同时对付款人应比照签发空头支票的处罚规定处以罚款。贴现银行在收到退还的汇票后，应着手票款追偿，从贴现申请人账户上扣收贴现款项，同时，将汇票退还贴现申请人，对未扣回部分，银行应收取贷款利息并处以罚息。汇票退回后，由收付双方自行解决纠纷。

四、消费贷款

消费贷款又称消费者贷款，是指对消费者个人贷放的、用于购买耐用消费品或支付各种费用的贷款。

(一) 消费贷款的种类

(1) 消费贷款按信用方式和信用工具，可分为分期付款贷款、按揭贷款、信用卡贷款、支票信贷和反抵押贷款。

(2) 消费贷款按贷款用途，可分为个人住房抵押贷款、汽车消费贷款、个人耐用消费品贷款、个人助学贷款和旅游消费贷款等。

(二) 消费者贷款的管理要点

为了确保贷款的安全，银行在消费者贷款的发放和管理过程中，必须坚持按程序、按规定的条件发放贷款，重点掌握借款人的资信状况和未来还本付息的能力。

1. 贷款的申请

消费者向银行申请贷款用于个人消费，必须提交借款申请。在借款申请中，应详细列述以下内容：①借款的动机和用途；②借款的种类和数额；③申请人本人的有关资料，如借款人的姓名、年龄、职业、收入、财产、家庭成员、健康状况和信用履历等；④银行要求提供的其他有助于了解申请人信用状况的合法资料。

2. 信用分析和贷前调查

银行在接到借款人提出的消费贷款申请后，应对借款人进行全面的信用分析，对借款申请中所列的情况进行深入细致的调查了解，以做出贷与不贷的决策。

对借款人进行信用分析和贷前调查的内容，除了对一般工商企业贷款中所应调查了解的内容之外，银行应针对个人借款者的特点，重点调查以下情况：借款人姓名、年龄、住址；借款人职业及职业稳定性；借款人收入及其稳定性，借款人家庭收入及其稳定性；借款人消费支出情况；借款人承担赡养义务的人口情况；借款人本人及由其承担赡养义务的家庭成员的健康状况；借款人的财产及变现能力；借款人的信用履历，是否与银行发生过借贷往来，有无违约记录；借款人可以提供的贷款抵押物及其质量等。

3. 贷款审批与发放

银行在审批消费者贷款时，一般有两种方法：一是经验判断法，即根据对借款人的信用分析和贷前调查，通过信贷人员的主观判断来决定贷与不贷，贷多贷少；另一种是信用评分方法，这种方法是先由银行建立一个在统计上可靠的信用评分模型，然后，信贷员通过此模型对借款人进行等级评分。在模型中，对借款人的某些特征确定相应的分值，将借款人的特征输入模型，就得出该借款人的等级分。将借款人的等级分与银行事先规定的“可接受贷款分值”“拒绝贷款分值”进行比较，如满足前者，银行可以贷款，如满足后者，银行则拒绝贷款。如介于两者之间，银行应进一步调查某些情况，以最终决定贷与不贷。

随着近几年大数据技术的不断发展，基于大数据技术的信贷审批解决方案日趋成熟。相较于传统银行信贷审批模式，大数据环境下的信贷模式是一种业务与数据共同驱动的智能审批模式。在新的业务模式下，客户仅提供少量必要补充信息，即能不受时间和空间的限制，通过网络办理信贷业务，并在短时间内由风险决策系统自动完成信贷的审批和定额。相较传统信贷审批模式，无论是在效率还是在客户体验上，都带来极大的提升。2015 年 1 月 4 日，李克强总理来到深圳前海微众银行考察。作为 2014 年 7 月正式批复筹建的 5 家民营银行之一，微众银行是国内第一家开业的互联网民营银行。和传统银行不同，微众银行无营业网点、无营业柜台，依托互联网为目标客户群提供服务。在李克强总理敲下电脑回车键后，卡车司机徐军就获得了 3.5 万元贷款。这是微众银行的第一笔放贷业务，通过人脸识别技术和大数据信用评级，完成了贷款发放。该笔贷款于 1 月 4 日当天发放，发放流程符合相关法律法规的要求。

4. 贷款检查与贷款的收回

贷款发放以后，银行要对贷款进行跟踪检查。银行通常要求借款人定期反映其收入、财产的变动情况，以便随时掌握借款人还款能力的变化。银行对信用卡贷款和其他周转性贷款，应重点检查是否有严重的恶意透支行为及其他欺诈行为。贷款到期后，应根据不同的贷款，采取不同的贷款收回方式。

第六节 商业银行贷款的质量管理

贷款业务面临着很多的风险，这些风险可能是源于银行自身或借款人，也可能来源于市场的波动。由于这些风险的存在，商业银行如何收回本金和利息的可能性会根据客户性质的不同而不同，因此，形成了不同风险等级的贷款。通常，商业银行会根据已有的全部信息，对其所有贷款进行评价，将贷款按照质量进行分类。贷款一旦形成不良贷款，商业银行会积极采取各种措施，对不良贷款进行控制与处理。贷款监管部门也会制定相应的指标体系对商业银行贷款质量进行监管。

一、商业银行贷款面临的风险

（一）信用风险

银行贷款的信用风险是指由于借款人的违约导致贷款资产不能按时收回本息而给银行带来损失的可能性。信用风险的成因是：第一，对借款人基本资质、行业背景和宏观经济环境的分析不透彻，导致不恰当的贷款支持。第二，对借款人财务状况漏洞的漏查，贷前未能充分认识借款人的潜在风险。第三，没有与借款人或其高层管理人员进行深入面谈，对借款人的品德缺乏足够的重视，忽视了道德风险的危害。第四，不完备的贷款监督，导致贷款信息反馈的滞后或信息不对称。

（二）市场风险

银行贷款的市场风险是指由于信贷产品的价格变动、市场利率和汇率变化等不确定性因素，给银行造成损失的可能性。从市场风险的影响因素来看，市场风险包括信贷产品的价格风险、利率风险、汇率风险以及竞争风险等具体的形态。导致市场风险产生的原因有：第一，银行对当前金融市场环境、国家宏观经济政策和金融产品价格走势判断的失误。第二，银行资产负债组合不合理，缺口管理水平较低。第三，信贷产品的结构不合理，没能充分地分散市场风险。第四，银行之间市场竞争的加剧。第五，一些不可抗力突发因素的影响。

（三）操作风险

操作风险是与贷款业务操作相联系的风险，是指由于不完善或有问题的内部程序、人员及其系统或外部事件所造成损失的可能性。银行贷款操作风险的成因包括：对环境条件等外部因素判断失误；缺少科学、成文的贷款政策；内部控制制度的缺失或不完善；不科学的操作流程或工作程序等；银行内部职员业务技能与道德素质低下。

二、商业银行贷款质量分类标准

为了准确地把握贷款风险，在贷款经营管理中，应对不同质量贷款进行分类管理。

1998年以前,我国商业银行的贷款分类办法,基本上是沿袭财政部颁布的《金融保险企业财务制度》的规定,把贷款划分为正常、逾期、呆滞和呆账四种类型,后三种合称为不良贷款,在我国简称"一逾两呆"。逾期贷款是指逾期未还的贷款,只要超过1天即为逾期。呆滞是指逾期2年或虽未满2年但经营停止、项目下马的贷款。呆账是指按照财政部有关规定确定已无法收回,需要冲销呆账准备金的贷款。这种分类方法简单易行,在当时的企业制度和财务制度下,的确发挥了重要的作用,但是,随着经济改革的逐步深入,这种办法的弊端逐渐显露,已经不能适应经济发展和金融改革的需要了。比如未到期的贷款,无论是否事实上有问题,都视为正常,显然是标准不明。又如,把逾期1天的贷款即归为不良贷款似乎又太严格了。另外,这种方法是一种事后管理方式,只有超过贷款期限,才会在银行的账上表现为不良贷款。因此,它对于改善银行贷款质量,提前对问题贷款采取一定的保护措施,常常是无能为力的。

1998年5月,中国人民银行参照国际惯例,结合我国国情,制定了《贷款分类指导原则》,要求商业银行依据借款人的实际还款能力进行贷款质量的五级分类,即按风险程度将贷款划分为:正常、关注、次级、可疑和损失五类,后三种为不良贷款。这种分类方法是银行主要依据借款人的还款能力,确定贷款遭受损失的风险程度。五级分类是国际金融业对银行贷款质量的公认标准,这种方法是建立在动态监测的基础上,通过对借款人现金流量、财务实力和抵押品价值等因素的连续监测和分析,判断贷款的实际损失程度。五级分类不再依据贷款期限来判断贷款质量,能更准确地反映不良贷款的真实情况,从而提高银行抵御风险的能力。

2007年,银监会发布《贷款风险分类指引》规定商业银行贷款五级分类是贷款风险分类的最低要求,各商业银行可根据自身实际制定贷款分类制度,细化分类方法,但不得低于《贷款风险分类指引》提出的标准和要求,并与五级类方法具有明确的对应和转换关系。商业银行制定的贷款分类制度应向中国银行保险业监督管理委员会或其派出机构进行报备。

1. 正常类贷款一般分类标准

正常贷款是指借款人能够履行合同,没有足够理由怀疑贷款本息不能按时足额偿还。其分类标准一般包括:

(1) 借款人有能力履行承诺,还款意愿良好,经营、财务等各方面状况正常,能正常还本付息,商业银行对借款人最终偿还贷款有充分把握。

(2) 借款人可能存在某些消极因素,但现金流量充足,不会对贷款本息按约足额偿还产生实质性影响。

2. 关注类贷款一般分类标准

关注类贷款是指尽管借款人目前有能力偿还贷款本息,但存在一些可能对偿还产生不利影响因素的贷款。其分类标准一般包括:

(1) 借款人的销售收入、经营利润下降或出现流动性不足的征兆,一些关键财务指标出现异常性的不利变化或低于同行业平均水平。

(2) 借款人或有负债(如对外担保、签发商业汇票等)过大或与上期相比有较大幅度上升。

(3) 借款人的固定资产贷款项目出现重大的不利于贷款偿还的因素(如基建项目工期延长、预算调增过大)。

(4) 借款人经营管理存在重大问题或未按约定用途使用贷款。

(5) 借款人或担保人改制(如分立、兼并、租赁、承包、合资、股份制改造等)对贷款可能产生不利影响。

(6) 借款人的主要股东、关联企业或母子公司等发生了重大的不利于贷款偿还的变化。

(7) 借款人的管理层出现重大意见分歧或者法定代表人和主要经营者的品行出现了不利于贷款偿还的变化。

(8) 违反行业信贷管理规定或监管部门监管规章发放的贷款。

(9) 借款人在其他金融机构贷款被划为次级类。

(10) 宏观经济、市场、行业、管理政策等外部因素的变化对借款人的经营产生不利影响,并可能影响借款人的偿债能力。

(11) 借款人处于停产或半停产,但抵(质)押率充足,抵质押物远远大于实现贷款本息得价值和实现债权得费用,对最终收回贷款有充足的把握。

(12) 借新还旧贷款,企业运转正常且能按约还本复息的。

(13) 借款人偿还贷款能力较差,但担保人偿还能力较强。

(14) 贷款的抵押物、质押物价值下降,或农村合作金融机构对抵(质)押物失去控制;保证的有效性出现问题,可能影响贷款归还。

(15) 本金或利息逾期(含展期,下同)逾期。

3. 次级类贷款一般分类标准

次级类贷款是指借款人的还款能力出现明显问题,完全依靠其正常营业收入无法足额偿还贷款本息,即使执行担保,也可能会造成一定损失的贷款。其分类标准一般包括:

(1) 借款人经营亏损,支付困难并且难以获得补充资金来源,经营活动的现金流量为负数。

(2) 借款人不能偿还其他债权人债务。

(3) 借款人已不得不通过出售、变卖主要的生产、经营性固定资产来维持生产经营,或者通过拍卖抵押品、履行保证责任等途径筹集还款资金。

(4) 借款人采用隐瞒事实等不正当手段取得贷款的。

(5) 借款人内部管理出现问题,对正常经营构成实质损害,妨碍债务的及时足额清偿。

(6) 借款人处于半停产状态,且担保为一般或者较差的。

(7) 为清收贷款本息、保全资产等目的发放的"借新还旧"贷款。

(8) 可还本付息的重组贷款。

(9) 信贷档案不齐全,重要法律性文件遗失,并且对还款构成实质性影响。

(10) 借款人在其他金融机构贷款被划为可疑类。

(11) 违反国家法律、行政法规发放的贷款。

(12) 本金或利息逾期(含展期后)超过 90 天。

4. 可疑类贷款一般分类标准

可疑类贷款是指借款人无法足额偿还贷款本息,即使执行担保,也肯定要造成较大损失的贷款。其分类标准一般包括：

(1) 借款人处于停产、半停产状态固定资产贷款项目处于停、缓建状态。

(2) 借款人实际已资不抵债。

(3) 借款人进入清算程序。

(4) 借款人或其法定代表人涉及重大案件，对借款人的正常经营活动造成重大影响。

(5) 借款人改制后，难以落实农村合作金融机构债务或虽落实债务，但不能正常还本付息。

(6) 经过多次谈判借款人明显没有还款意愿。

(7) 已诉诸法律追收贷款。

(8) 贷款重组后仍然不能正常归还本息。

(9) 借款人在其他金融机构贷款被划为损失类。

(10) 本金或利息逾期 270 天以上的贷款。

5. 损失类贷款一般分类标准

损失类贷款是指在采取所有可能的措施或一切必要的法律程序之后，本息仍然无法收回，或只能收回极少部分的贷款。其分类标准一般包括：

(1) 借款人因依法解散、关闭、撤销、宣告破产终止法人资格，商业银行依法对借款人及其担保人进行追偿后，未能收回的贷款。

(2) 借款人已完全停止经营活动且复工无望，或者产品无市场，严重资不抵债濒临倒闭，商业银行依法对其财产进行清偿，并对其担保人进行追偿后未能收回的贷款。

(3) 借款人死亡，或者依照《中华人民共和国民法通则》(以下简称《民法通则》)的规定宣告失踪，商业银行依法对其财产或者遗产进行清偿，并对担保人进行追偿后未能收回的贷款。

(4) 借款人遭受重大自然灾害或意外事故，损失巨大且不能获得保险补偿，确实无力偿还的贷款；或者保险赔偿清偿后，确实无力偿还的部分贷款，商业银行依法对其财产进行清偿或对担保人进行追偿后，未能收回的贷款。

(5) 借款人触犯刑律，依法判处刑罚，其财产不足归还所借债务，又无其他债务承担者，商业银行依法追偿后无法收回的贷款。

(6) 借款人及其担保人不能偿还到期债务，商业银行诉诸法律，经法院对借款人和担保人强制执行，借款人和担保人均无财产可执行，法院裁定终结执行后，商业银行仍无法收回的贷款。

(7) 由于上述(1)至(6)项原因，借款人不能偿还到期债务，商业银行对依法取得的抵债资产，按评估确认的市场公允价值入账后，扣除抵债资产接收费用，小于贷款本息的差额，经追偿后仍无法收回的贷款。

(8) 开立信用证、办理承兑汇票、开具保函等发生垫款时，凡开证申请人和保证人由于上述(1)至(6)项原因，无法偿还垫款，商业银行经追偿后仍无法收回的垫款。

(9) 银行卡被伪造、冒用、骗领而发生的应由商业银行承担的净损失。

(10) 助学贷款逾期后，商业银行在确定的有效追索期内，依法处置助学贷款抵押物(质押物)向担保人追索连带责任后，仍无法收回的贷款。

(11) 已经超过诉讼时效的贷款。

(12) 本金、利息或收益逾期(含展期后)超过360天。

三、商业银行不良贷款预警信号

形成不良贷款的主要原因是来自借款人方面。虽然在贷款发放时,借款人的情况是好的(否则银行就不会给予贷款),但随着各种因素的发展变化,借款人的财务状况和还款能力也会发生变化,从而给贷款带来风险。在实践中,我们可以看到大多数借款人在违约之前,往往会表现出各种各样的不正常现象。如果信贷管理人员能够密切监测借款人的各方面情况变化,就能给贷款提供预警信号,及时采取措施,防患于未然。

通常,银行信贷人员可以从下列表面现象中分析是否会成为不良贷款。

(一) 账户预警信号

如果企业在银行的账户上出现下列不正常现象,可能表明企业的还款出现问题:

(1) 经常止付支票或退票。

(2) 经常出现透支或超过规定限额透支。

(3) 应付票据展期过多。

(4) 要求借款用于偿还旧债。

(5) 要求贷款用于炒作本公司股票或进行投机性活动。

(6) 贷款需求的规模和时间变动无常。

(7) 银行存款余额持续下降。

(8) 经常签发空头支票。

(9) 贷款的担保人要求解除担保责任。

(10) 借款人被其他债权人追讨债务或索取赔偿。

(11) 借款人不能按期支付利息或要求贷款展期。

(12) 从其他机构取得贷款,特别是抵押贷款。

(二) 报表预警信号

企业财务报表上如果出现以下情况,这可能存在影响贷款偿还的因素:

(1) 银行不能按时收到企业的财务报表。

(2) 应收账款的账龄明显延长。

(3) 现金状况恶化。

(4) 应收账款和存货激增。

(5) 成本上升,收益减少。

(6) 销售上升,利润减少。

(7) 销售额下降。

(8) 不合法地改变或违反会计准则,如折旧计提、存货计价等。

(9) 主要财务比率发生异常变化。

(10) 呆账增加,或拒做呆账及损失准则。

(11) 审计不合格等。

(三) 经营管理预警信号

在企业的经营管理方面,如出现下属现象,当视为不正常现象:

(1) 经营管理混乱,环境脏、乱、差,员工年龄老化,组织纪律松弛。

(2) 设备陈旧、维修不善、利用率低。

(3) 销售旺季后,存货仍大量积压。

(4) 丧失一个或多个重要客户。

(5) 关系到企业生产能力的某些主要客户的订货变动异常。

(6) 企业的主要投资项目失败。

(7) 企业的市场风格逐步缩小。

(8) 企业的生产规模不适当的扩大等。

(四) 人事管理及与银行关系预警信号

当企业在人事管理上出现一些异常变化时,也可能影响到贷款的安全:

(1) 企业主要负责人之间关系不睦。

(2) 企业管理人员对银行的态度发生变化,缺乏坦诚的合作态度。

(3) 在多家银行开户,或经常转换往来银行,故意隐瞒与某些银行的往来关系。

(4) 董事会、所有权发生重要的变动。

(5) 公司关键人物健康出现问题,且接班人不明确或能力不足。

(6) 主要决策人投机心理过重。

(7) 某负责人独断专行,限制了其他管理人员积极性的发挥。

(8) 无故更换会计师或高级高层管理人士。

(9) 对市场供求变化和宏观经济变化反应迟钝,应变能力差。

(10) 用人不当,各部门之间不能相互协调配合。

(11) 缺乏长远的经营战略,急功近利。

(12) 借款人婚姻、家庭出现危机等。

四、商业银行不良贷款的控制与处理

对于已经出现风险信号的不良贷款,银行应采取有效措施,尽可能控制风险的扩大,减少风险损失,并对已经产生的风险损失做出妥善处理。

(一) 督促企业整改,积极催收到期贷款

银行一旦发现贷款出现了产生风险的信号,就应立即查明原因。如果这些信号表明企业在经营管理上确实存在问题,并有可能对贷款的安全构成威胁,银行就应当加强与企业的联系,督促企业调整经营战略,改善财务状况。如果经查实问题比较严重,银行信贷人员应及时向主管行长汇报,必要时可向上级行汇报。原因查清后,银行应与企业一起研究改进管理的措施,并由企业做出具体的整改计划,银行督促其实施。对于已经到期而未能偿还的贷款,银行要敦促借款人尽快归还贷款。如果借款人仍未还本付息,或以种种理由为借口拖延还款,银行应主动派人上门催收。必要时,可从企业在银行的账户上直接扣收贷款。

(二) 签订贷款处理协议

在所有已经出现风险信号的贷款中,最终不能偿还的贷款毕竟是少量的,大多数贷款通

过采取有效措施是可以全部或大部分收回的。因此，对于已经形成的不良贷款，银行要认真地分析企业还款能力不足的原因，与企业共同探讨改善经营管理、增强企业还贷能力的途径。在借贷双方协商一致的情况下，签订贷款处理协议，通过双方共同的努力来保证贷款的安全。处理不良贷款的措施常见的有以下几种。

1. 贷款展期

对于那些确因客观原因而使企业不能按期偿还的贷款，银行可以适当延长贷款期限，办理贷款展期。

2. 借新还旧

在我国，有些贷款是作为企业铺底流动资金来使用的，这种贷款主要是依靠企业补充的资本金来偿还的。在企业没有足够的资本金补充理由的情况下，这部分贷款将长期地被企业占用。对于这种贷款，只要企业的生产经营基本正常，银行可以通过借新还旧的方式来处理。

3. 追加新贷款

有些贷款不能按时偿还的原因是由于企业生产经营资金或项目投资资金不足，从而不能形成生产能力或不能及时生产出产品而造成的。对于这种情况，银行应在充分论证，确认其产品有销路、有较好经济效益的前提下，适当追加贷款，并最终收回旧贷款和新贷款。

4. 追加贷款担保

当银行发现贷款风险明显增大，或企业原提供的担保已不足以补偿贷款可能产生的损失时，银行应及时要求企业提供新的追加担保。追加担保既可以是企业的财产抵押或质押，也可以是保证人担保。

5. 对借款人的经营活动做出限制性规定

如果借款人不能按期还本付息，在银行认为有必要的时候，可以通过贷款处理协议对借款人的经营活动做出限制性的规定，以限制企业从事有可能影响贷款安全的活动。例如，在还贷以前不准进行设备和厂房投资，不准继续生产已经积压的产品等。

6. 银行参与企业的经营管理

对于那些因经营管理不善而导致贷款风险增大的企业，银行可以在贷款处理协议中要求允许银行人员参加企业的董事会或高级管理层，参与企业重大决策的制定，要求特别派员充当审计员，甚至要求撤换或调整企业现有的管理班子。

（三）落实债权债务，防止企业逃废银行债务

1. 与司法部门合作，加大对逃废银行债务行为的打击力度

一是根据《合同法》的规定，通过积极行使代位权和撤销权来保全银行债权；二是注意运用支付令和公证执行方式，加快进度，强制执行债务人、担保人的财产；三是及时掌握债务人或担保人的财产状况或财产线索，配合人民法院，综合运用各种执行措施，以把握追讨逃废银行债务的先机，最大限度地保全银行债权；四是主动申请逃废企业破产。

2. 加强授信体系和内控制度建设，从源头上防范企业逃废债务行为的产生

人民银行应当发挥金融监管的作用，尽快建立风险监控预警的信息共享和政策协调系统。以当地人民银行为中心，包括商业银行和其他金融机构在内，建立金融风险数据处理及信息监测预警网络，及时分析各金融机构与贷款企业的信息。必要时，有针对性地向辖区金

融机构发出风险预警信号，使其及早采取必要措施，减少潜在损失。

（四）依法收贷

贷款到期，银行不能通过正常途径收回贷款本息时，就必须依靠法律手段，强制收回。运用法律手段正确处理银行开展信贷业务活动过程中发生的各种纠纷，对于维护金融领域的秩序，加强贷款管理，保证信贷资产的安全、完整，保障银行合法权益等都具有十分重要的意义。

依法收贷要按法律程序规范、有序地进行，达到依法收贷的目的，提高依法收贷的效果和作用。依法收贷管理要点有七个方面：第一，依法收贷的对象是不良贷款。第二，按法律规定，向仲裁机关申请仲裁的时效为1年，向人民法院提起诉讼的时效为3年（《民法典》第一百八十八条规定，向人民法院请求保护民事权利的诉讼时效期间为3年。法律另有规定的，依照其规定）。诉讼时效期间从贷款到期之日计算。诉讼时效可因银行向借款人发出催收贷款通知函（须经对方签字），或借款人书面提出还款计划、双方重新签订协议等而中断。从中断之日起，诉讼时效重新计算。超过诉讼时效，贷款将不再受法律保护。第三，对逾期贷款，银行有关部门应及时发出催收贷款通知函，并同时发送担保单位签收。第四，及时申请财产保全。财产保全可以在起诉前申请，也可以在起诉后判决前申请，起诉前申请财产保全被人民法院采纳后，应该在人民法院采取保全措施30日内正式起诉。第五，做好开庭前的一切准备工作，按时出庭，根据事实和法律陈述理由。第六，依法申请支付令，债权人请求债务人偿付贷款本息的，可以不通过诉讼程序，而直接向有管辖权的基层人民法院申请支付令，但必须符合以下两个条件：①债权人与债务人没有其他债务纠纷；②支付令能够送达债务人的。第七，充分运用执行手段，对于已发生法律效力的判决书、调解书、裁定书和裁决书，当事人不履行的，银行应当向人民法院申请强制执行。申请执行的期间为2年，执行时效从法律文书规定当事人履行义务的最后一天起计算。

（五）呆账核销

商业银行经过充分的努力，采取一切可能措施，最终仍然无法收回的贷款应列入呆账，进行核销。根据财政部颁布的财金〔2017〕90号《金融企业呆账核销管理办法》第三条规定，“呆账是指金融企业承担风险和损失，符合本办法认定条件的债权和股权资产。本办法所称核销是指金融企业将认定的呆账，冲销已计提的资产减值准备或直接调整损益，并将资产冲减至资产负债表外的账务处理方法。”商业银行核销呆账应当遵循“符合认定条件、提供有效证据、账销案存、权在力催”的基本原则。对于核销后的呆账，商业银行要建立保全和尽职追偿制度，实现核销前与核销后的管理的有效衔接，最大限度减少损失，充分维护资产权益，尽最大可能实现回收价值最大化。

商业银行核销呆账，要履行内部审核程序。各级行接到下级行的申报材料，应当根据内部机构设置和职能分工，组织核销处置、信贷管理、财务会计、法律合规、内控等有关部门进行集体审批。

五、商业银行贷款质量的监测与考核

贷款质量的监测与考核是指通过会计账户和指标体系，对银行贷款的质量进行动态监测，并据以考核银行、信贷部门及信贷人员经营管理水平和工作业绩的贷款管理制度。贷款质量监测与考核制度的主要内容一般包括以下三个方面。

1. 明确贷款质量分类标准及认定程序和办法

建立贷款质量监测考核制度，先要明确监测的目标，重点监测不良贷款。为此，必须按照中央银行的有关规定，明确划分贷款种类的方法和标准。在此基础上，规定不良贷款认定的程序和方法，避免在贷款分类中的随意性，确保贷款分类能够真实反映贷款的具体状况。

2. 建立贷款质量监测、监管指标考核体系

贷款质量的监测考核指标可以分为贷款安全性指标、贷款流动性指标和贷款盈利性指标。贷款安全性指标是监测考核的重点，包括不良贷款率、贷款集中程度和抵押贷款比率等；贷款流动性比率主要包括中长期贷款比率和短期贷款比例等；贷款盈利性比率包括贷款收益率、贷款收息率和贷款利差率等。对贷款质量进行监测考核，既要进行纵向比较，也要进行横向比较，以全面、准确地反映贷款的质量和贷款管理的水平。

除了商业银行自身的贷款质量监测外，监管部门也要对商业银行贷款质量建立监管指标体系进行监管考核。根据《商业银行风险监管核心指标》《银行贷款损失准备计提指引》《商业银行贷款损失准备管理办法》《关于调整商业银行贷款损失准备监管要求的通知》等法规及监管文件，目前商业银行监管部门对商业银行贷款质量的主要监管指标，如表 5-2 所示。

表 5-2 商业银行贷款质量主要监管指标

	指标	计算公式	监管标准
贷款风险水平	不良贷款率	不良贷款÷贷款总额×100%	≤5%
	单一客户贷款集中度	最大一家客户贷款总额÷资本净额×100%	≤10%
贷款风险迁徙	正常类贷款迁徙率	正常类贷款中变为后四类贷款的金额÷正常类贷款×100%	
	关注类贷款迁徙率	关注类贷款中变为不良贷款的金额÷关注类贷款×100%	
	次级类贷款迁徙率	次级类贷款中变为可疑类贷款和损失类贷款的金额÷次级类贷款×100%	
	可疑类贷款迁徙率	可疑类贷款中变为损失类贷款的金额÷可疑类贷款×100%	
贷款风险抵补	贷款损失准备充足率	贷款实际计提准备÷应提准备×100%	≥100%
	贷款拨备率	贷款损失准备÷各项贷款余额×100%	1.5%～2.5%
	拨备覆盖率	贷款损失准备÷不良贷款余额×100%	120%～150%

3. 建立不良贷款的跟踪管理制度

对于已经被确认为有问题的贷款，银行应对其加以重点跟踪监测与管理。一方面，应落实责任部门和个人，加强对不良贷款的催收力度，制定不良贷款的处理计划并组织实施。另一方面，要经常监测检查不良贷款总量和结构的发展变化情况，不断吸收不良贷款管理中的教训，总结不良贷款处理中的经验，提高银行贷款管理水平提供依据。

课程思政案例

信贷助力抗疫　支持实体经济发展

一、思政目标

本案例围绕以回馈社会为目标的社会责任教育展开，重点让学生理解企业社会责任在银行信贷工作开展中的重要性，强化学生对银行信贷工作的理解，培养学生的社会责任感意识，提高学生对银行信贷工作的社会效益性的认知水平。

二、案例内容

2020年年初，一场突如其来的新冠疫情来势汹汹，震惊了世界，祸害了全球。病毒在全国蔓延，侵袭着人民的生命健康，影响了人民的正常生产、生活。疫情发生以来，党中央高度重视，习近平总书记做出一系列重要指示，多次主持召开会议，对疫情防控工作进行研究部署，提出明确要求。金融作为一国经济的核心，抗击疫情责无旁贷。商业银行信贷对支持企业和个人的生产、生活发挥着巨大的作用，是一国经济发展的重要推动力量。新冠疫情发生以来，防疫、抗疫刻不容缓，需要信贷的支持，疫情后企业的复工、复产，也需要信贷的支持，我国实体经济的稳定、健康发展，更是离不开信贷的支持。金融系统认真贯彻落实党中央、国务院决策部署，主动作为，确保金融服务畅通，支持各地疫情防控，发挥了积极作用。

2020年1月28日，中共中央印发《关于加强党的领导、为打赢疫情防控阻击战提供坚强政治保证的通知》，通知指出"疫情就是命令，防控就是责任"。全中国立刻进入防疫抗疫状态。中国人民银行联合财政部、银保监会、证监会、外汇局五部门出台《关于进一步强化金融支持防控新型冠状病毒感染肺炎疫情的通知》，颁布30条金融措施支持疫情防控，指出商业银行要"保持流动性合理充裕，加大货币信贷支持力度"。这个通知下发后，各级金融机构立即行动起来，充分发挥信贷的资金支持作用，助力全国抗疫、支持实体经济发展。央行、银保监会实施定向降准、再贷款、延期还本付息、调整拨备覆盖率等政策，引领银行业金融机构加大信贷支持力度，创新开展"百行进万企""无接触贷款助微计划"等活动，主动向各类市场主体减费让利，支持疫情防控和经济社会发展。

从国有大型商业银行、全国性股份制银行到地方性中小商业银行全都切实行动了起来，充分发挥各自的企业社会责任，通过精准输血、加大重点领域支持力度、开辟专门信贷绿色通道等加大信贷支持力度，支援抗疫一线，同时，积极响应国家及金融监管部门号召，着力降低实体经济融资成本、主动减费让利，对企业尤其是中小微企业不抽贷、不断贷、不压贷，鼓励采取展期、期限调整等多种方式帮助受困企业渡过流动性困难时期、尽快复工复产、维持正常经营。

三、思考题

1. 商业银行信贷是如何支持抗疫及实体经济发展的？请结合实际谈谈你的看法。
2. 疫情期间，商业银行为什么要让利实体经济？

参考文献

[1] 中共中央印发《关于加强党的领导、为打赢疫情防控阻击战提供坚强政治保证的

通知》,2020.01.28。

［2］中国人民银行 财政部 银保监会 证监会 外汇局《关于进一步强化金融支持防控新型冠状病毒感染肺炎疫情的通知》,2020.02.01。

本章小结

1. 贷款是商业银行最主要的盈利性资产,也是商业银行传统的核心业务。一方面,贷款是商业银行实现盈利性目标的主要手段。另一方面,贷款又是一种风险很大的资产。因此,贷款业务是商业银行的经营重点。

2. 贷款是商业银行作为贷款人按照一定的贷款原则和政策,以还本付息为条件,将一定数量的货币资金提供给借款人使用的一种借款行为。按照不同的标准对贷款进行分类,有利于银行从不同的角度加强对贷款资产的管理。

3. 贷款政策是指商业银行为实现其经营目标,在中央银行制定的宏观信贷政策的指导下制定的指导贷款业务开展的各项方针和措施的总称,也是商业银行为贯彻安全性、流动性和盈利性三项原则的具体方针与措施。

4. 银行利润的高低和贷款价格直接相关,商业银行依据利润最大化、扩大市场份额、维护银行形象等原则,运用目标收益率等多种定量方法合理确定贷款价格,既能为银行获取满意的利润,又能为客户所接受,因而,成为商业银行贷款经营的重要内容。

5. 信用分析是商业银行在发放贷款之前,对债务人的道德品格、资本实力、还款能力、担保及环境条件进行系统分析,以确定是否给予贷款及相应的贷款条件的分析评估过程。银行通过对客户进行信用分析,可以了解客户履约还款的可靠性程度,从而可以有针对性地加强管理,防范信用风险。在信用分析中,财务报表分析和财务比率分析至关重要。

6. 为避免或减少贷款风险,提高贷款经济效益,银行不仅要掌握贷款风险管理的技术方法,同时也需要加强贷款过程的内部控制,通过建立和健全银行审贷分离制、授权授信制度和贷款责任制度等内部贷款管理制度,防范贷款风险的产生。

7. 信用贷款是指银行完全凭借借款人的良好信用而无须提供任何财产抵押或第三者担保而发放的贷款。担保贷款是指银行要求借款人根据规定的担保方式提供贷款担保而发放的贷款,包括保证贷款、抵押贷款和质押贷款。票据贴现是一种以票据所有权的有偿转让为前提的预期性资金融通,它不仅仅是一种票据买卖行为,实质上是一种债权债务关系的转移,是银行通过贴现而间接地把款项贷放给票据的付款人,是银行贷款的一种特殊方式。消费贷款是对消费者个人贷放的、用于购买耐用消费品或支付各种费用的贷款。

8. 贷款业务面临着很多风险,这些风险可能是源于银行自身或借款人,也可能来源于市场的波动。由于这些风险的存在,商业银行收回本金和利息的可能性,会根据客户性质的不同而不同,因此,形成了不同风险等级的贷款。通常,商业银行会根据已有的全部信息,对其所有贷款进行评价,将贷款按照质量进行分类。贷款一旦形成不良贷款,商业银行会积极采取各种措施,对不良贷款进行控制与处理。贷款监管部门也会制定相应的指标体系对商业银行贷款质量进行监管。

本章思维导图

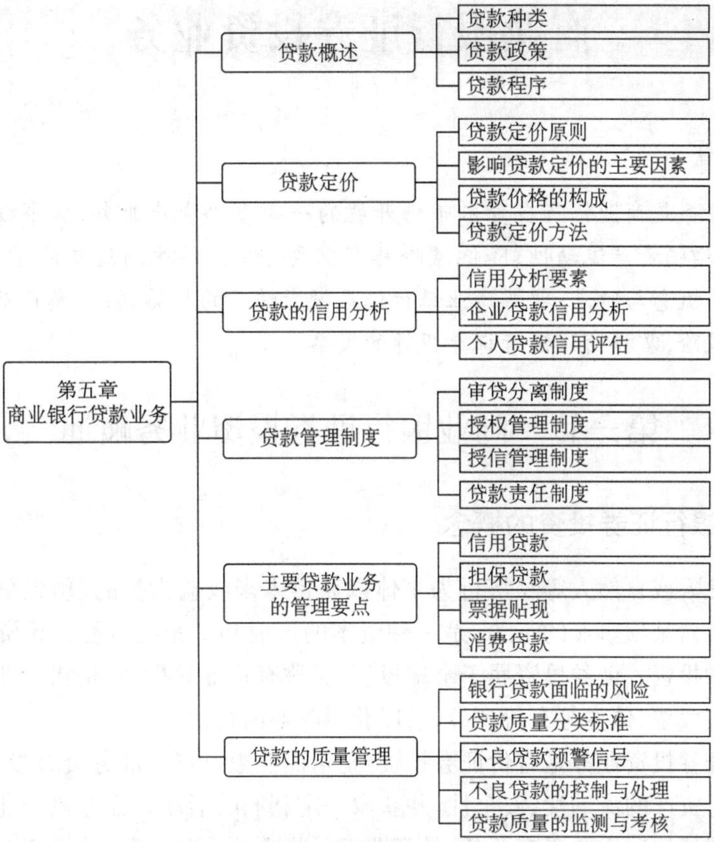

图 5-1　思维导图

思考题

1. 商业银行的贷款政策包括哪些内容？制定贷款政策应考虑哪些因素？
2. 商业银行贷款定价的原则是什么？
3. 贷款发放程序是怎样的？
4. 商业银行发放信用贷款时，应重点注意什么问题？
5. 银行在发放保证贷款时，如何进行核保？
6. 银行办理票据贴现的业务流程和操作要点是什么？
7. 消费贷款包括哪几种？我国发放住房按揭贷款的程序是什么？
8. 信用分析中如何对企业的财务报表进行分析？
9. 商业银行贷款质量五级分类的目的及依据是什么？
10. 商业银行应建立哪些贷款管理制度？其内容是什么？
11. 我国商业银行不良贷款产生的原因有哪些？如何处置不良贷款？

第六章 商业银行证券投资业务

本章 学习目标

证券投资业务是商业银行在资本市场开展的一项重要资产业务，从事投资业务对商业银行提高收益、增强资产流动性、降低风险具有重要作用。学生通过本章学习，应了解商业银行证券投资的概念与特点；理解商业银行证券投资的目的与类别；熟悉商业银行进行证券投资的收益与风险；掌握商业银行证券投资的策略。

第一节 商业银行证券投资业务概述

一、商业银行证券投资的概念

投资是指法人或自然人等经济行为主体以获得未来收益为目的，预先垫付一定数量的资金或资源来经营某项事业的行为，是一种资本的形成和扩张的过程。投资的方式可分为实物投资和金融投资。证券投资属于金融投资，又称有价证券投资，是指企业或个人用积累起来的货币购买股票、债券等有价证券，借以获得收益的行为。

商业银行证券投资业务是有价证券投资，是指商业银行将一部分资金投资于有价证券，以提高商业银行资产的流动性、安全性，并获取一定利润的活动。证券投资业务是商业银行在资本市场开展的一项重要资产业务，是商业银行收入的重要来源，其投资对象主要是政府债券、金融债券、企业债券等。商业银行和投资银行都从事证券投资活动，投资业务是商业银行和投资银行交叉和融合的业务，但是在不同本源基础上的衍生业务的交叉和融合。商业银行主要从事存贷款业务，执行间接融资功能，主要在货币市场活动；投资银行从事证券承销和交易业务，执行直接融资功能，主要在资本市场活动。商业银行能否投资、投资的范围、额度都取决于一国监管当局的规定。

商业银行资金实力雄厚，营业网点数量众多、分布广泛，可以通过吸收存款、发放贷款多倍地创造出派生存款，从而增加银行的资金来源。同时，作为经营货币资金的特殊企业，商业银行在国民经济中联系面广、信息灵、传播快，拥有进行证券投资业务的技术能力和专业人才。因此，由于商业银行在证券投资业务方面具有自身的优势，使得证券投资业务在商业银行资产业务中的地位越来越重要。

二、商业银行证券投资的独特性

商业银行的证券投资业务具有自身的特点，既不同于贷款业务，又与实业投资有根本的区别。

(一) 商业银行证券投资与贷款业务的区别

商业银行证券投资是商业银行在经营过程中，通过买卖有价证券完成资金流转，获得投资收益。与贷款业务相比，尽管两者都是资金的运用，有很多相同之处，但是它本身有着自己的特点。首先，商业银行在证券投资中，可以根据市场行情的变化趋势和自己的资金实力，决定是否购买、何时买入或卖出，完全处于主动地位。其次，在证券投资中，决定商业银行是否购买证券的主要依据是预期收益率，不易为人际关系所左右。最后，在证券投资中，商业银行只是众多债权人中的一个，对债务人的控制作用是有限的，不能起到决定性作用。

(二) 商业银行证券投资与实业投资的区别

首先，企业的实业投资主要投资于不动产和动产，属于直接投资。商业银行的投资主要投资于有价证券，属于间接投资。其次，实业投资的收益来自生产过程中产生的利润，而商业银行的证券投资收益则来自证券的买卖价差和利息。最后，实业投资是通过逐年提取折旧的方式回收，回收速度很慢，流动性差。证券投资则可以随时卖出证券收回投资，流动性很强。

三、商业银行证券投资的目的

(一) 获取收益

通过证券投资获得收益是商业银行从事证券投资的首要目的。作为信用中介机构，商业银行通过负债业务筹措资金，形成资金来源，并通过贷款、投资等资产业务进行资金运用以获取利润。其中，贷款业务是商业银行运用资产的主要业务，存贷款利差收益构成商业银行的主要利润来源。但是，商业银行在贷款需求减弱或贷款收益较低时，一方面贷款风险加大，另一方面资金闲置又不能产生收益。商业银行通过负债业务吸收的资金需要支付利息，因此，提高资产的运用率成为经营的关键。此时，商业银行将部分资金用于有价证券的投资活动，是其运用资金的途径，既满足了经济发展对银行业务经营多元化的要求，又拓宽了银行自身的经营领域，为银行开辟了另一条增加收入的渠道。通过证券投资，商业银行不仅可以获得稳定的利息收入，还可以获得资本增值收益，从而使银行资金得到充分运用，提高收益。

(二) 分散风险

商业银行是经营货币的特殊企业，相对于工商企业，商业银行具有更大的风险性。降低风险的一个重要措施就是使资产分散化，即将资金运用到多种资产。如果商业银行将资产全部集中在贷款上，一旦贷款收不回来，银行就必须承担全部风险。如果商业银行将部分资金用于证券投资业务，则有利于资产多元化、风险分散化。一方面，证券投资业务增加了资金运用途径，有利于避让和抵销贷款的风险损失；另一方面，证券投资不受所在地地理位置限制，投资的选择面广，而且主动性大，灵活性强，一旦发现风险，可将证券转卖出去。所以，证券投资业务不仅是银行贷款业务的有效补充，而且同贷款相比，其更有利于分散风险。

(三) 增强流动性

商业银行在经营过程中，为了应付客户的提现要求和其他的资金周转需求，客观上要求保持资产较强的流动性，需要保持一定的高流动性资产。库存现金、在央行存款和同业存款构成银行的第一准备金，流动性最强，但其收益很低，过多持有会降低商业银行的盈利能力。银行的其他资产，如贷款，虽然具有较高收益，但一般都不具有随时转让的能力，流动性较差。短期证券则具有流动性和盈利性双重特点，把可以迅速变现的短期证券作为第二准备金，一方面，可以在金融市场上迅速转让，满足银行的流动性需求。另一方面，又具有较高的收益。此外，银行购入的中长期证券也可在一定程度上满足流动性要求。因此，证券投资业务使流动性和盈利性更好地协调一致，从而成为增强银行资产流动性的有力手段。

四、商业银行证券投资的类别

商业银行投资的对象就是商业银行在从事证券投资业务时，可选择的证券投资种类。由于各国的法律环境、金融体制和证券种类的不同，商业银行投资的对象也有所不同。一般而言，银行证券投资的种类很多，根据证券发行主体划分，可分为政府债券、金融债券、公司债券等类型，其中，政府债券是商业银行最主要的投资对象。

尽管股票也是常见的证券投资种类之一，但由于股票投资的风险较大，为了金融体系的稳定，各国的法律都明文规定了商业银行涉足于股票市场和投资股票的限制性条款，即使是法律允许的国家，基于风险的考虑，商业银行也很少购买股票。我国《中华人民共和国商业银行法》于1995年施行，2003年、2015年两次修订。1995年颁布的《商业银行法》中，第四十三条规定"商业银行在中华人民共和国境内不得从事信托投资和股票业务，不得投资于非自用不动产"。2015年修订的《商业银行法》中，第四十三条规定"商业银行在中华人民共和国境内不得从事信托投资和证券经营业务，不得向非自用不动产投资或者向非银行金融机构和企业投资，但国家另有规定的除外"，依然保留了银行分业经营要求。因此，我国商业银行在证券投资方面的主要目标是债券投资。

（一）政府债券

政府债券是国家为了筹措资金而向投资者出具的，承诺在一定时期支付利息和到期还本的债务凭证。政府债券具有安全性高、流通性强、收益稳定和免税的特点，是商业银行投资的重要选择。

1. 中央政府债券和地方政府债券

按照发行主体的不同，政府债券可分为中央政府债券和地方政府债券。由中央政府发行并偿还的债券称为中央政府债券或国家债券。由地方政府发行并偿还的债券称为地方政府债券。

商业银行投资的证券多为中央政府债券。这主要是由于与中央政府债券相比，地方政府债券违约风险较大，并且通货膨胀以及未预见的利率上升都可能影响债券的市场价格，所以，商业银行较少投资于地方政府债券。

2. 短期债券、中期债券和长期债券

按照偿还期限的长短，政府债券可分为短期债券、中期债券和长期债券。各个国家确定短、中、长期的年限有所不同。一般将1年及1年以内的债券称为短期债券。1～10年的债券称为中期债券。10年以上的债券称为长期债券。

商业银行购买的政府债券中，短期国债具有流动性强、风险小、盈利较高等优点而深受商业银行的欢迎，成为投资政府债券的常见形式；中长期债券利率一般较高，期限也较长，也是商业银行较好的投资对象。

(二) 金融债券

金融债券是指由银行和非银行金融机构发行的债券。在英、美等欧美国家,金融机构发行的债券归类于公司债券。在我国及日本等国家,金融机构发行的债券称为金融债券。由于银行等金融机构在一国经济中占有较特殊的地位,政府对它们的运营又有严格的监管,因此,金融债券的信誉通常高于其他非金融机构债券,违约风险相对较小,具有较高的安全性。

按照发行主体的不同,金融债券可分为政策性金融债券和普通金融债券。政策性银行发行的金融债券称为政策性金融债券;银行及非银行金融机构发行的金融债券称为普通金融债券。在我国,政策性金融债券是由国家开发银行、中国农业发展银行、中国进出口银行为筹集资金而发行的债券,该债券已成为发行规模仅次于国债的债券。与普通金融债券相比,政策性金融债券的信誉较高,但利率也较低。

(三) 中央银行票据

中央银行票据是中央银行为了调节商业银行超额准备金而向商业银行发行的短期债务凭证,实质是中央银行债券。中央银行发行的央行票据是中央银行调节基础货币的一项货币政策工具,目的是减少商业银行可贷资金量。商业银行在支付认购央行票据的款项后,其直接结果就是可贷资金量的减少。

2003 年,中国人民银行开始面向商业银行发行中央银行票据。这种票据具有无风险、期限短和流动性高的特点,从而也成为商业银行证券投资的重要对象。

(四) 公司债券

公司债券是公司发行的有价证券,是公司为筹措资金依照法律程序而发行,并约定在一定期限还本付息的一种债务凭证。由于公司债券的发行主体是公司,还款来源是公司的经营利润,如果公司经营不善,投资者将面临利息甚至是本金的损失,风险较大,所以,商业银行对公司债券的投资额度一般较小,部分商业银行很少从事这些证券的投资业务。

1. 信用公司债券、不动产抵押公司债券和保证公司债券

按照公司债券有无抵押担保,公司债券可分为信用公司债券、不动产抵押公司债券和保证公司债券。信用公司债券是指发行不以公司任何资产作为担保,而仅凭公司信誉作为担保的债券。一般只有经营良好、信誉卓著的大公司才有资格发行这类债券。不动产抵押公司债券是指发行以公司的实际不动产的留置权作为担保的债券,是抵押债券的一种。若发生公司不能偿还债务的情况,抵押的财产将被出售,所得款项用来偿还债务。保证公司债券是指公司发行由第三者作为还本付息担保人的一种公司债券,担保人一般是公司的主管部门或信誉好的母公司,保证行为常见于母子公司。这种公司债券比较受投资者的欢迎。

其中,信用公司债券完全凭公司信誉,一般只有大公司才能发行而且期限较短,但利率较高。不动产抵押公司债券和保证公司债券则相对安全,但利率较信用公司债券低。因此,银行在投资时,应充分考虑公司的资信,在尽量避免风险的同时,获得较高收益。

2. 固定收益公司债券和浮动收益公司债券

按照公司债券的利息是否固定,公司债券可分为固定收益公司债券和浮动收益公司债券。固定收益公司债券是指事先确定利率,每半年或一年付息一次,或一次还本附息的公司债券。这种公司债券最为常见。浮动收益公司债券是一种具有特殊性质的债券,是以发行公司收益状况为条件而支付利息的公司债券。利息的多少取决于公司的经营状况,经营获

利就支付利息,否则就不用付息。所以,浮动收益公司债券就获利方式而言,其具有股票的性质;就最终还本而言,又具有债券的性质。

对于商业银行而言,若公司运营状况较好,应购买浮动收益公司债券;若公司运营状况一般或者前景不明朗,则应选择固定收益公司债券,以最大化地锁定收益。

3. 可转换公司债券和不可转换公司债券

按照公司债券是否具有转换权,公司债券可分为可转换公司债券和不可转换公司债券。可转换公司债券是指发行人在一定期限内可以按照约定的条件将其可转换为公司股票的公司债券。可转换公司债券因具有股票和债券的双重性质,颇受投资者的欢迎;不可转换公司债券则是没有转换权的公司债券。

银行认购发行公司所发行的可转换债券后,如果一直持有该债券而不转换成股票,那么债券到期时,公司按照发行时所约定的利率进行还本付息,双方是债权和债务关系,与普通的公司债券相同。如果银行按约定的条件将可转换债券转换为股票,银行就从债权人变成了公司的股东,其所享有的权利和义务与公司的其他股东完全相同。正是由于可转换公司债券的灵活性,受到投资者的欢迎,但其利率也比其他公司债券要低。

综上所述,债券作为一种有价证券,具有流动性、收益性和安全性的特点,对于商业银行用于改变其资产负债结构、改善资本流动性有着十分重要的关系。商业银行是以追求利润为经营目标的金融企业,保持安全性、流动性和盈利性及实现这三者的协调统一,是商业银行业务经营所必须遵循的基本方针。债券工具的自身特点与商业银行的业务经营方针的不谋而合,使之成为商业银行资产经营的首选工具。

五、商业银行证券投资业务方式

银行证券投资有多种方式,可以概括为两大类。

(一) 商业银行为获利而持有各种组合的证券

商业银行以获利为目标,在二级市场上投资于有价证券,利用证券的买入价与买出价的差价获取差额收益的投资行为。

(二) 商业银行通过管理证券交易账户来从事广泛的证券业务

1. 为客户提供投资咨询和建议

商业银行有经验丰富的证券分析专业人才,深受客户的信赖,可以向客户提供投资咨询,为客户提供投资组合建议。

2. 进行证券承销

商业银行在证券发行中起着桥梁作用,将证券发行者与投资者联系起来,发行者满足融资需要,投资者实现投资目的。按照承销协议的不同,证券承销可以分为包销和代销。其中,包销是指商业银行按照协议出资买入全部或销售剩余部分证券,承担销售风险的承销方式。包销在实际操作中又可以分为全额包销和余额包销。代销是指银行利用其本身的机构网点和人员等优势,在证券市场上代发行人发售股票、债券及其他证券,在承销期结束时,银行将未售出的证券全部退还给发行人,从中收取代理发行手续费的承销方式。两者对比,证券包销方式的销售风险全部由银行承担,证券代销方式对于银行而言没有任何风险,但代销手续费收入要比包销方式低。

3. 作为"造市商"参与交易

造市商又称做市商,商业银行作为造市者会保持一定数量的证券存货,在市场上承诺双向交易,连续地报出债券现券买、卖双边价格,并按其报价与其他投资者达成交易。商业银行从中获取买卖价格的差额部分,同时,承担维持市场流动性义务。

第二节　商业银行证券投资风险与收益

一、商业银行证券投资的风险

证券投资属于风险性投资,风险是指对投资者预期收益的背离,由于投资收益的不确定性,构成了证券投资风险。从收益与风险的关系看,证券投资的风险由系统风险和非系统风险构成。

(一) 投资风险的类型

1. 系统风险

系统风险是指由于某种外部共同因素引起的投资收益的可能性变动,这种因素以同样的方式对所有证券的收益产生影响。由于是社会政治、宏观经济情况的变化等对整个证券市场造成的冲击和影响,不能通过投资组合、投资策略分散和回避,所以形成的风险具有不可抗拒和不可分散性。例如,经济周期、战争、政治、自然灾害、政府的宏观调控下的各种政策等,这类风险的破坏性大而且难以回避。它主要包括政策风险、周期波动风险、利率风险和购买力风险等。

(1) 政策风险。政策风险是指政府有关证券市场的政策发生重大变化或是有重要的举措、法规出台,引起证券市场的波动,从而给投资者带来的风险。

要减轻政策风险的影响,应加强对国内外政治经济形势的研究,注意金融市场上可能出现的突发事件,加强对政府证券市场政策的理解,应避免证券市场过度投机和过度火爆局面的出现,当出现这种状况时,投资者应分外理智和冷静。

(2) 周期波动风险。周期波动风险是指证券市场行情周期变动而引起的风险。这种行情变动不是指证券价格的日常波动,而是指证券行情长期趋势的改变。

要减轻周期波动风险的影响,就要认清市场变动趋势并顺势而为,选择正确的投资策略;同时,要选择大企业和业绩优良的企业投资,因为这类企业对客观经济环境变化的承受能力和适应能力较强。

(3) 利率风险。利率风险是指市场利率变动引起证券投资收益变动的可能性。利率风险对不同证券的影响是不相同的。首先,利率风险是固定收益证券特别是债券的主要风险。其次,利率风险是政府债券的主要风险。最后,利率风险对长期债券的影响大于短期债券。

减轻利率风险影响的办法是,投资者在预见利率将要提高时,应减少对固定利率债券,特别是长期债券的持有;反之,则相反。

(4) 购买力风险。购买力风险又称通货膨胀风险,是指由于通货膨胀、货币贬值给投资者带来实际收益水平下降的风险。当物价大幅度上涨、出现通货膨胀时,尽管投资者的名义收益和本金不变,或者会有所上升,但是只要收益的增长幅度小于物价的上升幅度,投资者的收益和本金的购买力就会下降，通货膨胀就会侵蚀投资者的实际收益。可以用简单的表达式表述它们之间的关系：

$$实际收益率 = 名义收益率 - 通货膨胀率$$

或

$$实际收益率 = \frac{1 + 名义收益率}{1 + 通货膨胀率} - 1$$

2. 非系统风险

非系统风险是只对某个行业或个别公司的证券产生影响的风险，它通常是由某一特殊的因素引起，与整个证券市场的价格不存在系统、全面的联系，而只对个别或少数证券的收益产生影响。由于是个别原因对个别种类的证券造成的冲击和影响，其风险只存在于个别证券，对其他证券并不构成影响，非系统风险是可以通过投资组合抵销回避，因此，又称可分散风险或可回避风险。非系统风险主要包括信用风险、经营风险和财务风险等。

1）信用风险

信用风险又称违约风险，是指证券发行人在证券到期时无法还本付息而使投资者遭受损失的风险。投资者回避信用风险的最好办法是参考证券信用评级的结果。目前，国际最著名的资信评级机构有穆迪公司和标准·普尔公司等。20 世纪 80 年代后期，我国金融市场的运行逐步走向正轨，投资活动日益广泛，与此相对应，投资风险评级机构也开始出现。1987 年成立了我国第一家资信评估机构——吉林省资信评估公司。1992 年第一家有限责任公司性质的全国性独立的证券评级机构——中国诚信证券评估有限公司成立。此后，各种类型的评级机构相继出现。

债券评级是指证券评级机构通过一定的程序对债券的发行者进行综合考察、分析，从而确定债券的信用等级的制度。通常是由具有资格的信用等级评级机构，对构成债券发行信用的多种经济因素进行客观的综合评估，来评定债券的信用等级。以美国穆迪、标准·普尔两家公司和上海远东资信评估公司对长期债券风险评估等级分类为例说明。债券风险评级分类表，如表 6-1 所示。

表 6-1 债券风险评级分类表

风险程度	机构名称及等级分类		
	穆迪	标准·普尔	上海远东
还本付息能力极强，有可靠保证，承担风险最小	Aaa	AAA	AAA
还本付息能力很强，但风险性比前者略高	Aa1，Aa2，Aa3	AA+，AA，AA−	AA
安全性良好，还本付息能力一般，有潜在的导致风险恶化的可能性	A1，A2，A3	A+，A，A−	A
安全性中等，短期内还本付息无问题，但在经济不景气时风险增大	Baa1，Baa2，Baa3	BBB+，BBB，BBB−	BBB

（续表）

风险程度	机构名称及等级分类		
	穆迪	标准・普尔	上海远东
有投机因素，不能确保投资安全，情况变化时还本付息能力波动大，不可靠	Ba1，Ba2，Ba3	BB+，BB，BB−	BB
不适合作为投资对象，在还本付息及遵守契约条件方面都不可靠	B1，B2，B3	B+，B，B−	B
安全性极低，随时有无法还本付息的危险	Caa	CCC	CCC
极具投机性，目前正处于违约状态中，或有严重缺陷	Ca	CC	CC
最低等级，完全投机性	C	C	C

资料来源：Standard & Poor's Bond Guide，November 1993，P10.

从表 6-1 可以看出，标准・普尔公司和穆迪公司的债券评级分类有所不同，但是基本上都将债券分为投资级和投机级两类。投资级的债券被评定为最高的四个级别，四个级别以下的债券定义为投机级债券或垃圾债券。对于商业银行的投资对象，在政府债券与公司债券之间，公司债券的违约风险高于政府债券；在政府债券内部，中央政府债券的违约风险低于地方政府的债券；在公司债券内部，AAA 级的债券的违约风险最小，并随着评级的降低，违约风险不断上升。因此，商业银行在进行投资业务时，应参照评级标准，权衡投资对象的安全性和盈利性，从而最大限度地避免信用风险。

2）经营风险

经营风险是指公司的决策人员与管理人员在经营管理过程中出现失误而导致公司盈利水平变化，从而产生投资者预期收益下降的可能。

3）财务风险

财务风险是指公司财务结构不合理、融资不当而导致投资者预期收益下降的风险。

另外，企业隐瞒真实的亏损情况，虚报利润造成的道德风险、对不可上市交易的证券进行投资造成的流动性风险、买卖过程中差错造成的交易风险以及证券投资的价格风险，也属于财务风险。

3. 系统风险和非系统风险的区别与联系

系统风险和非系统风险的区别，主要表现在性质、原因、特征以及能否消除上。风险构成的区别，如表 6-2 所示。

表 6-2 风险构成的区别

项目	系统风险	非系统风险
性质	与整个市场波动有联系的风险	与整个市场波动无关的风险
原因	由共同因素引起	由特殊因素引起
特征	影响所有证券的收益	影响某种证券的收益

（续表）

项目	系统风险	非系统风险
处置	无法通过分散投资来化解	可以通过分散投资来化解
种类	政策风险、市场风险、利率风险、购买力风险等	信用风险、经营风险、财务风险等

证券投资的总风险由系统风险和非系统风险构成。无论银行如何选择证券组合，系统风险都是固定不变的；非系统风险则随着证券投资组合规模的扩大呈明显的递减趋势。那么，总风险也就随着证券数目的增多而逐渐减少，但不可能完全消除。因此，商业银行在进行投资时，就需要全面考虑，综合分析，构建有效的投资组合，才能有效地回避风险，取得预期的投资收益。

（二）投资风险的测定

证券是未来收益具有不确定性的风险资产，商业银行在选择证券时，需要了解各种证券面临的风险类别以及这些风险程度的高低，进行投资风险程度的测定。风险测度实际上就是衡量证券投资的实际收益率偏离预期收益率的程度，测量的基本方法是统计学中的标准差。

1. 预期收益率的测定

任何一项投资的结果都可以用收益率衡量，但是通常收益率会受到许多不确定因素的影响，所以，投资者是无法预知实际的收益，即收益率是一个随机变量，假定收益率服从某种概率分布，则预期收益率的计算公式为：

$$E_{(r)}=\sum_{i=1}^{n}r_i p_i$$

公式中：E 表示期望收益率，r 表示可能的收益率，p 表示相应的概率。

假设某银行计划投资于某证券，其可能的收益和概率分布，如表 6-3 所示。

表 6-3　收益和概率分布

预期方案	可能的收益率 r_i	相关概率 p_i
1	10%	1/3
2	12%	1/3
3	15%	1/3

则银行投资于该证券的预期收益率为 12.3%，即

$$E_{(r)}=10\%\times\frac{1}{3}+12\%\times\frac{1}{3}+15\%\times\frac{1}{3}=12.3\%$$

2. 风险的测定

（1）标准差方法。证券投资的风险用预期收益的标准差表示，标准差数值越大，则风险越大。其计算公式如下：

$$\sigma=\sqrt{\sum_{i=1}^{n}(r_i-E_{(r)})^2 p_i}$$

上例中，银行投资证券的风险：

$$\sigma=\sqrt{(10\%-12.3\%)^2\times\frac{1}{3}+(12\%-12.3\%)^2\times\frac{1}{3}+(15\%-12.3\%)^2\times\frac{1}{3}}=0.021$$

也就是说，证券的概率分布越集中，实际可能的结果越接近 $E_{(r)}$，σ 也就越小。标准差方法是通过对证券预计收益标准差的计算来衡量投资风险，因此，能够较准确地反映证券投资遭受风险的可能性和程度的高低。但是，用标准差方法衡量出的是证券的总风险，其中，系统风险和非系统风险的衡量没有说明，所以，没有说明在风险中有多少风险是不能通过投资多样化的方法进行消除。

（2）系数（β）法。如上所述，证券投资风险通常分为系统风险和非系统风险。一般而言，系统风险可以测量，而非系统风险难以测量。β 值是用来测定一种证券收益受整个市场平均收益水平变化程度的指标，即该证券的风险与整个市场风险的相关程度。若整个市场证券组合为 m，我们考察的证券为 i，则其计算公式为：

$$\beta_i=\frac{\mathrm{Cov}(i,\ m)}{\sigma_m^2}$$

用某种证券的 β 系数能够明确地衡量其风险。该公式表示若 $\beta>1$，说明该证券的系统风险大于组合风险；若 $\beta=1$，则两种风险相同；若 $\beta<1$，则该证券的系统风险小于组合风险；若 $\beta=0$，表示没有系统风险。由于任何一个证券投资组合的 β 系数是其中各种证券 β 值的加权平均，所以，一种证券的 β 系数也度量了它对组合投资风险的影响。

二、商业银行证券投资的收益

商业银行证券投资的主要目的是使资金增值，获取收益。投资收益是指从购入证券到卖出期间的净收入，它与贷款收益有所不同。贷款收益仅仅来源于利息，而证券投资收益包含利息收益和资本损益。利息收益是指银行购买一定量的有价证券后，依证券发行时确定的利率从发行者那里取得的收益。资本损益是指商业银行在证券流通市场上通过买卖证券所实现的差价收益。因此，实际证券收益率的高低是银行证券投资业务中要考虑的基本问题。

就债券而言，投资债券的收益来源于债券的利息收益和资本利得。债券收益率就是投资债券所得的收益额与投资金额的比例，它是准确衡量债券收益水平的指标。不同的利息支付方式会使债券的实际收益发生变化。

（一）附息债券的收益率

附息债券是指在债券到期前按照约定的日期分次按照票面利率支付利息，到期偿付本金的债券。有的债券票面上未标明利息率，但附有息票，息票上载明了每期支付的利息额。

1. 票面收益率

票面收益率又称名义收益率，是债券票面上的固定利率。例如，一张面值为 1 000 元的债券，票面上标明 5%，则其名义收益率为 5%。对于附有息票的债券，息票上标明的即是每期应支付的利息额，用利息额除以债券面额，即得其票面收益率。其计算公式为：

$$\text{票面年收益率}=\frac{\text{债券年利息收入}}{\text{债券面额}}\times 100\%$$

票面收益率只反映债券的名义收益，一般在票面上注明，是投资债券最直观的收入指标。面值、期限相同的债券，票面利率越高，名义利息越高。但大多数债券都可以转让，债券的出售价格会因市场利率的影响而变化，所以，债券的名义收益率与实际收益率可能会有差异。票面收益率并不能反映投资人的实际收益水平，因此，票面收益率只能作为参考指标。

2. 直接收益率

直接收益率又称本期收益率或当期收益率，是指在债券到期前按市场价格购买时的收益率。其计算公式为：

$$\text{直接收益率}=\frac{\text{债券年利息}}{\text{债券买入价格}}\times 100\%$$

一张 1 000 元面值的债券，票面利率是 5%，尚未到期，若某银行以 1 050 元的市价购买，则银行认购后到持有期满可获得的直接收益率为 4.76%，低于其名义收益率。若以 950 元的市场价格购买，则直接收益率为 5.26%，高于其名义收益率。

直接收益率反映了债券市场价格波动对收益率的影响，反映了投资者的投资成本所带来的收益。因此，对商业银行而言，直接收益率比名义收益率更具有实际意义。但直接收益率只是一个静态指标，没有考虑购买价格与债券到期收回本金之间的差额，也未反映购买价格与到期前出售价格之间的差额，所以直接收益率仍未全面反映投资者的实际收益水平。

3. 持有期收益率

持有期收益率是指买入债券后持有一段时间，又在债券到期前将其出售而得到的收益率，是反映投资者在实际持有某种债券期间内的实际收益率水平的指标，它包括持有债券期间的利息收入和资本损益。其计算公式为：

$$\text{持有期收益率}=\frac{\text{年利息}+\dfrac{\text{卖出价}-\text{买入价}}{\text{持有年限}}}{\text{买入价}}\times 100\%$$

一张 1 000 元面值的债券，票面利率为 5%，期限是 5 年，在发行时，银行以 950 元的发行价格购入，持有 2 年后 960 元卖出，则其持有期收益率为 5.79%。

4. 到期收益率

到期收益率又称最终收益率，是指持有债券到期满时的收益率。到期收益率同样包括了利息收入和资本损益。其计算公式为：

$$\text{到期收益率}=\frac{\text{年利息}+\dfrac{\text{面值}-\text{买入价}}{\text{剩余年限}}}{\text{买入价}}\times 100\%$$

上例中，银行 950 元认购后持有至期满收回本金，则到期收益率为 6.32%。

(二) 到期一次还本付息债券的收益率

一次还本付息债券是指到期一次还本付息，利随本清。

1. 持有期收益率

由于一次还本付息债券在到期前不付利息，所以在二级市场上出售债券，投资者在持有期间的收益不包含利息，只有价差收益。其计算公式为：

$$\text{持有期收益率} = \frac{\text{卖出价} - \text{买入价}}{\text{持有年限}} \div \text{买入价} \times 100\%$$

2. 到期收益率

$$\text{到期收益率} = \frac{\text{到期本利和} - \text{买入价}}{\text{剩余年限}} \div \text{买入价} \times 100\%$$

某债券面值为 100 元，期限是 5 年，票面利率是 10%，一次还本付息。现银行以 95 元的发行价格认购，并持有至期满，则到期收益率为 11.58%。

(三) 贴现债券的收益率

贴现债券是以贴现方式发行并交易的债券，即以低于面值发行，期满时按面值偿付的债券，发行价和票面金额之间的差额就是利息。贴现债券一般用于短期债券的发行，为了计算方便，习惯上年贴现率的计算期每年以 360 天计。而为了与其他类型的债券比较，收益率的计算期以 365 天计算。

1. 到期收益率

其计算公式为：

$$\text{贴现债券的发行价格} = \text{面值} \times \left(1 - \text{年贴现率} \times \frac{\text{期限}}{360}\right)$$

$$\text{到期收益率} = \frac{\text{面值} - \text{买入价}}{\text{买入价}} \div \frac{\text{有效偿还天数}}{365} \times 100\%$$

某银行购买债券 100 万元，每张面值是 1 000 元，期限为 180 天，以 10.5%的贴现率公开发行。发行价格为 947.5 元，那么该银行持有债券的到期收益率是 11.24%。

2. 持有期收益率

其计算公式为：

$$\text{持有期收益率} = \frac{\text{卖出价} - \text{买入价}}{\text{买入价}} \div \frac{\text{持有天数}}{365} \times 100\%$$

若上例中的银行将购买的上述贴现债券，在持有 60 天后以 970 元的价格卖出，则银行持有该债券的收益率为 14.45%。

(四) 以复利计算的债券收益率

上面所述的附息债券、到期一次还本债券和短期贴现债券都是以单利计算的收益率，而在西方国家，往往用复利计算中长期的附息债券和 1 年期以上的贴现债券的收益率，它是用现值公式表示的。

1. 中长期的附息债券的收益率

以复利计算的到期收益率是将证券的未来收益折算为现值，使其与当前的市场价值相等时的贴现率。设债券价格为 P，每年利息收入为 C，本金为 M，期限为 n 年，每年复利一次，r 是到期收益率。则计算公式为：

$$P = \sum_{i=1}^{n} \frac{C_i}{(1+r)^i} + \frac{M}{(1+r)^n}$$

银行购入面值为 1 000 元的 20 年期附息债券，票面利率是 8%，每年复利一次，发行价格为 950 元，则此债券的到期收益率为 8.53%，即

$$950 = \sum_{i=1}^{20} \frac{1\,000 \times 8\%}{(1+r)^i} + \frac{1\,000}{(1+r)^{20}} \Rightarrow r = 8.53\%$$

2. 期限在 1 年以上的贴现债券的收益率

其计算公式为：

$$\text{最终收益率} = \left(\sqrt[\text{残存年限}]{\frac{\text{偿还价格}}{\text{购买价格}}} - 1\right) \times 100\%$$

三、商业银行证券投资风险与收益的关系

商业银行投资证券，是为了获得投资收益。投资收益是未来的，而且一般情况下事先难以确定。作为投资者，商业银行总是既希望回避风险，又希望获得较高的收益。但是，收益和风险是并存的，通常收益越高，风险越大。证券投资的收益与风险同在，收益是风险的补偿，风险是收益的代价。他们之间成正比例的互换关系。投资者只能在收益和风险之间加以权衡，即在风险相同的证券中选择收益较高的，或在收益相同的证券中选择风险较小的进行投资。

就证券投资的收益与风险的组合来看，基本表现为三种情况：第一，风险不变，收益变动。由于收益有可能增加，也可能减少，银行应尽可能地增加收益。第二，收益不变，风险变动。由于风险有可能增加，也可能减少，银行应尽可能地减少风险。第三，收益与风险同时变动。若收益与风险同时减少，只要风险的降低比收益的减少更快，则银行的投资仍是可取的；若收益与风险同时增加，银行应尽可能地使收益的增加超过风险上升的幅度；若收益减少，而风险增加，银行应避免投资；若收益增加，而风险减少，则是商业银行投资的理想选择。

总之，银行应处理好风险与收益的关系，尽可能地增加证券投资组合的收益，减少证券投资组合的风险，从而保证银行投资的安全性，提高投资的盈利性。

第三节　商业银行证券投资策略

由于证券投资收益与风险的不确定性，使商业银行不易控制投资风险。因此，商业银行在进行投资业务时，应处理好收益与风险的关系，根据证券市场和客观环境的变化，及时调整其持有的证券头寸，构建有效的证券组合。也就是说，有效的投资策略是商业银行投资业务成功的关键。

一、流动性准备策略

流动性准备策略是银行传统证券投资策略的一种，属于较为保守或消极的投资策略。这种投资策略从金融资产流动性与盈利性的替代关系角度，将证券划分为流动性证券和收益性证券两类。流动性准备策略的核心思想是证券投资应重点满足银行流动性需要，在资

金运用安排上将流动性需要优先考虑。该方法将银行资产划分为四个层次,商业银行的流动性准备策略,如图 6-1 所示。

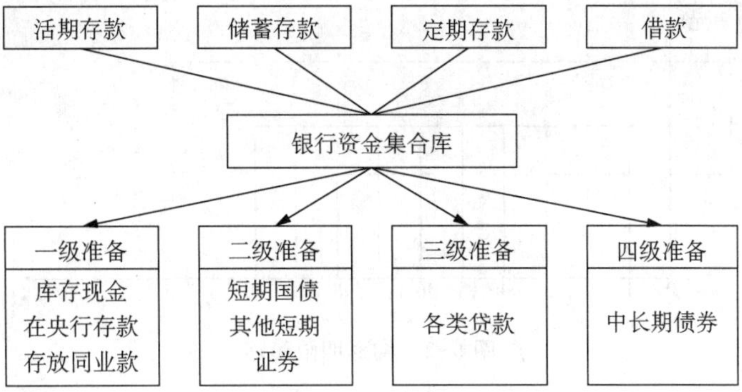

图 6-1　流动性准备策略

第一个层次的构成以现金资产为主,即库存现金、在中央银行准备金存款和以清算、支付为目的的存放同业款,被称为一级准备。一级准备几乎不产生收益,其功能是满足银行日常提存、正常贷款、支付和清算等流动性需求。

第二个层次的构成以短期证券,特别是短期国债为主,具有风险低、期限短、可销性强和有一定收益的特征,被称为二级准备。二级准备的组成构筑了银行证券投资流动性准备方法的核心,它强调短期证券在作为一级准备的补充,满足流动性需要的同时,还要为银行带来一定利息收入。对银行的季节性资金需求、无法预料的贷款需求增长和其他突发性资金需求靠二级准备的随时变现来满足。

第三个层次的构成以各类贷款为主,被称为三级准备。贷款利息是银行资产运用的主要收益来源,然而贷款若能正常到期,也会产生流动性供给,特别是基于票据贴现和抵押为基础的商业性贷款,具有自偿性质,甚至可进行再贴现融资。

第四个层次的构成以各类中长期债券为主,具有期限长、收益高、可销性弱的特征,被称为投资性准备。由于银行并非随时能寻找到风险较低的贷款项目和客户,有些项目尽管潜在收益较高,但潜在风险往往也很高,银行不敢随意放贷。在资金未寻找到理想的放款机会时,银行倾向于将剩余资金投向长期证券,以提高资金获利能力。银行投资中长期债券的主要目的是产生收益,而所谓流动性准备的功能只是作为最后的保障。随着经济环境的变化,流动性准备方法越来越显得被动和保守,由它指导下所产生的银行资产组合已不能适应银行的发展目标。

二、梯形期限策略

利率的预测有许多不确定因素,伴随利率波动,商业银行投资的证券价格也会随之变化,因此,商业银行可以采用梯形期限策略。梯形期限策略又称期限间隔方法,是把投资金额分成若干等份,平均分配到若干不同到期日的证券。例如,某银行拟用于投资的资金有 1 000 万美元,可分成 10 等份,分别投资于 1～10 年期限的证券各 100 万美元,这样,以后每年有 100 万美元到期,又可以重新投资到新的证券上。如此循环,银行在获得较高投资收益的同时,也保持了证券投资组合期限结构不变,由于这种投资结构像一架梯子,故称为阶梯法。商业银行的梯形期限策略，如图 6-2 所示。

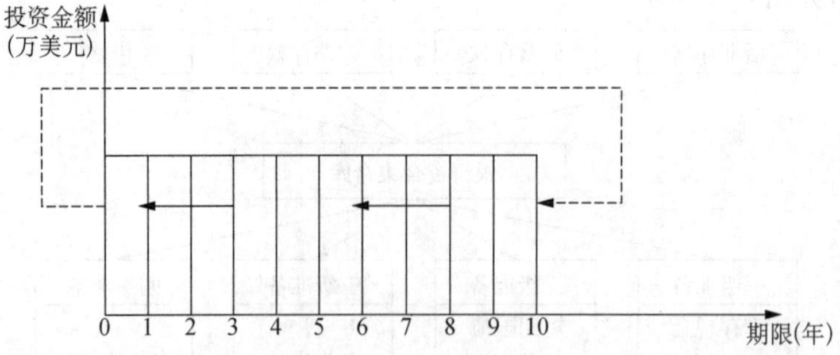

图 6-2　梯形期限策略

梯形期限策略优点明显：一是管理简单，易于操作。银行只需将投资资金在期限上做均匀分布，定期进行重新安排即可。二是银行不必对市场利率走势进行预测，也不需要频繁进行证券交易。三是可以保障银行获得各种证券的平均收益率。

当然，作为传统的投资策略，梯形期限策略也具有一定的局限性：一是投资缺少灵活性。银行只有在每年的证券到期时才进行操作，当有利的投资机会出现时，不能通过构建新的投资组合，从而错失获利的机会。二是流动性受到约束。梯形期限策略中的证券虽然每年会有证券到期，但只是 $1/n$，其他未到期的证券多为流动性较弱的中长期证券。如果有突发性的流动性需要时，银行不得不变现未到期的证券有可能出现投资损失。

三、杠铃式期限策略

杠铃式期限策略是指银行将资金集中投资于短期证券和长期证券，对中期证券一般不予考虑。银行将一部分资金投到短期证券上，以获得其流动性和安全性；把另一部分资金投到长期证券上，以便获得更高的收益。杠铃式期限策略要求短期证券到期变现后，如无流动性补充的需要，应将所得资金再投资于短期证券；而长期证券在其偿还期达到中期时就出售，并将资金重新投资于长期证券。由于这种投资策略反映在图形上与杠铃类似，故称之为杠铃式期限策略。商业银行的杠铃式期限策略，如图 6-3 所示。

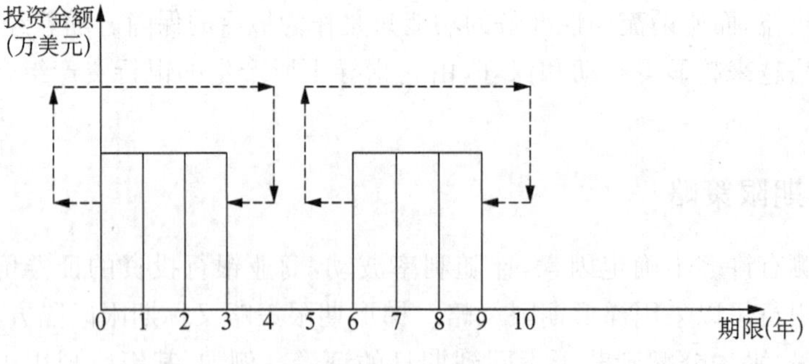

图 6-3　杠铃式期限策略

根据在投资金额中，长、短期证券所占比重的不同，杠铃式期限策略又可进一步分为前端装载策略和末端装载策略。其中，前端装载策略是指银行把大多数的资金投放在短期证券中，强调保持资产流动性的需要。末端装载策略与之相反，银行将大多数的资金投放在长期证券上，强调获得收益的重要性。通常情况下，银行如果判断短期证券的价格会上涨，就会减少长期证券的比重，增加短期证券的投资；相反，如果判断短期证券的价格会降低，则减少短期证券的比重，增加长期证券的投资。

杠铃式期限策略的优点在于，能够使银行证券投资达到流动性、收益性的高效组合，特别是当利率波动时，投资损益相互抵销。一方面，银行可以获得较高的收益率。另一方面，又可以保持一定的流动性，成为商业银行经常使用的投资策略。但也可以看到，杠铃式期限策略对银行证券投资管理人员的素质要求也比较高，如果不具备一定的证券投资管理经验，不能准确把握证券转换时机，那么，也难以很好地运用这一策略。

四、利率周期期限策略

利率周期期限策略是指商业银行根据对利率预期的判断，不断调整债券投资组合。当预测长期利率可能上升时，就把资金转移到短期投资上，等到利率上升，价格下降后，才重新购买长期证券，如图 6-4(a)所示。反之，当预测长期利率可能下降时，就减少短期投资，把资金转移到长期投资上。这样，收益可以增加，还可以收到利率下降时价格上涨的好处，如图 6-4(b)所示。

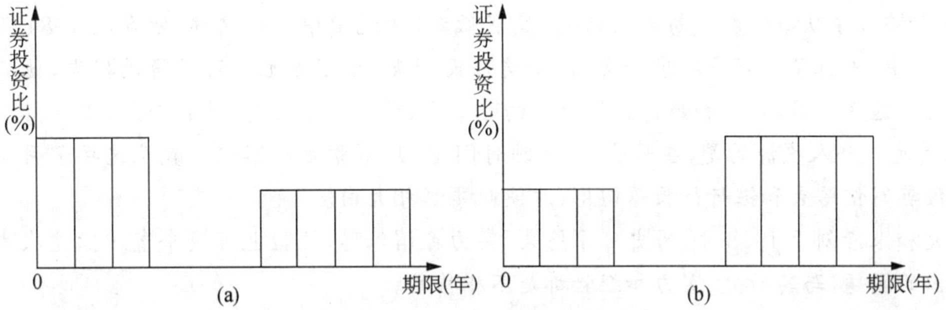

图 6-4　利率周期期限策略

利率周期期限策略是较为主动的投资策略，最大限度地利用了利率的波动，商业银行采用这种方法一般可以获得较高的收益率。但该策略的难点在于：一是如果利率呈频繁波动，而不是有规律周期波动时，该策略不具有操作性；二是要求商业银行证券管理人员对未来利率趋势的预测必须准确。如果预测准确，可以获益；如果与预测相反，则将损失惨重。因此，这种方法对银行的要求较高，需要相应的技术能力和专业人员。

课程思政案例

日本大和银行损失 11 亿美元

一、思政目标

本案例围绕以控制风险为核心的金融风险教育展开，重点让学生理解控制风险在银行经营管理中的重要性，强化学生的金融风险意识，让学生认识到金融职业道德的重要性，自觉养成遵守金融职业道德的习惯。

二、案例内容

1948 年日本颁布的《证券交易法》对证券的发行和交易进行了全面的规定，其中第 65 条严令禁止银行参与国内证券业，旨在保证存款人利益不受证券市场大幅度波动的影响。然而，日本银行业的利润来源因此大受限制，在与非银行金融机构的业务竞争中也处于不利地位。于是，日本银行业纷纷积极拓展国际证券业务，通过国际渠道进行国内证券投资，以此增加利润，积累经验，等待国内金融管制的放松。许多日本银行将其海外分支机构作为对国内人员进行证券交易培训的基地。由于膨胀太快，交易人员缺乏必要的素养和经验，交易机构又缺乏必要的风险管理机制，这就为恶性事件的发生埋下隐患。

1995 年 9 月 26 日，总部设在大阪的日本大和银行行长藤田彬宣布，由于驻纽约分行雇员井口俊英从 1984 年开始在账外买卖美国债券，使该行蒙受了 1 100 亿日元(约合 11 亿美元)的巨额损失。井口俊英曾就读于美国密苏里州立大学，1976 年通过考试进入大和银行纽约分行。8 年后，分行开始派他专门从事美国债券的买卖业务，负责前台交易、后线结算和债券保管。如此三权集于一身，显然违背了资金交易中前线和后线相互分离、相互监督的风险管理原则，为井口俊英的违规交易提供了机会。自从 1984 年井口俊英在美国的政府债券市场上亏损 20 万美元后，他便开始利用职务之便篡改客户账目，把客户账上的债券出售，再造假账说明这些债券并未卖掉。年复一年，假账和亏损迅速积聚，他像一个输红了眼的赌徒，终于陷进了从事债券交易最忌讳的“高买低卖”的泥沼中。就这样，他在从 1984 年开始的 11 年中，进行了 3 万多次账外交易，平均每天损失 40 万美元。为了隐瞒损失，他竟然伪造账目。这年 7 月，在大和银行纽约分行的账本上，债券保有额为 46 亿美元，但实际上只有 35 亿美元。令人吃惊的是，在长达 11 年的时间里，此事竟无人察觉。直至这年 7 月 13 日，井口俊英写信给大和银行行长藤田彬，才使此事真相大白。

大和银行创于 1918 年，历史可谓悠久，实力可谓雄厚，经验也可谓丰富。但这次事件中暴露出的问题，与其历史、实力和经验都是不相称的。

三、思考题

1. 日本大和银行损失的原因是什么？

2. 从银行角度，如何规避证券投资风险？

参考文献

1995 年 9 月 26 日，日本大和银行因管理混乱流失 11 亿美元，http://history.sina.com.cn/today/2010-10-21/165328714.shtml。

本章小结

1. 商业银行证券投资业务，是指商业银行将一部分资金投资于有价证券，以提高资产的流动性和安全性，并获取一定利润的活动。其投资对象主要是政府债券、金融债券、中央银行票据、公司债券等。

2. 商业银行证券投资业务方式可概括为两大类：商业银行为获利而持有各种组合的证券，利用证券的买入价与买出价的差价获取差额收益；商业银行通过管理证券交易账户来从事广泛的证券业务。

3. 由于投资收益的不确定性,构成了证券投资风险。商业银行的证券投资中涉及不同的风险类型,需要对各种风险进行度量,权衡收益。

4. 有效的投资策略是商业银行投资业务成功的关键。商业银行主要的投资策略有流动性准备策略、梯形期限策略、杠铃式期限策略和利率周期期限策略。

本章思维导图

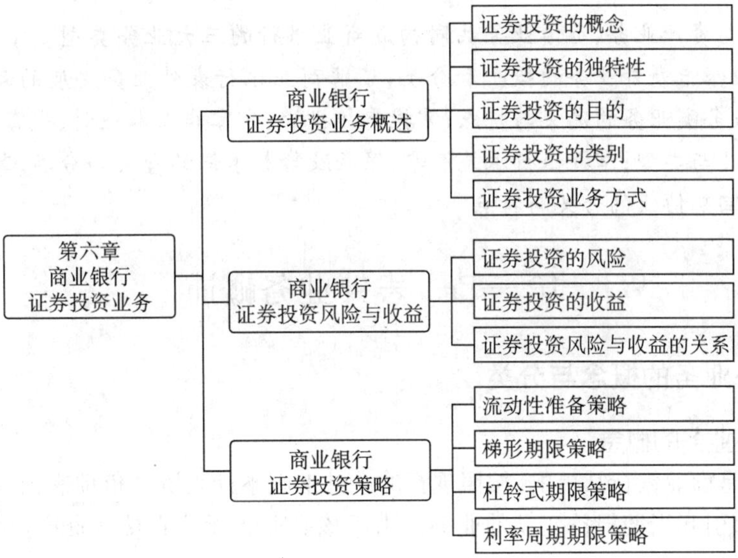

图 6-5　思维导图

思考题

1. 商业银行为何要进行证券投资?
2. 商业银行进行证券投资的主要对象有哪些?
3. 商业银行债券投资存在哪些风险?如何测量?
4. 商业银行证券投资各种投资策略的内容和优缺点是什么?

第七章 商业银行表外业务

本章学习目标

表外业务与资产业务、负债业务共同构成商业银行的三大业务类型。学生通过本章学习，应掌握商业银行表外业务的概念和分类，了解商业银行表外业务发展的动因、现状及创新；掌握中介服务类业务的定义与特点；掌握委托投资、代客非保本理财、代客交易及承销债券等业务的含义与类型；掌握银行承兑汇票、保函及贷款承诺的含义与分类；掌握信用证、票据发行便利及回购协议的含义与特点。

第一节 表外业务概述

一、表外业务的概念与分类

（一）表外业务的概念

表外业务是商业银行从事的、按照现行的会计准则不计入资产负债表内、不形成现实资产负债，但能够引起当期损益变动的业务。由于该类业务无法直接从资产负债表中反映出来，所以称为表外业务。

（二）表外业务的分类

根据特征和法律关系的不同，表外业务可分为中介服务类表外业务、代理投融资服务类表外业务、担保承诺类表外业务和其他类表外业务。

中介服务类表外业务是指商业银行根据客户委托，提供中介服务，并收取手续费的业务，包括但不限于代理收付、财务顾问、资产托管和各类保管业务等。

代理投融资服务类表外业务是指商业银行根据客户委托，为客户提供投融资服务但不承担代偿责任、不承诺投资回报的表外业务，包括但不限于委托贷款、委托投资、代客非保本理财、代客交易、代理发行和承销债券等。

担保承诺类表外业务包括担保类、承诺类等按照约定承担偿还责任的业务。担保类业务是指商业银行对第三方承担偿还责任的业务，包括但不限于银行承兑汇票、保函、信用证、信用风险仍在银行的销售与购买协议等。承诺类业务是指商业银行在未来某一日期按照事先约定的条件向客户提供约定的信用业务，包括但不限于贷款承诺等。

其他类表外业务是指上述业务种类之外的其他表外业务。它主要包括远期、期货、期权和互换等金融衍生品交易类业务。这些知识在相关课程中已涉及，在此不再赘述。

二、表外业务的特点

（一）业务形式多样

商业银行在表外业务操作上十分灵活，既可以提供没有风险的金融中介服务，又可以涉足具有较高风险的金融衍生工具市场；既可以直接参与金融市场操作，又可以担任金融市场的中间人。

（二）风险复杂多变

表外业务通常具有多种风险，包括信用风险、市场风险和流动性风险等，具有相当的复杂性。同时，或有资产与或有负债的表外业务可能因为各种原因转化为表内业务，一旦风险爆发可能使银行经营陷入困境。

（三）透明度低，监管难度大

表外业务并不在商业银行财务报表中直接反映，风险识别和计量难度都比较大，导致监管当局难以了解表外业务实际风险状况，监管有效性降低。

三、商业银行发展表外业务的动因

（一）金融脱媒的倒逼

近年来，我国商业银行息差收入占比明显下降，出现脱媒趋势。银行传统存贷业务利差收窄，利润率下降，仅依托传统信贷业务难以满足商业银行持续盈利和发展的需要，倒逼银行寻求新的盈利增长点。表外业务在监管要求、经营灵活性上较之表内信贷业务更具优势，通过产品设计和创新能够满足客户多元化融资和投资需求，成为商业银行应对金融脱媒，弥补息差收入下滑的必然选择。

（二）规避监管的动机

商业银行的监管指标均以表内资产为基础进行计算。为了满足监管要求，商业银行通过合理合法的途径把资产剥离至表外，以腾出信贷规模，进行监管套利，提高收益。

（三）防范和转移风险

商业银行利用期货、期权、互换、远期利率协议等衍生金融工具可以转移价格风险，用票据发行便利则可转移信用风险。但需注意的是，运用表外业务只能起到转移风险的作用，并没有消除风险，甚至这些衍生工具本身还会带来更大的风险。

（四）金融科技进步推动

大数据和云计算等金融科技的发展使银行能对金融衍生工具进行精确定价，并进行更加有效的风险管理，节约管理成本，提高工作效率。同时，还可以突破时间和空间的限制，提高市场有效性。

四、我国商业银行表外业务发展的三个阶段

（一）缓慢发展期（20 世纪 80 年代—2007 年）

由于金融业分业监管、表外业务较高的潜在风险等因素，我国商业银行表外业务起步较晚。20 世纪 80 年代至 2007 年的近 30 年时间里，商业银行的主要业务仍以表内的存贷款业务为主。2001 年我国加入 WTO 之后，随着对外贸易与投资的大幅增长，表外业务主要集中在跨境支付、保函和承兑汇票等业务。

（二）野蛮生长期（2008—2016 年）

2008 年金融危机爆发后，全球金融监管开始加强，我国金融监管也开始强化。在监管趋严的背景下，商业银行表内业务空间受限，在外部竞争日趋激烈，市场主体融资需求扩大

背景下，表外业务扩张的动力增强。商业银行绕过传统存贷业务限制，发行理财产品，对接信托等非银行金融机构在资产负债表外进行业务创新，达到信用扩张的目的。

(三) 平稳发展期(2017 年至今)

随着我国商业银行表外业务的过度扩张，金融风险不断积聚。2017 年开始，中央出台一系列监管政策，表外业务扩张速度出现显著回落。2018 年 4 月，由中国人民银行联合多部门印发《关于规范金融机构资产管理业务的指导意见》，对表外业务中的资产管理业务进行规范。2018 年 12 月，《商业银行理财子公司管理办法》发布，商业银行表外业务迎来规范化、低增速、稳发展的“新常态”，我国商业银行表外业务进入了平稳发展期。

第二节　中介服务类表外业务

一、支付结算

支付结算是指单位、个人在社会经济活动中使用票据、信用卡、汇兑和委托收款等结算方式进行货币给付及其资金清算的行为。单位、个人和银行办理支付结算必须遵守下列原则：恪守信用，履约付款；谁的钱进谁的账，由谁支配；银行不垫款。

我国支付结算实行集中统一和分级管理相结合的管理体制。中国人民银行负责制定统一的支付结算制度，组织、协调、管理和监督全国的支付结算工作，调解、处理银行之间的支付结算纠纷。

(一) 票据结算

票据是指由出票人签发的、约定自己或者委托付款人在见票时或指定的日期向收款人或持票人无条件支付一定金额的有价凭证。依据 1997 年颁布的《中国人民银行支付结算办法》中规定，票据包括汇票、银行本票和支票。

1. 汇票

汇票是指由出票人签发的，委托付款人在见票时或者在指定日期无条件支付确定的金额给收款人或者持票人的票据。汇票按出票人不同，分为银行汇票和商业汇票。

(1) 银行汇票。银行汇票是指由出票银行签发的，由其在见票时按照实际结算金额无条件付给收款人或者持票人的票据。银行汇票的出票银行为经中国人民银行批准办理银行汇票的银行。单位和个人各种款项的结算，均可使用银行汇票。银行汇票可以用于转账，填明“现金”字样的银行汇票也可以用于支取现金。申请人或者收款人为单位的，不得在“银行汇票”上填明“现金”字样。银行汇票多用于办理异地转账结算和支取现金。

(2) 商业汇票。商业汇票是指由出票人签发的，委托付款人在指定日期无条件支付确定的金额给收款人或者持票人的票据。商业汇票的出票人是在银行开立存款账户的法人，在银行开立存款账户的法人以及其他机构之间才能使用商业汇票。商业汇票在同城和异地均可使用。

商业汇票分为商业承兑汇票和银行承兑汇票。商业承兑汇票由银行以外的付款人承兑(付款人为承兑人)，银行承兑汇票由银行承兑。商业汇票的付款期限，最长不得超过 6 个月(电子商业汇票可延长至 1 年)。商业承兑汇票结算流程，如图 7-1 所示。

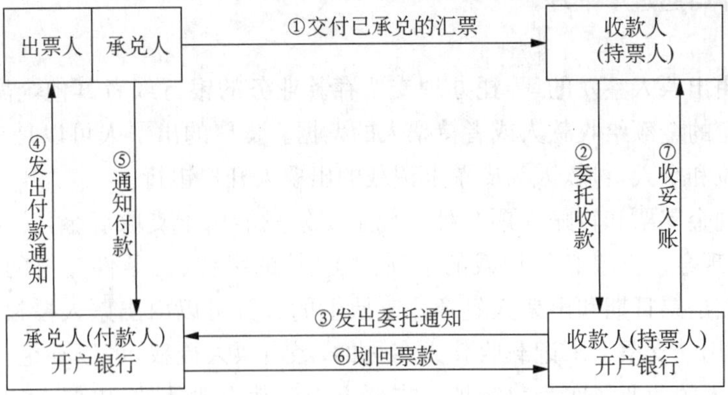

图 7-1　商业承兑汇票结算流程图

承兑是指汇票付款人承诺在汇票到期日支付汇票金额的票据行为。定日付款或者出票后定期付款的汇票，持票人应当在汇票到期日前向付款人提示承兑。提示承兑是指持票人向付款人出示汇票，并要求付款人承诺付款的行为。见票后定期付款的汇票，持票人应当自出票日起 1 个月内向付款人提示承兑。汇票未按照规定期限提示承兑的，持票人丧失对其前手的追索权。见票即付的汇票无需提示承兑。付款人对向其提示承兑的汇票，应当自收到提示承兑的汇票之日起 3 日内承兑或者拒绝承兑。付款人收到持票人提示承兑的汇票时，应当向持票人签发收到汇票的回单。回单上应当记明汇票提示承兑日期并签章。付款人承兑汇票的，应当在汇票正面记载"承兑"字样和承兑日期并签章；见票后定期付款的汇票，应当在承兑时记载付款日期。

银行承兑汇票的出票人或持票人向银行申请承兑时，银行的信贷部门负责按有关规定和审批程序，对出票人的资格、资信、购销合同和汇票记载的内容进行认真审查，必要时可由出票人提供担保。符合规定和承兑条件的，与出票人签订承兑协议。银行承兑汇票的出票人应于汇票到期前将票款足额交存其开户银行。承兑银行应在汇票到期日或到期日后的见票当日支付票款。银行承兑汇票的出票人于汇票到期日未能足额交存票款的，承兑银行除凭票向持票人无条件支付票款外，对出票人尚未支付的汇票金额按照每天 5‱计收利息。

当前，电子商业承兑汇票越来越成为发展趋势。电子商业承兑汇票是指出票人依托电子商业承兑汇票系统，以数据电文形式制作的，委托付款人在指定日期无条件支付确定金额给收款人或者持票人的票据。

2. 本票

本票是指由出票人签发的，承诺自己在见票时无条件支付确定的金额给收款人或者持票人的票据。本票按照出票人不同，划分为商业本票与银行本票。目前在我国使用的是银行本票。本票必须记载下列事项：有"本票"的字样、无条件支付的承诺、确定的金额、收款人名称、出票日期和出票人签章。本票上记载付款地、出票地等事项的，应当清楚、明确。本票上未记载付款地的，出票人的营业场所为付款地。本票上未记载出票地的，出票人的营业场所为出票地。本票的出票人在持票人提示见票时，必须承担付款的责任。本票自出票日起，付款期限最长不得超过 2 个月。

3. 支票

支票是指由出票人签发的，委托办理支票存款业务的银行或者其他金融机构在见票时无条件支付确定的金额给收款人或者持票人的票据。支票的出票人可以是在银行开立支票存款账户的单位和个人，付款人为支票上记载的出票人开户银行。

支票分为现金支票和转账支票两种。现金支票只能用于支取现金，转账支票只能用于转账，不得支取现金。支票必须记载的事项："支票"的字样、无条件支付的委托、确定的金额、付款人名称、出票日期和出票人签章。支票上的金额可以由出票人授权补记，未补记前的支票，不得使用。支票上未记载收款人名称的，经出票人授权，可以补记。支票上未记载付款地的，付款人的营业场所为付款地。支票上未记载出票地的，出票人的营业场所、住所或者经常居住地为出票地。支票的出票人所签发的支票金额不得超过其付款时在付款人处实有的存款金额。出票人签发的支票金额超过其付款时在付款人处实有的存款金额的，为空头支票。禁止签发空头支票。支票的出票人不得签发与其预留本名的签名式样或者印鉴不符的支票。出票人必须按照签发的支票金额承担保证向该持票人付款的责任。出票人在付款人处的存款足以支付支票金额时，付款人应当在当日足额付款。支票限于见票即付，支票的持票人应当自出票日起 10 日内提示付款，异地使用的支票，其提示付款的期限由中国人民银行另行规定。超过提示付款期限的，付款人可以不予付款；付款人不予付款的，出票人仍应当对持票人承担票据责任。支票结算流程，如图 7-2 所示。

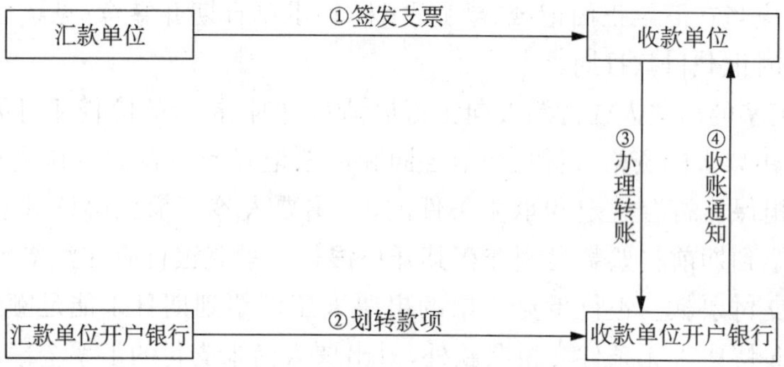

图 7-2　支票结算流程图

(二) 汇兑

汇兑是指汇款人委托银行将其款项支付给收款人的结算方式。单位和个人的各种款项的结算，均可使用汇兑结算方式。汇兑根据划转款项的不同方法以及传递方式的不同，可以分为信汇和电汇两种，由汇款人自行选择。汇款人委托银行办理汇兑，应向汇出银行填写信、电汇凭证，详细填明汇入地点、汇入银行名称、收款人名称、汇款金额和汇款用途等各项内容，并在信汇、电汇凭证第二联上加盖预留银行印鉴。汇出行受理汇款人的信汇、电汇凭证后，应按规定进行审查。审查无误后即可办理汇款手续，在第一联回单上加盖"转讫"章退给汇款单位，并按规定收取手续费。汇入银行对开立账户的收款单位的款项应直接转入收款单位的账户。未在银行开立存款账户的收款人，凭电汇、信汇取款通知向汇入行支取。汇兑结算流程，如图 7-3 所示。

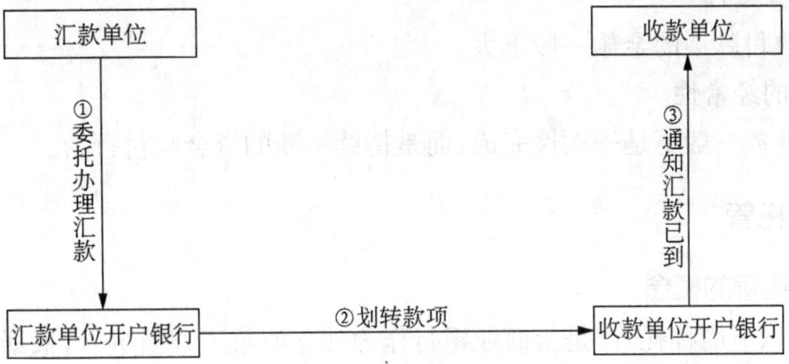

图 7-3 汇兑结算流程图

(三) 委托收款

委托收款是指收款人委托银行向付款人收取款项的结算方式。单位和个人可以使用委托收款结算方式办理已承兑商业汇票、债券和各类存单等各种款项的结算，无论是在同城还是异地均可使用。收款人办理委托收款应填写委托收款凭证并签章，将委托收款凭证和有关的债务证明一起提交收款人开户行。开户行审核委托收款凭证和有关的债务证明是否符合有关规定。开户行审核后，将委托收款凭证和有关的债务证明寄交付款人开户行办理委托收款。后者审核无误后办理付款。委托收款结算流程，如图 7-4 所示。

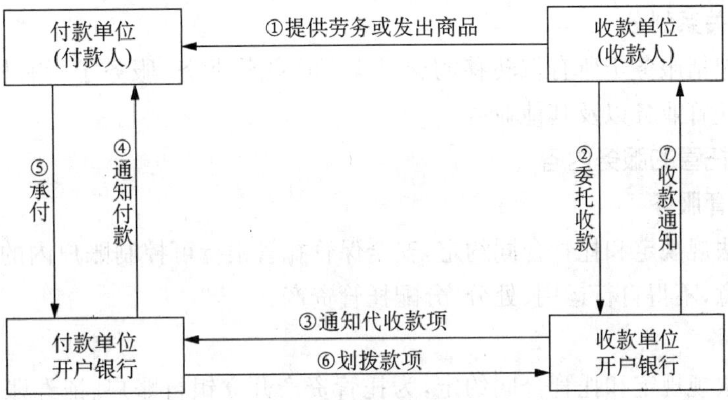

图 7-4 委托收款结算流程图

二、代理收付

(一) 代理收付的概念

代理收付是指商业银行接受收款单位和付款人(客户)的委托，将付款单位或付款人(客户)在银行账户的资金按约定时间一次或分次划付给收款单位的资金结算业务。例如，代理财政直接支付业务、代发工资和代扣住房按揭贷款还款等。此类业务直接收入不高，但能产生规模可观的活期存款。

(二) 代理收付的特点

1. 时间的固定性

代理收付款项的时间一般是固定的，如每年的年初，每月的某日等。

2. 金额的少量性

这类业务收付款项的金额一般不大。

3. 收付款的经常性

代理收付业务一般不是一次性完成，而是持续不断的资金收付行为。

三、资产托管

（一）资产托管的概念

资产托管（以下简称托管）是指商业银行作为独立的第三方当事人，根据法律法规规定，与委托人、管理人或受托人签订托管合同（包括但不限于明确托管权利义务关系的相关协议），依约保管委托资产，履行托管合同约定的权利义务，提供托管服务，并收取托管、保管费用的商业银行中介业务。

（二）资产托管的分类

1. 按照产品类别划分

托管产品包括但不限于公募证券投资基金、证券公司及其子公司、基金管理公司及其子公司、期货公司及其子公司、保险资产管理公司、金融资产投资公司等金融机构资产管理产品，信托产品，银行理财产品，保险资管产品，基本养老保险基金，全国社会保障基金，年金基金，私募投资基金，各类跨境产品和其他托管产品等。

2. 按经济关系划分

托管主要包括服务于所有权转移的交易类资产托管业务、服务于所有权和经营权分离的余额类资产托管业务以及其他业务。

（三）资产托管的服务内容

1. 资产保管服务

根据法律法规规定和托管合同约定，安全保管托管银行可控制账户内的托管资产；未经相关当事人同意，不得自行运用、处分、分配托管资产。

2. 账户服务

根据法律法规规定和托管合同约定，为托管资产开立银行账户、证券账户、基金账户和期货账户等，并负责办理相关账户的变更、撤销等。

3. 会计核算(估值)服务

根据托管合同约定的会计核算办法和资产估值方式，根据相关会计准则的规定对托管资产单独建账，进行会计处理（估值）、账务核对和报告编制等。

4. 资金清算服务

根据托管合同约定，执行托管账户的资金划拨、办理托管资产的资金清算等事宜。

5. 交易结算服务

根据投资标的市场交易结算规则和托管合同约定，办理托管资产的结算交收等事宜。

6. 投资监督服务

根据法律法规规定和托管合同约定，对托管资产的投资运作情况进行监督，包括托管账户的资金投资范围和投资比例、收益计算及分配等情况。

7. 信息披露服务

根据法律法规、行业协会规定以及托管合同约定，将托管合同履行情况和托管资产的情况向相关当事人履行披露和报告义务。

8. 公司行动服务

根据托管合同约定，向相关当事人提供托管资产持有证券的公司行动信息，以及根据委托人指令（如有）代为行使证券持有者权利。

9. 依法可以在托管合同约定的其他服务

（四）商业银行资产托管职责

商业银行的资产托管职责主要包括开立并管理托管账户；安全保管资产；执行资金划拨指令，办理托管资产的资金清算及证券交收事宜；对托管资产的资产、负债等会计要素进行确认、计量，复核受托人或管理人计算的托管资产财务数据；履行投资监督和信息披露职责；保管托管业务活动的记录、账册、报表等相关资料；法律法规明确规定的其他托管职责等。

四、财务顾问与咨询

（一）财务顾问与咨询的概念

财务顾问与咨询是指商业银行运用自身产品及服务，利用在客户、网络、资金、信息和人才等方面的综合优势，根据客户需求，为客户提供的财务管理、投融资、兼并收购等服务。

（二）财务顾问与咨询的类型

1. 信息咨询顾问

信息咨询顾问是指商业银行专业人员凭借专业知识、行业经验、人力及金融资源，通过书面报告、会议和专题培训等方式，向客户提供的财务顾问与咨询服务。

2. 企业上市财务顾问与咨询

企业上市财务顾问与咨询是指商业银行在法律法规允许的范围内，与其他具有相关业务资质的中介机构合作，为境内企业在资本市场首次公开发行上市（IPO），或上市后再融资（如股票增发），或引进私募股权投资者过程中提供的咨询、方案设计、中介推荐和项目协调等专业顾问服务。

3. 并购重组财务顾问

并购重组财务顾问是指商业银行为企业的股权收购或转让、资产整合、债务重组等并购重组活动提供的专业顾问服务。

4. 私募股权投资基金投融资财务顾问

私募股权投资基金投融资财务顾问是指商业银行担任私募股权投资基金财务顾问，为私募股权投资基金的发起、资金募集、项目投资及退出提供全流程的顾问服务。

5. 投融资财务顾问

投融资财务顾问是指商业银行针对客户对投资、融资业务相关的特定需求，利用专业知识、行业经验、人力及金融资源，提供专业化的顾问服务。

6. 资信业务

资信业务是指商业银行利用其众多的分支机构、丰富的客户资源和行业经验，在不违反相关法律法规的前提下，接受委托人委托，为委托人提供资信证明、资信调查和资信评级等服务，并收取一定费用的中介业务。

五、银行卡业务

银行卡是指由商业银行向社会发行的具有消费信用、转账结算和存取现金等全部或部分功能的信用支付工具。银行卡包括信用卡和借记卡。银行卡按币种不同，分为人民币卡和外币卡；按发行对象不同，分为单位卡（商务卡）和个人卡；按信息载体不同，分为磁条卡和芯片（IC）卡。

（一）信用卡

信用卡按是否向发卡银行交存备用金，分为贷记卡、准贷记卡两类。贷记卡是指发卡银行给予持卡人一定的信用额度，持卡人可在信用额度内先消费、后还款的信用卡。准贷记卡是指持卡人须先按发卡银行要求交存一定金额的备用金，当备用金账户余额不足支付时，可在发卡银行规定的信用额度内透支的信用卡。

信用卡是一张正面印有发卡银行名称、有效期、号码、持卡人姓名等内容，背面有磁条、签名条的卡片。持有信用卡的消费者可以到特约商业服务部门购物或消费，再由银行同商户和持卡人进行结算，持卡人可以在规定额度内透支。

（二）借记卡

借记卡按功能不同，分为转账卡（含储蓄卡，下同）、专用卡和储值卡。借记卡不具备透支功能。

转账卡是实时扣账的借记卡，具有转账结算、存取现金和消费功能。

专用卡是具有专门用途、在特定区域使用的借记卡。它具有转账结算、存取现金的功能。专门用途是指在百货、餐饮、饭店和娱乐行业以外的用途。

储值卡是发卡银行根据持卡人要求将其资金转至卡内储存，交易时直接从卡内扣款的预付钱包式借记卡。

（三）联名/认同卡

联名/认同卡是商业银行与盈利性机构/非盈利性机构合作发行的银行卡附属产品，其所依附的银行卡品种必须是已经中国人民银行批准的品种，并应当遵守相应品种的业务章程或管理办法。发卡银行和联名单位应当为联名卡持卡人在联名单位用卡提供一定比例的折扣优惠或特殊服务；持卡人领用认同卡表示对认同单位事业的支持。

（四）芯片（IC）卡

芯片（IC）卡是指在银行卡中嵌入 IC 芯片，芯片中存储银行卡业务的有关数据信息，既可以联机使用，也可以脱机使用的一种智能卡。

六、保管箱业务

保管箱业务是指商业银行接受客户的委托，按照双方约定的条件，以出租保管箱的形式代客保管贵重物品、有价证券及文件等财物的服务项目。

商业银行针对保管箱存放的物品一般规定：不可利用保管箱做非法用途，不得存放易燃品、易爆品、枪支弹药、腐蚀品、毒品及其他一切违禁物品；银行有权要求租用人开启保管箱，以便检查；如导致银行及第三者蒙受损失，租用人应承担相应的民事责任；箱内存放的物品因自身原因变质、损坏，或因非人力所能控制的因素导致损失的，银行不承担任何责任。

第三节　代理投融资服务类表外业务

一、委托业务

(一) 委托贷款

1. 委托贷款的概念

委托贷款是指委托人提供资金，由商业银行（受托人）根据委托人确定的借款人、用途、金额、币种、期限和利率等代为发放、协助监督使用和协助收回的贷款，不包括现金管理项下委托贷款和住房公积金项下委托贷款。

委托人是指提供委托贷款资金的法人、非法人组织、个体工商户和具有完全民事行为能力的自然人。商业银行在委托贷款业务中，收取代理手续费，不承担信用风险。商业银行应按照“谁委托谁付费”的原则向委托人收取代理手续费。商业银行办理委托贷款业务，应当遵循依法合规、平等自愿、责利匹配、审慎经营的原则。

2. 商业银行开展委托贷款业务需要遵循的监管要求

商业银行应依据《商业银行委托贷款管理办法》制定委托贷款业务管理制度，合理确定部门、岗位职责分工，明确委托人范围、资质和准入条件，以及委托贷款业务流程和风险控制措施等，并定期评估，及时改进。

商业银行受理委托贷款业务申请，应具备以下前提：委托人与借款人就委托贷款条件达成一致；委托人或借款人为非自然人的，应出具其有权机构同意办理委托贷款业务的决议、文件或具有同等法律效力的证明；商业银行不得接受委托人为金融资产管理公司和经营贷款业务机构的委托贷款业务申请。

商业银行审查委托人资金来源时，应要求委托人提供证明其资金来源合法合规的相关文件或具有同等法律效力的相关证明，对委托人的财务报表、信用记录等进行必要的审核，重点加强对以下内容的审查和测算：委托人的委托资金是否超过其正常收入来源和资金实力；委托人在银行有授信余额的，商业银行应合理测算委托人自有资金，并将测算情况作为发放委托贷款的重要依据。

商业银行不得接受委托人下述资金发放委托贷款：受托管理的他人资金；银行的授信资金；具有特定用途的各类专项基金（国务院有关部门另有规定的除外）；其他债务性资金（国务院有关部门另有规定的除外）；无法证明来源的资金；企业集团发行债券筹集并用于集团内部的资金，不受限制。

商业银行受托发放的贷款应有明确用途，资金用途应符合法律法规、国家宏观调控和产业政策。资金用途不得为以下方面：生产、经营或投资国家禁止的领域和用途；从事债券、期货、金融衍生品、资产管理产品等投资；作为注册资本金、注册验资；用于股本权益性投资或增资扩股（监管部门另有规定的除外）；其他违反监管规定的用途。

商业银行与委托人、借款人就委托贷款事项达成一致后，三方应签订委托贷款借款合同。

合同中应载明贷款用途、金额、币种、期限、利率和还款计划等内容,并明确委托人、受托人和借款人三方的权利和义务;委托贷款采取担保方式的,委托人和担保人应就担保形式和担保人(物)达成一致,并签订委托贷款担保合同;商业银行应要求委托人开立专用于委托贷款的账户。委托人应在委托贷款发放前将委托资金划入该账户,商业银行按合同约定方式发放委托贷款。商业银行不得串用不同委托人的资金;商业银行应同委托人、借款人在委托贷款借款合同中明确协助监督使用的主要内容和具体措施,并按合同约定履行相应职责;商业银行应按照委托贷款借款合同约定,协助收回委托贷款本息,并及时划付到委托人账户。对于本息未能及时到账的,应及时告知委托人;委托贷款到期后,商业银行应根据委托贷款借款合同约定或委托人的书面通知,终止履行受托人的责任和义务,并进行相应账务处理;委托贷款到期后未还款的,商业银行应根据委托贷款借款合同约定,为委托人依法维权提供协助。

商业银行应严格隔离委托贷款业务与自营业务的风险,严禁以下行为:代委托人确定借款人;参与委托人的贷款决策;代委托人垫付资金发放委托贷款;代借款人确定担保人;代借款人垫付资金归还委托贷款,或者用信贷、理财资金直接或间接承接委托贷款;为委托贷款提供各种形式的担保;签订改变委托贷款业务性质的其他合同或协议;其他代为承担风险的行为。

商业银行应对委托贷款业务与自营贷款业务实行分账核算,严格按照会计核算制度要求记录委托贷款业务,同时反映委托贷款和委托资金,两者不得轧差后反映,确保委托贷款业务核算真实、准确、完整;委托贷款的借款人是商业银行存量授信客户的,商业银行应综合考虑借款人取得委托贷款后,信用风险敞口扩大对本行授信业务带来的风险影响,并采取相应风险管控措施;商业银行应对委托贷款业务实行分级授权管理,商业银行分支机构不得未经授权或超授权办理委托贷款业务。

(二) 委托投资

委托投资是指商业银行等金融机构将资金委托给外部机构管理人,由外部机构管理人按照约定的范围进行主动管理的投资业务模式。外部机构管理人,即资金实际投资运作方,一般是信托公司、证券公司、保险公司、基金公司及阳光私募等。委托投资模式流程,如图 7-5 所示。

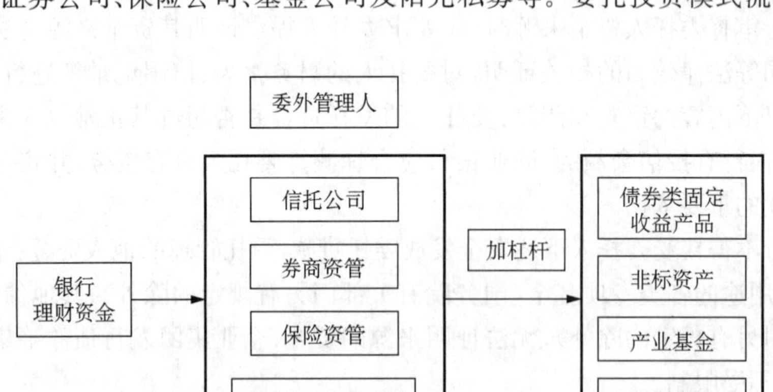

图 7-5 委托投资模式流程图

受政策限制,部分商业银行(尤其中小银行)通过购买同业存单将资金投资于存在规模诉求的股份制银行或大型银行理财产品,股份制银行或大型银行再通过证券公司、保险公司、基金公司、信托公司及阳光私募进行资产管理，即同业存单—同业理财—委托投资模式。同业存单—同业理财—委托投资模式流程，如图 7-6 所示。

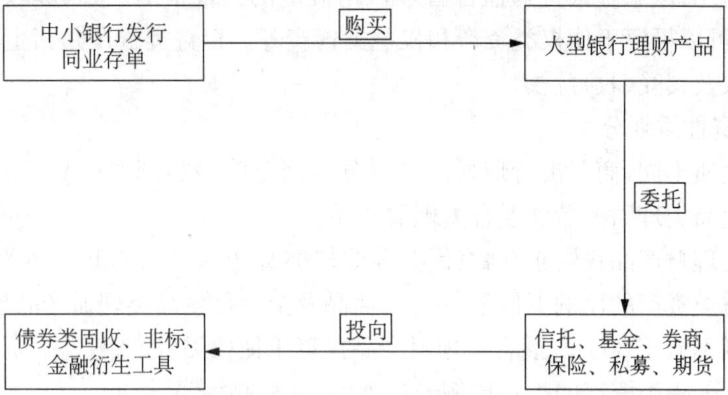

图 7-6 同业存单—同业理财—委托投资模式流程图

由于近年来我国城市商业银行和农村商业银行的理财、自营资金规模加速增长，但自身专业投资团队力量不足，很多银行没有独立资产管理部门，尤其是缺乏专业债券交易员，因而委托投资就成一条重要的资产配置渠道。委托投资模式的初衷是优势互补，非银行金融机构的投资研究、精细化操作和信用甄别等能力更强，有助于弥补银行理财的短板。同时，不少银行也希望通过委托投资学习非银行金融机构的债券投资模式，转嫁自身管理和业绩压力，同时可以按照预期收益入账。2015 年，全社会流动性充裕，大量资金追逐少量优质资产，"资产荒"袭来，股份制商业银行甚至大型商业银行也加入了委托投资行列。商业银行表内的资金为了寻求更专业的管理或监管，把资金通过信托产品、资管产品、基金公司资管计划及保险计划等通道，委托给非银行金融机构进行投资。此时，非银行金融机构就成了某种意义上的"通道机构"。

二、代客非保本理财业务

理财业务是指商业银行接受投资者委托，按照与投资者事先约定的投资策略、风险承担和收益分配方式，对受托的投资者财产进行投资和管理的综合性金融服务。

非保本理财产品是指商业银行按照约定条件和实际投资收益情况向投资者支付收益，不保证本金支付和收益水平的理财产品。

（一）商业银行理财产品分类

1. 根据募集方式划分

根据募集方式不同，商业银行理财产品可分为公募理财产品和私募理财产品。

公募理财产品是指商业银行面向不特定社会公众公开发行的理财产品。公开发行的认定标准按照《中华人民共和国证券法》（以下简称《证券法》）执行。

私募理财产品是指商业银行面向合格投资者非公开发行的理财产品。合格投资者是指具备相应风险识别能力和风险承受能力，投资于单只理财产品不低于一定金额且符合下列条件的自然人、法人或者依法成立的其他组织：具有 2 年以上投资经历，且满足家庭金融净资产不低于300万元人民币，或者家庭金融资产不低于500万元人民币，或者近3年本人年均收入不低于40万元人民币；最近1年年末净资产不低于1 000万元人民币的法人或者依法成立的其他组织；国务院银行业监督管理机构规定的其他情形。私募理财产品的投资范围由合同约定，可以投资于债权类资产和权益类资产等。权益类资产是指上市交易的股票、未上市企业股权及其受(收)益权。

2. 根据投资性质划分

根据投资性质不同，商业银行理财产品可分为固定收益类理财产品、权益类理财产品、商品及金融衍生品类理财产品和混合类理财产品。

固定收益类理财产品投资于存款、债券等债权类资产的比例不低于80%。权益类理财产品投资于权益类资产的比例不低于80%。商品及金融衍生品类理财产品投资于商品及金融衍生品的比例不低于80%。混合类理财产品投资于债权类资产、权益类资产、商品及金融衍生品类资产且任一类资产的投资比例未达到前三类理财产品标准。

3. 根据运作方式划分

根据运作方式不同，商业银行理财产品可分为封闭式理财产品和开放式理财产品。

封闭式理财产品是指有确定到期日，且自产品成立日至终止日期间，投资者不得进行认购或者赎回的理财产品。开放式理财产品是指自产品成立日至终止日期间，理财产品份额总额不固定，投资者可以按照协议约定，在开放日和相应场所进行认购或者赎回的理财产品。

(二) 商业银行开展理财业务需遵循的监管要求

根据2018年9月我国银保监会颁布实施的《商业银行理财业务监督管理办法》，商业银行开展理财业务需遵循的监管要求包括：严格区分公募和私募理财产品，加强投资者适当性管理；规范产品运作，实行净值化管理；规范资金池运作，防范影子银行风险；去除通道，强化穿透管理；设定限额，控制集中度风险；加强流动性风险管控，控制杠杆水平；加强理财投资合作机构管理，强化信息披露，保护投资者合法权益；实行产品集中登记，加强理财产品合规性管理等。

(三) 商业银行理财业务的发展阶段回顾

2004年，我国商业银行理财业务开始起步，但在随后的几年里增长速度缓慢。2008年次贷危机过后，随着我国宏观调控逐渐增强，信贷规模控制日益严格，商业银行为了规避监管的限制，银信合作模式兴起，发行了大量银信合作的理财产品，理财业务迅速扩张。直至2011年，银监会收紧银信合作业务，商业银行开始转向资产池模式。2012年，随着利率市场化推进，银证信合作和银基信合作等模式不断出现，银行理财规模快速增长。2017年至今，资管新规、理财新规和理财子公司管理办法相继出台，理财业务进入转型期。

资管新规落地以来，银行理财市场的格局发生了变化：理财收益率自2018年2月以来步入下行通道；银行非保本理财存续余额总体保持平稳，发行机构以大型银行和股份制银行为主；同业理财骤降。在打破刚兑、实现净值化管理的要求下，银行理财已经开始积极转型，转型方向包括产品净值化、产品线丰富化和资产配置多样化。2019年以来，银行理财进入子公司独立运作时代，银行理财业务与其他资管机构的关系均发生变化，理财业务出现新格局。

(四) 商业银行理财业务发展趋势

借鉴国外成熟资管行业发展轨迹，未来我国商业银行理财业务将会出现以下发展趋势：

以独立的理财子公司模式运作，建立完善且分工明确的组织架构；理财子公司与其他资管机构形成“各有侧重、竞合并存”的局面；银行专业渠道和客户服务能力逐渐强化，客户关系将转向长期化和机构化，且养老金客户占比较高；构建以大类资产配置为核心的投资研究体系，资产配置更丰富多元，全球化资产配置进程加快；未来商业银行理财业务将与金融科技更紧密结合。

三、代客交易

（一）代客交易的概念

代客交易是指商业银行接受客户委托，代替客户买卖外汇和贵金属的业务，一般是为了对客户进行资金管理或债务保值。

（二）代客交易的主要类型

1. 代客外汇交易

代客外汇交易是指银行接受客户的委托，利用国际金融市场上即期、远期、掉期和择期等金融工具，对客户在对外经济贸易活动中所产生的汇率风险进行规避和管理，通过各种到期日不同外汇币种间的兑换，锁定汇率风险，并灵活调整交割日期的外汇买卖业务。

2. 代客贵金属交易

代客贵金属交易是指由客户发起，商业银行为满足客户需求提供的代客交易和其为对冲前述交易相关风险而进行的代客平盘交易。代客贵金属交易可使用的金融工具包括贵金属现货交易、即期交易、远期交易、掉期交易和欧式期权等及其简单组合。

四、承销债券

（一）承销债券的概念

承销债券是指商业银行（承销商）接受客户（债券发行人）的委托，按照客户的要求将债券销售到机构投资者和社会公众投资者手中，实现客户筹措资金的目的的行为或过程。对商业银行来说，债券承销是非常重要的投资银行业务，可承销品种包括交易商协会主管的非金融企业债务融资工具、人民银行主管的金融债和信贷类资产支持证券等。

（二）承销债券的方式

1. 代销

代销是指商业银行代发行人发售债券，在承销期结束时，将未售出的债券全部退还给发行人的承销方式。

2. 包销

包销是指商业银行将发行人的债券按照协议全部购入或者在承销期结束时将售后剩余债券全部自行购入的承销方式。

五、代理保险

代理保险是指商业银行接受保险公司委托，在保险公司授权的范围内，代理保险公司销售保险产品及提供相关服务，并依法向保险公司收取佣金的经营活动。

商业银行与保险公司开展保险代理业务合作，原则上应当由双方法人机构签订书面委托代理协议，委托代理协议应当包括但不限于以下主要条款：代理保险产品种类，佣金标准及支付方式，单证及宣传材料管理，客户账户及身份信息核对，反洗钱，客户信息保密，双方权利责任划分，争议的解决，危机应对及客户投诉处理机制，合作期限，协议生效、变更和终止，违约责任等。

六、代理销售

代理销售(简称代销)是指商业银行接受由国务院金融监督管理机构依法实施监督管理、持有金融牌照的金融机构委托，在本行渠道(含营业网点和电子渠道)，向客户推介、销售由合作机构依法发行的金融产品(简称代销产品)的代理业务活动。

商业银行开展代销业务的基本原则：应当遵守法律、行政法规和国务院金融监督管理机构的相关规定，不得损害国家利益、社会公共利益和投资者合法权益，严格代销业务管理，防范代销业务风险；应当符合国务院金融监督管理机构关于代销有关金融产品的资质要求；应当加强投资者适当性管理，充分揭示代销产品风险，向客户销售与其风险承受能力相匹配的金融产品；应当在代销业务与其他业务之间建立风险隔离制度，确保代销业务与其他业务在账户、资金和会计核算等方面严格分离。

第四节　担保承诺类表外业务

一、担保类表外业务

(一) 银行承兑汇票

1. 银行承兑汇票的概念

银行承兑汇票是指由在承兑银行开立存款账户的存款人出票，向开户银行申请并经银行审查同意承兑的，保证在指定日期无条件支付确定的金额给收款人或持票人的票据。对出票人签发的商业汇票进行承兑是银行基于对出票人资信的认可而给予的信用支持。实力雄厚，信誉卓著的企业承诺到期付款的汇票称为商业承兑汇票。

2. 银行承兑汇票的特点

(1) 信用好，承兑性强。银行承兑汇票经银行承兑到期无条件付款，相当于把企业之间的商业信用转化为银行信用。对企业来说，收到银行承兑汇票，就如同收到了现金。

(2) 流通性强，灵活性高。银行承兑汇票可以背书转让，也可以申请贴现，不会占压企业的资金。

(3) 节约资金成本。对于实力较强，银行比较信得过的企业，只需交纳规定的保证金，就能申请开立银行承兑汇票，用以进行正常的购销业务，待付款日期临近时再将资金交付给银行。由于银行承兑汇票具有上述优点，因而受到企业的欢迎。

3. 银行承兑汇票的操作步骤

银行承兑汇票的签发与兑付，大体包括如下步骤：

(1) 签订交易合同。交易双方经过协商，签订商品交易合同，并在合同中注明采用银行承兑汇票进行结算。作为销货方，如果对方的商业信用不佳，或者对对方的信用状况不甚了解或信心不足，使用银行承兑汇票较为稳妥。因为银行承兑汇票由银行承兑，由银行信用作为保证，因而能保证及时地收回货款。

(2) 签发汇票。付款方按照双方签订的合同的规定，签发银行承兑汇票。银行承兑汇票一式三联，第一联为卡片，由承兑银行支付票款时做付出传票；第二联由收款人开户行向承兑银行收取票款时做联行往来账付出传票；第三联为存根联，由签发单位编制有关凭证。

(3) 汇票承兑。付款单位出纳员在填制完银行承兑汇票后，应将汇票的有关内容与交易合同进行核对，核对无误后填制银行承兑协议及银行承兑汇票清单，并在承兑申请人处盖单位公章。银行承兑协议一般为一式三联，银行信贷部门一联，银行会计部门一联，付款单位一联，其内容主要是汇票的基本内容，汇票经银行承兑后承兑申请人应遵守的基本条款等。待银行审核完毕之后，在银行承兑协议上加盖银行公章或合同章，在银行承兑汇票上加盖汇票专用章，并至少加盖 1 个经办人私章。

(4) 支付手续费。按照银行承兑协议的规定，付款单位办理承兑手续应向承兑银行支付手续费，由开户银行从付款单位存款户中扣收。按照现行规定，银行承兑手续费按银行承兑汇票的票面金额的 5‱ 计收，每笔手续费不足 10 元的，按 10 元计收。

纸质银行承兑汇票的承兑期限最长不超过 6 个月，电子银行承兑汇票的承兑期限最长不超过 1 年。承兑申请人在银行承兑汇票到期未付款的，按规定计收逾期罚息。

(二) 银行保函

1. 银行保函的概念

银行保函是指银行应申请人或委托人的要求向受益人开出的，担保申请人未能按规定履行其责任和义务时，由开立保函的银行代其履行一定金额、一定时限范围内的某种支付或经济赔偿的书面文件。

2. 银行保函的特点

(1) 银行信用作为保证，易于为合同双方接受。

(2) 银行保函具有独立法律效力。保函虽然依据商务合同开出，但又不依附于商务合同，当受益人在保函项下合理索赔时，担保行就必须承担付款责任，而不论委托人是否同意付款，也不管合同履行的实际事实。即保函是独立的承诺并且基本上是单证化的交易业务。

3. 银行保函的主要种类

(1) 履约保函。履约保函是指应劳务方和承包人(申请人)的请求，向业主方(受益人)所做出的一种履约保证承诺。倘若履约责任人日后未能按合约的规定按期、按质、按量地完成所承建的工程，以及未能履行合约项下的其他业务，银行将向业主方支付一笔不超过担保金额的款项。该款项通常相当于合约总金额的 5%～10%。

(2) 预付款保函。预付款保函是指应供货方或劳务承包方申请向买方或业主方(受益人)保证，如申请人未能履约或未能全部按合同规定使用预付款时，则银行负责返还担保函规定金额(或未还部分)的预付款。

(3) 投标保函。投标保函是指投标人(申请人)申请向招标人做出保证，保证在投标人报价的有效期内，投标人将遵守其诺言，不撤标、不改标，不更改原报价条件，并且在其一旦中标后，将按照招标文件的规定及投标人在报价中的承诺，在一定时间内与招标人签订合同，如投标人违约，银行将在担保额度的范围内向招标人支付约定金额的款项。该金额数通常为投标人报价总额的1%～5%不等。

(4) 维修保函。维修保函是指应承包方(申请人)的请求,向工程业主(受益人)保证,在工程质量不符合合同规定,承包方(申请人)又不能维修时,由银行按保函规定金额赔付工程业主。该款项通常为合同价款的5%～10%。

(5) 借款保函。借款保函是指银行应借款人要求向贷款方所做出的一种旨在保证借款人按照借款合约的规定,按期向贷款方归还所借款项本息的付款保证承诺。

(三) 信用证

1. 信用证的概念

信用证(Letter of Credit, L/C)是指由银行(开证行)根据(申请人的)要求和指示,在符合信用证条款的条件下,凭规定单据向第三者(受益人)或其指定方进行付款的书面文件。信用证是一种银行开立的有条件的承诺付款的书面文件。

2. 信用证的种类

(1) 根据信用证项下汇票是否附有货运单据,可分为跟单信用证和光票信用证。跟单信用证是指凭跟单汇票或代表物权的商业票据付款的信用证。国际贸易结算中使用的多为跟单信用证。光票信用证是指凭不附单据的汇票付款的信用证。

(2) 根据开证行对信用证的责任,可分为可撤销信用证和不可撤销信用证。可撤销信用证是指开证行对所开信用证不必征得受益人同意即有权随时撤销的信用证。不可撤销信用证是指信用证一经开出,在有效期内,非经信用证各有关当事人同意,开证行不得修改或撤销的信用证。按照国际惯例,信用证必须明确表示其是否可撤销,如无明确表示,则视为不可撤销信用证。

(3) 根据信用证付款要求的不同,可分为即期信用证、延期付款信用证、承兑信用证和议付信用证。即期信用证是指开证行或付款行收到符合信用证条款的单据后,立即履行付款义务的信用证。延期付款信用证是指信用证规定货物装船后若干天付款,或开证行见单后若干天付款的信用证。承兑信用证是指以开证行(银行承兑)或进口商(商业承兑)为远期汇票付款人,并由其承兑收单的信用证。议付信用证是指包含议付条款的信用证,规定其他银行可以用与信用证规定完全相符的单据买入跟单汇票,然后按规定索偿票款及有关费用的信用证,即允许受益人向某一指定银行或任何银行交单议付的信用证。

(4) 根据收益人对信用证的权利是否可以转让,可分为可转让信用证和不可转让信用证。可转让信用证是指在受益人的要求下,信用证的全部或部分可以转让给第二受益人的信用证。不可转让信用证是指受益人不能将信用证权利转让给他人的信用证。除非明确注明"可转让",否则即为不可转让信用证。

(5) 其他特殊信用证种类。对背信用证是指中间商要求进口商开立以他为受益人的信用证,并以该信用证为保证,要求银行向商品的实际供货商开立的信用证。主要在转口贸易结算中使用。循环信用证是指信用证被全部或部分使用后,恢复到原金额,可再使用的信用证。通常用于分批交货的长期合同结算。对开信用证是指买卖双方互相开立信用证,第一张信用证的受益人就是第二张信用证的开证申请人,第一张信用证的开证申请人就是第二张信用证的受益人。通常使用于易货贸易的结算。预支信用证是指允许出口商在装货交单前支取全部或部分货款的信用证,又称红条款信用证。

二、承诺类表外业务

(一) 贷款承诺

贷款承诺是指银行承诺在一定时期内或者某一时间按照约定条件提供贷款给借款人的协议，是一种承诺在未来某时刻进行的直接信贷，并有权向客户收取承诺费的一种授信服务。

1. 贷款承诺的种类

贷款承诺具有多种表现形式。根据做出承诺的条款和条件等要素，贷款承诺可以有不同的分类方法。

(1) 根据承诺方是否可以不受约束地随时撤销承诺，贷款承诺可分为可撤销贷款承诺和不可撤销贷款承诺。不可撤销贷款承诺具有法律约束力，在有效期内不经客户同意，银行不得自行撤销承诺。可撤销贷款承诺是银行表示与客户有共同合作意愿的书面文件，若客户没有达到银行要求，银行可以撤销该项承诺。可撤销贷款承诺没有法律上的约束力。

(2) 根据利率的变动特性，贷款承诺可以划分为固定利率承诺和变动利率承诺。前者是指承诺方必须以预先确定的利率向借款人提供信用。后者一般根据市场主导利率加上一个附加率来确定。

(3) 根据对贷款金额的使用情况，贷款承诺可分为定期贷款承诺、备用承诺和循环承诺。定期贷款承诺是指在承诺期内，借款人只能一次性全部或部分使用银行所承诺之贷款金额。备用承诺是指借款人可多次使用银行所承诺之贷款金额，并且剩余承诺在承诺期内仍然有效。循环承诺是指借款人可在承诺有效期内多次使用银行所承诺之贷款金额，并且可以反复使用偿还的贷款，只要借款人在某一时点所使用的贷款不超过全部承诺即可。

2. 贷款承诺的期限

备用承诺的承诺期一般不超过 1 年，定期贷款承诺和循环承诺一般 3～5 年。

(二) 票据发行便利

票据发行便利是一种具有法律约束力的中期周转性票据发行融资的承诺，银行与借款人签订协议，约定在未来的一段时间内，借款人根据具有法律约束力的融资承诺，由银行购买其连续发行的一系列短期票据并以最高利率成本在二级市场上全部出售。如果承购的短期票据不能以协议中约定的最高利率成本在二级市场全部出售，银行则必须自己购买这些未能售出的票据，或者向借款人提供等额银行贷款，银行为此每年收取一定费用。票据发行便利本质是借款人通过循环发行短期票据，达到中期融资的目的，一般发行的短期票据期限多为 3 个月或 6 个月，但银行承诺提供票据发行便利的期间长达 5～7 年。

票据发行便利的主要优点在于以下三个方面：

(1) 有利于分散风险，票据发行便利将传统的信贷风险由一家银行承担转为由多个投资者承担，投资者只承担短期信用风险，承购银行承担中长期风险，即投资者不愿购买继续发行的短期票据，银行必须履行提供贷款的义务。

(2) 为借款人提供稳定的资金来源，根据借款人与银行签订的协议，银行保证购买其未售出的短期票据，从而借款人获得了稳定、连续的资金来源。

(3) 为承购银行提供了稳定的收入，由于票据发行便利的承购银行在正常情况下并不贷出货币，而是在借款人需要资金时提供机制把发行的短期票据转售给其他投资人，并保证借款人能在约定时期内以同样方式获得短期循环资金。这样，承购银行无需动用自有资金就可以获得稳定的佣金收入。

(三) 回购协议

1. 回购协议的概念

回购协议是指证券持有人在卖出一定数量证券的同时与证券买入方签订协议，双方约定在将来某一日期由证券的出售方按约定的价格再将其出售的证券如数赎回。从表面上看，回购协议是一种证券买卖，但实际上是以一笔证券为质押品而进行的短期资金融通。

逆回购协议是指证券的买入方在获得证券的同时，与证券的卖方签订协议，双方约定在将来某一日期由证券的买方按约定的价格再将其购入的证券如数返还。

回购协议和逆回购协议是一个事物的两个方面，同一项交易，从证券提供者的角度看，是回购，从资金提供者的角度看，是逆回购，一项交易究竟被称为回购还是逆回购主要取决于站在哪一方的立场上。

2. 回购协议的特点

(1) 将资金的收益与流动性融为一体，提高了投资者的兴趣。投资者完全可以根据自己的资金安排，与借款者签订"隔日"或"连续合同"的回购协议，在保证资金可以随时收回的前提下，增加资金的收益。

(2) 增强了长期债券的变现性，避免了证券持有者因出售长期资产以变现而可能带来的损失。

(3) 具有较高的安全性。回购协议一般期限较短，并且又有 100%的债券做抵押，所以，投资者可以根据资金市场行情变化，及时抽回资金，避免长期投资的风险。

(4) 较长期的回购协议可以用来套利，如银行以较低的利率用回购协议的方式取得资金，再以较高利率贷出，可以获得利差。

在美国，回购协议市场的利率一般以联邦储备资金拆借市场的利率为基准，但经常会略低一些。回购协议作为重要的短期资金融通方式，已越来越受到重视。

3. 银行回购协议借款原因

第一，回购协议借款是银行推行负债储备管理的有利工具之一，尤其是大银行喜好用回购协议调整储备金头寸。第二，回购协议所获借款无需缴纳准备金，这就降低了回购协议借款的实际成本。第三，由于回购协议下有政府债券等金融资产做担保，资金需求银行所付的利息稍低于同业拆借利率。第四，回购协议的期限弹性佳。回购协议的期限最短为 1 个营业日，有长达几个月的，最长不超过 1 年，而且双方可签订连续合同。在协议不产生异议的情况下，协议可自动展期。因此，回购协议为商业银行提供了一种比其他可控制负债工具更容易确定期限的工具。

课程思政案例

中国银行原油宝事件

一、思政目标

本案例围绕以控制风险为核心的金融风险教育展开，重点让学生理解表外业务风险管理的重要性，培养学生敬畏市场、信守承诺的职业素养，提高学生对银行审慎开展业务认识的水平。

二、案例内容

2020年4月21日凌晨，美国WTI原油期货5月合约跌出史上第一个负数结算价－37.63美元。受其影响，中国银行原油宝美国原油5月合约发生"穿仓"：投资人不仅血本无归，并且还倒欠银行一大笔钱。

中国银行官网资料显示，原油宝是中国银行面向个人客户发行的挂钩境内外原油期货合约的交易产品。按照报价参考对象不同，包括美国原油产品和英国原油产品。其中，美国原油对应的基准标的为"WTI原油期货合约"，英国原油对应的基准标的为"布伦特原油期货合约"，并均以美元和人民币计价。

2020年4月22日早上，中国银行发布公告称，20日WTI原油5月期货合约CME(芝加哥商品交易所)官方结算价－37.63美元/桶(人民币价格为－266.12元/桶)为有效价格。同时，自4月22日起暂停客户原油宝新开仓交易。

一般投资者的思考极限就是本金亏干净，哪能想到期货还有"负值结算"这回事。愤怒的投资者"认亏不认宰"，他们认为是中国银行原油宝设计规则存在重大缺陷，导致了这次的巨额亏损。

首先，受到投资者质疑的是，中国银行原油宝协议为跌至20%保证金时强平，但在跌至20%时，中国银行没有起到应有的风险控制作用。其次，中国银行原油宝的交易时间与国际市场不匹配——超过22:00，国际市场仍在交易，这一交易时间差使得投资者无法及时做出操作指令。最后，4月15日，芝加哥商品交易所将结算规则修改为允许能源期货合约以负数结算没有及时告知投资者。

针对"跌至20%保证金时强平"这一问题，中国银行回应称，中国银行原油宝若为合约最后交易日，则交易时间为8:00～22:00，超过22:00银行则不会进行强平操作，而保证金是在昨晚十点后跌至20%以下的。据多家媒体报道，中国银行给出一份协议，表示负价损失由中国银行承担，事后保证金多扣的钱退回，并且退回本金20%。

2020年12月5日，中国银保监会官网显示，针对在"原油宝"风险事件中违法违规行为，银保监会决定，对中国银行及其分支机构合计罚款5 050万元；对中国银行全球市场部两任总经理均给予警告并处罚款50万元，对中国银行全球市场部相关副总经理及资深交易员等两人均给予警告并处罚款40万元。

从上述事件中可以看出，在风险控制上，中国银行的产品设计并未考虑到"负油价"这样的极端情况，在芝加哥商品交易所公告后也没有提前规避风险，拖到期交割前一日才进行移仓操作，所以才造成了如今的局面。今后，商业银行要深刻吸取这次教训，应当审慎开展业务，了解客户、了解产品、做好风险匹配以及充分风险揭示，避免再度发生这样的风险事件。

三、思考题

1. 商业银行表外业务风险具体的表现形式有哪些?
2. 防范商业银行表外业务风险的具体措施有哪些?

参考文献

刚刚，中行原油宝拿出和解方案！承担穿仓亏损，只赔20%保证金！https://baijiahao.baidu.com/s?id=1665906576591350783&wfr=spider&for=pcl。

本章小结

1. 表外业务是指商业银行从事的，按照现行的会计准则不计入资产负债表内，不形成现实资产负债，但能够引起当期损益变动的业务。表外业务分为中介服务类、代理投融资服务类、担保承诺类和其他类等。

2. 中介服务类业务是指商业银行根据客户委托，提供中介服务、收取手续费的业务，主要包括代理收付、财务顾问、资产托管和保管业务等。

3. 代理投融资服务类业务是指商业银行根据客户委托，为客户提供投融资服务但不承担代偿责任、不承诺投资回报的表外业务，主要包括委托贷款、委托投资、代客非保本理财、代客交易、代理销售和承销债券等。

4. 担保承诺类业务包括担保类、承诺类等按照约定承担偿还责任的业务。担保类业务是指商业银行对第三方承担偿还责任的业务，主要包括银行承兑汇票、保函和信用证等。承诺类业务是指商业银行在未来某一日期按照事先约定的条件向客户提供约定的信用业务，主要包括贷款承诺、票据发行便利和回购协议等。

本章思维导图

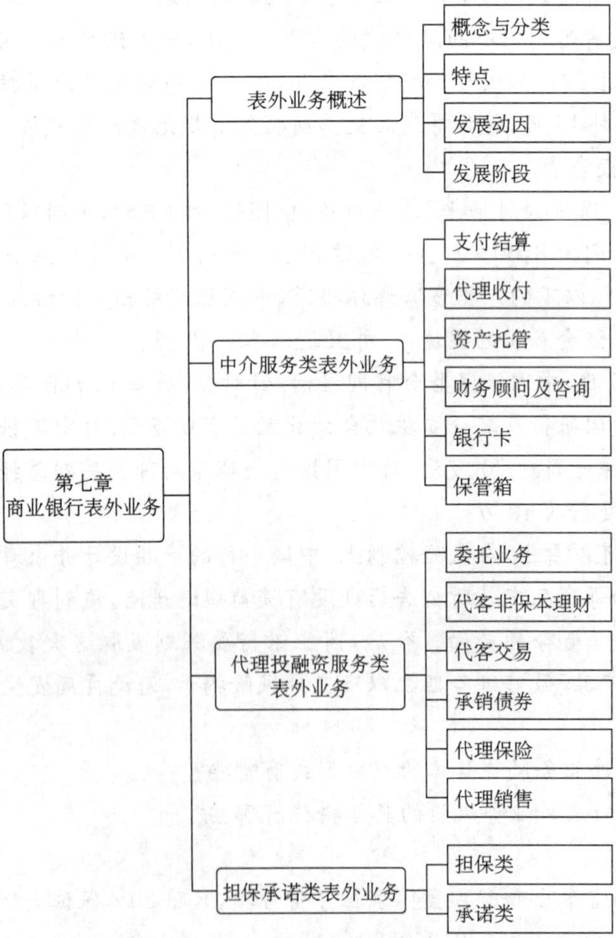

图 7-7 思维导图

思考题

1. 商业银行表外业务的概念与分类是什么？
2. 如何理解商业银行发展表外业务的动因？
3. 商业银行中介服务类表外业务有哪些？
4. 商业银行代理投融资类表外业务有哪些？
5. 商业银行委托投资业务发展的原因及存在的问题有哪些？
6. 如何理解商业银行理财业务的发展趋势？
7. 票据发行便利的定义与优点是什么？
8. 回购协议的定义与特点是什么？

第八章 商业银行国际业务

本章学习目标

商业银行国际业务是指涉及非本国货币或境外客户的业务活动，主要有国际结算业务、外汇买卖业务、国际贸易融资业务、离岸金融业务和国际信贷业务。学生通过本章学习，应熟悉商业银行国际业务的种类，掌握商业银行国际结算业务的主要方式，熟悉信用证等国际结算方式的业务流程；理解商业银行进行外汇买卖的动机，掌握基本的外汇交易方式；熟悉商业银行的国际贸易融资业务；掌握离岸金融业务的种类和特点，离岸金融市场的种类；掌握国际银团贷款的要素。

第一节 国际结算业务

一、国际结算概述

（一）国际结算的概念

国际结算是指以货币清偿国际间债权债务关系的业务活动。由国际贸易及其从属费用引起的货币收付称为贸易结算；由贸易以外的往来，如侨民汇款、劳务供应、出国旅游、利润转移、资金调拨、政府间的政治与外交等引起的货币收付，称为非贸易结算。贸易结算是国际结算的主要内容。

（二）国际结算的特征

与国内结算业务相比，国际结算具备以下几个特征。

1. 使用多种货币作为结算货币

国内结算使用本国货币为结算货币，而国际结算则使用多种可自由兑换货币，如美元、欧元和英镑等。

2. 适用的结算制度不同

国内结算遵循本国的结算制度，如我国商业银行开展的国内结算必须遵照中国人民银行或中国银保监会颁布的相关规定，而国际结算涉及不同国家的相关当事人，需要遵循双边或多边结算制度。经过长期的国际贸易实践，全球已经形成一系列有关国际结算的国际法规和国际惯例，如国际商会发布的《跟单信用证统一惯例》《托收统一规则》等。

3. 涉及跨国的银行间合作

国内结算由一家国内银行即可办理，而国际结算往往需要通过本国银行的海外分支机构或国外代理行的协助，才能完成国际结算业务。

二、国际结算的主要方式

商业银行国际结算的方式主要有汇款、托收和信用证三种。从资金与票据的流动方向是否一致来看，汇款属于顺汇，称为汇付法；托收和信用证则属于逆汇，称为出票法。

(一) 汇款

汇款是指汇款人通过自己的往来银行使用各种支付工具，将款项交给收款人的结算方式。汇款业务一般有四个当事人：①付款方称为汇款人，即进口商；②收款方称为收款人，即出口商；③受汇款人委托，汇出款项的银行称为汇出行，即进口地银行；④受汇出行委托，解付汇款的银行称为汇入行，即出口地银行。

根据汇款过程中使用的工具不同，汇款又分为电汇、信汇和票汇。

1. 电汇

电汇是指汇出行接受汇款人委托，通过电报或电传通知汇入行向收款人解付汇款的方式。电汇具有收款快捷、资金安全的特点，但汇款人要负担较高的电报电传费用，因而，通常只在紧急情况下或者金额较大时适用。电汇的基本业务流程，如图 8-1 所示。

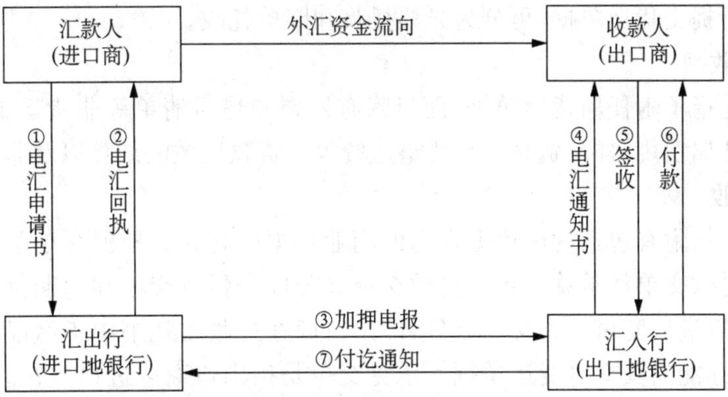

图 8-1　电汇的基本业务流程图

2. 信汇

信汇是指汇出行接受汇款人委托，将信汇委托书以邮寄方式寄给汇入行并委托其向收款人解付汇款的方式。信汇费用较电汇低廉，但因邮递关系，收款时间较晚。信汇的基本业务流程与电汇大致相同，所不同的是汇出行应汇款人的申请，不用电报而以信汇委托书或支付委托书加其签章作为结算工具，邮寄给汇入行，委托后者凭以解付汇款。

3. 票汇

票汇是指汇出行接受汇款人委托，开立以汇入行为付款人的银行即期汇票，交由汇款人，由其自带出境或是直接寄送收款人，再由收款人持票向汇入行提取款项的结算方式。票汇与电汇、信汇的不同在于票汇的传送不通过银行，而由收款人持票向汇入行提示请求解付。票汇的基本业务流程，如图 8-2 所示。

(二) 托收

托收是指出口商开立汇票，委托出口地银行通过进口地代收银行向进口商收款的结算方式。托收涉及四个主要当事人：①委托人，是委托银行办理托收业务的一方，一般为出口商；②付款人，是银行根据托收指示书的指示提示单据的对象，一般为进口商；③托收行又称寄单行，是受委托人的委托办理托收的银行，通常为出口人所在地的银行；④代收行，是接受

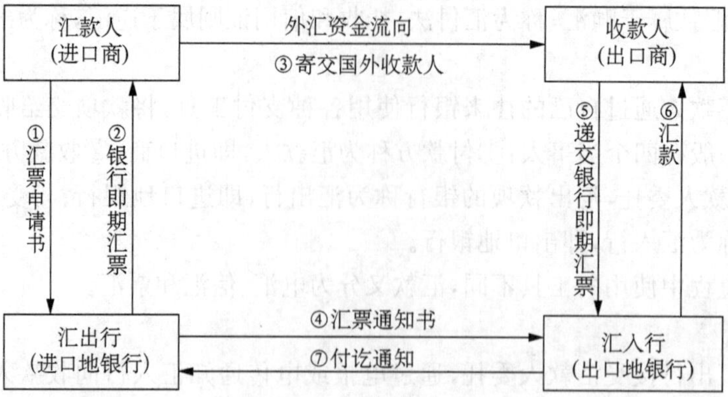

图 8-2 票汇的基本业务流程图

托收行委托，向付款人收款的银行，通常是托收行在付款人所在地的联行或代理行。根据托收时是否向银行提交货运单据，可分为光票托收和跟单托收。

1. 光票托收

光票托收是指不附任何货运单据，而只附有发票和垫付清单等非货运单据的托收。其多用于贸易的从属费用(样品费、佣金、代垫运费等)、货款尾数的结算以及非贸易结算等。

2. 跟单托收

跟单托收是指附有包括货运单据在内的商业单据的托收。根据交单条件的不同，跟单托收又可分为付款交单和承兑交单。付款交单又分即期付款交单和远期付款交单两种，其做法是：出口商以进口商付款为交单条件，即出口商在托收委托书中指示银行，只有当进口商付清货款后，才能向其交付货运单据。承兑交单是指出口商以进口商在远期汇票上承兑为交单条件，即进口商承兑汇票后，即可从银行取得货运单据。国际贸易结算中的托收业务以跟单托收为主。跟单托收的基本业务流程，如图 8-3 所示。

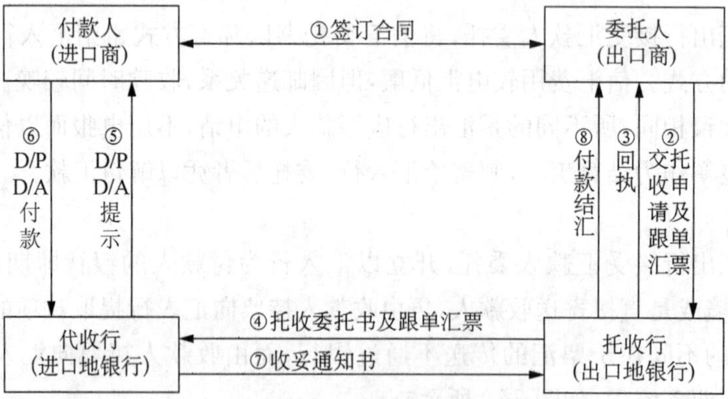

图 8-3 跟单托收的基本业务流程图

托收虽然是通过银行办理，但银行只是转手交单的代理人，并不承担付款的责任。在使用托收方式时，是否付款完全由进口商决定，所以托收的结算基础仍是商业信用。托收时，出口商的资金负担较重，但是因为有单据，有些银行愿意做押汇，出口商因此能获得融资。

(三) 信用证

1. 信用证的概念及其当事人

信用证是指由银行(开证行)依照申请人(进口商)的申请和要求,向受益人(出口商)开立的,凭符合信用证条款规定的单据向其付款的书面文件。信用证涉及的基本当事人有:①开证申请人,是向银行申请开立信用证的人,即进口商或购货商;②开证行,是接受开证人的申请,开立信用证的银行,承担保证付款的责任,一般是进口人所在地的银行;③受益人,是信用证上所指定的有权使用该证的人,即出口商或销货商;④议付行,是愿意买入受益人交来的跟单汇票的银行,通常是受益人指定的银行,它对信用证受益人的付款有追索权;⑤付款行,是信用证上指定的付款银行,一般是开证行。根据需要还可能涉及的其他当事人有:⑥通知行,是代理开证行将信用证内容通知受益人的银行;⑦保兑行,是应开证行请求在信用证上加具保兑的银行,具有与开证行相同的责任和地位;⑧偿付行,是开证行的付款代理行,不负责审单,只是代替开证行偿还议付行垫款的第三国银行。

2. 信用证的种类

国际结算中使用的信用证可以根据不同的依据做出如下分类:

(1) 根据信用证项下汇票是否附有货运单据,可分为跟单信用证和光票信用证。跟单信用证,是指凭跟单汇票或代表物权的商业票据付款的信用证。国际贸易结算中使用的多为跟单信用证。光票信用证是指凭不附单据的汇票付款的信用证。

(2) 根据开证行对信用证的责任,可分为可撤销信用证和不可撤销信用证。可撤销信用证是指开证行对所开信用证不必征得受益人同意即有权随时撤销的信用证。不可撤销信用证是指信用证一经开出,在有效期内,非经信用证各有关当事人同意,开证行不得修改或撤销的信用证。按照国际惯例,信用证必须明确表示其是否可撤销,如无明确表示,则视为不可撤销信用证。

(3) 根据信用证付款要求的不同,可分为即期信用证、延期付款信用证、承兑信用证和议付信用证。即期信用证,是指开证行或付款行收到符合信用证条款的单据后,立即履行付款义务的信用证。延期付款信用证是指信用证规定货物装船后若干天付款,或开证行见单后若干天付款的信用证。承兑信用证是以开证行(银行承兑)或进口商(商业承兑)为远期汇票付款人,并由其承兑收单的信用证。议付信用证是包含议付条款的信用证,规定其他银行可以用与信用证规定完全相符的单据买入跟单汇票,然后按规定索偿票款及有关费用的信用证,即允许受益人向某一指定银行或任何银行交单议付的信用证。

(4) 根据收益人对信用证的权利是否可以转让,分为可转让信用证和不可转让信用证。可转让信用证是指在受益人的要求下,信用证的全部或部分可以转让给第二受益人的信用证。不可转让信用证是指受益人不能将信用证权利转让给他人的信用证。除非明确注明“可转让”,否则即为不可转让信用证。

(5) 其他特殊信用证种类。对背信用证是指中间商要求进口商开立以他为受益人的信用证,并以该信用证为保证,要求银行向商品的实际供货商开立的信用证。主要在转口贸易结算中使用。循环信用证是指信用证被全部或部分使用后,恢复到原金额,可再使用的信用证。通常用于分批交货的长期合同结算。对开信用证,是指买卖双方互相开立信用证,第一张信用证的受益人就是第二张信用证的开证申请人,第一张信用证的开证申请人就是第二张信用证的受益人。通常使用于易货贸易的结算。预支信用证,是指允许出口商在装货交单前支取全部或部分货款的信用证,又称“红条款信用证”。

3. 信用证的业务流程

信用证因其种类不同,在业务程序上有所差异。以最常见的跟单信用证为例,基本业务流程如图 8-4 所示。

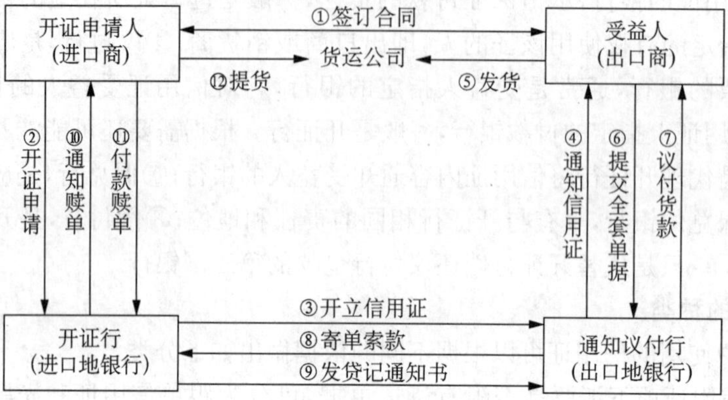

图 8-4 跟单信用证的基本业务流程图

(1) 进出口商双方应在购销合同中,明确规定采用信用证方式付款。

(2) 进口商向其所在地银行提出开证申请,填具开证申请书,并交纳一定的开证押金或提供其他保证,请银行(开证银行)向卖方开出信用证。

(3) 开证行按申请书的内容开立以出口商为受益人的信用证,并通过其在出口商所在地的代理行或往来行(统称通知行)将信用证通知出口商。

(4) 通知行核对印鉴或者密押无误后,将信用证交与出口商。

(5) 出口商审核信用证与合同相符后,按照合同要求将货物交货运公司运出,并取得各项货运单据,开出汇票。

(6) 出口商将汇票、货运单据及信用证条款要求的其他单据交给寄单行(往往是通知行)。

(7) 议付行按信用证条款审单无误后,垫付资金给出口商。

(8) 议付行将汇票和单据寄给开证行索偿。

(9) 开证行核对单据无误后付款,发贷记通知书给寄单行。

(10) 开证行通知进口商付款赎单。

(11) 进口商向开证行付款取得货运单据。

(12) 进口商凭货运单据向货运公司提货。

4. 信用证结算方式的特点

(1) 信用证是一种银行信用。银行一旦开立信用证,即表明以其信用做付款保证,并处于第一付款人的地位。信用证结算方式以银行信用代替商业信用,解决了进出口商之间缺乏了解和信任的问题,还为进出口商提供资金融通,大大促进了国际贸易的发展。

(2) 信用证是一种自足文件。信用证以贸易合同为基础,但并不依附于贸易合同而存在。信用证一经开出,就成为独立于贸易合同之外的另一种契约,各当事人的责任与权利均以信用证为准。贸易合同只能约束进出口双方，而与信用证业务的其他当事人无关。开证行只对信用证负责，只凭完全符合信用证条款的单据付款。

(3) 信用证业务是一种纯粹的单据业务。在信用证方式下，银行凭单付款，即银行付款的依据是单证一致、单单一致，而不管货物是否与单证一致。所以，在信用证业务中，银行从事的是单据交易。

第二节　外汇买卖业务

外汇买卖是商业银行基本的国际业务，是商业银行将一种货币兑换成另一种货币的活动。国际性的大商业银行往往是外汇市场的主要交易者。商业银行从事外汇交易的原因主要在于：一方面，应客户需要进行贸易和非贸易外汇结算。另一方面，出于自身规避外汇敞口风险或是投机获利。下面介绍三种基本的外汇交易方式。

一、即期外汇交易

即期外汇交易又称现汇交易，是指交易双方以外汇市场上的即期汇率成交，并在 2 个营业日内办理交割的外汇交易。营业日是指两家清算国银行都营业的日期，如遇任一方的节假日则顺延。交割日又称起息日，是指进行资金交割的日期。例如，在 2019 年 12 月 5 日，纽约花旗银行与中国银行通过电话达成一项外汇买卖交易，成交汇率为 USD1 = CNY7.0218，金额 100 万美元。当天，花旗银行将 100 万美元划入中国银行账户，而中国银行则将 702.18 万元人民币划入花旗银行账户，从而完成这笔交易。

在即期外汇交易中，提供交易价格（即期汇率）的一方称作报价者，通常是某家外汇银行，而其交易对手则被称为询价者，是指向报价行索价并按报价行所报即期汇率与报价行成交的其他商业银行或外汇经纪、进出口公司、个人以及中央银行等。即期外汇交易是外汇市场上最常见的交易方式，在国际贸易、国际投资等经营活动中满足客户的结算需要，在个人因公或因私出入境时满足客户对不同货币兑换的需求。

二、远期外汇交易

（一）远期外汇交易的概念

远期外汇交易又称期汇交易，是指交易双方签订合约成交后，在约定的日期进行交割的外汇交易。远期合约中对交易的币种、金额、汇率及未来交割时间做出预先规定，常见的远期外汇交割期限有 1 个月、2 个月、3 个月、6 个月和 1 年。为方便起见，通常将在成交 2 个营业日以后的任何一个营业日办理交割的外汇交易都视为远期外汇交易。与即期外汇交易相比，远期外汇交易更具灵活性，在交割时间和交易价格等方面都可以由商业银行和交易对象商定。

（二）远期外汇交易的种类

根据交割日期的不同，远期外汇买卖分为固定交割日的期汇交易和选择交割日的期汇交易。固定交割日的期汇交易是指交易的交割日是确定的，交易双方必须在合约规定的交割日办理外汇的实际交割，不能提前也不能推迟，若任一方延期交割，则其必须向对方支付利息和罚金。选择交割日的期汇交易又称择期交易，是指远期交易没有固定的交割日，交易一方可以在约定期限内的任何一个营业日要求交易对象按约定的远期汇率进行交割的期汇交易。此类交易的交割日期具有较大的灵活性。

(三) 远期外汇交易的动机

商业银行进行远期外汇交易是为了满足进出口商避免汇率波动风险的需求：在对外贸易中，进口商为避免汇率风险需提前买进到期支付的期汇；出口商为避免汇率风险也需要提前卖出到期收进的期汇。银行为保障本身资金安全，也需通过买进或卖出远期外汇实现套期保值，同时，也可借此进行外汇投机。套期保值是指商业银行运用远期外汇交易，锁定未来交易的汇率水平，从而将汇率变动的风险转移出去。外汇投机是指商业银行基于对外汇汇率波动的预测，通过买卖外汇谋取汇差的行为。

三、掉期交易

(一) 掉期交易的概念

掉期交易是指将金额相同、币种相同，但方向相反且交割期限不同的两笔或两笔以上的外汇交易结合起来进行的一种外汇交易方式，即买进某种外汇时，同时卖出金额相同的这种外汇，但买进和卖出的交割日期不同。

(二) 掉期交易的种类

1. 即期对远期的掉期

即期对远期的掉期，是指买进或卖出某种即期外汇的同时，卖出或买进同种货币的远期外汇。这是掉期交易里最常见的一种形式。按交易主体不同又可分为两种：

(1) 纯粹的掉期交易，是指交易只涉及两方，即所有外汇买卖都发生于银行与另一家银行或公司客户之间。

(2) 分散的掉期交易，是指交易涉及三个参加者，即银行与一方进行即期交易的同时与另一方进行远期交易。

2. 远期对远期的掉期

远期对远期的掉期，是指买进并卖出两笔同种货币不同交割期的远期外汇。该交易又可分为两种方式：第一，买进较短交割期的远期外汇(如 30 天)，卖出较长交割期的远期外汇(如 90 天)；第二，买进期限较长的远期外汇，而卖出期限较短的远期外汇。

3. 一天掉期交易

一天掉期交易是指在相邻的两个营业日各做一笔交割，但方向相反。这种交易常见于银行同业的隔夜资金拆借。

(三) 掉期交易的特点

掉期交易的特点表现为：

(1) 买与卖是有意识地同时进行的。

(2) 买与卖的币种相同、金额相等。

(3) 买与卖的交割期限不相同。

掉期交易与即期交易和远期交易不同。即期与远期交易都是单一的，常被称为单一的外汇买卖，主要用于银行与客户的外汇交易之中。掉期交易的操作涉及即期交易与远期交易的同时进行，故称为复合的外汇买卖，主要用于银行同业之间的外汇交易。一些大公司也经常利用掉期交易进行套利活动。

掉期交易与套期保值亦有区别。首先，掉期交易的两笔交易是同时进行的，而套期保值是基于之前的一笔交易而后进行的。其次，掉期交易的两笔交易金额完全相同，而套期保值的金额可以不同。

随着金融衍生工具的发展，新的外汇交易方式不断涌现，如外汇期货交易、外汇期权交易以及外汇互换交易（具体内容详见第七章第五节）。

第三节　国际贸易融资业务

国际贸易融资业务是指商业银行为满足客户在进出口贸易中所发生的融资需求而提供的服务。在进出口的各个环节，进出口商都可能得到银行的资金融通。国际贸易融资促进了进出口贸易的发展，也为商业银行拓展了业务范围并带来收益的增加。伴随国际贸易迅猛发展，作为促进进出口贸易的金融支持，国际贸易融资也不断推陈出新，常见的国际贸易融资方式介绍如下所述。

一、进口押汇

（一）进口押汇的概念及种类

进口押汇是银行向进口商提供的一种资金融通，是指银行在进口信用证或进口代收项下，凭有效凭证和商业单据代进口商对外垫付进口款项的短期资金融通。进口押汇是为了满足进口商在进口信用证或进口代收项下的短期资金融通需求，按结算方式不同，分为进口信用证押汇和进口托收押汇。按押汇币种不同，可分为外币进口押汇和人民币进口押汇。按垫付资金来源不同，分为自有资金对外垫付和海外联行垫付（海外代付）。

（二）进口押汇的适用条件

进口押汇适用于进口商面临以下两种情形：第一，进口商遇到临时资金周转困难，无法按时付款赎单。第二，进口商在付款前遇到新的投资机会，且预期收益率高于押汇利率。

以中国银行为例，具体申请条件是：依法核准登记，具有经年检的法人营业执照或其他足以证明其经营合法性和经营范围的有效证明文件；拥有贷款卡；拥有开户许可证，并在中国银行开立结算账户；具有进出口经营资格。

（三）进口押汇的业务流程

以进口信用证押汇为例说明其业务流程：开证银行接受开证申请人（进口商）委托对外签发进口信用证后，在收到议付行寄来跟单汇票及议付通知书时，经审单相符，即以货运单据为抵押，立即对外垫付进口货款及从属费用。开证申请人在开证时如已预交部分押金，银行在做进口押汇时，除将押金扣抵货款外，其余部分列做进口押汇，待开证申请人备款赎单时，再按规定利率和银行垫款天数清偿进口押汇本息。

二、出口押汇

（一）出口押汇的概念及种类

出口押汇是指出口商发运货物后，提交全套单据作为抵押，向银行办理资金融通的行为。

按押汇币种不同，出口押汇可分为外币出口押汇和人民币出口押汇。按结算方式不同，出口押汇分为出口托收押汇和出口信用证押汇。出口托收押汇是指采用托收结算方式的出口商在提交单据、委托银行代向进口商收取款项的同时，银行凭托收单据提供给出口商的短期资金融通，又可分为D/P托收押汇和D/A托收押汇。出口信用证押汇是指企业（信用证受益人）在向银行提交信用证项下单据议付时，银行（议付行）根据企业的申请，凭企业提交的全套单证相符的单据作为质押进行审核，审核无误后，参照票面金额将款项垫付给企业，然后向开证行寄单索汇，并向企业收取押汇利息和银行费用并保留追索权的一种短期出口融资业务，又分为信用证项下单证相符押汇和信用证项下单证不符押汇。

（二）出口押汇的适用条件

出口押汇适用于出口商面临以下情形：第一，出口商流动资金有限，依靠快速的资金周转开展业务。第二，出口商在发货后、收款前遇到临时资金周转困难。第三，出口商在发货后、收款前遇到新的投资机会，且预期收益率高于押汇利率。

以中国银行为例，具体申请的基本条件是：依法核准登记，具有经年检的法人营业执照或其他足以证明其经营合法性和经营范围的有效证明文件；拥有贷款卡；拥有开户许可证，并在银行开立结算账户；具有进出口经营资格（国际融易达业务）。附加条件包括对于D/A托收押汇，出口商应在银行有授信额度，且客户信用等级需在CCC级以上（含）。

对于信用证项下单证不符押汇和D/P托收押汇，出口商应在银行有授信额度。如银行不可控制货权，客户信用等级还需在CC级（含）以上；如银行可控制货权的出口押汇，则不受客户信用等级的限制。对于信用证项下单证相符押汇，如不可占用金融机构授信额度，其准入条件等同于单证不符押汇；如可占用金融机构授信额度，则不受出口商客户信用等级及其他准入标准的限制。

（三）出口押汇的业务流程

出口商与出口地银行签订融资协议，并向银行提交出口单据及押汇申请书；银行经审核单据后，将押汇款项入出口商账户；出口地银行将单据寄往国外银行（信用证项下开证行或指定行，或托收项下代收行）进行索汇；国外银行收到单据后提示给信用证项下开证申请人，或托收项下付款人；国外银行到期向出口地银行付款，后者用以归还押汇款项。出口押汇的基本业务流程，如图8-5所示。

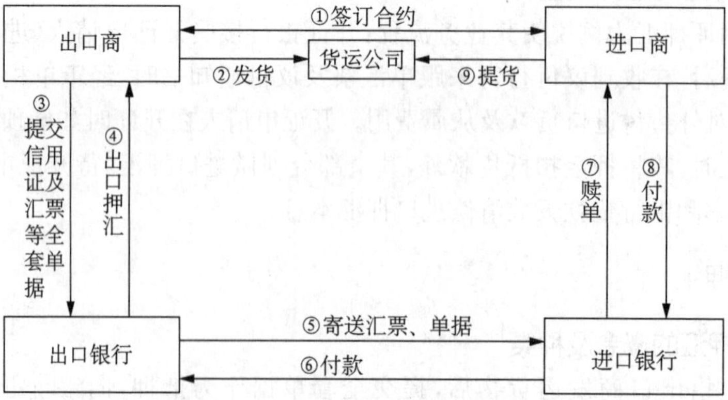

图8-5 出口押汇的基本业务流程图

三、打包贷款

（一）打包贷款的概念

打包贷款是指银行应信用证受益人（出口商）申请向其发放的用于信用证项下货物采购、生产和装运的专项贷款。之所以称为打包贷款，是因为这种贷款最初是向流动资金短缺的出口商提供包装所需费用。

（二）打包贷款的业务特点

1. 扩大贸易机会

打包贷款是一种装船前的短期融资，在出口商自身资金紧缺而又无法争取到预付货款的支付条件时，帮助出口商顺利开展业务，把握贸易机会。

2. 减少资金占压

在生产、采购等备货阶段均不占用出口商的自有资金，可以缓解流动资金压力。

（三）打包贷款的适用条件

出口商流动资金紧缺，而国外进口商不同意预付货款，但同意开立信用证，此时可以申请打包贷款。

以中国银行为例，打包贷款具体的申请条件是：依法核准登记，具有年检的法人营业执照或其他足以证明其经营合法性和经营范围的有效证明文件；拥有贷款卡；拥有开户许可证，在中国银行开立结算账户；具有进出口经营资格；在中国银行有授信额度。

（四）打包贷款的业务流程

出口商与出口地银行签订融资协议，向该行提交打包贷款申请书、贸易合同、正本信用证及相关材料；银行经审核后将打包贷款款项入出口商账户；出口商使用打包贷款款项完成采购、生产和装运后，向银行提交信用证项下单据；出口地银行将单据寄往国外银行（开证行或指定行）进行索汇；国外银行到期向出口地行付款，后者用以归还打包贷款款项。打包放款的基本业务流程，如图 8-6 所示。

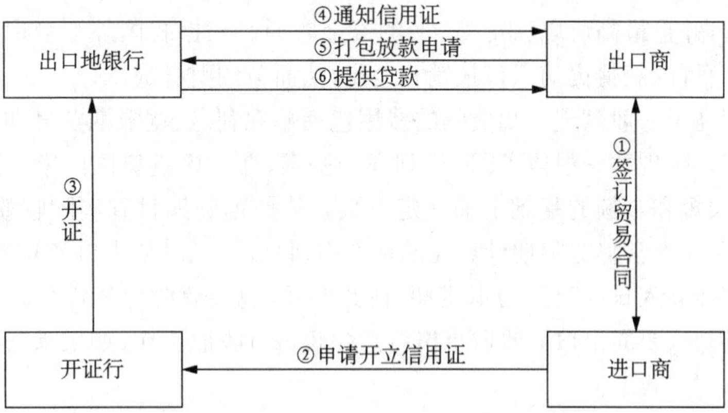

图 8-6　打包放款的基本业务流程图

出口商凭信用证正本从出口地银行获得短期资金融通，放款期限从贷款之日起到外销货款结汇日，一般不超过信用证的有效期。出口商借入打包贷款后，很快将货物装船运出，在取得各种单据并向进口商签发汇票后，向贷款银行叙做抵押贷款，贷款银行收下汇票和单据后，将以前的打包贷款改为出口押汇，此时打包贷款即告结束。

打包贷款以尚在打包中而暂时还未达到可以装运出口程度的货物为抵押品，若出口商不按规定履行职责，贷款银行有权处置抵押品。打包贷款的数额一般为不超过信用证金额的80%。

四、福费廷

(一) 福费廷的概念及种类

福费廷又称票据包买，是指商业银行无追索权地从出口商手中买断由于出口商品或劳务而产生的应收账款。它是国际贸易中一种特殊的融资方式，广泛应用于延期付款条件下的成套设备、机器、飞机和船舶等贸易。福费廷可以提供1年期以下的短期融资，也可以提供3～5年，甚至更长期限的中长期融资。

目前，银行的福费廷业务，根据其可接受的债权形式细分为以下几种形式。

1. 远期信用证项下福费廷

远期信用证项下福费廷是指银行应客户申请，在远期议付、远期承兑或延期付款信用证项下，无追索权买入经开证行承兑/承付的远期应收款项。

2. 即期信用证项下福费廷

即期信用证项下福费廷是指在即期议付信用证项下，银行指定议付行或信用证为自由议付，在严格审单、确保单证一致情况下，应客户要求买断开证行应付款项。

此外，还有承兑交单下银行保付福费廷、国内信用证项下福费廷、信保项下福费廷(无追索权融信达)等多种形式。

(二) 福费廷的业务特点

福费廷对出口商无追索权，意味出口商将其面临的国家风险、买方信用风险、汇率风险和利率风险等全部转移给作为票据包买方的商业银行。所以，承做福费廷业务的商业银行特别关注进口商的资信，并往往要求由进口地一流银行做出担保。

福费廷业务不占用出口商授信额度，出口商在没有额度或授信额度不足的情况下，仍可从银行获得融资，并且最高可以获得100%的资金融通。根据我国外汇管理局规定，办理福费廷业务，出口商可以获得提前出口核销和退税，从而节约财务成本。

福费廷费用高于一般贴现。福费廷的费用包括贴现利息、宽限期贴息和承诺费，具体收费通过合同约定。贴现率一般以LIBOR利率为基准，在考虑进口国国家风险、开证行信用风险、贴现期限长短和金额的基础上加一定点数。从票据到期日到实际收款日的期限称为付款宽限期，包买商通常将宽限期计算在贴现期中，收取贴息。从出口商和包买商达成福费廷协议到票据实际买入日的时间为承诺期，在此期间，包买商要筹集资金，形成实际资金成本和机会成本，因此，要向出口商收取承诺费。一般每月收取1次，如果承诺期少于1个月，也可同贴现利息一并收取。

(三) 福费廷的适用条件

当出口商面临以下情况时，可以申请办理福费廷业务：出口商流动资金有限，需加快应收账款周转速度；出口商希望规避远期收款面临的信用风险、国家风险、利率风险和汇率风险；出口商授信额度不足，或没有授信额度；出口商希望获得提前出口退税和核销。

(四) 福费廷的业务流程

进出口商达成贸易意向，若决定采用福费廷，应事先与出口商所在地银行(福费廷代理人)做出约定，其后正式订立贸易合同，规定使用福费廷。

出口商向进口商签发远期汇票，汇票经进口商承兑，要求由进口商所在地银行担保，并且担保行的资信需经过福费廷代理人认可。

出口商备货发运后，将全套单据通过银行寄交进口商，并通过银行取得进口方承兑的由银行担保的汇票。

出口商取得经进口方承兑的并附有银行担保的远期汇票后，即可根据约定，由福费廷代理人无追索地贴现该汇票。

五、保理

(一) 保理的概念及当事人

保理全称保付代理，又称托收保付，是指保理商(银行)通过收购债权而向出口商提供信用保险或坏账担保、应收账款的代收或管理、贸易融资中至少两种业务的综合性金融服务业务，其核心内容是通过收购债权方式提供出口融资。

保理是贸易中以托收、赊销方式结算贷款时，出口方为了规避收款风险而采用的一种请求第三者(保理商)承担风险的做法。保理业务是一项集贸易融资、商业资信调查、应收账款管理及信用风险承担于一体的综合性金融服务。保理的下列服务项目中，保理商至少为客户提供其中的两项：

(1) 贸易融资。保理商可以根据卖方的资金需求，收到转让的应收账款后，立刻对卖方提供融资，协助卖方解决流动资金短缺问题。

(2) 销售分户账管理。保理商可以根据卖方的要求，定期向卖方提供应收账款的回收情况、逾期账款情况、账龄分析等，发送各类对账单，协助卖方进行销售管理。

(3) 应收账款的催收。保理商有专业人士从事追收，他们会根据应收账款逾期的时间采取有理、有力、有节的手段，协助卖方安全回收账款。

(4) 信用风险控制与坏账担保。保理商可以根据卖方的需求为买方核定信用额度，对于卖方在信用额度内发货所产生的应收账款，保理商提供100%的坏账担保。

国际保理业务涉及出口商、出口保理人、进口商和进口保理人四个当事人。

(二) 保理业务的种类

保理业务的运作有单保理和双保理两种方式，仅涉及进出口商一方保理商的称为单保理方式，涉及双方保理商的则称为双保理方式。

1. 单保理

单保理方式适用于进出口商所在国或地区其中一方没有保理商的情况下。当进、出口双方商定采用保付代理后，出口商即向保理商提出申请，签订保付代理协议，并将需确定信用额度的进口商名单提交给保理商；保理商对进口商进行资信调查评估；在信用额度内签约发货后，将发票和货运单据直接寄交进口商；将发票副本送保理商，保理商负责催收账款；如果出口商在发货后、收款前有融资要求，保理商将在收到发票副本后以预付款方式提供不超过发票金额80%的无追索权短期贷款融资；进口商在付款到期时将全部货款付给保理商，保理商再将全部货款扣除相关费用及预付货款后转入出口商的银行账户。

2. 双保理

双保理方式适用于进出口商双方所在国和地区都有保理商的情况。进出口商达成贸易意向后，出口商与本国的出口保理商签订保付代理合同，并向出口保理商提出确定进口商信用额度申请；出口保理商将需要核定信用额度的进口商名单提交给进口保理商；进口保理商对进口商进行信用调查评估，将确定的进口商信用额度通知出口保理商；出口保理商将进口商信用额度通知出口商，并承担进口商信用额度内100%的收取货款风险担保；出口商依据由保理商确定的进口商信用额度决定是否签约。

若决定签订贸易合同，出口商在信用额度内签约发货后，将发票和货运单据直接寄交进口商；将发票副本送出口保理商，出口保理商负责催收账款管理；如果出口商在发货后、收到货款前有融资要求，出口保理商将在收到发票副本后以预付款方式提供不超过发票金额80%的无追索权短期货款融资；出口保理商同时将应收账款清单提交给进口保理商，委托其协助催收货款；进口商在付款到期时将全部货款付给进口保理商，如果进口商在发票到期日90天后仍未付款，进口保理商做担保付款；进口保理商收款后，立即将全部款项转给出口保理商；出口保理商在扣除相关费用及预付货款后转入出口商的银行账户。只要进口商按原定合同及时付清货款，保理业务即告完成。进口商的信用额度在保理合同规定的期限内可循环使用。

六、出口信贷

(一) 出口信贷的概念

出口信贷是指出口地银行在本国政府支持下，为支持本国产品的出口，增强国际竞争力，向本国出口商或外国进口商(或进口地银行)提供较市场利率略低的贷款的一种融资方式。

(二) 出口信贷的种类

按贷款的对象不同，出口信贷可分为卖方信贷与买方信贷。

1. 卖方信贷

卖方信贷是指出口国为支持本国机电产品、成套设备、对外工程承包等资本性货物和服务的出口，由出口国银行给予出口商的中长期融资便利。贷款金额最高不超过出口成本的总值减去定金和企业自筹资金。出口卖方信贷的币种可以为人民币或美元。自签订借款合同之日起，至还清贷款本息日止，最长不超过10年(含宽限期)。出口卖方信贷的对象应是具有法人资格、经国家批准有权经营机电产品出口的进出口企业和生产企业。凡出口成套设备、船舶等及其他机电产品合同金额在50万美元以上，并采用1年以上延期付款方式的资金需求，均可申请使用出口卖方信贷贷款。

2. 买方信贷

买方信贷是指出口地银行通过向外国进口商或进口地银行提供优惠利率贷款而给予进口商的融资便利。若出口地银行直接向外国进口商提供贷款，称为企业买方信贷，通常需要进口地银行予以担保；若出口地银行直接将资金贷给进口地银行，再由后者将资金贷给进口商，称为银行买方信贷。商业银行开展买方信贷业务通常有两种做法：一是由出口地银行预先向进口地银行提供一个总的买方信贷额度，双方签署买方信贷总协议，明确总的信贷原则，待项目落实、需要使用时，再分别由进口商向银行申请贷款。二是事先并未签订买方信贷协议,而是在办理进口手续、签订进口商务合同时,由出口地银行和进口地银行签订相应的信贷协议。其中第一种形式更为常见。

卖方信贷与买方信贷各具特点。卖方信贷是由出口商所在地银行对出口商提供融资,从而进口商得以在贸易合同中采用延期付款的方式,缓解资金周转的困难。出口商向进口商提供的是商业信用。为此,出口商的报价包含了延期付款的利息及汇率变动损失。买方信贷涉及出口地银行与进口商之间或出口地银行与进口地银行之间的关系。出口地银行对他国进口商或进口地银行提供的是银行信用。对于进口商而言,买方信贷的成本相较卖方信贷要低;从信贷手续来看,卖方信贷更为简便。

第四节 离岸金融业务

一、离岸金融业务概述

离岸金融业务是商业银行国际业务的重要组成部分。离岸金融是不受当局国内银行法管制的资金融通,它是金融自由化和全球金融市场一体化的产物。

(一) 离岸金融业务的概念及特点

离岸金融业务是指在本国境内发生的外国机构(或个人)之间以外币进行的资金融通,即银行吸收非居民[主要包括境外(含我国港、澳、台地区)的个人、法人(含在境外注册的中资企业)、政府机构、国际组织]的资金,为非居民服务的金融活动。

与离岸金融业务相对应的概念是在岸金融业务。在岸金融业务,是指一国居民与非居民之间的金融业务。离岸金融业务的特点表现为:

(1) 离岸金融业务不受业务发生当地金融当局政策、法令和外汇管制的约束。

(2) 离岸金融业务仅限于境外借贷双方之间,并且这种借贷关系几乎涉及世界所有国家。

(3) 离岸金融业务具有币种多、规模大、利差小和效率高的特点。

(二) 离岸金融市场的种类

离岸金融市场又称境外金融市场,是指使非居民在筹集资金和运用资金方面不受货币所属国税收和外汇管制及国内金融法规影响,可进行自由交易的市场。根据离岸金融市场表现出的特点不同,可以将离岸金融市场分为以下三种类型。

1. 内外混合型离岸金融市场

内外混合型离岸金融市场是指离岸金融市场业务和国内金融市场业务不分离。这类市场的资金流向不定,既可流入国内也可从国内流向国外,对境外流入资金的利息免征利息税,外汇资金不实行存款准备金制度,以伦敦和我国香港地区为典型代表。

(1) 伦敦离岸市场即伦敦欧洲货币市场,始于20世纪50年代末,属于"自然形成"的市场。该市场只允许经营欧洲英镑以外的欧洲货币。它既经营银行业务,也经营证券业务。伦敦离岸市场内外一体化的特征表现在允许非居民经营在岸业务,但须缴纳存款准备金和有关税款。在岸业务因为受金融当局严格限制,所以在该市场所占规模较小。

(2) 香港离岸金融市场是亚洲重要的离岸金融中心。其从未刻意区分境内和境外业务,无论本地居民还是非居民,均可自由进行各项金融交易,币种的使用也没有特别规定。

香港是全球最多国际银行开业之地，国际化程度高，并且金融业务品种多样，技术设备先进。

2. 内外分离型离岸金融市场

内外分离型离岸金融市场是专门为非居民间的金融交易而创立的市场。其最大特点在于“人为创设”和“内外分离”，而且没有证券买卖。此类市场将境内业务和境外业务严格分开，禁止非居民经营在岸业务和国内业务。在此类离岸金融市场，非居民境外资金的流入不受国内存款准备金制度、利率上限和税制等的约束。分离型市场有助于隔绝国际金融市场资金流动对本国货币存量和宏观经济的影响。典型代表是纽约离岸金融市场、早年的东京和新加坡的离岸金融市场。

(1) 1981 年 12 月，美国联邦储备银行批准设立国际银行设施之后，纽约离岸金融业务迅速发展。该市场允许获批的外国银行与美国银行开办国际银行业设施，交易对象是非居民，进入该离岸市场的金融必须开设 IBF 账户，离岸交易必须在此账户内进行，且须为境外与境外的交易。存放在 IBF 账户上的美元视同境外美元。该市场交易不受美国国内银行法规关于准备金比率和利率上限的限制，市场交易者免缴利息税。该“设施”可使用包括美元在内的任何一种货币计价。由于美元是最主要的国际通货，而该离岸市场主要交易货币也是欧洲美元，所以纽约离岸市场以本国货币作为主要交易货币。

(2) 东京离岸金融市场是模仿美国的 IBF 而设立的，只是在获批离岸业务的银行中，通过设立海外特别账户处理境外业务。拥有海外特别账户的银行可以用任何一种货币对所有的非居民客户提供存放款业务，但日元交易占了离岸金融市场的绝大部分。该市场无法定准备金要求和存款保险金要求，没有利息预扣税，不受利率管制，但仍需缴纳地方税和印花税。此外，该市场不允许经营债券和期货。早年，东京离岸金融市场是绝对的内外分离型，严格禁止资金在境内市场和离岸账户之间流动。为了促进离岸金融市场的发展，日本政府于 1989 年 4 月开始放松了对离岸金融市场和国内市场间资金转移的限制。目前，东京离岸金融市场完全取消了资金从境内流出的限制，只保留离岸金融市场流入境内的限额。东京离岸金融市场同国内市场的一体化程度不断加强。

(3) 1968 年 10 月 1 日，新加坡政府允许美洲银行新加坡分行在银行内部设立一个亚洲货币经营单位，以欧洲货币市场同样的方式接受非居民的外国货币存款，为非居民提供外汇交易以及资金借贷等各项业务。这标志着新加坡离岸金融市场的诞生。目前，新加坡离岸金融市场设立亚洲货币账户，以此将外币交易与新加坡元交易的账目分开。该市场是一个短期资金市场，利率波动频繁，但其存贷利差比新加坡国内银行的利差小。从 2000 年 1 月起，新加坡逐步放松对交易佣金的管制，鼓励外国证券进入新加坡，积极吸引外国公司到新加坡发行股票、债券及其他证券，并在新加坡证券交易所上市，同时，积极开发和发展新的金融衍生产品，提高新加坡资本市场对东南亚及国际金融市场的影响力度。这些改革措施使新加坡从一个强调管制、注重风险防范的市场，演变成以信息披露为本、鼓励金融创新的金融中心，新加坡的离岸金融市场也从分离型市场向一体型市场过渡转型。

3. 避税港型离岸金融市场

避税港型离岸金融市场又称走账型或簿记型离岸金融市场。此类市场没有实际的离岸业务交易，只是在免税的地区设置机构，并通过该机构将境内与境外的交易进行记账和划账，目的是逃避税收和管制。中美洲加勒比海和中东等地的一些离岸金融市场属于此类。

二、离岸金融业务的种类

(一) 离岸货币信贷业务

1. 离岸货币短期信贷业务

该市场主要进行 1 年以内的短期资金拆借,最短的为日拆。其借贷业务主要靠信用,无需担保,一般通过电话或电传成交,成交额以百万或千万美元为单位。该市场的特点表现为:

(1) 借贷期限短,一般不超过 3 个月。

(2) 借贷金额大,具有批发业务性质,出现过价值 1 亿美元甚至更大的交易。

(3) 借贷条件灵活,借贷的币种、期限及地点都有较大的选择余地。

(4) 利率水平优惠,在伦敦银行同业拆放利率(LIBOR)水平基础之上有所上浮,但都会低于各国商业银行对国内大客户的优惠放款利率。

2. 离岸货币长期信贷业务

该市场信贷期限都在 1 年以上。贷款金额多在 1 亿美元以上,往往由几家甚至十几家不同国家的银行组成银团,通过一家或几家信誉卓著的大银行牵头贷款,即辛迪加贷款。因为借贷期限较长,借贷双方都不愿承担利率变动的风险,所以贷款利率多为浮动利率,根据市场利率变化每 3 个月或半年调整一次。利率以伦敦银行同业拆放利率为基础,再根据借款人的资信、贷款金额大小及借贷期限长短,进行一定幅度(一般为 0.25‰～0.5‰)的上浮。该市场的特点表现为:

(1) 借贷期限长,一般为 1～3 年,有的是 5 年或更长,最长可以超过 10 年。

(2) 以辛迪加贷款为主,交易规模庞大,利率水平优惠,分散了借贷风险。

(3) 借贷双方须签订贷款协议,有的还需由借款方的官方机构或政府出面担保。

(二) 离岸债券市场业务

1. 离岸债券市场的概念

离岸债券市场是指发行欧洲债券进行筹资所形成的长期资金市场,是离岸金融市场的重要组成部分。欧洲债券是指一国政府、金融机构、工商企业或国际组织在国外债券市场上发行的以第三国货币为面额货币的债券。欧洲债券不受任何国家资本市场的限制,免扣缴税。第一笔欧洲债券于 1961 年 2 月 1 日在卢森堡发行,20 世纪 70 年代后,各国以债券形式筹集长期资金的活动发展迅速。从面额货币来看,多见的是欧洲美元债券和欧洲日元债券。

2. 离岸债券市场的特点

(1) 债券的发行人、发行地以及面值货币分别属于三个不同的国家。例如,法国一家机构在英国债券市场上发行的以美元为面值的债券即欧洲债券。

(2) 债券通常由几家大的跨国金融机构办理发行,由国际性银团进行包销,发行面广,手续简便,发行费用较低。

(3) 市场自由度高。债券发行既不需要向任何监督机关登记注册,又无利率管制和发行数额限制,还可以选择多种计值货币。

(4) 发行欧洲债券筹集的资金数额大、期限长,而且对财务公开的要求不高,方便筹资者筹集资金。

(5) 债券发行条件比较优惠。其利息收入通常免交所得税。此外,以不记名方式发行,并可以保存在国外，适合一些希望保密的投资者需要。所以，该债券对投资者极具吸引力。

(6) 欧洲债券安全性和收益率高。欧洲债券发行者多为大公司、各国政府和国际组织，他们一般都有很高的信誉，对投资者来说是比较可靠的。同时，欧洲债券的收益率也较高。

第五节　国际信贷业务

一、国际信贷业务概述

国际信贷业务是指不同国家和地区的借贷双方之间以货币资本形态进行的资金融通活动。商业银行国际信贷业务是其国内借贷业务在国际金融市场上的延伸，是一国的商业银行向另一国的银行、其他金融机构、政府、公司企业以及国际机构提供的贷款。

国际信贷种类较多，主要有以下几种分类方法：

(1) 按国外借款对象的不同，国际信贷可分为个人借款业务、企业借款业务、银行间借款业务、对国际金融机构借款业务以及对外国政府的借款业务。

(2) 按贷款的期限不同，国际信贷可分为短期贷款(不超过 1 年)，中期贷款(1 年以上，一般 2～5 年)，长期贷款(5 年以上)。

(3) 按贷款的利率分类，国际信贷可分为无息贷款、低息贷款、中息贷款和高息贷款。

(4) 按借款和还款的方法分类，国际信贷可分为统借统还贷款、统借自还贷款和自借自还贷款等。统借统还贷款是由政府统一对外借款，这些资金或由国家集中使用，或者投放给地方政府和企业，借款本息由政府负责偿还。统借自还贷款是由政府出面统一对外借款，并将款项分配给需款的单位使用，各使用单位负责偿还所用贷款的本息。自借自还贷款是资金使用者自己借款，自己到期还本付息的贷款。

(5) 按照放款银行的不同，国际信贷可分为单一银行贷款和银团贷款。放款资金仅由一家银行提供的属于单一银行贷款，此类贷款出于风险考虑，往往金额有限、期限较短，常常难以满足客户要求，因而产生银团贷款。国际银团贷款是商业银行中长期国际信贷的主要形式。

二、国际银团贷款

国际银团贷款又称国际辛迪加贷款，是指由一家或几家银行牵头、多家银行参加而组成的银团，按照内部的分工和比例向某一借款人或项目提供的金额较大的中长期贷款。

(一) 银团内部成员及分工

参加银团贷款的各家银行承担的贷款份额各不相同，因而，在银团中拥有的地位和分工也不尽相同。

1. 牵头行

牵头行是银团的组织者，一般均选择有实力、有威望的大银行担任。职能是对借款人进行贷前尽职调查；为借款人物色贷款银行，组织银团；协助借款人编制资料备忘录；聘请律师起草贷款协议和有关法律文件；负责贷款的广告宣传；安排贷款协议的签字仪式及首次提款等。在较大的银团中，仅有一家牵头行往往力不胜任，还需设副牵头行协助工作。

2. 代理行

由银团委托作为贷款管理人的银行，全权代表银团在贷款协议上签字，按照贷款协议的条款负责贷款发放和回收贷款，并负责全部贷款的管理工作。它还负有沟通银团内各成员行之间的信息，代表银团与借款人谈判，出面处理违约事件，协调银团与借款人之间的关系等责任。

3. 参加行

参加行是指参加银团并按比例认购贷款份额的银行。

4. 安排行

安排行负责组织和协调工作，安排和召集各银行参加银团，协助代理行做一些事务性的工作，有时也对借款人做出包销银团贷款的承诺。

（二）国际银团贷款类型

根据参与行在银团中分工与合作方式的不同，国际银团贷款可分为直接参与型和间接参与型。

1. 直接参与型银团贷款

直接参与型银团贷款是指在牵头行的统一组织下，由借款人与各参加行直接签订同一个贷款协议，根据协议规定的条件，按照各自事先承诺参加的份额，通过委托代理行向借款人发放、收回和统一管理的银团贷款。

在此类型中，牵头行的代理作用是有限的。因为牵头行的确立仅仅是为了组织银团，一旦签订贷款协议，即银团组成，牵头行就失去代理作用，与其他参与行处于平等地位。每个参加行最终各自和借款人形成各自独立的债权债务关系。

2. 间接参与型银团贷款

间接参与型银团贷款是指由牵头银行直接与借款人签订贷款协议，向借款人单独发放贷款，然后再将参与的贷款权利分别转售给其他愿意提供贷款的银行，事先不必经过借款人的同意，全部贷款管理工作均由牵头行负责。

在此类型中，牵头行既是银团贷款的组织者，又是贷款的代理人，始终具有双重身份。参与行与借款人之间不存在直接的债权债务关系，即使借款人发生违约现象，参与行也无法寻求损失赔偿。所以，参与行与借款人的债权债务关系是间接的，参与行承担着来自借款人和牵头银行的双重风险。

（三）国际银团贷款要素

国际银团贷款成员银行有时多达数十家，而直接与借款人达成借贷关系的是牵头行或代理行。此外，银团内部各成员承诺的贷款额度不一，相应的责权利也各不相同。所以，必须签订银团贷款协议，以对签署协议的各方当事人形成法律约束力。该协议由牵头银行拟定，其中包含的要素主要有以下几方面。

1. 贷款金额和货币种类

这是贷款协议的核心，贷款金额是借款人根据借款用途需要委托牵头银行组织银团并最终经牵头银行承诺后确定的借款金额。它表明银团对借款人承担义务的限度。贷款金额是以货币来计量的。在国际银团贷款中，货币选择的范围一般是国际上可大量得到的，适合于借款人需要的可自由兑换货币，大部分国际银团贷款使用欧洲货币。长期以来，美元一直是国际银团贷款的主要币种，其次是日元、英镑和欧元等。

2. 贷款期限

银团贷款的期限比较灵活，短则3～5年，长的可达10～20年，但一般为7～10年。银团贷款的整个贷款期分为三个阶段，即提款期、宽限期和还款期。

（1）提款期。提款期又称承诺期，是指借款人可以提取贷款的有效期，从合同生效日至合同规定的提款终止日，一般为2～4年，在此期间全部贷款必须一次或分次提完，否则，逾期未提部分视为主动放弃，不得再次提取。

（2）宽限期。宽限期是指从提款期结束日起至第一次贷款归还日这一段时间。一般为自提款期结束开始，半年至1年，在宽限期内借款人只付利息，不还本金。

（3）还款期。还款期是指从合同规定的第一次还本日起至全部贷款本息清偿完毕。其视贷款金额的大小、期限的长短而定，一般为5～7年，在还款期内贷款本金可分若干次偿还，直至贷款全部还清为止。

3. 贷款利率

贷款利率有固定和浮动之分。固定利率是借贷双方签约时选用的一个固定不变、适用于整个贷款期的利率。浮动利率由基础利率加利差两部分构成，一般以国际银行同业拆放利率为基础利率，国际上比较通用的基础利率有伦敦银行同业拆放利率（LIBOR）和美国优惠利率等。基础利率每天都在变化，利差则视借款人资信状况而定。浮动利率的调整期限有1个月、3个月、6个月、1年等多种。

4. 贷款费用

在银团贷款中，借款人除了支付贷款利息以外，还要承担管理费、承担费和代理费等费用。管理费由借款人一次性向银团按贷款金额的一定比率支付，再由代理行按各银团成员的参加份额进行分配。费率一般在0.25%～0.5%之间。承担费按年度内贷款未提取金额的比例计算，以补偿银行预备资金的机会成本。其费率一般在0.5%以内。代理费按贷款金额的一定比率或是商定一个金额，每年支付一次，直至贷款全部还清为止。代理费用以补偿代理行在组织管理银团贷款过程中的相关开支，费用的多少取决于代理行工作量的大小，费率一般在0.0625%～0.125%之间。

除了以上要素，担保是国际银团贷款的必备条件，担保人必须有相应的经济实力和资信度。

课程思政案例

巴林银行倒闭案

一、思政目标

本案例围绕控制风险为核心的金融风险教育展开，重点让学生理解跨国经营背景下银行全面风险管理的重要性，强化学生对道德风险与操作风险的理解，培养学生自律守法的职业道德素养，提高学生对金融安全的认识水平。

二、案例内容

巴林银行是一家创建于1763年的老牌银行，业务专长是企业融资和投资管理。20世纪90年代开始向海外发展，在新兴市场开展广泛的投资活动。

1989年10月，尼克·里森正式到巴林银行工作，因为工作出色，很快受到银行重用。1992年里森被派往新加坡并被任命为巴林银行新加坡分公司经理兼首席交易员。1993年，年仅26岁的里森已经达到了事业的巅峰，为巴林银行赚进1 000万英镑，占巴林当年总利润的10%，得到老板的赏识和同行的羡慕。

1992年7月17日，里森手下一名加入巴林仅一星期的交易员金·王犯了一个错误：当客户（富士银行）要求买进20手日经指数期货合约时，此交易员误为卖出20手，这个错误在当天晚上进行清算工作时被发现。如果纠正此项错误，必须买回40手合约，以当日收盘价计算损失为2万英镑。但在种种考虑下，里森决定利用错误账户"88888"承接了这40手空头期货合约。然而，如此一来，里森所进行的交易便成了"自营交易"。数天之后，由于日经指数上升200点，损失扩大为6万英镑了。此时的里森更不敢向上呈报了。之后，里森用这个账户做了多笔私下交易，幻想以一己之力影响市场的变动，反败为胜，补足亏空。

1994年年底，里森判断日经225指数可能会在19 000点左右盘整，于是卖出了许多执行价格在18 500点至19 500点的跨式期权。只要日经225指数不大涨或大跌，里森便可赚到跨式期权上收到的权利金。当时日本经济在30个月的萧条后已开始复苏，因而看起来似乎是一个安全的下注。

1995年1月17日凌晨，神户发生了7.2级大地震。1995年1月23日，日经225指数一日内暴跌1 000多点，19 000点因此失守，里森的损失也因此高达2亿多美元。为了挽救损失，里森进行了一场豪赌，除了大量买进日经指数期货外，还卖出指数看跌期权，以收取的权利金支付期货保证金，同时他还大量卖空日本政府债券期货。所有这些头寸都是在赌日经指数会回升，如果日经指数回升至19 000点之上，不仅可以挽回前面的损失，而且还可以大赚一笔。1995年1月30日开始，里森以每天1 000万英镑的速度从伦敦获得资金，在2月的头一周，由于日经指数稍有反弹，里森因此而赚了1 000万美元，巴林银行高层为此欣喜若狂，梦想着里森每周都能为他们赚进这么多。1995年2月23日，日经指数下跌350点，日本政府债券也一路上扬，而此时的里森却仍在买进日经指数期货合约和卖出债券期货。到收市时，里森总共持有61039份日经指数期货的多头合约和26 000份日本债政府债券期货的空头合约。巴林银行新加坡分行无力缴纳当天的保证金，里森造成的损失达到86 000万英镑的高点，这个数量已经是巴林银行全部资本及储备金的1.2倍。巴林银行不得不宣布倒闭。这家有着233年历史、在英国曾发挥过重要作用的世界级银行从此终结！1995年3月2日，警方将里森拘捕。

三、思考题

1. 现代跨国银行风险管理的难点在哪里？

2. 如何完善跨国银行的内部控制制度？

参考文献

[1] 陈小明. 从巴林银行倒闭案谈加强银行内控建设的重要性. 安徽农村金融[J]. 2006(7),60-62.

[2] 巴林银行破产案例分析，https://wenku.baidu.com/view/9cbee73b9c3143323968011ca300a6c30d22f1cc.html。

本章小结

1. 国际结算业务是商业银行重要和传统的中间业务，程序复杂，但风险小、成本低、收益高。国际结算有三种基本方式，即汇款、托收和信用证。汇款属于顺汇，托收和信用证属于逆汇。

2. 外汇交易是商业银行重要和基本的国际业务。商业银行开展外汇交易既有自身的需要，也有满足客户需要的原因。外汇交易方式随着金融衍生工具的发展不断推陈出新，其中基本的外汇交易方式是即期外汇交易、远期外汇交易和掉期交易。

3. 国际贸易融资在商业银行的国际业务中占据重要地位，常见的国际贸易融资方式包括进口押汇、出口押汇、打包贷款、福费廷、保理以及出口信贷等。

4. 离岸金融业务是商业银行国际业务中重要的组成部分。离岸金融市场遍布世界各地，分为内外混合型、内外分离型和避税港型三类。不同类型的离岸金融市场有着不同的业务特点。商业银行离岸金融业务包括离岸货币信贷业务和离岸债券市场业务。

5. 商业银行国际信贷业务是其国内借贷业务在国际金融市场上的延伸，国际银团贷款是商业银行中长期国际信贷的主要形式。根据参与行在银团中分工与合作方式的不同，国际银团贷款可分为直接参与型和间接参与型。

本章思维导图

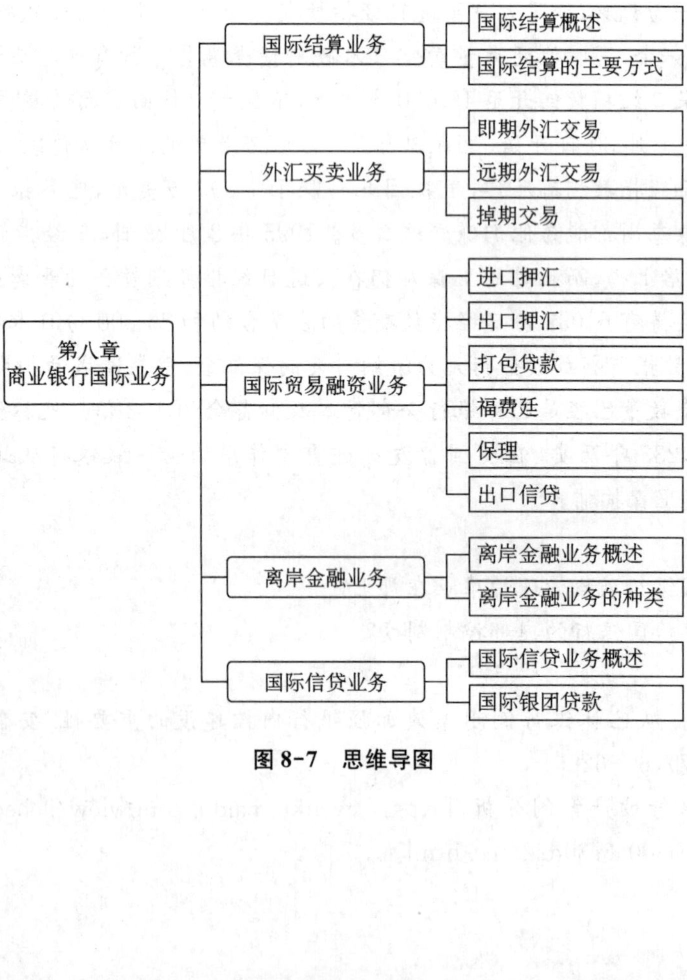

图 8-7 思维导图

思考题

1. 国际结算的主要方式有哪些?
2. 信用证结算方式有何特点?
3. 商业银行外汇交易发展的原因有哪些?
4. 商业银行国际贸易融资有哪些主要形式?
5. 进出口押汇的具体业务流程是怎样的?
6. 福费廷业务与普通票据贴现有何区别?
7. 国际保理的基本业务流程是怎样的?
8. 离岸金融业务有何特点? 离岸金融市场的主要类型有哪些?
9. 国际银团贷款的要素主要包括哪些?

第九章 商业银行市场营销管理

本章 学习目标

商业银行市场营销是商业银行对金融产品的营销活动。学生通过本章学习，应理解商业银行市场营销的含义；掌握商业银行的产品营销策略；了解商业银行产品定价的影响因素；掌握商业银行产品的定价方法及定价营销策略；熟悉商业银行的分销渠道；掌握商业银行的市场竞争策略。

第一节 商业银行市场营销概述

一、商业银行市场营销的概念

1958年，全美银行协会会议上最早提出了"银行营销"的概念，但直到20世纪70年代，人们才真正意识到营销在金融机构中的重要作用，从而开始步入以银行营销为中心的银行经营管理。

1972年8月，英国的《银行家》杂志把银行营销定义为："指把可盈利的银行服务引向经过选择的客户的一种管理活动"。相较工商企业的市场营销，商业银行市场营销本质上是一种服务营销，其活动的标的、主客体、目的要求以及实现方式都有其自身的特点。服务营销是企业在充分认识消费者需求的前提下，为充分满足消费者需要在营销过程中所采取的一系列活动。

营销大师菲利普·科特勒对金融营销的阐述为："金融营销是指金融机构以市场需求为核心，各金融机构采取整体营销的行为，通过交换、创造和销售满足人民需求的金融产品与服务价值，建立、维护和发展与各方面的关系，以实现各自利益的一种经营活动。"

综上所述，本书认为，商业银行市场营销是商业银行在现代市场营销观念的指导下，以盈利为目标，利用自身资源优势不断创新，并运用综合的市场营销手段，把银行金融产品和金融服务销售给客户，以满足客户需求的一系列管理活动。

二、商业银行开展市场营销的动因

目前，商业银行的市场营销已经从过去的以银行为中心转变为以客户为中心，从过去的被动等客上门转变为主动寻找客户，实现了商业银行传统经营观念的转变。这其中的原因可以从以下三个方面来看。

(一) 市场需求发生变化

开展市场营销是市场需求变化的需要。随着经济的发展，人们的收入及消费水平不断提升，金融理念也随之不断增强，对金融产品和服务呈现出多样化的需求态势。银行客户要求享受存、贷、汇兑、结算、理财等全方位、深层次的金融服务，他们希望在理财咨询、投资顾问、投资组合、融资方案设计和信息咨询等方面，享受更加方便、快捷、优质和高效的服务。这种变化对银行的经营提出了更高的要求，银行必须掌握客户需求的变化，重视市场调研，分析市场机会，选准市场定位，根据客户的不同需求提供个性化、特色明显的金融产品及服务，并要努力拓展销售渠道以实现银行的经营目标。而这些要求必须借助于科学的市场营销理念与其营销策略的实施，才能得到满足。总之，客户需求的变化是银行营销发展的外在动力。

（二）银行业竞争日趋加剧

金融同业竞争的加剧是银行营销的内在动力。随着金融管制的放松与金融业务的发展，银行的数量不断增加，而各家银行都努力朝综合型、多功能型金融企业的方向发展。为了在众多的银行中独树一帜，各银行不得不大力开展营销活动，争取更大的市场份额。就我国而言，银行业日益呈现多元化的竞争格局。首先，国内银行市场被国有控股大型商业银行所垄断的格局已被打破，全国性或跨区域的中小银行的主力军，如招商银行、中信实业银行、中国光大银行和平安银行等股份制银行正占据着越来越多的市场份额。其次，证券公司、信托公司、保险公司等非银行金融机构提供了类似于银行的融资服务。这对传统银行业也形成了一定的冲击。最后，随着我国“入世”后金融业对外开放程度不断加深，外资金融机构纷纷进入中国。外资银行有丰富的国际金融业务经验，有先进的管理理念、优质的服务等优势。这无疑会对中国金融业产生深远的影响，中资、外资商业银行间的营销大战是不可避免的。

（三）金融科技进步助力商业银行开展市场营销

金融科技特别是大数据、云计算和5G通信等技术的迅猛发展和广泛应用，为商业银行开展市场营销工作奠定了坚实的技术基础，促进了银行营销科技含量迅速提高。电子化营销尤其是大数据营销等手段越来越成为商业银行营销的主要手段。同时，电子通信和网络技术的广泛应用也改变了商业银行传统的存、贷业务范围，为其迅速增加服务品种、拓宽服务领域、扩大营销范围提供了广阔的天地，使其更具条件参与市场竞争，积极开拓目标市场，不断扩大盈利空间。

第二节 商业银行的产品营销策略

一、商业银行的差异化营销策略

差异化营销又称多样化营销，是指面对已经细分的市场，银行选择两个或者两个以上的子市场作为市场目标，分别对每个子市场提供针对性的产品和服务以及相应的销售措施。根据子市场的特点，分别制定产品策略、价格策略、渠道（分销）策略以及促销策略并予以实施。差异化营销的核心思想是“细分市场，针对目标消费群进行定位，导入品牌，树立形象”。差异化营销的关键是积极寻找市场空白点，选择目标市场，挖掘消费者尚未满足的个性化需求，开发产品的新功能，赋予品牌新的价值。银行要根据客户的需要和客户对金融产品某种属性的重视程度，设计出区别于竞争对手的具有鲜明个性的产品，识别竞争优势。

差异化营销所追求的差异是产品的不完全替代性，即银行凭借自身的技术优势和管理优势，实现产品差异化、服务差异化或是形象差异化。

（一）产品差异化

产品差异化是指商业银行提供的金融产品区别于竞争对手。例如，在信用卡产品和服务中，交通银行信用卡可以为持卡客户提供机场贵宾体验、增值保险、海外紧急救援、道路紧急救援、联名优惠、高尔夫球场礼遇和医疗服务等特色服务。

（二）服务差异化

除了产品差异，商业银行还可以展示其与产品有关的服务不同于竞争对手，尤其是在难以实现产品差异化时，服务的数量与质量就成为竞争胜出的关键。一些银行靠速度、便利或细心的服务来取得竞争优势。例如，中国建设银行推行"劳动者港湾"服务，为环卫工人、出租车司机、交通警察、城管人员、快递员等户外劳动者，以及老弱病残孕等需要特殊关爱的群体提供饮水、休息和应急等服务，赢得了客户的好评。

（三）形象差异化

形象差异化是指通过塑造与竞争对手不同的产品、企业和品牌形象来取得竞争优势。许多客户往往是在企业形象的引导下去识别企业，并形成购买决策。当今世界上所有著名的大公司和品牌产品都在企业形象策略的运用上取得了卓越成就，形象设计无疑也是金融机构越来越重要的竞争手段，商业银行形象是一个整体概念，由理念形象、行为形象和视觉形象三部分组成。理念是核心，行为是主体，视觉是外表形式。形象设计要从视觉入手，重点放在理念与行为形象设计上，并使三者构成一个有机的整体。往往最简单的形象即一个符号或者颜色，都有很强的视觉冲击力。例如，客户一看到红红的小雨伞就会想到花旗银行。交通银行以深蓝色为主基调，寓意稳重，象征交通银行像大海一样博大精深，踏实可靠。

二、商业银行的品牌营销策略

品牌营销是通过市场营销使客户形成对银行品牌和产品的认知过程。银行要想不断获得和保持竞争优势，必须构建高品位的营销理念。一个有影响力的品牌，可以使银行在激烈的价格竞争中增强防御能力。品牌是银行长久可持续发展的重要资产，胜过那些价格不菲的电子设备等有形资产。

品牌策略有四种，即产品系列扩展策略、品牌扩展策略、多个品牌策略和新品牌策略。

（一）产品系列扩展策略

产品系列扩展策略是将已有品牌扩展到产品种类的新形式、新规格和新风格中。这是一种低成本、低风险的方法，主要用来推销新产品以满足顾客新的需求。以银行信用卡为例，我国银行早年发行的基本是普通的低端产品。随着对市场认识的加深，以及市场细分的需要，逐渐将产品向上端延伸，发行面对高收入阶层的高端产品，如钻石卡、白金卡和金卡等，从而向上拓展了产品系列。

（二）品牌扩展策略

品牌扩展策略是将已有品牌扩展到新的产品种类中。扩展品牌有许多优点。一个有口皆碑的品牌往往能帮助银行更加顺利地涉足新的产品种类，并能引起顾客对新产品的立即确认和更快接受。例如，交通银行将其理财子公司命名为交银理财有限责任公司，旗下基金命名为交银施罗德基金管理有限公司，就是利用交通银行原有的品牌价值，来达到尽快被市场接受的目的。新产品都采用交银品牌，可以立即取得市场对这些新产品的高质量认同，还节约了为使客户熟悉一种新品牌所需的高额广告费用。

但值得注意的是，品牌扩展也有风险。如果品牌扩展产品失败之后，可能会破坏消费者对同一品牌其他产品的印象。即使一个品牌设计得非常好，非常令人满意，也有可能并不适合某种新产品。此外，一种品牌如果过分使用，便会失去在顾客心目中的具体定位。因此，当商业银行要利用品牌名称时，必须清楚地知道已有品牌与新产品的联系程度，确保两者之间高度相关。

(三) 多个品牌策略

多个品牌策略是在同一类产品中推出新的品牌名称。它为建立不同的产品特色和迎合不同的购买需求提供了一条途径。例如，中国建设银行近年来推出服务于民生领域的核心品牌“民本通达”，该品牌的推广遵循“针对客户群体需求、功能齐全”的原则，下设五个子品牌：教育惠民、医疗健民、社保安民、环保益民和文化悦民，建立多种品牌，能以建立侧翼品牌的方式来保护主打品牌。有时，商业银行在收购某一竞争机构的过程中继承了不同的品牌名称，并且每一种品牌都有一些忠实的拥护者，要维持既有市场就需要多品牌策略。多品牌的一大缺点是每种品牌可能只获得一小块市场份额，而且每一种利润都不高。

(四) 新品牌策略

新品牌策略是在新产品种类中建立新品牌名称。当银行现有品牌中没有一个合适时，则可建立一个新的品牌名称。或者认为既有品牌的影响力正在逐渐丧失，需要一个新的品牌来替代。最后，银行通过收购也会为新产品获取新品牌。但不可否认的是，太多的新品牌也会导致银行经营资源的过度分散。

三、商业银行的大数据营销策略

(一) 金融大数据营销的概念

进入大数据时代，互联网与银行业务深度融合，极大地改变了银行的生存和发展方式。大数据成为银行营销和争夺市场的新焦点。而作为数据密集型行业，如何挖掘和分析数据并做出决策，将是未来银行能否赢得市场和竞争的关键所在。在市场需求日益多样化的今天，通过大数据实现精准营销，是市场的需求，也是银行自身发展的需求。

银行中的数据具有典型的异构化特征，包括传统业务数据、办公信息、开发测试数据、业务运行日志、与客户进行沟通的邮件和短信、电话银行和服务的语音记录等。金融大数据营销的核心在于让网络广告在合适的时间，通过合适的载体，以合适的方式，投给合适的人。当今，金融大数据营销的力度正在不断加强。对于这一概念，我们可以从三个方面来理解。

1. 多平台化数据采集

大数据的数据来源通常是多样化的，商业银行通过多平台化的数据采集能使其对目标客户的行为刻画得更加全面而准确。多平台采集可包含互联网、移动互联网、广电网、智能电视，未来还有户外智能屏等数据。

2. 强调时效性

在网络时代，客户的消费行为和购买方式极易在短时间内发生变化。在客户需求点最高时及时进行营销非常重要。全球领先的大数据营销企业 AdTime 对此提出了时间营销策略,它可通过技术手段充分了解客户的需求,并及时响应每个客户当前的需求,让他在决定购买的"黄金时间"内及时接收到商品广告。

3. 个性化营销

在网络时代,金融营销的理念已从"媒体导向"向"受众导向"转变。以往的营销活动须以媒体为导向,选择知名度高、访问流量大的媒体进行投放。如今金融机构完全以受众为导向进行广告营销,因为大数据技术可让它们知晓目标受众身处何方、关注着什么位置的什么屏幕。大数据技术可以做到当不同客户关注同一媒体的相同界面时,广告内容有所不同,实现对客户的个性化营销。

(二) 金融大数据营销的策略

1. 构建数据库,为决策提供数据支撑

数据库的应用,改变了商业银行过去采用的自下而上、层层上报的统计报表方法,通过数据库技术对分散的客户信息进行整合,实现客户单一视图,为商业银行的经营管理提供实时、准确的决策支持。决策支持数据有两个方面的战略功能:一是内部管理层面,真实、完整地反映商业银行的经营状况和未来的发展趋势,为各级领导决策和经营管理提供准确、及时、全面的信息服务和数据支撑。二是客户服务层面,利用数据挖掘与分析,找出客户最需要的产品,为客户提供优质、全面、创新的服务。因此,数据库是商业银行前台业务处理与后台信息分析之间的桥梁和纽带,起着承上启下的作用,为领导决策、产品创新规划提供数据支撑。

2. 细分客户,实现差异化服务

商业银行秉持"以客户为中心"的经营管理理念,客户经理如果要全面把握客户信息,就必须用数据挖掘的方法对客户进行细分,找出不同客户群体的共同特点,了解客户的个性化需求,进行差别营销;针对不同类型的客户制定不同的标准,在激烈的竞争中巩固和发展优质客户,以便确定有别于竞争对手的市场定位和差异性竞争策略,尽快建立和强化自己的竞争优势。在帮助客户实现价值最大化的同时,实现银行自身的价值最大化。

3. 建立客户流失分析模型,挽留价值客户

客户流失在金融服务领域已经成为一个越来越让银行业务人员关注的问题。利用数据挖掘技术,可以识别出可能离开银行服务的客户的关键行为特征,分析这些动态关系,找出客户流失的原因,以便调整相应的营销策略,提高客户满意度和保持率。具体来说,利用数据库中储存的海量数据,通过建立客户流失分析模型,对已流失客户的历史数据进行分析,预测当前客户在未来一段时间的流失概率,使客户经理能够充分了解所面对的客户状态及其未来的状态变化趋势,以便在日常管理过程中,做到有的放矢,科学安排客户管理的优先次序,合理地分配内部资源,为客户提供更好的服务。提升客户的满意度、忠诚度和价值贡献度,用最小的成本,为不同的客户提供差异化的服务,由此获得最大的投入产出比,实现利润最大化战略目标。

4. 建立风险分析模型,提高银行抗风险能力

传统的风险管理已无法有效控制跨区域、跨部门、跨行业的多种风险。数据库及数据分析技术可以提高防范欺诈的能力,降低信用风险。数据挖掘分析技术可以帮助决策者科学评估风险引发因素,建立完善的风险防范机制。

任何一家商业银行都一直在努力降低甚至是消灭欺诈风险。由于处理数以百万计的贷款账务和账单记录十分困难，商业银行难以应对形式多样的欺诈行为。银行工作人员通常是靠经验和直觉来判断欺诈的种类、特征以及可能性，精准度低且耗时长。建立欺诈侦测模型用以自动实时检测交易信息，如果发现可能的欺诈信息，会自动生成报告，发送手机短信和电子邮件给信贷人员及管理层，银行工作人员根据其具体情况对客户的贷款请求进行更有效的调查、分析，从而做出快速准确的判断，有效地规避风险。

5. 应用关联规则，建立交叉销售模型

商业银行都希望向现有的客户销售新的产品和服务，提高业务收入，并同时提升每个客户的收益率。客户经理从大量的客户资料中难以找到真正的潜在客户，并且往往需要花费大量时间、精力。通过数据库，可以挖掘、分析客户的行为特征，了解客户的偏好和消费习惯，从中得到有价值的决策信息。利用关联规则建立的交叉销售模型，能够在大量的数据中发现有趣的关联，推断出一个客户使用多个产品的相关性；通过定位每个产品的最有价值客户来使销售利润最大化、营销费用最小化，使得客户经理有的放矢，选择最有可能捆绑在一起销售的产品和服务组合；向客户提供个性化的金融服务。针对目标客户发起一系列市场营销活动，从而提高每个客户的收益率，增加客户的忠诚度和商业银行的市场回报率。

6. 构建金融服务区，实现虚拟社区与现实社会完美的结合

理念先进的商业银行已经利用数据库建立起了金融服务虚拟社区，把消费习惯和生活爱好相同、居住场所相近的客户组织在一起，形成特色的金融客户俱乐部群，多个金融客户俱乐部群形成金融服务小区，网上客户经理在虚拟社区中发起活动，由客户经理负责对金融服务小区内的成员组织活动。这种维系客户的模式遵循了以客户为中心的服务理念，满足了不同客户群体的服务诉求。

第三节　商业银行的产品定价营销策略

一、影响商业银行产品定价的主要因素

(一) 成本因素

如何弥补成本支出是银行在金融产品定价时必须首先考虑的因素。银行的成本主要包括资金筹集成本、运营成本和劳动力成本等。银行的经营只有在充分补偿成本支出后，才能实现盈利。定价与成本之间的差额即为银行实现的利润。成本越低，金融产品的定价弹性越大。

(二) 市场需求

金融产品与其他产品一样受到供求规律的制约，当某种金融产品受到客户的强烈追捧时，价格的走势必然向上；反之，价格则会走低。因此，银行在制定金融产品的价格时，必须充分考虑其产品的市场需求弹性，在推出金融产品或服务的同时，需要对产品的价格弹性进行认真的估计和测算。

价格弹性具体分为市场弹性和银行弹性。市场弹性是指整个市场如何要求一种银行产品回应在全体竞争者中的价格变化，即价格变化引起需求的变化。银行弹性是指当前客户的意愿转向了竞争对手，因为其价格降低的缘故，即价格变化对客户选择银行的影响程度。

银行可以用增加非弹性产品的价格和降低弹性产品价格的方法来扩大整体收入。

(三) 竞争因素

在由市场需求和成本所决定的可能的价格范围内，竞争者的成本、价格水平和可能的价格反应与产品定价的关联度极大。因此，金融机构在制定产品价格时，必须将其产品的成本和功能与竞争者进行仔细比较，以了解自己的产品有无竞争优势。如果自己提供的产品与主要竞争对手的产品相似，则可把价格定得接近于竞争者；若自己的产品功能欠缺，就不能像竞争者那样定价；若自己的产品功能优越，定价就可以比竞争者高。

(四) 政策因素

从一些实行利率市场化国家的实践来看，利率市场化并不等于利率完全自由化，美国联邦储备委员会通过制定联邦基金利率，实现对市场利率的引导，体现货币管理当局的意图。利率市场化以后，出于熨平利率频繁变动、确保经济稳定的需要，政府和央行仍需通过经济政策和货币政策对利率进行宏观调控。政府调控的手段主要是依靠产业政策、投资政策来影响金融产品价格；央行则通过制定基准利率、公开市场、再贴现和调整存款准备金率等多种途径来影响市场利率水平。

二、商业银行产品定价的具体方法

商业银行面临三种广义的定价战略选择：成本导向定价法、需求主导定价法和竞争性定价法。每一个定价战略都有几种可供选择的具体方法。

(一) 成本导向定价法

成本导向定价法是指以金融产品的成本价为基准加成而形成价格的定价法。成本导向定价法主要有成本加成定价法、经验曲线定价法和目标利润定价法三种形式。

1. 成本加成定价法

成本加成定价法是最常见的定价方法。管理层只需简单地在生产和营销的成本基础上加上一定比率的利润即可确定产品价格。其计算公式为：

$$\text{单位产品价格} = \text{单位产品总成本} \times (1 + \text{成本加成率})$$

成本加成定价法的优势就在于其简便性，管理层所需要的只是一张成本表。然而，使用这种方法必须要对成本有准确的了解，但这往往不易做到，尤其是在技术飞速发展、通货膨胀不断发生的时代，准确地确定成本更加困难。成本加成定价法还有其他一些不足之处，如该方法在定价以前就假定了一个销售水平，若实际销售量比预期的低，那么固定成本将由较少的产品销量来分摊，从而实际利润就会低于期望值。另外，该方法还忽视了当前消费者的需求和竞争水平。因此，该方法只有在预期销售水平与实际水平相一致时才会奏效。基于这一原因，成本加成定价法通常用于需求稳定且易于预测、竞争对手可以估量的产品的定价。

2. 经验曲线定价法

经验曲线定价法是成本加成定价法的变化形式，适于处于迅速成长过程中的商业银行采用。该方法用做定价基础的平均单位成本是预测的未来平均成本。该方法假定随着银行生产和营销经验的积累，成本会降低。因此，商业银行制定的价格与其未来出售服务产品时的成本有关，而不是与商业银行制定服务战略时的实际成本有关。

3. 目标利润定价法

目标利润定价法是根据量、本、利分析，确定目标利润。目标利润＝总收入－总成本。单位产品价格＝(目标利润＋总成本)/总业务量。但在定价的时候，企业要分清负债类产品和资产类产品，对两者进行分别计算。尽管目标利润定价法与成本加成定价法相比要略为复杂些，但同成本加成定价法一样忽视了竞争对手的价格及市场需求。此外，一家商业银行只有在预计成本和销售数据被证明是准确的情况下，才能实现其期望的收益水平。

(二) 需求导向定价法

需求导向定价法是指以客户的价值观为基础来制定价格的定价法。它不需要依靠数据做出技术分析，而是以营销策划者对客户的购买动机的了解为基础。商业银行可实施的需求主导定价法有商誉定价法、创新产品定价法、关系定价法和主导定价法四种。

1. 商誉定价法

商誉定价法是指对某种产品制定特别高的价格，使客户将高价格与产品高质量联系在一起的定价法。事实上，许多金融产品定价的关键不仅仅是金融机构的成本，更重要的一个方面是客户的认知价值。客户的认知价值包括产品因素(保本、安全、便利等)、服务因素(客户满意程度)和社会心理因素(潮流、时尚、模仿、影响、愿望、追求、逆反等)。

2. 创新产品定价法

创新产品定价法是指企业刚向市场推出一种新开发的产品时，为尽快达到预期效益目标，先优质高价入市，再降价诱客，或先优质低价入市，以占领市场、扩大份额的定价法。

3. 关系定价法

关系定价法是指以与某一有前途的客户建立长期关系为定价目标，向该客户提供一些限时限量亏损的，但边际效益高的产品或服务的定价法。其目的是能够在短时间内赢得客户的信任，建立业务关系后，能够在后续长期的业务合作中获得更大的利益。

4. 主导定价法

主导定价法是指对几种服务制定较低的价格，企业吸引客户购买低价产品和服务的同时，也吸引客户购买其他正常价格的产品和服务的定价法。该定价方法的假设前提是主导产品与其他产品之间的交叉弹性需求为正。这样，才能通过刺激客户对主导产品的需求，从而提高互补产品的销量。

(三) 竞争导向定价法

以需求为基础、以成本为导向的定价法，并不总能清楚地反映竞争对定价的影响。然而在制定价格政策时，企业往往需要考虑竞争性因素。竞争平价法、差别定价法和竞争投标定价法等就属于竞争性定价法。

1. 竞争平价法

竞争平价法是指制定与一个或多个竞争对手相同的价格的定价法。这种方法在由几家大公司垄断大部分市场份额，且相互间服务差别甚微的行业中较为常见。价格领导者率先在该行业中提高或降低价格，其他企业一般都会紧跟着调整价格。竞争者深知单独提价是不会被跟从的，并且可能造成大幅度的销量损失。

2. 差别定价法

差别定价法是指企业把客户、产品、服务、时间和地点等主要的市场营销要素按一定的规则划分为若干不同的等级，分别定价，再通过优化组合，实现期望利润的定价法。例如，标准的、业务量大的服务项目定低价，非标准的、额外的业务定高价；存贷款可随其金额大小、期限长短、风险大小及连续性，实行分级利率，既彰显奖励效应，又标示客户转行的机会成本。再如，香港汇丰银行、恒生银行的楼宇按揭贷款利率，对专业人士和高级公务员比一般客户优惠0.25%～0.50%，从而吸引这批客户。

3. 竞争投标定价法

竞争投标定价法是指对有投标竞价价值的产品（如巨额贷款、大额存单），在国家法律政策允许的范围内，让若干家客户投标竞价，取其优者作为该产品的价格的定价法。竞价过程中，投标者只知道自己的出价，而不清楚其他竞争者的出价。一般出价最高的投标者才能获得合同。对那些努力通过封闭型投标方式出售其产品的企业来说，定价时必须考虑需求竞争和成本等多方面的因素。在投标计划书中，需求是被清楚地列出的，而企业对自身的成本状况也有相当的了解。

总之，定价决策取决于该企业的服务定位、企业目标、竞争状态、产品与服务的生命周期、需求弹性、成本结构、资源共享、优势经济条件和服务能力等，其中要精心考虑需求、成本和竞争等因素，注意对多种产品和服务的定价进行组合，以求总体上盈利。

三、商业银行产品定价的营销策略

（一）撇脂定价策略

撇脂定价策略是指金融产品刚进入市场时，可利用较高的产品价格尽可能多地获取收益，而当市场竞争变得激烈时，便适当降价以扩大销售量的定价策略。这犹如从鲜奶中层层撇取奶脂，故而得名。该策略的优点是可以使金融企业在较短时间内实现其利润目标，及早收回投资，减少经营风险。

撇脂定价策略可分为快速撇脂和缓慢撇脂两种定价方法。前者是指高价格配以大规模广告宣传等强有力的促销活动。后者是指高价格结合限量销售。由于金融产品没有专利可言，产品会在短时间内为竞争者所仿制，因而，对其采取适宜的撇脂定价方法是可行的，但长期采用此种策略则不合实际。

（二）渗透定价策略

渗透定价策略是指金融企业先以较低价格出售产品以迅速打开销路，扩大市场份额后，再相应地提高产品价格，从而保持一定的盈利性的定价策略。由于金融产品一开始的定价比较低，主要是通过提高产品销量来实现经营目标，因而又称薄利多销定价法。该策略的优点是有利于企业缩短金融产品投入市场的时间，尽快打开销路，争取到更多客户。同时，低价也可以较为有效地排斥竞争者挤入市场，从而使企业长时间地占领市场，形成规模经营，降低成本。而其缺点则是投资回收期较长，价格调整的空间较小。

企业实施渗透定价策略的目的是为了获取市场份额，谋求长期利益。金融企业实施该策略后，由于市场占有率提高，逐步形成了规模经营，因而，有利于降低成本、增强市场竞争力。

（三）细分定价策略

细分定价策略是金融企业较普遍使用的定价方法，是指企业把客户、产品形式和地域等细分后进行区别定价，据此优化自己的客户群，以实现利润最大化的定价策略。其细分的主要方法有：

(1) 客户细分定价法。即企业为不同的客户提供同一种服务，不同的客户要支付不同的价格或在同一价格下享受不同的配套服务。

(2) 形式细分定价法。即对于同类金融产品，由于其具体形式不同，金融企业为客户所提供的服务不同，产品成本也就存在着很大差异，因而，企业应制定不同的产品价格。目前，这一定价策略获得了广泛应用，因为，对不同形式的产品确定相应的价格可以更好地适应不同客户的需求。

(3) 地域细分定价法。国际金融企业采用该方法比较多，因为在不同的国家和地区，由于货币市场环境的不同，固定成本和可变成本的差异，因而，跨国企业所提供的同一产品价格会不同，服务费用也会有很大的差异。

(四) 组合定价策略

组合定价策略是指金融企业将一系列产品或服务综合考虑，根据若干种金融产品的总成本制定一个总的目标价格，以实现各种组合产品在总体上获利的定价策略。该定价策略只核算总成本，而不核算单项产品或服务的成本，最后用成本低的产品或服务去补偿成本高的产品或服务，用收益高的产品或服务去弥补收益低的产品或服务，从而实现组合产品在总体上盈利。具体而言，金融企业可以价格低廉的产品与服务为纽带吸引客户，与他们建立起良好关系，从而向其促销边际收益较高的产品与服务。由于该策略有利于提高企业声誉，扩大企业在客户中的影响，增强企业竞争力，因而获得了广泛推崇。

(五) 折扣定价策略

折扣定价策略是指金融企业为了调动客户的购买积极性而少收一定比例的产品货款或服务费用，从而降低客户的成本支出，提高产品的竞争力，扩大销售量的定价策略。折扣定价方法主要包括：①现金折扣，是指金融企业对按约定日期或提前付款的客户给予一定的价格优惠。例如，银行对提前还贷的企业在收取利息时打些折扣。②数量折扣，是指金融企业对购买产品达到一定数量或金额的客户给予一定的优惠。一般购买数量或金额越大，数量折扣也就越大，从而鼓励客户增加购买量。③时间折扣，是指金融企业根据不同的季节时间制定不同的产品价格，从而平衡旺淡两季，促进产品销售。

第四节 商业银行的分销策略

一、商业银行分销渠道及其功能

(一) 商业银行分销渠道的概念及分类

商业银行分销渠道是指金融产品或服务从生产领域流向消费领域所经过的整个通道，以及在产品的整个传递过程中，为满足目标市场消费者的需求，利用各种信息技术和基于信息技术发展起来的网络终端向其客户提供的各种服务。

1. 按产品和服务类型来划分

银行提供的产品和服务可以分为综合型和单一型。对于综合型金融产品和服务往往由大型银行来提供，主要依托自身的物理营业网点和电子化设施，提供任何时间(Anytime)、任何方式(Anyhow)、任何地点(Anywhere)的"3A"服务,形成了超级金融百货公司式的立体化分销渠道。单一型金融产品和服务往往由中小型银行来提供,其主要专注于物理网点或者自主设备等单一化分销途径,重在提高营销效率。

2. 按营业场所划分

金融产品或服务分销渠道中,场所的多样性是一种全新的概念。传统上,银行分销渠道简单而又直接,其提供的服务,如存款、取款、贷款和支票账户等,是由银行自设网点直接提供给客户的。随着金融产品的创新和信息技术的发展,银行业逐渐开设了更为复杂的分销渠道:取款服务可通过 ATM,转账支付可通过电话银行,耐用消费品信贷业务可通过形形色色的中间商(如房地产公司、汽车销售商等)来完成。当前,我国银行营销渠道主要分为网点柜面渠道和电子渠道(ATM、POS、自助终端、网上银行、电话银行、手机银行等),已经形成线上线下相融合的一体化分销渠道体系。

3. 按对网点的控制程度来划分

在满足各种条件的情况下,商业银行总是愿意把扩大自己的分销网点作为一种竞争策略。广设分支网络是银行非价格竞争的主要手段。这种网络化建设可以包括 ATM 的网络化和信用卡特约商店的网络化。通过这些网络化,不仅可以出售自己的产品或服务,而且可以代销其他金融机构的金融产品或服务。这种情况的出现,使商业银行对其产品或服务分销渠道的控制程度有所减弱。

4. 按营业时间来划分

金融服务在一定意义上是一种随时需要提供的服务。传统的金融服务在时间上都有很大局限,如银行一周工作 5 天、一天工作 8 小时等,其主要原因是出于成本考虑。为避免由此给客户带来的不便,越来越多的银行力图打破营业时间上的限制。ATM、电话银行和网络银行虽然在一定程度上打破了这种限制,但由于它们的服务范围有限,一些银行增设了一些营业时间更长的营业网点或延长一些营业网点的服务时间。目前,这种策略在西方发达国家和我国一些银行都得到了普遍应用。

(二) 商业银行分销渠道的功能

商业银行分销渠道在分销金融产品或服务的过程中,主要具备以下功能。

1. 销售功能

商业银行通过分销渠道向目标客户销售金融产品,提供金融服务。

2. 服务功能

银行分销渠道通过向终端客户提供一系列的金融服务,使客户感知利益增值,如通过批量拆分,为客户提供小批量的购买规模,从而降低客户由于大批量购买所带来的额外的支付成本(如存储成本);通过向终端客户提供空间的便利性,降低目标客户的交通成本和搜寻成本;通过缩短客户在消费或购买过程中的等待时间,降低客户的消费成本(时间成本和精力成本);通过提供更多可供选择的金融产品或服务,增加金融产品的功能,更好地满足客户的个性化需求;增加一些额外的服务,给客户一些惊喜,从而为客户带来更高的让渡价值;提高客户的满意度,从而培养客户对本银行或本银行金融产品或服务的忠诚度。

3. 便利功能

银行分销渠道为客户提供了时间的便利性、空间距离的便利性,以及信息技术终端网络渠道使用的便利性，不仅让客户买得到，而且方便购买，从而降低客户寻求金融产品或服务的成本，增加客户的满意度。

4. 信息功能

收集、分析与客户打交道所必需的信息。随着现代信息技术，尤其是互联网技术、通信技术的发展，通过终端渠道可更广泛地收集和分析最新的金融资讯信息，并以快捷、便利的方式传递给目标客户。

5. 宣传功能

为金融产品制订营销活动计划，设计更为有效的广告和促销活动，实施人员推广、公共关系等销售促进策略。

二、商业银行的分销渠道拓展策略

(一) 分销渠道的自设

商业银行建立自己掌控的销售网络，包括建立分支机构、ATM 等有形网络，以及电子金融虚拟网络，扩大直销范围并增加推销人员。这种策略适用于市场空间大、资金实力强的银行。此类渠道管理属于内部管理，成本较低、风险易控，是商业银行主要的渠道扩张方式。

近年来，网络及信息技术的快速发展，为商业银行带来了从服务模式到经营理念的革命性变化，即银行可以利用包括互联网、智能手机等在内的新型媒体，提供全天候金融服务，从而突破以往时间和区域的概念。因此，开发并不断完善电子营销渠道，以此挖掘客户、拓展市场份额，成为商业银行渠道营销的新战略。

(二) 分销渠道的代理

分销渠道的代理主要包括寻求更多的代理机构和更多的特约商户。由于代理机构可能和若干家银行建立代理关系，因而，代理机构的业务积极性和代理品质成为银行需要关注的问题。再如，各家银行将信贷员制变为客户经理制，由固定工资的内部关系变为提取佣金的代理关系。

(三) 分销渠道的并购

分销渠道的并购这是商业银行拓展分销渠道最为快捷有效的方式。该方式可以分为以下三种类型。

1. 并购各类代理机构

商业银行通过并购代理机构，使其仅经营本企业的产品和服务，达到稳定代理机构，使其成为忠实的渠道的目的。例如，信用卡公司并购代理发卡公司，住宅银行并购地产代理公司等。

2003 年 7 月，花旗集团以 30 亿美元收购美国的零售连锁店西尔斯的信用卡部门。西尔斯的信用卡业务约折合为 300 亿美元，是美国第八大信用卡机构。花旗集团因为自身杰出的金融创新以及风险管理能力，使其在信用卡业界长期保持领导地位。通过此次收购，花旗集团不仅巩固了自身在银行卡业的领导地位，同时也得到成为专营信用卡领域领导的机会。

2. 商业银行之间的同业并购

商业银行之间的同业并购对商业银行而言，已成为扩大零售网络的有效手段，同时有助于其增强企业实力，节省经营费用。商业银行与其分销渠道之间一般有着长期密切的合作关系，因此，贸然进入一个新市场并想取得较大市场份额是相当困难的。而直接建立自己的分销渠道则需要巨额投资，尤其在跨国经营中，还会遇到语言、文化和消费者偏好等方面的障碍，收效更是缓慢。因此，并购不失为一种快捷有效的办法，金融企业通过并购，可以充分利用被并购公司的分销渠道和市场份额，从而大幅度减少发展过程中的不确定性，降低风险和成本。

3. 商业银行、保险公司和证券公司之间的跨业并购

商业银行、保险公司和证券公司之间的跨业并购，其主要目的既是为了扩大分销网络，又是为了扩大业务范围。近年来，我国银行入股保险公司或是证券公司的步伐加快。2010年1月，交通银行取得交银康联人寿51%的股权。2015年6月，再收购华英证券33.3%的股权。2010年10月，工商银行入股金盛人寿。2010年12月，建设银行以51%的股权控股合资寿险公司太平洋安泰人寿。银行入股保险公司或证券公司，进入新的经营领域，有利于扩展交叉营销的产品范围和渠道，增加新的盈利来源。

(四) 分销渠道的联合

分销渠道的联合是指商业银行各自根据自身的优势，彼此间相互提供服务，以提高自己的业务拓展能力。这一方式在渠道拓展中的作用表现为：①不必投入大量人力物力，而是借助合作伙伴的分销渠道来拓展业务；②具有更大的灵活性和选择空间，风险性要小于并购；③可以突破政策限制，实现跨地区和跨国业务发展。目前，这种分销渠道的联合已日益成为金融企业开展跨国经营的重要拓展策略。

第五节 商业银行的市场竞争策略

竞争策略是商业银行根据自己在行业中所处的地位，为适应竞争形势和实现竞争战略而采取的各种具体的行动方式。

通常，以市场占有率大小来定位竞争者，可以把竞争者分为市场领先者、市场挑战者、市场追随者以及市场补缺者四种类型，与之相应，商业银行的市场战略也相应分为以下四类。

一、市场领先者竞争策略

(一) 拓展金融服务范围的竞争策略

当市场规模扩大时，市场领先者凭借其在行业中的知名度的优势，享有的好处会大于同行业中其他的竞争者，鉴于此，市场领先者总是首先考虑扩大现有的市场规模。具体可以通过以下途径：①寻找新客户。由于信息阻碍、产品价格限制及对产品性能了解有一个过程，因此，新的客户群体始终存在。当产品具有吸引新的购买者的潜力时，寻找新的客户是拓展金融服务范围的最简便途径。②发现产品的新用途。通过发现现有产品的新用途并加以推广而拓展金融服务范围，这是一种颇具优势的竞争策略，但其使用受到产品用途这一客观因素的制约。

(二) 提高市场占有率的竞争策略

在有需求增长潜力的市场中，市场领先者可以通过进一步扩大市场占有率来寻求发展，这是一种主动的、具有进攻性的竞争策略。其主要做法有：①质量策略，即不断向市场提供超出平均质量水平的产品；②多品牌策略，即在市场份额较大的产品项目中，实行多个品牌的营销；③增加广告策略以及有效销售促进策略。

（三）维持现有市场占有率的竞争策略

维持现有市场占有率的竞争策略是市场领先者经常考虑采用的较为保守的竞争策略。由于市场领先者总是为人所注目，其周围意欲入侵的挑战者千方百计想侵入其市场领域，这就需要进行适当的防御。这一竞争策略以防御为重点，主要做法有：①阵地防御，典型的做法是向市场提供较多的产品品种和采用较大的分销覆盖面，并尽可能在同行中采用较低价格的定价策略。②侧翼防御，即在其市场上最易受到攻击处，设法建立较大的业务网；或向竞争对手表明，在这一方面，自己是有所防备的。③先发制人防御，这是一种以进攻为态势的积极的防御策略。即在竞争对手欲发动进攻的领域内，集中优势资源，首先挫伤它，使其无法进攻或不敢轻举妄动。④反击式防御，即在已经受到攻击时，采取进攻，而不是单纯采取防御措施。⑤运动防御，是指市场领先者将其业务活动范围扩大到其他领域中去。⑥收缩防御，即当市场领先者的市场地位已受到来自多个方面的竞争对手的攻击时，由于受到资源和能力的限制，主动放弃较弱的业务领域，集中收缩到应该保持的业务领域。

二、市场挑战者竞争策略

市场挑战者是指在金融业中仅次于市场领导者，而在其他竞争对手之上的商业银行。市场挑战者一般不满足自身的现有地位，会力争超过市场领导者或者能与之平起平坐，是市场中最具攻击性的竞争者。根据不同的进攻对象和竞争对手，可以集中优势选择不同的进攻策略，主要做法有以下几种。

1. 正面进攻

正面进攻是从正面集中力量攻击竞争对手的真正实力所在，是一场硬碰硬的攻坚战。正面进攻凭借实力原则，依攻防双方的实力对比，可以实施完全正面进攻或局部正面进攻策略，最终结果取决于谁的实力更强或是更具持久力。由于这种正面进攻会遭到竞争对手的顽强抵抗，可能是一场持久战。

2. 侧翼进攻

侧翼进攻是以自己的相对优势去攻击竞争对手薄弱环节的竞争策略，这是挑战者难以采取正面进攻或正面进攻风险太大时所选择的进攻策略，具有“扬长避短、避实击虚”的特点。采用这一策略的条件是：进攻者的实力较弱，依据现有的技术、金融力量难以发动全面进攻；所夺取的市场具有较大潜力，进攻者以此为突破口，等待和发动正面进攻。侧翼进攻针对攻击对手的薄弱环节，其成功概率远大于正面进攻，是一种被实践证明最有效和最经济的策略形式。该策略包括地理性侧翼进攻和细分市场侧面进攻两种类型。前者是进攻者选择竞争对手实力薄弱或未满足的地区市场进行进攻；后者是进攻者选择竞争对手未能满足消费者需求的细分市场作为攻击目标。

3. 包围进攻

包围进攻是在对方的领域内，同时在两个或两个以上的方面发动进攻的做法，是进攻者以更深的产品或更广的市场来围攻竞争对手阵地的竞争策略。进攻者企图通过“闪电”般的攻击，夺取竞争对手的一块市场。包围进攻的策略意图往往非常明确：从多个方面发动攻击，迫使竞争对手进行全面防御，从而分散其有限的力量，乘虚夺取其一部分市场，这要求进攻者的实力必须远超过竞争对手。

4. 迂回进攻

迂回进攻是进攻者尽量避免与竞争对手正面冲突,在对方没有防备的地方或不可能防备的地方发动进攻。迂回进攻是不针对特定的竞争对手和现有市场的间接进攻策略,其策略意图是绕过十分拥挤的现有竞争战场来开拓发展的新天地。其具体策略包括:①发展新产品。以新产品超越竞争对手,这一方法最易获得进攻的成功,但采用这一策略要求进攻者拥有实力雄厚的科技力量。②多元化经营,即进攻者努力摆脱对单一业务的依赖,转而进入新的业务领域,在更为广阔的市场空间寻求立足点。

5. 游击进攻

游击进攻是进攻者采用骚扰对方、拖垮对方的方法,向竞争对手发动小范围、小规模和间歇性的进攻。这一策略适宜于那些实力较弱或短期内没有足够财力的商业银行在向实力较强的对手发动攻击时采用。其特点是"打一枪换一个地方",进攻不在固定的地方。

三、市场追随者竞争策略

市场追随者是指营销战略以模仿市场领先者的行为为主,并尽可能形成自身特色的商业银行。由于金融产品或服务具有易模仿的特性,市场追随者竞争策略的主要目标就是模仿领先者的行动,依附于领先者,从中获取利润。具体做法有:①全面模仿战略,即追随者尽可能在细分市场和营销环节中模仿市场领先者;②部分模仿战略,即追随者在目标市场、产品创新、产品定价等主要方面追随领先者,模仿领先者行之有效的做法,而在其他方面则保持一定距离,并尽量形成自己的特色。

四、市场补缺者竞争策略

市场补缺者是指金融资产规模不大,提供的金融产品或服务品种不多,且集中于一个或数个细分市场经营的商业银行。市场补缺者的最佳战略是集中经营,即选择一个或数个细分市场,集中所有的资源为目标细分市场提供有特色或成本低廉的金融产品与服务。因此,补缺者开展金融营销的主要特色就是小型化和专业化。

课程思政案例

中信银行借力 Greenplum 玩转信用卡大数据营销

一、思政目标

本案例围绕以金融科技创新为核心的科技报国教育展开,重点让学生理解金融科技在银行营销管理中的重要性,强化学生对金融科技的理解,培养学生金融创新意识,提高学生对金融科技的认知水平。

二、案例内容

如何有效地管理和利用不断增长的客户数据,提高业务竞争力,是当前银行业的数据仓库应用最大的挑战。中信银行信用卡中心采用 Greenplum 数据仓库解决方案,在国内银行业率先实现了接近实时的商业智能和秒级营销。

近年来,中信银行信用卡中心的发卡量迅速增长,2010 年银行向消费者发卡约 1 000 万张。随着业务的迅猛增长,业务数据规模也线性膨胀。中信银行信用卡中心无论在数据存储、系统维护等方面,还是在有效地利用客户数据方面,都面临着越来越大的压力,迫切需要一个可扩展、高性能的数据仓库解决方案,提升卡中心的业务效率,改进和推动有针对性的营销活动。

从2010年4月到2011年5月,中信银行信用卡中心实施了EMC Greenplum数据仓库解决方案,可以从交易、服务、风险和权益等多个层面分析数据。通过提供全面的客户数据,中信银行信用卡中心实现了近似实时的商业智能(BI)和秒级营销,运营效率得到全面提升。2011年,中信银行信用卡中心通过其数据库营销平台进行了1 286个宣传活动,每个营销活动配置平均时间从2周缩短到2～3天。前三个季度,中信银行信用卡中心交易量增加65%,比股份制商业银行的平均水平高14%,比中国所有银行的平均值高4%。

以前的信用额度调整只能在每月或每季度的基础上进行,而通过使用Greenplum数据库解决方案中提供的数据,风险管理部门现在可以每天评估客户的行为,并决定对客户的信用额度在同一天进行调整。使用从Greenplum数据库解决方案提取的数据,中信银行信用卡中心两年内已为客户进行了4 000万次的信用额度调整。中信卡中心催收管理团队使用了基于数据仓库的FICO TRIAD系统后,信用卡不良贷款比率同比减少了0.76%。

Greenplum数据库解决方案与银行所使用的硬件、应用程序和数据源实现了有效集成。基于Greenplum解决方案提供的水平扩展功能,中信银行信用卡中心可以在需要的时候比较容易地添加模块化设备集群,以确保现有资源的优化,从而降低初始成本支出。据估算,Greenplum解决方案使中信银行信用卡中心在初始成本支出方面节省了上千万元。

此外,Greenplum解决方案通过把数据集中在一个统一的平台,极大地减少了系统维护的工作量。基于Greenplum解决方案在系统维护的便捷简单,中信银行信用卡中心每年减少了大约500万元的数据库维护成本,有助于减少解决方案的总拥有成本。

三、思考题

1. 商业银行金融科技创新应以什么为导向?
2. 金融科技实践令银行经营风险发生怎样的变化?

参考文献

[1] 中信银行信用卡借力数据仓库玩转大数据,http://www.cfc365.com/mobile/index.php/Index/show/id/7581.html。

[2] 马发展.对金融科技发展的几点思考[J].中国财政,2021(7):71-72.

本章小结

1. 商业银行市场营销是市场营销在金融领域的发展。它是指商业银行在现代市场营销观念的指导下,以盈利为目标,利用自身资源优势不断创新,并通过运用综合市场营销手段,把银行金融产品和金融服务销售给客户,以满足客户需求的一系列管理活动。商业银行开展市场营销的动因是市场需求发生变化、银行业竞争日趋加剧和金融科技进步的助力。

2. 获得金融产品的竞争优势必须了解金融产品的特征。金融产品的特征表现为无形性、不可分性和多样性、易被仿效性和价格的一致性、银行服务与客户关系的持续性。商业银行的产品营销策略主要有差异化营销策略、品牌营销策略、网络营销策略和大数据营销策略。

3. 影响商业银行产品定价的主要因素包括成本因素、市场需求、竞争因素和政策因素。商业银行产品的定价方法分为成本导向定价法、需求主导定价法和竞争性定价法。商业银行产品的定价营销策略有撇脂定价策略、渗透定价策略、细分定价策略、组合定价策略和折扣定价策略。

4. 商业银行分销渠道是指金融产品或服务从生产领域流向消费领域所经过的整个通道。它具备销售、服务、便利、信息和宣传功能。分销渠道的拓展方式有自设渠道的开辟、分销渠道的代理、分销渠道的并购以及分销渠道的联合。

5. 竞争策略是商业银行根据自己在行业中所处的地位，为适应竞争形势和实现竞争战略而采取的各种具体的行动方式。商业银行的市场战略也相应分为市场领先者竞争策略、市场挑战者竞争策略、市场追随者竞争策略以及市场补缺者竞争策略四类。

本章思维导图

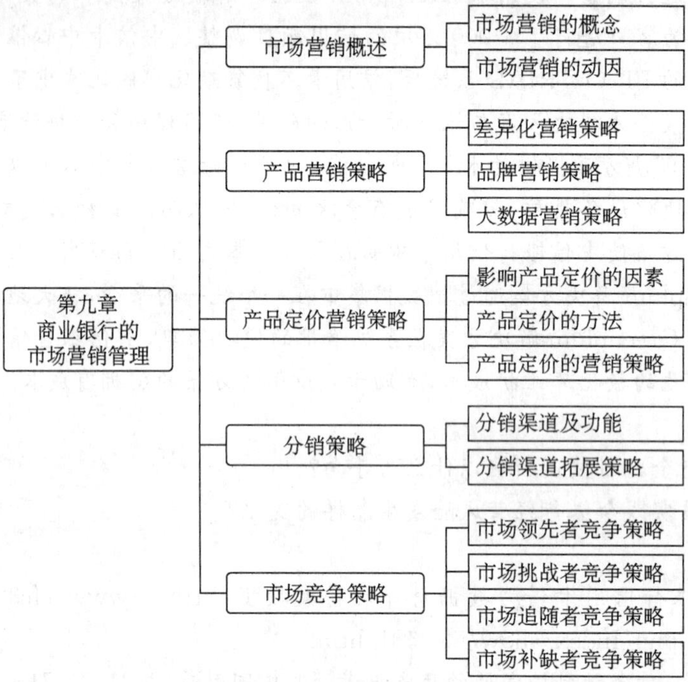

图 9-1 思维导图

思考题

1. 金融产品有何特征？商业银行的产品策略主要有哪些？
2. 如何理解金融大数据营销的概念？金融大数据营销的策略有哪些？
3. 影响商业银行产品定价的因素有哪些？
4. 商业银行定价的营销策略有哪些？
5. 什么是商业银行的分销渠道？如何拓展商业银行分销渠道？
6. 试述商业银行的市场竞争战略。

第十章 商业银行资产负债管理

本章学习目标

资产负债管理是把商业银行的资产和负债作为一个整体，运用一定的方法，组织协调资产负债业务以谋取最大利润的管理活动。学生通过本章学习，应了解商业银行资产负债管理的基本理论；掌握利率敏感性比率的概念；学会运用利率敏感性缺口管理的方法；掌握持续期缺口管理的应用。

第一节 商业银行资产负债管理理论及其发展

商业银行资产负债管理有广义和狭义之分。广义的资产负债管理，是指商业银行按一定的策略进行资金配置，来实现银行安全性、流动性和盈利性的目标组合。狭义的资产负债管理，是指在利率波动的环境下，商业银行通过策略性地改变利率敏感资金配置状况，来实现银行确定的目标净利息差额，以及银行通过调整总体资产和负债的持续期，来维持银行正的资本净值。资产负债管理是现代商业银行管理的基础和核心，其产生和发展随着西方商业银行的出现而不断推进，其理论在不同的历史时期有不同的内容，按其经历的历史过程顺序分三个阶段：集中研究资产流动性的资产管理阶段、侧重研究资金来源的负债管理阶段以及谋求资产和负债平衡发展的资产负债联合管理阶段。

一、资产管理阶段

(一) 商业银行资产管理理论

资产管理理论是以商业银行资产的流动性为重点的传统管理理论，产生于商业银行建立初期。最早可追溯到18世纪西方商业银行发展的初期，盛行于第一家现代商业银行——英格兰银行成立的20世纪60年代。在这一时期，金融市场还不够发达，融资工具单一，金融机构以商业银行为主，企业与居民的金融意识不强，大多只能选择将资金存入银行。企业、居民存款成为商业银行稳定的资金来源，资金来源固定；同时，资金来源中多数为活期存款，定期存款的数量有限。为了应付客户的提款需要，保持资产的流动性至关重要。资产管理理论认为，商业银行的负债取决于客户存款的意愿与能力，银行自身无法主动地扩大资金来源。而商业银行可以合理安排资产结构，保持资产的流动性，实现其经营管理的目标。随着经济发展，资产管理理论经历了商业性贷款理论、资产可转换性理论和预期收入理论等不同的发展阶段。

1. 商业性贷款理论

商业性贷款理论又称真实票据理论，是最早的资产管理理论，起源于1776年亚当·斯密发表的《国民财富的性质及其原因的研究》。当时，英国处于产业革命初期，占支配地位的是工场手工业。在这种情况下，工业生产所需要的资金主要是短期流动资金。另外，英国虽然于 1694 年率先成立了英格兰银行，但到 18 世纪中期，英国的商业银行尚未具有较大的规模，其业务经营的范围还很有限。商业性贷款理论认为，由于银行大多数存款是活期存款，客户随存随取，为了保证银行资产的高度流动性，不致出现挤兑风险，商业银行不宜发放长期贷款或者进行长期投资，只能发放具有自偿性的短期贷款。

商业性贷款理论的产生，为保持银行的流动性与安全性找到了依据，有了这一理论，银行可以减少资金运用的盲目性，从而避免或降低因流动性不足或安全性不够带来的风险。而且，由于这种理论强调以真实商品交易为基础，它使银行信贷资金的投入随商品交易的变化而自动伸缩，即当社会生产扩大、商品交易增加时，银行信贷会自动增加；当生产缩小、商品交易减少时，银行信贷会自动减少。这样既不会产生通货膨胀，也不会产生通货紧缩。此外，该理论侧重于考虑资产的流动性，因而，在资本主义发展的初期，在没有政府出面干预经济，也没有任何机构保证商业银行流动性的情况下，曾起到稳定银行经营的作用。因此，在相当长的时期内，商业性贷款理论一直占据主流地位，成为一些国家的中央银行制定和执行货币政策的基础。

由于商业性贷款理论产生在商业银行发展的初期，它存在着诸多的缺陷。第一，对经济发展的适应度不够，没有考虑到对贷款需求扩大和贷款种类多样化的要求。第二，低估了存款的相对稳定性，定期存款上升，活期存款也有部分可使用，从而使银行资金过多地配置于短期流动资金贷款上。第三，忽视了贷款自我清偿的外部因素，自偿必须以商品的销售为前提，这使得以真实票据为抵押的商业贷款的自偿性是相对的。这些缺陷不仅制约了银行业务的延伸，而且也使短期贷款的清偿机制显得单一。此外，商业性贷款理论有可能助长经济周期波动，与中央银行的逆周期货币政策相悖。按照该理论，由于银行发放贷款完全依据商品需求而自动伸缩，那么，在经济景气时，银行信贷会自动膨胀并刺激物价上涨；反之，在经济不景气时，银行信贷会自动收缩，这无疑是加剧了经济波动的幅度。

2. 资产可转换性理论

第一次世界大战以后，西方各国为了迅速恢复经济，筹资需求急剧增加，开始大量发行政府债券。而随着金融市场的发展和完善，金融资产流动性增强，商业银行开始持有大量政府债券，人们对保持银行流动性有了新的认识，资产可转换性理论应运而生。资产可转换性理论又称资产转移理论，是一种保持资产流动性的理论，最早由美国的莫尔顿于 1918 年在《政治经济学》杂志上发表的《商业银行及其资本形成》一文中提出。资产可转换性理论强调商业银行应考虑资金来源的性质而保持高度的流动性，但可以放宽资产应用的范围，不必将资产业务限于短期自偿性商业贷款，其流动性关键在于资产的变现能力，而不在于贷款种类。该理论的主要内容可概括为：第一，要保持商业银行资产充分流动性，最好的办法是购买在市场上随时可以变现的资产，只要银行持有能随时在市场上变现的资产，其流动性就有较大的保证。第二，商业银行的流动性资产应该具有信誉高、期限短、流动性强的特点。显然，政府发行的短期债券就是符合这些条件的理想资产。第三，银行可以将剩余的资金从事高收益的中长期贷款。

资产可转换性理论拓宽了商业银行资产运用的范围，丰富了银行资产结构，使银行业务经营更加灵活多样，增强了银行的盈利能力。依据该理论，银行购入部分短期证券，一方面，消除了依靠贷款保持流动性的压力,另一方面,又可减少持有非盈利的现金资产,将一部分现金转为有价证券,不仅保证了流动性,还增加了银行收益。正因为如此,资产转移理论得到广泛推行。在第二次世界大战后的一段时间内,西方商业银行持有的证券曾一度超过了贷款,成为银行资产的重要支柱。

但是,资产可转换性理论在实践中的不足之处在于:过于强调通过运用可转换资产保持流动性,限制了银行高盈利性资产的运用。此外,银行资产能否变现,证券转让能否实现,依赖于金融市场状况,不能将短期证券与银行的流动性完全等同起来。如果在经济停滞或出现危机时,证券市场需求不旺,证券难以转让,资产流动性将无法保证。如果中央银行不出面干预,商业银行的流动性就很难保证,即使证券勉强变现,也会以重大损失为代价。

3. 预期收入理论

第二次世界大战以后,西方国家经济的发展带来了多样化的资金需要,不仅短期贷款的需求有增无减,而且产生了大量长期设备贷款和投资的需求。同时,迫切需要商业银行开拓新的业务领域,以增加盈利。商业银行为了开拓新业务,纷纷将注意力由自偿性贷款和担保品贷款转向了预期收入,即以借款人的预期收入作为贷款发放的依据。在这种情况下,产生了预期收入理论。预期收入理论由美国经济学家普鲁克诺于 1949 年在《定期放贷与银行流动性理论》中提出。预期收入理论的主要观点是:银行资产的流动性取决于借款人的预期收入,而不是贷款的期限长短。也就是说,如果一项贷款的预期收入有保证,即使期限较长也可以安全收回,而如果借款人的预期收入不稳定,那么,期限短的贷款也会丧失流动性。

依据该理论,一笔好的贷款应当以根据借款人预期收入而制定的还款计划为基础。银行只要根据借款人预期收入安排放款的到期日,或采用分期付款方式,就能够保持规律性现金收入,维持高度的流动性。这使银行的放款结构发生了很大的变化,只要借款人的预期收入可靠、还款来源有保证,商业银行不仅可以发放短期商业性贷款,也可以发放中长期贷款,还可以发放非生产性的消费贷款。

预期收入理论深化了对资产流动性的认识,明确提出了贷款清偿来源于借款人的预期收入,促进了贷款形式的多样化,为商业银行业务的扩大提供了理论依据,推动了银行资产业务的不断发展。但是,借款人的预期收入是难以把握的,尤其是在中长期贷款中,由于客观经济条件的变化或意外事件,借款人将来的实际收入与现在的预期收入往往有一定的差距,甚至相差甚远。因此,按照这种理论经营贷款,有可能增加银行信贷风险。

(二) 商业银行资产管理方法

资产管理的不同理论有对应的管理方法,在资产管理理论的发展过程中,商业银行主要采用了三种资产管理方法,即资金总库法、资金分配法和线性规划法。

1. 资金总库法

资金总库法起源于商业银行创建初期,在 20 世纪 30 年代经济大危机后得到广泛应用。资金总库法是指商业银行将来源于各种渠道的资金汇集起来,形成一个资金库,库内的资金被视为同质的单一来源加以运用。在运用资金的过程中,按照资产流动性的大小进行梯次分配资金。资金总库法的具体步骤,如图 10-1 所示。

资金总库法的管理要点是:首先,保证充分的一级储备。一级储备包括库存现金、在央行存款、同业存款及托收中的现金等,主要用来满足法定存款准备金的需要,银行日常支付

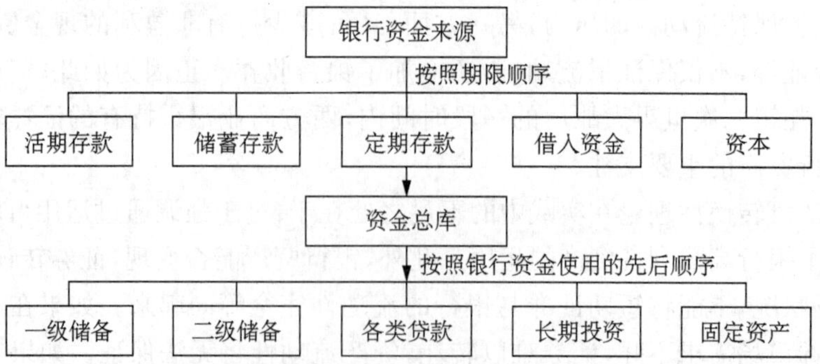

图 10-1　资金总库法的具体步骤

和清算的需要，应付意外提存和意外信贷的需要。一级储备流动性很强，但盈利性很差。其次，保证二级储备。二级储备主要由短期债券构成，如短期政府债券、金融债券和银行承兑票据等，以满足可兑现的现金需求和其他现金需求。二级储备可以提高银行的盈利能力，也具有较强的变现能力。再次，各类贷款。贷款是商业银行主要的资产项目，也是主要盈利性资产。银行在有了充足的流动性后，其余资金可以用于满足客户的信贷需求。最后，长期证券。银行在满足了贷款需求后所剩余的资金，可以用来购买各类长期证券，一方面，可以提高盈利能力、取得收入。另一方面，在证券到期时可以补充二级储备，为银行提供流动性保障。

资金总库法是早期的资产管理方法，管理方法简单、粗放，具有明显的缺陷。一是虽然强调了资金运用于各项资产的先后顺序，但各项资金运用比例主要依靠管理者的经验判断，没有一套科学合理的计算方法。二是过于考虑资产的流动性，忽视了提高资产盈利能力才是流动性和安全性的根本保证。三是认为资产的流动性保证仅仅来自资产的运用，忽视了不同资金来源对流动性需求差异的现象。事实上，不同期限的贷款因为本金和利息不断归还而取得的资金，是补充银行流动性的重要来源。

2. 资金分配法

资金分配法在 20 世纪 40 年代提出，是资金总库法的延续和发展。资金分配法的主要内容是，商业银行在配置资金时，应使现有各种资金来源的流通速度或周转率与相应的资产期限相适应，即银行的资产与负债的偿还期应保持高度的对称关系。也就是说，根据资金分配方法，银行要依据不同的资金来源，按照划分资金流动性的标准，把银行资金分配到不同的资产项目上。周转率较高不稳定的存款应分配到短期的、流动性较强的资产项目；相反，具有较低周转率，相对稳定的资金来源应该分配到盈利性强、流动性弱的资产项目上。资金分配法的具体步骤，如图 10-2 所示。

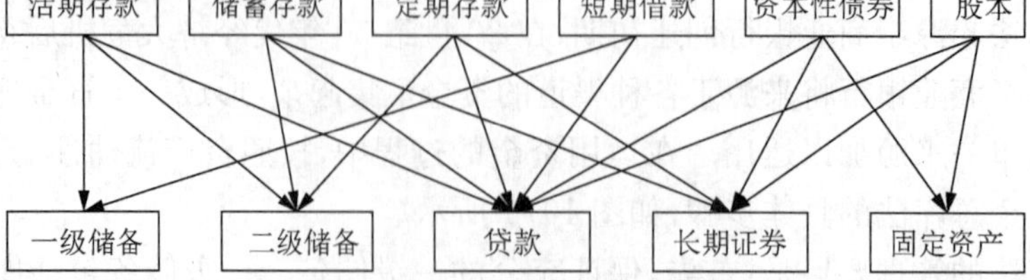

图 10-2　资金分配法的具体步骤

由于活期存款具有较高的周转率和存款准备金率，因而主要分配到一级储备和二级储备，少量用于短期贷款。相对于活期存款，储蓄存款和定期存款稳定性较好，资金周转速度较慢，主要用于贷款和长期证券投资，小部分用于补充一级储备和二级储备。短期借款主要是银行为弥补流动性不足而筹集的资金，少量用于贷款，大部分用作一级储备。次级票据和债券不需要法定准备金，偿还期较长，具有良好的稳定性，可以用于长期贷款、购买长期债券和购置固定资产。股本流动性需求最小，资金周转速度为零，可以主要用于长期贷款、长期证券投资和固定资产购置。

资金分配法弥补了资金总库法忽视不同资金来源对流动性需求有所差异的缺陷，是资金总库法的一种改进。该方法将银行的各类资金来源予以区分，通过资金周转速度和流动性将资产与负债联系起来，使两者在规模和结构上保持一致，相应减少了流动性资产的数量，增加了证券投资的运用，提高了商业银行的盈利水平。但是，该方法没有考虑存款总量的变化对流动性的影响，只将资金周转率作为确定流动性的依据有些片面。

3. 线性规划法

20 世纪 70 年代以来，线性规划法开始用于商业银行的资产管理。线性规划法是在管理理论和数学方法以及计算机技术在银行管理中应用的基础上产生的，是在线性等式或不等式的约束条件下，求解线性目标函数的最大值或最小值的方法。将线性规划法运用于银行的资产管理，就是首先建立目标函数，然后确定制约银行资产分配的限制因素作为约束条件，最后求出目标函数达到最大的一组解，作为银行进行资金配置的最佳状态。其具体步骤如下：

（1）建立目标函数。

（2）确定约束条件。约束条件是约束目标变量取值范围的一组线形不等式，它代表了银行开展业务的内、外部制约因素。这些制约因素主要包括可贷资金总量限制、风险性限制、贷款需求限制及其他限制。

（3）求解线性规划模型。

【例 10-1】 假设某银行的资金来源为 1 亿美元，可用于贷款（X_1）和短期债券投资（X_2）。贷款的收益率是 12%，短期债券的收益率是 8%。银行的经营目标是利润（R）最大化。

在经营中，银行受到下列限制：

（1）资金来源的限制，即 $X_1+X_2\leqslant 1$ 亿美元。

（2）贷款需求约束。为维护与客户的关系，至少要提供 0.3 亿美元的贷款，即 $X_1\geqslant 0.3$ 亿美元。

（3）流动性要求。为保证足够的流动性，投资于短期债券的资金不得少于总资金额的 25%，即 $X_2\geqslant 0.25(X_1+X_2)$ 或 $X_2\geqslant 0.33X_1$。

由以上给出的条件，可以得出，该银行的线性规划模型为：

$R_{MAX}=0.12X_1+0.08X_2$　　目标函数

$X_1+X_2\leqslant 1$ 亿美元　　总资产负债约束条件

$X_1\geqslant 0.3$ 亿美元　　贷款约束条件

$X_2\geqslant 0.25(X_1+X_2)$　　流动性约束条件

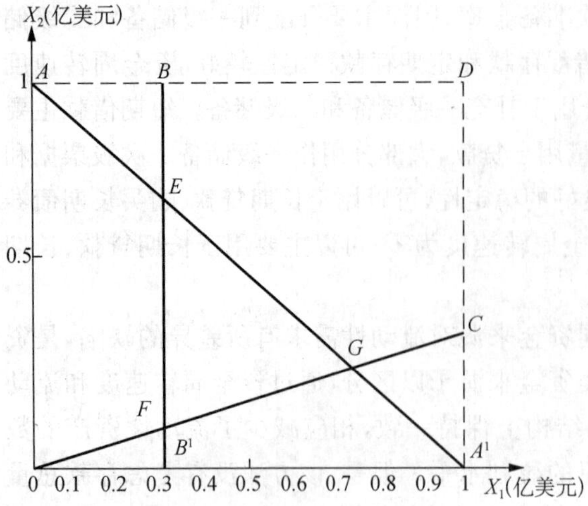

图 10-3 线性规划模型图解

线性规划模型图解，如图 10-3 所示。图 10-3 中，AA^1 为资产约束条件，$X_1+X_2\leqslant 1$ 亿美元；BB^1A^1D 为贷款约束条件，$X_1\geqslant 0.3$ 亿美元；$OCDA$ 为流动性约束条件，$X_2\geqslant 0.25(X_1+X_2)$。EFG 是同时满足以上三个条件的区域，属于银行决策的范围。G 点是最外端交点，是最佳组合点。

G 点的解是：$X_1=0.75\quad X_2=0.25$

则该行的利息收入最大化目标值是：

$$R_{\mathrm{MAX}}=0.12X_1+0.08X_2=1\ 100(\text{万美元})$$

线性规划法是一种比较科学的定量分析方法。它使银行资产负债管理得到了量化，较前两种管理方法更具有科学性和可操作性。但是，从实践来看，情况更为复杂。由于约束条件易变，会使模型不稳定；许多质量指标不能量化，使得结果缺乏准确性；而且模型中的方程式很难随着金融环境的变化而改变，除非对规划模型重估，这将花费大量的人力和物力。因此，线性规划模型比较适合在较稳定的金融制度下，银行进行资产负债管理的需要。

二、负债管理阶段

负债管理理论产生于 20 世纪 50 年代末期，盛行于 60 年代。商业银行资金配置策略由资产管理转向负债管理，与当时经济发展和金融环境的变化密切相关。第二次世界大战后，西方各国战后经济逐步恢复并稳定增长，企业的资金需求急剧扩张，从而促使商业银行不断寻求新的资金来源，满足客户贷款的要求。伴随着金融市场的迅速发展，非银行金融机构与银行业在资金来源的渠道和数量上也展开了激烈的争夺。由于各国吸取 20 世纪 30 年代大危机的教训，加强了金融管制，制定了银行法，对利率实施管制。尤其是存款利率的上限规定，使得银行不能以利率手段来吸取更多的资金。60 年代以后，西方各国普遍出现通货膨胀，货币市场利率不断攀升，导致商业银行的存款大量流失，陷入资金来源短缺的困境。在这种情况下，金融创新为商业银行扩大资金来源提供了可能性。1961 年，花旗银行率先发行了大额可转让定期存单，3 个月内，该行的存款来源就增加了 100 多亿美元。此外，存款保险制度的建立和发展，也激发了银行的冒险精神。在这种背景和经济条件下，负债管理理论盛行起来，商业银行按照既定的目标资产增长和市场竞争的需要，主要通过对资产负债表负债方项目的组合和调整，来实现银行三性原则的最佳组合。负债管理理论经历了存款理论、购买理论和销售理论的发展过程。

(一) 商业银行负债管理理论

1. 存款理论

该理论认为，存款是银行最重要的资金来源，是资产经营的基础；存款是银行的被动负债，是存款者放弃货币流动性的一种选择，银行应当支付利息，利息构成银行的成本支出；存款者和银行共同关注的焦点是存款的安全性。因此，银行经营的客观要求是安全性和稳定性，银行的资金运用必然限制在吸收存款沉淀额度之内。

存款理论的主要特征在于稳定和保守，强调以安全性为第一要素管理存款，根据存款状况安排贷款，不赞成冒险谋取利润。在这种理论的影响下，各国中央银行先后出台了一系列旨在稳定商业银行经营的管理制度，如存款保险制度、最后贷款人制度和存款利率限制制度等。但是，存款理论没有认识到银行在扩大存款或其他负债方面的能动性，也没有认识到负债结构、资产结构以及资产负债综合关系的改善对于保证银行资产的流动性、提高银行盈利性等方面的作用。

2. 购买理论

20 世纪 60、70 年代，西方主要国家处于经济滞胀的年代，与存款理论格调迥然相异的购买理论兴起，其对存款理论做了很大程度的反向思维。购买理论认为，银行对于负债并非消极被动、无能为力，而是可以主动负债，主动地购买外界资金；银行购买资金的基本目的是增强流动性，购买对象十分广泛，除公众外，同业机构、中央银行、国际货币市场及财政机构等都可以视为购买对象；商业银行吸收资金的适宜时机是在通货膨胀条件下。此时，实际利率低甚至为负利率，或者实物投资不景气而金融投资较为繁荣，通过刺激信贷规模可以弥补利差下降的银行利润。

购买理论被人们称为“银行负债思想的创新”和“银行业的革命”。然而，这种理论的效果其实是双重的，一方面，它使商业银行更加积极主动地吸收资金，刺激信用扩张和经济增长；另一方面，它又使商业银行片面扩大负债，盲目竞争，从而加重了债务危机和通货膨胀。

3. 销售理论

销售理论兴起于 20 世纪 80 年代后期，是在金融创新风起云涌、金融竞争和金融危机日益加深的形势下产生的一种银行负债管理理论。区别于之前的负债理论着重于资金来源管理，销售理论的立足点是金融服务，是创造多样化的金融产品。该理论认为，银行是金融产品的制造者，负债管理的中心任务是通过销售这些产品，从中获得所需的资金和应有的报酬。

销售理论是金融改革和金融创新的产物，将营销理念注入银行的负债管理中。以客户为中心，客户的利益和需要是银行服务的出发点和归宿；客户是多种多样的，客户的需求也是多种多样的，因而，金融产品也应当是多种多样；善于通过服务途径，利用产品和劳务的配合来达到吸收资金目的；金融产品的推销主要是依靠信息的沟通、加工和传播。销售理论正方兴未艾，它反映了金融业和非金融业的彼此竞争和相互渗透，标志着商业银行正朝着功能多样化和综合化的方向发展。

(二) 商业银行负债管理方法

商业银行的负债管理方法主要有储备头寸负债管理和贷款头寸负债管理等。

1. 储备头寸负债管理

储备头寸负债管理是指商业银行用增加短期负债的方式满足短期流动性需要，补充一级储备，以满足存款提取和增加的贷款需求。这一方法便于操作，商业银行在对流动性需求有效预测的基础上，可以配置较高比例的收入资产，提高资金使用效率，提高预期收入。但是，由于借入资金的成本会随着金融市场的供求而有所变化，难以准确确定，如果借入资金的成本过高，则会影响预期收益；如果市场处于资金供给紧张的状况，资金的借入有一定难度，则有可能会产生流动性风险。

2. 贷款头寸负债管理

贷款头寸负债管理是指商业银行利用借入的资金持续扩大资产负债规模。一方面，借入资金扩大银行贷款；另一方面，增加负债的平均期限，降低银行负债的不确定性。这一方法的前提是借入资金具有较大的供给弹性，市场要有足够的参与者和资金，单一银行的活动不会影响整个市场利率的水平。一旦得不到足够的资金，或者中央银行采取紧缩性货币政策，部分小型银行的负债管理结构就可能会崩溃。

三、资产负债联合管理阶段

自20世纪70年代开始，随着市场利率的上升，使得负债管理在负债成本及经营风险上的压力越来越大。80年代后，西方国家先后放弃利率管制，实行利率自由化，使得银行吸收存款的压力减少，但也面临新的风险，即利率风险。在市场利率波动的环境中，资产和负债的配置状况有可能对银行的经营产生很大的影响。在这样的背景下，商业银行经营管理的观念逐渐改变，由单纯偏重资产或负债管理转向资产负债联合管理。

资产负债联合管理理论认为，应对银行的资产和负债进行全面管理，根据外部经济环境的变化，协调资产负债在利率、期限、风险和流动性等诸多方面的搭配，并在确保资金安全性、流动性情况下实现最大的利润。通过资产负债联合管理，使得商业银行能够获得稳定的利息来源和运用，降低利率风险对经营的影响。资产负债联合管理的主要目标是：在融资的计划和决策中，银行主动利用对利率变化敏感的资金，协调和控制资金配置状态，使银行维持一个正的净利息差额和正的资本净值。

资产负债联合管理理论的初衷是为了解决利率风险给银行带来的资产和负债的不匹配问题，并不是对资产管理理论和负债管理理论的否定，而是吸收了两者的合理部分，并将其发展和深化。目前各国实施的资产负债综合管理主要有利率敏感性缺口管理和持续期缺口管理两种。资产负债联合管理理论的主要原理如下所述。

(一) 偿还期对称原理

偿还期对称原理又称资产分配原则，要求银行资产与负债的偿还期应保持一定程度的对称关系。例如，定期存款流动速度较慢，与之对应的资产可以是流动性较差、偿还期较长的资产。偿还期对称是相对意义上的对称，不是要求资产与负债的偿还期绝对地一一对应。实际上，各国的商业银行都不同程度地存在“偿还期转化”，如有些短期存款会沉淀为长期资金来源。当然，这种不对称要保持在适度的范围以内。偿还期对称原理要求：第一，规模对称。资产规模与负债规模在总额上保持同步增长，实现动态平衡。第二，结构对称。资产与负债在期限上相互匹配，并根据变化调整资产与负债结构，保证安全性、流动性与盈利性的良好组合。第三，速度对称。银行的资金运用应由银行的资金来源的流通速度决定。例如，资产的平均到期日与负债的平均到期日之比大于1，表示资金运用过度；小于1表示资金来源过多，没有充分利用。

(二) 目标替代原理

商业银行的经营目标，是要达到安全性、流动性和盈利性的均衡。"三性"目标要结合起来综合平衡，而三者的均衡，不是绝对的平衡，而是可以相互补充。在一定的条件下，安全性与流动性的降低，可以通过提高盈利来补偿；反之，盈利的减少，可以带来安全性与流动性的提高。

目标替代是指银行可在安全性、流动性和盈利性三个经营目标上合理选择、相互补充、相互替代，而使银行总效用不变。因而，在经营管理实践中，银行不应固守某个目标，或单纯根据一个目标来考虑银行资金营运，而应将三者结合起来进行考虑，力图使最终达到的总效用最大。

第二节　商业银行利率敏感性缺口管理

利率的变化不仅影响银行的资产负债，也影响银行的收入和支出。任何商业银行都难以准确预测未来利率的水平和走势，面临市场利率波动带来损失的可能性。利率敏感性缺口管理是银行资产负债管理方法，也是利率风险管理的基本方法之一。它是商业银行依据对利率的预测，积极调整银行资产负债的结构，扩大或减少利率敏感性缺口，以规避利率波动风险，保证银行收益的稳定或增长。

一、利率敏感性资产与负债

随着利率自由化，银行资金根据利率是否变动，可分为浮动利率资金和固定利率资金。其中，浮动利率资金又称利率敏感性资金，是在一定期间内可以展期，或者按照协议在一定时期内可以按照市场利率重新定价的资产或负债。利率敏感性资金包括利率敏感性资产和利率敏感性负债，其定价基础是可供选择的货币市场基准利率，主要有同业拆借利率、短期国债利率和银行优惠贷款利率等。确定为利率敏感性资产或利率敏感性负债，由各银行自行把握重新定价的频率，如每半年一次以上或每季度一次以上不等。

利率敏感性资产和利率敏感性负债的利息收入或利息成本会随着利率的变动而变化。一般来说，流动性较强的资产或负债，以及实行浮动利率的资产或负债，对利率变动的反应最快，如短期存款、短期贷款和短期国债等。期限很长或实行固定利率的资产或负债，对利率变动的敏感性就相对较弱。

当利率处于波动状况下，利率的变化会从两个方面给银行带来风险：第一，在浮动利率资产与浮动利率负债配置不一致的情况下，当利率波动时，会导致银行净利差的剧烈波动，甚至亏损；假如银行利率敏感性资产大于利率敏感性负债，那么当利率上升时，由于利率敏感性资产带来的利息收入增加额大于利率敏感性负债所产生的利息支出增加额，因此，会扩大净利差，使总利润增加。而如果利率下降，银行的净利差则会减少。第二，银行自有资本净值也会因资产和负债市场价值的变化度不一致而波动。在利率波动环境中，固定利率的资产和负债并非没有风险，其市场价值会随市场利率发生波动，这使银行资产在变现时可能产生损失，或者导致银行的权益净值发生变化，使股东财富受损。

二、利率敏感性缺口

(一) 利率敏感性缺口的界定

利率敏感性缺口，是指银行利率敏感性资产与利率敏感性负债的差额。缺口可以衡量银行净利息收入对市场利率的敏感程度，反映出银行资金的利率风险暴露情况，有两种表达方式。

1. 资金缺口＝利率敏感性资产－利率敏感性负债

资金缺口表示了利率敏感性资产与利率敏感性负债之间差额的绝对数额。资金缺口可以为正值、负值或者零，当利率变动时，资金缺口的数值会直接影响银行的净利息收入。

若银行资金配置处于零缺口时，表示利率敏感性资产等于利率敏感性负债，银行对利率风险处于“免疫状态”；若处于正缺口时，表示利率敏感性资产大于利率敏感性负债，处于利率敞口的资金使得银行在利率上升时获利，利率下降时受损；若处于负缺口时，表示利率敏感性资产小于利率敏感性负债，那么处于利率敞口的资金使得银行在利率上升时受损，利率下降时获利。

2. 利率敏感性比率＝利率敏感性资产÷利率敏感性负债

利率敏感性比率是指利率敏感性资产与利率敏感性负债之比，是资金缺口的另一种表达方式。若银行资金配置处于零缺口时，利率敏感性比率为1；若处于正缺口时，利率敏感性比率大于1；若处于负缺口时，利率敏感性比率小于1。

资金缺口与利率敏感性比率有着一定的联系与区别。资金缺口表示了利率敏感性资产和利率敏感性负债之间绝对量的差额，而利率敏感性比率则反映了它们之间相对量的大小，直观地描述了缺口的程度，具有时间和空间上的普遍可比性，但不能反映缺口的绝对水平。当利率敏感性比率接近于1时，银行经营管理人员仅知道利率敏感资产与利率敏感负债相当接近，但它们之间的差额是多少并不知道，而资金缺口则准确反映了银行资金利率敞口部分的大小。因此，应结合运用利率敏感性比率和资金缺口，判断银行资产、负债的利率敏感程度，才有利于做出合理的决策。

(二) 利率敏感性缺口、利率变动和净利息之间的关系

净利息是银行利息收入和利息支出的差额。当利率变动时，缺口的状况会影响银行净利息收入的变动。如果资金缺口为正值时，意味着利率敏感性资产大于利率敏感性负债，即利率敏感性比率大于1，那么，当市场利率处于上升通道时，会对商业银行有正面影响，因为资产收益的增长要快于资金成本的增长，会使净利息收入增加；若利率处于下降通道，则为负面影响。如果资金缺口为负值时，意味着利率敏感性资产小于利率敏感性负债，即利率敏感性比率小于1，那么，当市场利率处于上升通道时，会对商业银行有负面影响，因为资产收益的增长要慢于资金成本的增长，会使净利息收入减少；若利率处于下降通道，则又为正面影响。如果资金缺口为零时，意味着利率敏感性资产等于利率敏感性负债，即利率敏感性比率等于1，那么，资产与负债的同步变化对净利息收入没有影响。利率敏感性缺口、利息变动与净利息的关系，如表10-1所示。

表 10-1　利率敏感性缺口、利息变动与净利息的关系

资金缺口	利率敏感性比率	利率变动	利息收入变动	变动幅度	利息支出变动	净利息收入变动
正值	>1	上升	增加	>	增加	增加
正值	>1	下降	减少	>	减少	减少
负值	<1	上升	增加	<	增加	减少
负值	<1	下降	减少	<	减少	增加
零	1	上升	增加	=	增加	不变
零	1	下降	减少	=	减少	不变

下面举例来说明：

【例 10-2】 某银行利率敏感性缺口，如表 10-2 所示。假定目前利率敏感性资产的利息收益率为 10%，利率敏感性负债的成本为 8%，固定利率资产的收益率为 11%，固定利率负债的成本为 9%。

表 10-2　某银行利率敏感性缺口状况　　单位：百万元

资产和负债项目	7 天	30 天	31～90 天	91～360 天	1 年以上
资产总额	1 700	310	440	480	1 170
负债总额	1 800	600	450	150	1 100
利率敏感性缺口	−100	−290	−10	330	70
累计缺口	−100	−390	−400	−70	0
利率敏感性资产负债比率	94.4%	51.7%	97.8%	320%	106.4%
银行状况	负债敏感	负债敏感	负债敏感	资产敏感	资产敏感
银行净息差缩减因素	利率上升	利率上升	利率上升	利率下降	利率下降

此时，某银行的净利息收入和净息差情况，如表 10-3 所示。以 7 天为例（其余各时段依此类推）：

净利息收入＝0.10×1 700＋0.11×(4 100－1 700)－0.08×1 800－0.09×(4 100－1 800)
　　　　　＝83（百万元）

净息差 ＝ 83÷4 100×100% ＝ 2.02%

表 10-3　某银行的净利息收入和净息差情况

项目	7 天	30 天	31～90 天	91～360 天	1 年以上
净利息收入（百万元）	83	84.9	82.10	78.7	81.30
净息差	2.02%	2.07%	2.00%	1.92%	1.98%

假定利率敏感性资产的收益率和负债成本分别上升到 12%和 10%，则可以得出，当利率上升后某银行的净利息收入和净息差情况，如表 10-4 所示。

表 10-4　当利率上升后某银行的净利息收入和净息差情况

项目	7天	30天	31～90天	91～360天	1年以上
净利息收入(百万元)	81	79.10	81.90	85.30	82.70
净息差	1.98%	1.93%	2.00%	2.08%	2.02%

由以上分析可知,当银行利率上调2%时,会使银行90天内到期的资产和负债的净利息收入下降,净息差缩减。而如果利率下降,会使银行91天以上到期的资产和负债的净利息收入下降。因此,银行必须采取相应的对冲措施。

(三)利率敏感性缺口的应用

对银行而言,利率波动是由市场因素决定的外生变量,其变动独立于银行经营管理之外。因此,银行进行利率敏感性缺口管理,要力争准确预测利率的变动趋势,及时调整资金缺口的方向和大小。

如果银行难以准确地预测利率走势,那么,采取零缺口资金配置策略更为安全,可以规避缺口风险,获取正常的银行收益。因为,在利率敏感性资产和负债的总额平衡的状态下,无论利率上升或下降,浮动利率资产和浮动利率负债的定价是按同一方向,并在等量金额基础上进行,最大限度地减少了利率风险的损失。这种策略对那些中小银行来讲是适合的,但有些银行,特别是一些大银行有雄厚的技术力量和专家队伍,有能力对利率波动方向进行较为准确的预测,有能力对资产和负债的组合按意愿进行调整,这种零缺口的资金配置策略就显得过于保守。

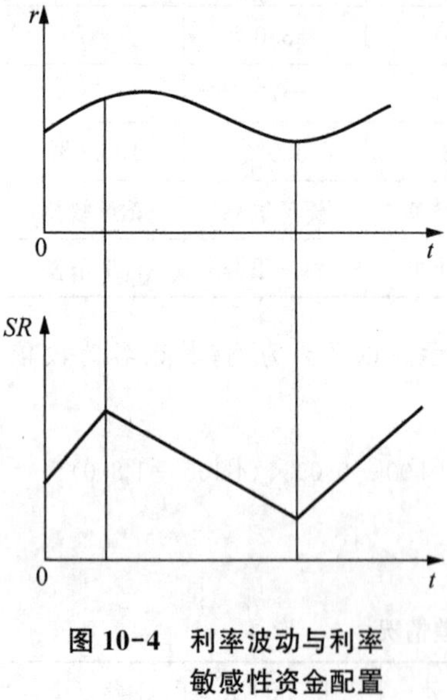

图 10-4　利率波动与利率敏感性资金配置

假设银行有能力预测市场利率波动的趋势,而且预测较为准确,银行可以主动利用利率敏感性资金配置组合技术在不同的阶段运用不同的策略,获取更高的收益率。在利率波动的不同阶段,银行应采取不同的利率敏感性缺口管理策略。利率波动与利率敏感性资金配置,如图10-4所示。在图10-4的上部分,纵轴表示利率,横轴表示时间,曲线表示利率的波动;在图10-4的下部分,纵轴表示利率敏感性比率,横轴表示时间,曲线表示利率敏感资金的配置状态。

当预测市场利率上升时,银行应主动营造资金配置的正缺口,使利率敏感性比率大于1,扩大净利息差额率。当预测利率下降时,银行应主动营造资产负缺口,使敏感性比率小于1,减少成本,扩大净利息差额率。当然,银行要利用这一方法取得盈利,必须准确地预测利率的走势和变化幅度及速度,并能灵活地控制利率敏感性资金缺口。

三、利率敏感性缺口管理的优劣势

利率敏感性缺口管理可对不同的决策方案进行选择,使决策的操作简单易行。商业银行随时可以通过对利率走势的分析和预测,调整资产负债结构,变动缺口,达到规避利率波动风险、扩大收益的目的。但是,利率敏感性缺口管理在实际操作中也面临许多困难。首先,商业银行要想准确预测利率的走势有较大难度,利率预测往往准确度不高,特别是短期利率更难以预测。其次,即使银行对利率变化预测准确,银行在调整利率敏感性缺口方面也缺乏灵活性,客户的选择会影响商业银行的资产负债结构。最后,利率敏感资产和利率敏感负债的缺口分析是一种静态的,以及仅仅局限于利率敏感资产的分析方法,它没有考虑外部利率条件和内部资产负债结构连续变动的情况,因此,这种静态分析具有很大的局限性。

第三节 商业银行持续期缺口管理

在利率波动的环境中,对于浮动利率资产和浮动利率负债配置所带来的利率敞口风险,利率敏感性缺口管理可以在一定范围内进行控制和管理。然而,固定利率的资产和负债并非没有风险,其市场价值会随市场利率发生波动,这或者使银行资产在变现时产生资产损失,或者导致银行的权益净值发生变化,使股东财富受损。持续期缺口管理是指银行通过考虑资产和负债的持续期缺口并进行调整,来控制和降低在利率波动的情况下,由于总体资产负债配置不当而给银行带来的风险,以实现银行的绩效目标。

一、持续期的概述

持续期由美国经济学家弗雷得里·麦克莱于1936年提出,又称久期(简记为D)。持续期最初是用来衡量固定收益的债券实际偿还期的概念,可以用来计算市场利率变化时债券价格的变化程度。20世纪80年代以后,随着西方商业银行面临的利率风险加大,持续期概念被逐渐推广,应用于商业银行资产负债管理之中。

持续期与偿还期不是同一概念。偿还期是指金融工具的生命周期,即从其签订金融契约到契约终止的这段时间;而持续期则反映了现金流量,比如利息的支付、部分本金的提前偿还等因素的时间价值。即持续期是固定收入金融工具的所有预期现金流的加权平均时间,也可以理解为金融工具各期现金流抵补最初投入的平均时间。其计算公式如下:

$$D=\frac{\sum_{t=1}^{n}\frac{C_t}{(1+r)^t}\times t}{\sum_{t=1}^{n}\frac{C_t}{(1+r)^t}}$$

上式中,D 表示持续期;C_t 表示金融工具第 t 期现金流;n 表示金融工具的期限;t 表示各现金流发生的时间;r 表示市场利率。

设 $\frac{C_t}{(1+r)^t}=PV_t$,用 P_0 表示金融工具的现值,则有:

$$D=\frac{\sum_{t=1}^{n}PV_t\times t}{P_0}=\sum_{t=1}^{n}\left[\frac{PV_t}{P_0}\times t\right]$$

可以看到,在持续期的计算中,是将金融工具各期现金流的现值占总现值的比例为权重,再乘以各期现金流的发生时间得到该金融工具的持续期。对于那些分期付息的金融工具,其持续期总是短于偿还期。持续期与偿还期呈正相关关系,即偿还期越长、持续期越长;持续期与现金流量呈负相关关系,即偿还期内金融工具的现金流量越大,持续期越短,代表着资金回收速度越快。

根据金融工具的估值公式 $P=\sum_{t=1}^{n}PV_t$,对其求导可得:

$$D=-\left[\frac{\frac{\Delta P}{P}}{\frac{\Delta r}{1+r}}\right]$$

上式中,P 表示金融工具的价格;ΔP 表示金融工具的价格变动;r 表示市场利率;Δr 表示市场利率波动。

持续期是金融工具价格对市场利率导数的线性函数,表明市场利率变动的百分比所引起的金融工具价格变动的百分比,也就是金融工具的利率风险。持续期实际上是综合反映金融工具利率风险大小的一种指标。

【例 10-3】 假设某债券的面值为 1 000 元,偿还期为 3 年,息票率为 7%,按年支付利息。该债券的实际收益率(市场利率)为 9%,求该债券的持续期。

根据持续期公式,可得到该债券的持续期为 2.80 年。金融工具持续期计算,如表 10-5 所示。

表 10-5 金融工具持续期计算 单位:元

现金流发生时间	现金流	现值利率因子	现值	现值×时间
1	70	0.917 4	64.22	64.22
2	70	0.841 7	58.92	117.84
3	1 070	0.772 2	826.25	2 478.76
总计			949.39	2 660.82
持续期=2 660.82÷949.39=2.80(年)				

二、持续期缺口的计算

当市场利率变动时,不仅仅是各项利率敏感资产与负债的收益与支出会发生变化,利率不敏感资产与负债(固定利率资产与负债)的市场价值也会不断变化,从而使银行权益净值或自有资本的市场价值上升或下降,进而对股东权益和银行经营状况产生影响。此外,当银行资产与负债的偿还期未配平时,如果银行来自资产的现金流入先于负债现金支付发生,银行可能面临必须按下降的利率进行重投资的风险。如果银行的债务现金支出先于资产现金流入产生,它又可能面临借入资金成本上升的风险。因此,银行应综合考虑全部资产和负债所面对的风险。持续期缺口管理就是通过相机调整资产和负债结构,使银行控制或降低一个正的权益净值以及降低重投资或融资的利率风险。

持续期缺口定义为：

$$D_{Gap} = D_A - \mu D_L$$

公式中，D_{Gap} 表示持续期缺口；D_A 表示总资产持续期；D_L 表示总负债持续期；μ 表示资产负债率，即$\frac{MV_L}{MV_A}$（银行总负债和总资产市场价值之比）。

一家商业银行的总资产持续期是各项资产持续期的加权平均数，即：

$$D_A = \sum_{i=1}^{m} W_i^A D_{Ai}$$

公式中，W_i^A 表示某项资产的权重，即 $W_i^A = \frac{A_i}{A}$，$i=1, 2, \cdots, n$。同样，一家商业银行的总负债持续期是各项负债持续期的加权平均数，即：

$$D_L = \sum_{j=1}^{n} W_j^L D_{Lj}$$

上式中，W_j^L 表示某项负债的权重，即 $W_j^L = \frac{A_j}{A}$，$j=1, 2, \cdots, n$。

根据会计恒等式，总资产等于总负债与净值之和，若用 D_{NW} 表示净值持续期，则有：

$$D_A = \mu D_L + (1-\mu) D_{NW}$$
$$(1-\mu) D_{NW} = D_A - \mu D_L$$

可知，持续期缺口实际上就是净值的持续期。对于固定收入金融工具而言，市场利率与金融工具价格呈反向变动关系。因此，当持续期缺口为正值时，银行净值随利率上升而下降，随利率下降而上升；当持续期缺口为零时，银行净值在利率变动时保持不变；当持续期缺口为负值时，银行净值随市场利率上升而上升，随利率下降而下降。而且，持续期缺口的绝对值越大，银行净值对利率的变动就越敏感，银行利率风险就越大。反之，持续期缺口的绝对值越小，利率变动对银行净值的影响就越小。持续期缺口和利率变动对银行价值的影响，如表 10-6 所示。

表 10-6 持续期缺口和利率变动对银行价值的影响

持续期缺口	利率变动	资产价值变动	变动幅度	负债价值变动	银行净值变动
正值	上升	减少	>	减少	下跌
正值	下降	增加	>	增加	上涨
零值	上升	减少	=	减少	不变
零值	下降	增加	=	增加	不变
负值	上升	减少	<	减少	上涨
负值	下降	增加	<	增加	下跌

由此，银行可以根据自身对利率预测的信任程度来确定持续期缺口，或者使持续期缺口

接近于零值,从而尽可能降低银行净值的变化。总之,通过缺口管理控制利率风险,或基于对利率走势准确预测来扩大银行的收益。

三、持续期缺口的免疫管理

银行资本的市场价值对利率的敏感程度取决于持续期缺口,资产的规模以及市场利率的变化程度三个因素。但对未来利率走势不甚明确时,银行为了避免利率的影响,可调整持续期缺口为零,这就是所谓的免疫管理。下面用举例说明持续期缺口的免疫管理。

【例 10-4】 假设一家银行,其资产项目和负债项目的价值均为市场价值。该银行的资产由收益率为 14%,偿还期为 3 年的商业贷款、收益率为 12%,偿还期为 9 年的政府国债构成。该银行的负债由年利率为 9%的 1 年期定期存款、年利率为 10%的 4 年期定期存款构成。不考虑违约、预付和提前支取等情况的发生,利息按年复利计算。其资产负债表,如表 10-7 所示。

表 10-7　某银行资产负债表　　单位:千万元

资产	市场价值	利率	负债及净值	市场价值	利率
现金	10		1 年期定期存款	52	9%
3 年期商业贷款	70	14%	4 年期定期存款	40	10%
9 年期政府国债	20	12%	总负债	92	
			股本	8	
总计	100		总计	100	

$$3\text{ 年期商业贷款持续期}=\frac{\frac{70\times 14\%}{1.14}\times 1+\frac{70\times 14\%}{1.14^2}\times 2+\frac{70\times(1+14\%)}{1.14^3}\times 3}{70}=2.65(\text{年})$$

$$9\text{ 年期政府国债持续期}=\frac{\frac{20\times 12\%}{1.12}\times 1+\frac{20\times 12\%}{1.12^2}\times 2+\cdots+\frac{20\times(1+12\%)}{1.12^9}\times 9}{20}=5.97(\text{年})$$

则该银行资产综合持续期:

$$D_A=\frac{70}{100}\times 2.65+\frac{20}{100}\times 5.97=3.05(\text{年})$$

$$1\text{ 年期定期存款持续期}=1(\text{年})$$

$$4\text{ 年期定期存款持续期}=\frac{\frac{40\times 10\%}{1.1}\times 1+\frac{40\times 10\%}{1.1^2}\times 2+\frac{40\times 10\%}{1.1^3}\times 3+\frac{40\times(1+10\%)}{1.1^4}\times 4}{40}$$

$$=3.49(\text{年})$$

则该银行负债综合持续期:

$$D_L=\frac{52}{92}\times 1+\frac{40}{92}\times 3.49=2.08(\text{年})$$

得到该银行持续期缺口

$$D_{Gap}=D_A-\mu D_L=3.05-\frac{92}{100}\times 2.08=1.14(\text{年})$$

由于存在正缺口，面临利率风险。假如银行所有项目的市场利率在签订契约后上升了1%，则该银行资产、负债的市场价值会发生变化。

3年期商业贷款市场价值变动：

$$\Delta PV_{A_1} = -2.65 \times 70 \times \frac{1\%}{1+14\%} = -1.63$$

9年期政府国债市场价值变动：

$$\Delta PV_{A_2} = -5.75 \times 20 \times \frac{1\%}{1+12\%} = -1.07$$

则该银行资产市场价值变动总额：

$$\Delta PV_A = \Delta PV_{A_1} + \Delta PV_{A_2} = -1.63 - 1.07 = -2.7$$

1年期定期存款市场价值变动：

$$\Delta PV_{L_1} = -1 \times 52 \times \frac{1\%}{1+9\%} = -0.48$$

4年期定期存款市场价值变动：

$$\Delta PV_{L_2} = -3.49 \times 40 \times \frac{1\%}{1+10\%} = -1.27$$

则该银行负债市场价值变动总额：

$$\Delta PV_L = \Delta PV_{L_1} + \Delta PV_{L_2} = -0.48 - 1.27 = -1.75$$

而该银行的净值变化额：

$$\Delta E = \Delta PV_A - \Delta PV_L = -2.7 - (-1.75) = -0.95$$

这意味着当市场利率上升1%之后，该银行的净值下降了950万元。持续期缺口管理的目的是希望通过调整银行持续期缺口，来规避利率风险。如果该银行要使其净值的市场价值不受利率波动的影响，根据持续期缺口模型，可知唯一的方法就是使持续期缺口等于零，总资产的加权平均持续期等于总负债的加权平均持续期与该银行的资产负债率的积，采取完全“免疫”的策略。那么有两种方法：一是将资产综合持续期缩短1.14年；二是将负债综合持续期延长 $1.14 \div \frac{92}{100}$，即1.24年。

总之，相对于利率敏感性缺口管理，持续期缺口管理是一种更先进的利率风险计量方法。利率敏感性缺口管理偏重于计量利率变动对银行短期收益的影响，而持续期缺口管理则更能准确地估计利率变化对银行资产负债价值及银行净值的影响程度，并通过对持续期缺口的管理，使得银行的净资产对利率波动具有免疫性。当然，持续期缺口管理也有一定的不足：第一，持续期缺口预测银行净值变动要求资产与负债利率与市场利率是同幅度变动的，而这一前提在实际中是不存在的。第二，商业银行某些资产和负债项目，诸如活期存款、储蓄存款的持续期计算较为困难。因此，持续期管理也不可能完全精确地预测利率风险程度。第三,运用持续期缺口管理要求有大量的银行经营的实际数据,利率变动、时间的推移,使得持续期都应该重新计算,因此,运作成本较高。第四,如何准确的计算持续期,带有很大的主观性,存在太多假设。比如,提前偿付的概率、提前提款的概率等。第五,对利率变动的预测,按什么样的利率作为贴现率估算现金流量的现值。因此,对于利率波动给银行带来的风险,利率敏感性缺口管理和持续期缺口管理都能够部分地解决,两种方法各有利弊,商业银行可以根据实际情况灵活掌握。

第四节 我国商业银行资产负债管理的实践

商业银行在长期的资产负债管理实践中,对资产负债运行规律进行摸索和总结,在保证资金使用的安全性、流动性和盈利性的前提下,对资产负债的总量和结构等内在关系进行协调,从而使银行能够做到稳健经营。随着我国金融业市场化程度和开放程度的不断提高,资产负债管理在我国商业银行的运用也将不断深入。

一、我国商业银行资产负债管理的历史演变

(一) 1985 年,实贷实存——总量平衡,结构对称

我国商业银行对资产和负债的管理最早可以追溯到 1985 年。在这一年,中国人民银行下发《信贷资金管理试行办法》,开始对信贷资金管理体制进行改革,实行的信贷资金管理办法,努力实现总量平衡,结构对称。“实贷实存”是“统一计划,划分资金,实贷实存,相互融通”的简称,改变了中国人民银行和专业银行的资金往来以计划指标层层下达的办法,而是由中国人民银行省、自治区、直辖市分行在中国人民银行总行下达的借款额度内借给专业银行省、自治区、直辖市分行,由其再分配给所属的行处、转入在中国人民银行开立的存款户中支用。

制定这种管理办法的指导思想,在于加强中央银行对金融的宏观控制的同时,使专业银行的资金搞活,并有利于社会经济活动中的资金周转;力求使信贷计划管理与信贷资金管理相结合,行政手段与经济手段相结合。这体现了信贷资金管理的统一性与灵活性有机结合的特点。具体表现为:①建立起以指导性计划为主,包括指令性计划和市场调节的信贷计划管理体系。②把计划和资金分开,将过去有计划就有资金的指标管理办法,改为通过组织资金去实现计划的实贷实存办法。③把联行分开,改变全国吃大锅饭的状况。④把中央银行与专业银行的资金关系变为存款关系,加强横向拆借和融通。⑤运用存款准备金制度,差别利率等经济手段,进行宏观控制等。

(二) 1987 年,开始试行资产负债比例管理

我国银行业于 20 世纪 80 年代末开始试行资产负债比例管理方法,最初是在局部地区、较小的银行和大银行的分支机构进行试点。交通银行是我国最早进行资产负债管理实践的银行。1987 年 2 月 13 日,中国人民银行在《关于贯彻执行国务院〈关于重新组建交通银行的通知〉的通知》中规定,交通银行在业务经营上必须建立自我控制制度,严格规定和切实遵守贷款与资本金、吸收存款之间的合理比例,中长期贷款与贷款总额之间的合理比例,并且严格控制固定资产贷款规模。据此,交通银行提出了“总量、比例控制”“总量平衡、结构对称”和“经营目标管理”等具有现代资产负债管理思想的构想,并具体对下属各分行提出了 7 项

自控性指标:①经营活力指标;②固定资产贷款指标;③中长期贷款指标;④单个单位贷款最高限额指标;⑤抵押、贴现贷款指标;⑥农业贷款指标;⑦乡镇企业固定资产贷款指标。1992年,交通银行又增加了资本充足率、贷款质量比例、盈利性比例等指标,同时取消了固定资产贷款比例等指标。

继交通银行之后,国内其他商业银行纷纷试点、实施资产负债比例管理。这些试点工作激发了中国人民银行对金融机构进行资产负债比例管理监管思想的成熟。1992年,中国人民银行要求各城市信用社实行资产负债比例管理,继而1993年进一步要求各银行对外汇信贷实行资产负债比例管理。

(三) 1994年,实行贷款限额项下的资产负债比例管理

1994年2月,中国人民银行发布了《关于对商业银行实行资产负债比例管理的通知》,这意味着在充分试点的基础上,资产负债比例管理在我国银行系统内全面推广。该通知的附件《商业银行资产负债比例管理暂行监控指标》中,根据国际一般惯例和我国实际制定了包括资本充足率、存贷比、中长期贷款比和资产流动性比等9项指标。

这具体是:①资本充足率。它援引了《巴塞尔协议》的规定,总资本充足率要求不低于8%,核心资本充足率不低于4%。②存贷款比例。它规定了不能超过75%。鉴于各商业银行的具体情况,该指标实行区别对待,原四大专业银行按增量考核,其他商业银行按余额考核。③中长期贷款比例。它规定1年期以上的中长期贷款与1年期以上的存款之比不得超过120%。④资产流动性。它规定流动性资产与各项流动性负债的比率不得低于25%。⑤备付金比例。它规定在人民银行备付金存款加库存现金与各项存款之比不得低于5%。⑥单个贷款比例。它规定对同一借款客户的贷款余额与银行资本总额的比例不得超过15%,对最大十家客户发放的贷款总额不得超过银行资本总额的50%。⑦拆借资金比例。它规定拆入资金余额与各项存款余额之比不得超过4%,拆出资金余额与各项存款(扣除存款准备金、备付金、联行占款)余额之比不得超过8%。⑧对股东贷款比例。它规定向股东提供贷款余额不得超过该股东已缴纳股金的100%,贷款条件不得优于其他客户的同类贷款。⑨贷款质量指标。它规定逾期贷款余额与各项贷款余额之比不得超过8%,呆滞贷款不得超过5%,呆账贷款不得超过2%。1995年颁布实施的《商业银行法》也对我国商业银行资产负债比例管理的有关指标做出了具体规定。

(四) 1996年,实行全面的资产负债比例管理

在总结前几年商业银行资产负债比例管理实施情况和金融改革取得了一些新进展的基础上,1996年12月,中国人民银行对1994年规定的资产负债比例管理指标进行了修订,发布了《关于印发商业银行资产负债比例管理监控、监测指标和考核办法的通知》。至此,我国基本上建立起了一套既按照国际惯例,又符合我国实际的银行业资产负债管理体系。

新的指标分为监控性指标和监测性指标,并把外币业务、表外项目纳入考核体系,以期真实、完整地反映商业银行所面临的经营风险。其中,监控性指标共10个。分别为资本充足率指标、贷款质量指标、单个贷款比例指标、备付金比例指标、拆借资金比例指标、境外资金运用比例指标、国际商业借款指标、存贷款比例指标、中长期贷款比例指标和资产流动性比例指标。监测性指标共6个,分别为风险加权资产比例指标、股东贷款比例指标、外汇资

产比例指标、利息回收率指标、资本利润率指标和资产利润率指标。中国人民银行将监控性指标作为对商业银行的硬性要求，将监测性指标作为指导性要求，对表内外资产的风险权数、信用转换系数做了更为详细或新的规定，说明我国商业银行资产负债比例管理日趋成熟。

1998 年 1 月，中国人民银行取消对国有商业银行的贷款限额控制，实行全面的资产负债比例管理，基本实现了货币信贷总量管理由直接规模控制向运用多种货币政策工具间接调控的转变。

（五）2005 年，建立以风险监管为主要特征的资产负债管理

1996 年施行的《资产负债比例管理监控、监测指标和考核办法》对加强银行监管、促进银行资产负债协调发展发挥了积极作用。随着银行监管理论和实践的不断发展，特别是 2003 年中国银监会成立后提出了新的监管理念和监管标准，出台了一系列部门规章和监管指引，原有办法已不能适应银行监管要求，迫切需要建立一套新的、更科学的监管指标。

2005 年，中国银监会发布了《商业银行风险监管核心指标（试行）》的通知，从 2006 年 1 月 1 日起试行，在总结试行情况并重新修订后于 2007 年正式施行。在通知中，以风险监管为核心，对资产负债管理的相关指标进行了科学的细化，进一步提高了我国商业银行资产负债管理的质量。《核心指标》共四章二十三条，包括了风险水平、风险迁徙和风险抵御的三大类指标及指标值，其中一级指标 15 个、二级指标 8 个。风险水平类指标包括流动性风险指标、信用风险指标、市场风险指标和操作风险指标。风险迁徙类指标衡量商业银行风险变化的程度，表示为资产质量从前期到本期变化的比率，包括正常贷款迁徙率和不良贷款迁徙率。风险抵补类指标衡量商业银行抵补风险损失的能力，包括盈利能力、准备金充足程度和资本充足程度三个方面。《核心指标》基本覆盖了我国银行业最为重要的信用、市场、操作和流动性四种风险，并规定了相应的检查监督措施，明确了对商业银行的具体要求。

（六）2016 年，宏观审慎评估体系——MPA（Macro Prudential Assessment）

伴随着我国的金融深化，过去单一的投融资方式、简单结构的金融市场，逐步过渡到多元化、多层次的金融体系；从以商业银行信贷为主导的间接融资模式，转向多种融资手段组合的综合融资模式。这种转变体现在商业银行资产负债结构上，就是信贷资产比重逐步下降，结构化融资和标准化证券（债券、基金等）的配置比例不断上升。随着商业银行资产负债结构发生巨大的变化，非信贷资产、表外理财等占比越来越高，传统的宏观调节方式所起到的效果越来越弱，迫切需要建立一套能够统筹商业银行表内外的全面宏观调控体系。

2015 年 12 月 29 日，中国人民银行宣布从 2016 年起将现有的差别准备金动态调整和合意贷款管理机制升级为宏观审慎评估体系。宏观审慎评估体系的管理框架共涉及资本和杠杆情况、资产负债情况、流动性、定价行为、资产质量、外债风险和信贷政策执行等七大方面，14 个分项指标，以更加全面地对金融机构的经营行为进行评估，引导金融机构加强审慎经营。宏观审慎评估体系的考核指标，如表 10-8 所示。其中，资本充足率和杠杆率为核心指标，具有一票否决的作用。宏观审慎评估体系能够提升监管机构间的协调效率，更好地降低社会融资成本，提高货币政策向实体经济的传导效果，同时更有力地防范系统性金融风险。

表 10-8　宏观审慎评估体系的考核指标

七大方面	14 个指标
资本和杠杆情况	资本充足率、杠杆率、总损失吸收能力(暂不纳入)
资产负债情况	广义信贷、委托贷款、同业负债
流动性	流动性覆盖率、净稳定资金比例、遵守准备金制度情况
定价行为	利率定价
资产质量	不良贷款率、拨备覆盖率
外债风险	外债风险加权余额
信贷政策执行	信贷执行情况、央行资金运用情况

二、我国商业银行资产负债管理的内容

商业银行的资产负债管理是贯穿商业银行生存发展始终的基本管理行为，是商业银行战略规划、风险管理和价值创造的核心工具。当前中国宏观经济、金融监管和市场体系都已发生巨大变化，商业银行资产负债管理面临更为复杂、严峻的经营环境，资产负债管理的内容不断得到扩充、丰富，要对资产负债要素进行全面规划和动态管理，最终实现银行流动性、安全性和盈利性的辩证统一。对我国商业银行而言，资产负债管理还是相对较新的范畴，由于 2013 年“钱荒”的出现，流动性风险管理进入了监管的视野，LCR 指标的引入，宏观审慎评估体系等加强了对商业银行的全方位监管，形成了商业银行日常经营管理边界的重要约束。

(一) 从资产角度

资产管理一方面具有可控的优势，另一方面也存在着为保持流动性而有可能损失效益的问题，所以，银行要在预测未来流动性需求的基础上做出现金留存比例、证券资产组合和不同期限贷款配比的合理安排。其中，贷款是商业银行最重要的资产业务，也会受到各种因素的影响。因此，应当确定一个合理的贷款政策。通常可以根据负债资金的来源情况和稳定性状况，以及存款准备金比率、资本金状况、自身流动性准备比率、经营环境状况和贷款需求等确定贷款规模。首先，年度进行总量控制。其次，对增量规模进行管理，从贷款规模分配与存款、增量存贷比、经济利润和资产质量等挂钩等方面综合判定。最后，对贷款投放品种控制。

(二) 从负债角度

负债经营是商业银行区别于其他企业的一个显著特点，吸收存款是商业银行筹措资金的主要渠道。第一，负债成本是商业银行成本的主要构成部分，要尽可能地降低负债成本，成功的负债成本管理可以为负债合理定价、价值最大化的实现奠定基础。在品种选择方面，可以在存款方面加大对高息存款品种的额度控制，特别是部分前期智能存款开展较多的银行。在期限选择方面，除加大活期存款的引存吸存力度外，部分银行可以采取适度压降中长期存款的策略。第二，坚持从储蓄存款增长的源头出发，把储蓄存款稳存增存作为经营发展的一项重点工作，以重点产品发展为抓手，通过全员营销、稳健经营、强化宣传等举措，推进储蓄存款稳健增长，为了合理管理负债可以通过日均存款计划和存款偏离度等指标。其中，所谓存款日均余额考核，即在存款计划管理中，抽取某一时段存款的日平均值，考察此一时

期存款规模发展的均衡性；而存款偏离度是指月底时点存款与当月日均存款的偏离度，月底时点存款不能超过日均存款的3%。通过存款偏离度指标，有助于商业银行做好各时点的流动性安排，合理安排资产负债总量和期限结构，提高流动性风险管理水平。

（三）从资产负债综合考虑角度

1. 资产负债流动性管理

良好的资产负债流动性，对银行具有重要的意义。银行保持流动性主要取决于三方面：一是必要数量的流动资产；二是可以及时取得的主动性负债；三是资产负债期限结构合理搭配。如果某银行一定时期资产与负债之间有差额称为缺口。流动性缺口是指流动性供给不能满足流动性需求的差额。流动性缺口的存在是商业银行流动性风险存在的最明显标志，若这一缺口不断发展扩大为流动性陷阱，则意味着流动性风险危机的爆发。具体的管理指标是流动性覆盖率，是指优质流动性资产储备与未来30日的资金净流出量之比。该比率的标准是不低于100%，即高流动性资产至少应该等于估算的资金净流出量，或者说，未来30日的资金净流出量小于0。流动性覆盖率衡量的是银行的短期经营能力，是衡量在流动性严重压力情景下，银行是否能够将变现无障碍且优质的资产保持在一个合理的水平，以满足其30天期限的流动性需求。

2. MPA指标体系对商业银行资产负债管理的要求

当前，我国银行业发展已进入快速变革时期，利率市场化进程加快，金融行业改革创新加速，监管要求趋严等一系列因素相互交织，这对商业银行经营管理和盈利能力形成较大的冲击，也对资产负债管理提出更高的要求。宏观审慎评估体系就是顺应金融深化的进程，监管层面做出的必然应对。宏观审慎体系充分体现出四大监管导向：资产负债相协调；资本资产相匹配；安全性、流动性、盈利性相统一；市场行为与监管合规相一致。其逻辑在于，通过系统梳理商业银行经营行为，设定监管指标要求，将宏观审慎要求转化为商业银行的自我约束，以提高整个银行体系的风险防控能力，降低系统性金融风险发生的可能性。

宏观审慎体系持续升级使得商业银行的资金平衡和结构摆布难度不断增加，这迫切需要商业银行树立系统性管理理念，建立基于全行经营视角的系统性管理体系。首先，对资产负债产品品种和期限进行规划。其次，对宏观和利率变化适时调整配置方案。对于宏观经济或者未来的利率有一些预期的时候，就要通过内部资金转移定价等管理手段来及时地调整资产负债的结构，来缓冲可能带来的损失。再次，对利率以及流动性敞口进行主动管理。由于市场利率变动而导致银行的净利息发生变化的问题，银行需要对敞口的规模进行衡量和调整。最后，加强日常流动性监测。总之，资产负债管理具体到不同的银行、不同的时期，各家银行如何去制定、应用和调整资产负债管理的策略，其实都是不同的。找到适合银行自身发展和管理需求的模式，可能就是最好的模式。

课程思政案例

奎克国民银行的利率风险管理

一、思政元素

本案例围绕以控制风险为核心的金融风险教育展开，重点让学生理解控制风险在银行经营管理中的重要性，让学生认识到创新和发展的意义，以及不断探索优化资产负债管理路径的必要性。

二、案例内容

20 世纪 80 年代中期，美国明尼阿波利斯第一系统银行预测未来的利率水平将会下跌，于是便购买了大量政府债券。1986 年，利率水平如期下跌，从而带来不少的账面收益。但不幸的是，1987 年和 1988 年利率水平却不断上扬，债券价格下跌，导致该行的损失高达 5 亿美元，最终不得不卖掉其总部大楼。在残酷的事实下，商业银行开始越来越重视利率风险的研究与管理。

奎克国民银行在利率风险管理方面树立了一个成功的榜样。1983 年，奎克国民银行的总资产为 1.8 亿美元。1984 年年初，马休·基尔宁被聘任为该行的执行副总裁，开始着手编制给他的财务数据。基尔宁设计了一种报表，是管理人员在制订资产负债管理决策时所使用的主要的财务报表，它是个利率敏感性报表。基尔宁认为这种报表有助于监控和理解奎克银行风险头寸的能力。报表形式如下：在资产方，银行有 2 000 万美元是对利率敏感的浮动利率型资产，其利率变动频繁，每年至少要变动一次；而 8 000 万美元的资产是固定利率型，其利率长期（至少 1 年以上）保持不变。在负债方，银行有 5 000 万美元的利率敏感型负债和 5 000 万美元的固定利率负债。基尔宁分析了如果利率提高或降低 3 个百分点，即利率水平从 10%提高到 13%，或从 10%降为 7%，对国民银行利润的影响。接下来分析了 1984 年当地和全国的经济前景，认为利率在未来 12 个月将会上升，且升幅将会超过 3%。为了消除利率风险，基尔宁向国民银行资产负债管理委员会做报告，建议将其 3 000 万美元的固定利率资产转换为 3 000 万美元的浮动利率型资产。奎克国民银行资产负债管理委员会同意了基尔宁的建议。正如基尔宁预测的，1984 年美国利率持续上升，升幅达到 4%。此举为国民银行减少了 120 万美元的损失，基尔宁也成为奎克国民银行的明星经理。

三、思考题

1. 请思考商业银行的利率风险主要来自哪些方面。
2. 对于奎克国民银行而言，是利率上升有利还是下降有利？为什么？

参考文献

利率风险管理著名案例，https://finance. sina. cn/sa/2004-04-20/detail-ikknscsi1142388. d. html。

本章小结

1. 资产负债管理是把商业银行的资产和负债作为一个整体，运用一定的方法，组织、协调资产负债业务以谋取最大利润的管理活动。按其经历的历史过程，资产负债管理依次有资产管理理论、负债管理理论和资产负债综合管理理论三个时期。

2. 资产管理理论经历了商业性贷款理论、资产可转换性理论和预期收入理论等，对应的管理方法，分别为资金总库法、资金分配法和线性规划法。负债管理理论经历了存款理论、购买理论和销售理论的发展过程。负债管理方法主要有储备头寸负债管理和贷款头寸负债管理等。

3. 资产负债联合管理理论认为，应对银行的资产和负债进行全面管理，根据外部经济环境的变化,协调资产负债在利率、期限、风险和流动性等诸方面的搭配,并在确保资金安全性、流动性情况下实现最大的利润。

4. 利率敏感性缺口管理是指商业银行依据对利率的预测,积极调整银行资产负债的结构,扩大或减少利率敏感性缺口,以规避利率波动风险,保证银行收益的稳定或增长。

5. 持续期缺口管理是指银行通过考虑资产和负债的持续期缺口并进行调整,来控制和降低在利率波动的情况下,由于总体资产负债配置不当而给银行带来的风险,以实现银行的绩效目标。

本章思维导图

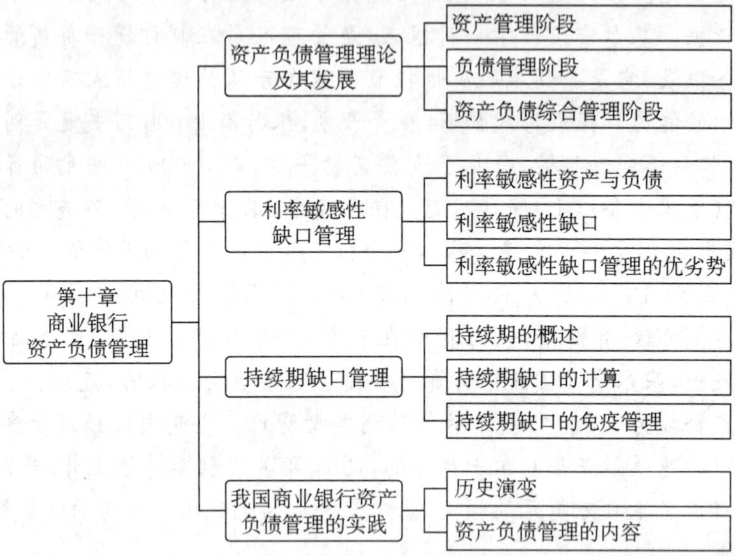

图 10-5 思维导图

思考题

1. 简述资产管理理论的内容及方法。
2. 简述负债管理理论的内容及方法。
3. 什么是资产负债综合管理理论?
4. 利率敏感比率与利率敏感性缺口的联系是什么?
5. 当利率波动时,银行应如何配置利率敏感资金?
6. 当利率波动时,资产负债持续期正缺口和负缺口对银行净值有什么影响?

第十一章 商业银行绩效评价

本章学习目标

绩效评价是商业银行发展转型的重要工具，是实现战略目标的指挥棒。学生通过本章学习，应了解商业银行绩效评价的意义与程序；掌握资产负债表、利润表与现金流量表的含义、作用及构成；能运用比率分析法与杜邦分析法分析商业银行的绩效；掌握RAROC的含义与计算方法；掌握RAROC方法在银行绩效评价中的应用。

第一节 商业银行绩效评价概述

当前，我国商业银行竞争越来越激烈，金融监管日益强化，传统的外延式增长之路已走到了尽头。这就要求商业银行加强绩效评价，建立一套科学合理的绩效评价体系，充分发挥绩效评价的激励约束作用，引导商业银行转型升级。

一、商业银行绩效评价概念及其意义

商业银行绩效评价是指为落实监管要求和实现自身发展战略，通过建立评价指标、设定评价标准，对评价对象在特定期间的经营成果、风险状况及内控管理进行综合考评，并根据评价结果改进经营管理的过程。

商业银行绩效评价是银行股东、监管当局和内部经营管理者了解银行目前状况，判断银行未来发展方向，并据此做出决策和采取相应措施的重要依据。科学先进的商业银行绩效评价制度有利于商业银行建立健全激励和约束机制，充分调动职工的积极性，促进规模、质量、效益同步增长，提高经营管理水平和综合竞争力。

二、商业银行绩效评价程序

商业银行绩效评价的程序一般分为确立评价目标、设计评价指标、收集评价信息、选择评价标准、形成评价结论和提出改善建议六个阶段。

(一) 确立评价目标

评价目标是商业银行绩效评价系统运行的指南和目的。任何评价体系都必须有确定的目标，否则整个评价就失去了意义。从逻辑上看，确定评价目标是银行进行绩效评价的第一步，也是至关重要的一步。一般而言，宏观的经济环境决定着商业银行经营管理战略总目标，不同的发展阶段决定其子目标。因而，银行绩效评价目标的确立要处理好评价总目标与子目标的关系。

(二) 设计评价指标

设计评价指标是确定评价目标后的主要环节。指标体系设计是否科学合理，直接关系

到绩效评价的准确性和客观性。通常有社会公认的机构或者行业管理部门设计共性指标，商业银行可根据需要进行选择，并补充一些个性指标。

(三) 收集评价信息

商业银行经营活动可获取的信息非常丰富，主要包括财务信息、非财务信息、经营信息等。这些信息的获取是开展银行评价的重要环节，直接关系到评价是否符合客观实际。

(四) 选择评价标准

评价标准是对银行进行客观判断的标尺。由于所选择的评价标准不同，做出的评价结果也存在差异。在进行评价标准的选择过程中，必须注意科学性和全面性。

(五) 形成评价结论

形成评价结论的过程，就是对评价客体进行价值判断的过程，即对评价客体做出是否有价值、有何价值、价值多大的判断。做出合理价值判断的前提条件是：评价者必须明确评价目标，确立评价目标，设计和选择适当的评价指标体系，充分、真实地获取相关信息，并对信息进行有序化的处理，科学地确定评价标准。

(六) 提出改善建议

形成评价结论并非银行绩效评价的终点，银行进行绩效评价的最终目的不仅仅是衡量其取得的经营业绩，更重要的是认清在银行经营过程中具备哪些优势，存在哪些问题，要寻找自身差距，追寻问题根源所在，为以后的管理确定方向。因此，银行开展绩效评价活动与其经营管理水平的提高密切相关，商业银行要以评价促发展，重在将评价结论转化为今后发展的动力和压力，作为改进经营管理的方向性指引，提高经营管理水平。

三、商业银行绩效评价方法

(一) 骆驼评级体系

骆驼评级体系是美国金融管理当局对商业银行及其他金融机构的业务经营、信用状况等进行的一整套规范化、制度化和指标化的综合等级评定制度。最初主要有五项评价指标，即资本充足性(Capital Adequacy)、资产质量(Asset Quality)、管理水平(Management)、盈利水平(Earnings)和流动性(Liquidity)，其英文第一个字母组合在一起为“CAMEL”，因与“骆驼”的英文名字相同而得名。从1991年开始，美国联邦储备委员会及其他监管部门对骆驼评级体系进行了重新修订。增加了第六个评价内容，即市场风险敏感度(Sensitivity of Market Risk)，以S为代表，增加第六个评估内容后的新体系称为骆驼评级体系(CAMELS Rating System)。骆驼评级体系的特点是单项评分与整体评分相结合、定性分析与定量分析相结合，以评级风险管理能力为导向，充分考虑到银行的规模、复杂程度和风险水平，是分析银行运作是否健康的最有效的基础模型。运用此体系得到的评价结果具有很强的公信力，已被世界上很多国家所采用。

骆驼评级体系的具体内容包括：一是资本状况。资本状况主要考察资本充足率，即总资本与风险资产之比。资本充足率越高，银行抵御风险的能力越强，对存款人利益的保护就越强。二是资产质量。资产质量主要考察风险资产的质量、呆账准备金的充足状况、贷款的集中程度以及贷款出现问题的可能性。三是经营管理水平。经营管理水平评价比较困难，没有量化指标和比率，主要考察银行业务发展状况、管理者经验及水平、职员培训情况等非定量因素。四是收益状况。收益状况主要考察银行在近 2 年里的净收益情况。五是流动性。流动性主要考察银行存款的变动情况,银行对借入资金的依赖程度,可随时变现的流动资产数量,资产负债的管理、控制能力,借入资金的频率以及迅速筹措资金的能力。六是市场风险敏感度。市场风险敏感度主要考察利率、汇率、商品价格及股票价格的变化,对银行的收益或资本可能产生不良影响的程度。

(二) 平衡计分卡

平衡计分卡是为了弥补传统以财务指标评价为主的绩效评价模式的缺陷,在 20 世纪 90 年代由美国哈佛大学商学院教授 Robert Kaplan 和 RSI 公司总裁 David Norton 提出的一种绩效评价方法。平衡计分卡是根据企业组织的战略要求而精心设计的指标体系,主要从财务维度、客户维度、内部运营流程维度和学习与成长维度来设置绩效评价指标。它将企业战略目标逐层分解转化为各种具体的相互平衡的绩效评价指标体系,并对这些指标的实现状况进行不同时段的考核,从而为企业战略目标的实现服务。平衡计分卡反映了财务、非财务衡量方法之间的平衡,长期目标与短期目标之间的平衡,外部和内部的平衡,结果和过程平衡,管理业绩和经营业绩的平衡等多个方面。所以,平衡计分卡能反映组织综合经营状况,使业绩评价趋于平衡和完善,有利于组织长期发展。

商业银行应用平衡计分卡进行绩效评价四个维度具体内容如下所述。

1. 财务维度

财务维度在这四个指标中最为重要。商业银行通过这个指标,能够综合地反映银行经营业绩,可以直接体现股东的利益。常用的指标包括净资产收益率和资产收益率等。

2. 客户维度

客户维度是指银行要始终将客户放在中心位置,重视客户的需求与满意度。客户是商业银行利润的来源,因此,银行想要获得更多利润,必须强化对客户重视程度。常用的指标包括客户满意度、新客户占比和市场份额等。

3. 内部流程维度

内部流程维度主要反映各种业务流程满足客户和利益相关者需求的程度。它是商业银行改善其经营业绩的重点,客户利益相关者价值的实现要从内部过程中获得支持。常用的指标有内部控制、客户服务和业务办理效率等。

4. 学习和成长维度

学习和成长视角主要反映如何创造一种支持银行改变、革新和成长的氛围。该维度主要评价其获得持续发展的能力。用长远的眼光来看,银行唯有不断地学习创新,才能实现其长远的发展。学习和成长目标是银行实现其他三项维度的重要推动力量。在如今日益激烈的竞争环境里,银行和员工的学习能力将是其取得竞争优势的关键。

平衡计分卡的四个维度不是相互孤立的,而是内部互相联系的。平衡计分卡最重要的核心思想就是通过财务、客户、内部流程、学习和成长四个维度指标互相影响,将银行的战略目标融入其中。财务维度是银行最注重的维度,也是一个银行存在和发展的基础。要提高银行的利润水平,就必须坚持顾客至上,满足顾客多样化的需求,提高顾客的满意度和忠诚度。而要满足客户,必须加强自身建设,提高银行整体的运营水平。提高银行内部运营效率的前提是银行及员工的学习能力。因而,这四个方面组成了一个密不可分的有机整体,以此循环往复地实现银行的价值和战略目标。

（三）经济增加值法

经济增加值是指从税后净营业利润扣除了包括股权和债务在内的所有资金成本后的经济利润。经济增加值是一种评价企业经营者有效使用资本和为股东创造价值能力，体现企业最终经营目标的经营绩效评价方法。经济增加值与其他绩效评定方法的本质区别是将资本所用的成本考虑进去，其核心理念是只有当企业净盈利超过资本占用成本的时候，企业才能真正为股东创造出价值。从财务的层面来理解，经济增加值等同于企业在缴纳所得税之后，从净利润中将债务与权益所用成本进行扣除后余下的净收入。从经济角度来看，经济增加值能对经济利润做出最为有效的评价，也可以理解为用相同的资本成本对不同的项目进行投资得出的回报比例。如今，经济增加值已经成了企业中较为流行的绩效评定方法，因其能更好地体现出企业是否达到了最初的既定目标。

四、国内商业银行绩效评价体系现状

目前，国内商业银行绝大多数建立了较为先进的商业银行绩效评价体系，在银行短期目标、长远发展、股东回报和风险控制之间寻找最优的平衡，普遍以资本约束作为前提，以价值创造作为核心，引入经济增加值（EVA）和经济资本回报率（RAROC）等核心价值指标进行绩效评价。

在商业银行的绩效评价实践中，评价视角逐渐由单一向多维转变，并普遍加强财务指标与非财务指标评价的有机结合。绩效评价的对象从单一部门考核发展到部门间、机构间、客户群、员工和产品的多维考核，并突出非财务指标的重要性。财务指标可以通过资产负债表等相关的财务数据清晰明了地反映银行的历史经营状况，预测未来经营前景。财务指标的滞后性又不能全面地剖析银行发展经营和风险，而非财务指标可以有效弥补这一缺陷和不足。目前使用的非财务指标主要是针对员工、客户和经营三大类，突出考核顾客满意度、市场占有量、管理有效性、企业价值形象等。

第二节　商业银行财务报表

一、资产负债表

资产负债表是反映商业银行在某一特定时点（如月末、季末、年末）的全部资产、负债和所有者权益情况的会计报表，是商业银行经营活动的静态体现。它根据“资产＝负债＋所有者权益”这一平衡公式，依照一定的分类标准和次序，将某一特定日期的资产、负债和所有者权益的具体项目予以适当地排列编制而成，表明商业银行在某一特定日期所拥有或控制的经济资源、所承担的现有义务和所有者对净资产的要求权。

（一）资产负债表的作用

资产负债表作为商业银行主要的财务报表之一。其主要作用包括：一是能够帮助报表使用者了解银行所掌握的各种经济资源，以及这些资源的分布和构成。二是通过对资产负债表对比和分析，可以了解银行资金实力、清偿能力等财务信息，也可以预测银行未来的盈利能力和财务状况的变动趋势。三是综合反映商业银行资产业务活动及风险资产管理状况，是国家经济管理部门加强和改善宏观金融管理的重要依据。

(二) 资产负债表的构成

1. 资产

资产是指商业银行过去的交易或者事项形成的、由商业银行拥有或者控制的、预期会给商业银行带来经济利益的资源。其主要内容包括现金及存放中央银行款项、存放同业款项、各项贷款、拆放同业、交易性金融资产、买入返售资产以及其他资产。

2. 负债

负债是指商业银行过去的交易、事项形成的现时义务，履行该义务预期会导致经济利益流出银行。其主要内容包括各项存款、向中央银行借款、同业存放款项、同业拆入、卖出回购款项、存入保证金、交易性金融负债以及其他负债。

3. 所有者权益

所有者权益是指所有者在银行资产中享有的经济利益，其金额为资产减去负债后的余额。商业银行的所有者权益，主要包括实收资本(或股本)、资本公积、盈余公积、未分配利润和一般风险准备金等。

(三) 资产负债表的格式

银行的资产负债表一般采用账户式资产负债表样式，将资产负债表分为左、右两边，左方列示资产项目，右方列示负债与所有者权益项目，左、右两方的合计数保持平衡。中国工商银行 2020 年 12 月 31 日的资产负债表，如表 11-1 所示。

表 11-1 中国工商银行资产负债表(2020 年 12 月 31 日) 单位:万元

	期初	期末
资产		
现金及存放中央银行款项	331 792 000.00	353 779 500.00
存放同业款项	47 532 500.00	52 291 300.00
拆出资金	56 704 300.00	55 898 400.00
贵金属	23 806 100.00	27 770 500.00
交易性金融资产	96 207 800.00	78 448 300.00
衍生金融工具资产	6 831 100.00	13 415 500.00
买入返售金融资产	84 518 600.00	73 928 800.00
应收利息	0.00	—
发放贷款及垫款	1 680 510 000.00	1 866 662 800.00
代理业务资产		—
可供出售金融资产	—	—
持有至到期投资		—
长期股权投资	3 249 000.00	4 120 600.00

（续表）

	期初	期末
应收投资款项	0.00	—
固定资产合计	28 461 600.00	28 424 000.00
无形资产	0.00	—
商誉	0.00	—
递延税款借项	6 253 600.00	6 771 300.00
投资性房地产	0.00	—
其他资产	24 428 300.00	45 359 200.00
资产总计	3 010 940 000.00	3 334 505 800.00
负债		
向中央银行借款	101 700.00	5 497 400.00
同业存入及拆入	226 657 000.00	278 425 900.00
其中:同业存放款项	177 632 000.00	231 564 300.00
拆入资金	49 025 300.00	46 861 600.00
衍生金融工具负债	8 518 000.00	14 097 300.00
交易性金融负债	10 224 200.00	8 793 800.00
卖出回购金融资产款	26 327 300.00	29 343 400.00
客户存款(吸收存款)	2 297 770 000.00	2 513 472 600.00
应付职工薪酬	3 530 100.00	3 246 000.00
应交税费	10 960 100.00	10 538 000.00
应付利息	0.00	—
应付账款	0.00	—
代理业务负债	0.00	—
应付债券	74 287 500.00	79 812 700.00
递延所得税负债	187 300.00	288 100.00
预计负债	0.00	—
其他负债	47 641 500.00	66 471 500.00
负债合计	2 741 740 000.00	3 043 554 300.00
所有者权益		
股本	35 640 700.00	35 640 700.00
其他权益工具	206 132 000 000.00	22 581 900.00
其中:优先股	0.00	—

（续表）

	期初	期末
资本公积	14 906 700.00	14 853 400.00
减:库存股	0.00	—
其他综合收益	−126 600.00	−1 042 800.00
盈余公积	29 229 100.00	32 291 100.00
未分配利润	136 854 000.00	151 055 800.00
一般风险准备	30 501 900.00	33 970 100.00
外币报表折算差额	0.00	—
其他储备	0.00	—
归属于母公司股东的权益	267 619 000.00	289 350 200.00
少数股东权益	1 581 700.00	1 601 300.00
股东权益合计	269 200 000.00	290 951 500.00
负债及股东权益总计	3 010 940 000.00	3 334 505 800.00

资料来源:中国工商银行官网。

(四) 资产负债表列示说明

(1)“现金及存放中央银行款项”,是银行资产中流动性最强的部分。库存现金是银行金库中的现钞,存放中央银行款项主要是应付法定存款准备金的要求与清算的需要。

(2)“交易性金融资产”和“买入返售金融资产”,是银行二级准备的主要部分。交易性金融资产的余额是银行持有的短期证券数额。买入返售金融资产是银行调拨头寸进行流动性管理的方式。

证券投资是银行主要的盈利资产之一。商业银行持有的证券分为国库券、地方政府债券、金融债券和高品质的企业债券以及票据四类。在银行业实现混业经营后,银行持有各类证券比例将持续上升。

(3)“发放贷款及垫款”是银行资产中比重最大的一项,也是银行收入的主要来源。

(4)“固定资产”,主要是指银行房产、设备的净值,属于非盈利性资产。

(5)“其他资产”,包括银行持有的、对不纳入合并会计报表的子公司投资及一些数目小不单独列示的项目。

(6)“存款”,是银行的最主要负债,包括活期存款、定期存款以及各种类型的创新存款。

(7)“向中央银行借款”,是本银行向中央银行借入的款项。

(8)“同业存入及拆入”,是银行向其他金融机构的借款以及其他金融机构存入本银行的款项。

(9)“卖出回购金融资产款”,是银行按回购协议卖出票据、证券、贷款等金融资产所融入的资金。

(10)“应付债券”,是银行为筹集长期资金而实际发行的债券及应付的利息,它是银行筹集长期资金的一种重要方式。

二、利润表

利润表又称损益表，是指反映商业银行在一定会计期间的经营成果的财务报表。它全面揭示了银行在某一特定时期实现的各种收入、发生的各种费用或支出，以及实现的利润或发生的亏损情况。

（一）利润表的作用

1. 有助于银行管理的未来决策

利润表综合反映了银行一定会计期间的营业收入、营业支出以及各具体会计要素的增减变化，通过分析利润的增减变化，可以寻求其变动的根本原因，找出问题，为未来决策提供依据。

2. 有助于评价银行管理人员的经营业绩

利润表中提供的盈利或亏损方面的信息，是一项综合性的信息，揭示了银行一定会计期间经营成果，以此可以评价银行管理人员的经营业绩。

3. 有助于预测银行未来的经营前景及获利能力

利润表提供了对于过去经营活动的客观记录和历史反映，有助于预测银行未来利润的发展趋势及其变动。

4. 有助于投资者进行投资决策

通过阅读和分析利润表，有利于投资者了解银行的盈利状况，监督银行的经营管理，以保护其自身的合法权益。

（二）利润表的格式

我国商业银行一般采用多步式利润表格式，将净利润的计算分解为多个步骤，各个步骤相配比。它主要分为四部分：第一部分反映主要经营业务的构成情况，包括营业收入与营业支出的构成。第二部分营业利润，它等于营业收入减去营业支出。第三部分是利润总额，它等于营业利润加上营业外收入，再减去营业外支出。第四部分是净利润，它等于利润总额减去所得税。各项目之间通过多步式的加减关系，最后得出净利润。多步式利润表的最大优点是能充分反映各收支项目间的内在联系，为管理者提供科学的决策支持。

中国工商银行 2020 年利润表，如表 11-2 所示。

表 11-2 中国工商银行利润表（2020 年 12 月 31 日） 单位：万元

一、营业收入	88 266 500.00
利息净收入	64 676 500.00
其中：利息收入	109 252 100.00
减：利息支出	44 575 600.00
手续费及佣金净收入	13 121 500.00
其中：手续费及佣金收入	14 666 800.00

（续表）

减：手续费及佣金支出	1 545 300.00
汇兑收益	4 100.00
投资净收益	2 996 500.00
其中：对联营公司的投资收益	130 400.00
公允价值变动净收益	1 279 700.00
其他业务收入	6 188 200.00
二、营业支出	49 128 300.00
营业税金及附加	852 400.00
业务及管理费用	19 684 800.00
研发费用	—
资产减值损失	20 266 800.00
其他业务支出	8 324 300.00
三、营业利润	39 138 200.00
加：营业外收入	195 700.00
减：营业外支出	121 300.00
四、利润总额	39 212 600.00
减：所得税	7 444 100.00
五、净利润	31 768 500.00
归属于母公司的净利润	31 590 600.00
少数股东权益	177 900.00
六、每股收益	
基本每股收益(元/股)	0.86
稀释每股收益(元/股)	0.86
七、其他综合收益	−1 583 900.00
八、综合收益总额	30 184 600.00
归属于母公司所有者的综合收益总额	30 053 600.00
归属于少数股东的综合收益总额	131 000.00

资料来源：中国工商银行官网。

（三）利润表编制说明

除下列项目以外的其他项目，比照一般企业利润表的列报方法处理：

(1)“营业收入”项目，反映“利息净收入”“手续费及佣金净收入”“投资收益”“公允价值变动收益”“汇兑收益”和“其他业务收入”等项目的金额合计。

(2)“利息净收入”项目,应根据“利息收入”项目金额,减去“利息支出”项目金额后的余额计算填列。“利息收入”“利息支出”项目分别反映银行经营存贷款业务等确认的利息收入和发生的利息支出。

(3)“手续费及佣金净收入”项目,反映“手续费及佣金收入”项目余额减去“手续费及佣金支出”项目金额后的金额。“手续费及佣金收入”“手续费及佣金支出”等项目,反映银行确认的包括办理结算业务等在内的手续费、佣金收入和发生的手续费、佣金支出,应根据“手续费及佣金收入”“手续费及佣金支出”等科目的发生额分别填列。

(4)“汇兑收益”项目,反映银行外币货币性项目因汇率变动形成的净收益,应根据“汇兑损益”科目的发生额分别填列,如为净损失,以“—”号列示。

(5)“营业支出”项目,反映“营业税金及附加”“业务及管理费”“资产减值损失”“其他业务支出”等项目的金额合计。

(6)“业务及管理费”项目,反映银行在业务经营和管理过程中发生的电子设备运转费、安全防范费、物业管理费等费用,应根据“业务及管理费”科目的发生额分别填列。

三、现金流量表

现金流量表是指反映商业银行在一定会计期间经营活动、投资活动和筹资活动产生的现金和现金等价物流入和流出的报表。

(一) 现金流量表的作用

第一,现金流量表可以弥补资产负债表和利润表的不足。现金流量表将银行的利润同资产、负债、所有者权益变动结合起来,动态、全面地反映一定会计期间内银行现金的来源和运用情况,体现银行财务状况变动结果及原因。

第二,商业银行可利用现金流量表分析银行在一定期间内现金的生成能力和使用方向,反映现金在流动中的增减变动情况及其影响因素,并可以预测银行未来的现金流量和潜在的发展能力。

(二) 现金流量表格式

现金流量表以现金及现金等价物为基础编制,现金是指商业银行库存现金以及可以随时用于支付的存款。现金等价物是指银行持有的期限短、流动性强、易于转换为已知金额现金、价值变动风险很小的投资。

现金流量表划分为经营活动、投资活动和筹资活动列报现金流量。经营活动是指商业银行投资活动和筹资活动以外的所有交易和事项。投资活动是指商业银行长期资产的购建和不包括在现金等价物范围的投资及其处置活动。筹资活动是指导致商业银行资本及债务规模和构成发生变化的活动。

现金流量表包括主表和附表两部分。主表采用报告式结构,附表是对主表信息的补充说明和验证。附表主要包括三个方面的内容:一是采用间接法时,将净利润调节为经营活动的现金流量;二是不涉及现金收支的投资和筹资活动;三是现金及现金等价物净增加情况。

中国工商银行 2020 年 12 月 31 日的现金流量表,如表 11-3 所示。

表 11-3 中国工商银行现金流量表(2020 年 12 月 31 日) 单位:万元

一、经营活动产生的现金流量	
客户存款和同业存放款项净增加额	277 925 700.00
向央行借款净增加额	5 395 900.00
向其他金融机构拆入资金净增加额	—
收取利息、手续费及佣金的现金	104 947 200.00
收到其他与经营活动有关的现金	9 694 300.00
经营活动现金流入小计	451 297 800.00
客户贷款及垫款净增加额	207 940 000.00
存放中央银行和同业款项净增加额	3 040 300.00
支付给职工以及为职工支付的现金	12 941 200.00
支付的各项税费	14 617 300.00
支付其他与经营活动有关的现金	15 391 100.00
支付利息、手续费及佣金的现金	40 853 300.00
经营活动现金流出小计	295 536 200.00
经营活动产生的现金流量净额	155 761 600.00
二、投资活动产生的现金流量	
收回投资收到的现金	184 574 300.00
取得投资收益收到的现金	25 096 200.00
处置固定资产、无形资产及其他资产而收到的现金	853 900.00
取得子公司及其他营业单位所收到的现金净额	—
收到其他与投资活动有关的现金	—
投资活动现金流入小计	210 587 100.00
投资支付的现金	319 127 300.00
购建固定资产、无形资产和其他长期资产支付的现金	3 099 500.00
支付的其他与投资活动有关的现金	—
投资活动现金流出小计	324 096 800.00
投资活动产生的现金流量净额	(−113 509 700.00)
三、筹资活动产生的现金流量	
吸收投资所收到的现金	—
发行证券化资产所吸收的现金	—
发行债券收到的现金	94 747 500.00
增加股本所收到的现金	—
收到其他与筹资活动有关的现金	—
筹资活动现金流入小计	94 747 500.00

（续表）

偿还债务所支付的现金	85 885 800.00
分配股利、利润或偿付利息支付的现金	12 764 000.00
其中：偿付利息所支付的现金	2 513 700.00
支付新股发行费用	—
支付其他与筹资活动有关的现金	631 000.00
筹资活动现金流出小计	99 442 400.00
筹资活动产生的现金流量净额	−4 694 900.00
四、汇率变动对现金及现金等价物的影响	−3 486 100.00
五、现金及现金等价物净增加额	(34 070 900.00)
加：期初现金及现金等价物余额	145 041 300.00
六、期末现金及现金等价物余额	179 112 200.00

资料来源：中国工商银行官网。

（三）现金流量表列示说明

"客户存款和同业存放款项净增加额"，本项目反映商业银行本期吸收的境内外金融机构以及非同业存放款项以外的各种存款的净增加额。本项目可以根据"吸收存款""同业存放"等科目的记录分析填列。

"向中央银行借款净增加额"，本项目反映商业银行本期向中央银行借款的净增加额，根据"向中央银行借款"科目的记录分析填列。

"向其他金融机构拆入资金净增加额"，本项目反映商业银行本期从境内外金融机构拆入款项所取得的现金，减去拆借给境内外金融机构款项而支付的现金后的净额。本项目可以根据"拆入资金"和"拆出资金"等科目的记录分析填列。本项目如为负数，应在经营活动现金流出类中单独列示。

"收取利息、手续费及佣金的现金"，本项目反映商业银行本期收到的利息、手续费及佣金。本项目可以根据"利息收入""手续费及佣金收入""应收利息"等科目的记录分析填列。

"客户贷款及垫款净增加额"，本项目反映商业银行本期发放的各种客户贷款，以及办理商业票据贴现、转贴现融出及融入资金等业务的款项的净增加额。本项目可以根据"贷款""贴现资产""贴现负债"等科目的记录分析填列。

"存放中央银行和同业款项净增加额"，本项目反映商业银行本期存放于中央银行以及境内外金融机构的款项的净增加额。本项目可以根据"存放中央银行款项""存放同业"等科目的记录分析填列。

"支付手续费及佣金的现金"，本项目反映商业银行本期支付的利息、手续费及佣金。本项目可以根据"手续费及佣金支出"等科目的记录分析填列。

"发行债券收到的现金"，本项目反映商业银行发行债券收到的现金。本项目可以根据"应付债券"等科目的记录分析填列。

第三节　商业银行财务分析方法

一、比率分析法

比率分析法是指利用财务报表中某些财务数据之间的关系，将不同的相关经济指标进行比较，从而反映商业银行经营绩效的一种分析方法。根据财务比率反映的经济内容，可以从盈利能力、经营效率、风险性和清偿力四个方面对银行经营绩效分别进行评价。

（一）盈利能力

盈利性指标是衡量商业银行运用资金赚取收益的能力。盈利性指标的核心是资产收益率和净资产收益率，利用这两个指标及其他派生的财务指标可以较好地分析银行的盈利能力。

1. 资产收益率

资产收益率又称资产回报率或资产利润率，是指银行净利润与资产总额的比率。其计算公式为：

$$资产收益率 = 净利润 \div 资产总额 \times 100\%$$

这一比率是指每单位资产创造多少净利润，反映了银行的获利能力。资产收益率是应用最为广泛的衡量银行盈利能力的指标之一，不应低于0.6%，该指标越高，表明银行的资产盈利水平越高。

2. 净资产收益率

净资产收益率（Return on Equity，简称ROE），又称股东权益报酬率或净值报酬率，是公司税后利润除以净资产得到的百分比率。其计算公式为：

$$净资产收益率 = 净利润 \div 净资产 \times 100\%$$

该指标反映股东权益的收益水平，用以衡量公司运用自有资本的效率。指标值越高，说明投资带来的收益越高。该指标体现了自有资本获得净收益的能力。

3. 银行利润率

银行利润率是指银行净利润与总收入的比率。其计算公式为：

$$银行利润率 = 净利润 \div 总收入 \times 100\%$$

这一比率说明了银行能够支配多少利润。比例越大，说明银行能支配的利润越多。反之，则可支配利润越少。

4. 银行利差率

银行利差率是指银行利差与盈利资产的比率。其计算公式为：

$$银行利差率 = (利息收入 - 利息支出) \div 盈利资产 \times 100\%$$

利差收入在商业银行的收支中所占的比例最大，是影响商业银行经营绩效的关键因素。盈利资产是指那些能给银行带来利息收入的资产。在一般情况下。除去现金资产和固定资产，均可看做盈利资产。这一比率越高，说明银行盈利资产的获利能力越强。

5. 非利息净收入率

非利息净收入率是指银行非利息净收入与资产总额的比率。其计算公式为：

$$非利息净收入率 =（非利息收入 - 非利息支出）\div 资产总额 \times 100\%$$

这一比值越大，不仅说明银行的获利能力越强，也反映其经营管理效率越高。

（二）经营效率

经营效率的高低标志着银行的经营管理水平，主要评价指标有两个。

1. 资产利用率

资产利用率是指银行总收入与资产总额之比。其计算公式为：

$$资产利用率 = 总收入 \div 资产总额 \times 100\%$$

该比率反映了银行资产的利用效率，即一定数量的资产能够实现多少收入，该比率越高，说明银行利用一定量的资产所获得的收入越多，其经营效率越高。

2. 财务杠杆比率

财务杠杆比率又称资本乘数，是指资产总额与资本总额的之比。其计算公式为：

$$财务杠杆比率 = 资产总额 \div 资本总额 \times 100\%$$

这一比率指标说明银行资本的经营效率，即一定量的资本能创造多少倍资产，这一比值越大说明资本不足，银行的经营风险较大。反之，说明一定量的资本所创造的资产过少，资本没有得到充分利用。

（三）风险性

商业银行在经营活动中由于各种因素而导致经济损失的可能性就是银行风险。近年来，复杂多变的经济环境和日益加大的金融风险迫使银行更加重视对风险的衡量与控制。具体评价指标详见本书第十二章，在此不再赘述。

（四）清偿力

清偿力是指银行运用其全部资产偿还债务的能力，反映了银行债权人的权益所保障的程度，清偿力充足与否也极大地影响着银行的信誉。而清偿力不足的根本原因是资本金不足，未能与资产规模相匹配，因而，传统的清偿力指标主要着眼于资本充足情况。

1. 资本充足程度指标

商业银行的资本包括一级资本与二级资本。一级资本包括核心一级资本与其他一级资本。商业银行资本充足率监管要求包括最低资本要求、储备资本和逆周期资本要求、系统重要性银行附加资本要求以及第二支柱资本要求。商业银行各级资本充足率不得低于如下最低要求：核心一级资本充足率不得低于5%；一级资本充足率不得低于6%；资本充足率不得低于8%。

$$资本充足率 = 资本 \div 风险加权资产 \times 100\%$$

$$核心资本充足率 = 核心资本 \div 风险加权资产 \times 100\%$$

商业银行应当在最低资本要求的基础上计提储备资本。储备资本要求为风险加权资产的2.5%，由核心一级资本来满足。在特定情况下，商业银行应当在最低资本要求和储备资本要求之上计提逆周期资本。逆周期资本要求为风险加权资产的 0～2.5%，由核心一级资本来满足。系统重要性银行还应当计提附加资本。国内系统重要性银行附加资本要求为风险加权资产的 1%，由核心一级资本满足。

2. 准备金充足程度指标

准备金充足程度指标包括资产损失准备充足率和贷款损失准备充足率。资产损失准备充足率是指信用风险资产实际计提准备与应提准备之比，不应低于 100%。贷款损失准备充足率为贷款实际计提准备与应提准备之比，不应低于 100%。

$$贷款损失准备充足率 = 贷款实际计提准备 \div 贷款应提准备 \times 100\%$$
$$资产损失准备充足率 = 信用风险资产实际计提准备 \div 贷款应提准备 \times 100\%$$

二、杜邦分析法

杜邦分析法是指利用主要财务比率之间的关系来综合分析企业财务状况的一种方法。这种分析方法最早由美国杜邦公司使用，故名杜邦分析法。杜邦分析法是指一种用来评价公司盈利能力和股东权益回报水平，从财务角度评价企业绩效的一种经典方法。其基本思想是将企业净净资产收益率逐级分解为多项财务比率乘积，这样有助于深入分析比较企业经营业绩。

(一) 两因素的杜邦财务分析法

两因素的杜邦财务分析法以净资产收益率为核心，揭示了银行盈利性和风险性之间的制约关系，对银行绩效进行全面分析评估。其计算公式为：

$$净资产收益率(ROE) = 净利润 \div 净资产 \times 100\%$$
$$ROE = 资产收益率(ROA) \times 资本乘数(EM)$$

其中：

$$资产收益率(ROA) = 净利润 \div 资产总额 \times 100\%$$
$$资本乘数(EM) = 资产总额 \div 净资产 \times 100\%$$

净资产收益率是股东所关心的与股东财富直接相关的重要指标。上面的两因素模型显示，净资产收益率受资产收益率和资本乘数的共同影响，资产收益率是银行盈利能力的集中体现，它的提高会带来净资产收益率的提高，即净资产收益率指标间接地反映了银行的盈利能力。同时，净资产收益率指标也可体现银行的风险状况，提高资本乘数可以改善净资产收益率水平，但也带来更大风险。一方面，资本乘数加大，银行净值比重降低，清偿能力风险加大，资产损失较易导致银行破产清算。另一方面，资本乘数会放大资产收益率的波动幅度，较大的资本乘数导致净资产收益率的不稳定。

(二) 三因素的杜邦财务分析法

银行净资产收益率取决于多个因素。将其分解可以扩展为三因素分析模型，能更好地从净资产收益率指标出发分析评价银行的绩效。

$$ROE = ROA \times EM = PM \times AU \times EM$$

公式中，PM = 净利润 / 总收入，称为银行利润率；AU = 总收入/资产总额，称为资产利用率。

该模型显示，银行净资产收益率指标取决于上面三个因素，其中，银行利润率和资产利用率也包含着丰富的内容。首先，银行利润率的提高，要通过合理的资产和服务定价来扩大资产规模、增加收入，同时，控制费用开支使其增长速度小于收入增长速度才能得以实现，因而，该指标是银行资金运用能力和费用管理效率的体现。其次，资产利用率体现了银行的资产管理效率，良好的资产管理可以在保证银行正常经营的情况下，提高其资产利用率，导致资产收益率指标的上升，最终给股东带来更高的回报率。

(三) 四因素的杜邦财务分析法

银行利润率不仅同资金运用以及费用管理效率相关，还与银行的税负支出有关，因此，可以将银行利润率进一步分解为：

$$PM = TME \times EME$$

公式中，TME = 净利润 / 税前利润，代表税负管理效率；EME = 税前利润 / 总收入，代表支出管理准备效率。

商业银行的税前利润是其营业中的应税所得，不包括免税收入和特殊的营业外净收入。净利润/税前利润越高，说明银行的税负支出越少，税负管理较为成功，税前利润/总收入也反映了银行资金运用和费用管理效率，实际上将 PM 分解为 TME 和 EME 后，就得到了四因数的杜邦分析模型。由此可得：

$$ROE = TME \times EME \times AU \times EM$$

从杜邦分析模型中可以看出，净资产收益率指标涉及银行经营中的各个方面，杜邦分析法通过综合性极强的净资产收益率，间接反映了银行经营中各方面情况及其相互间的制约关系，进而可以较好地对银行绩效进行全面的分析评价。

第四节　商业银行绩效评价中的风险修正——RAROC 方法

一、RAROC 方法的内涵

(一) RAROC 方法的产生背景

商业银行在经营过程中面临着各种各样的风险，包括信用风险、市场风险与操作风险等。这就决定了在对商业银行进行绩效评价时，必须将风险因素纳入评价体系中。然而，这一认识的形成在实务和理论层面却经历了漫长的过程。从全球来看，可以发现银行绩效评价方式经历了从单纯强调规模到强调盈利率再到注重风险的演变。以美国为例，从 19 世纪中后期到第二次世界大战前，商业银行的经营者十分强调资产负债规模的增加，也就是将银行“做大”。第二次世界大战后，尤其是 20 世纪 70 年代之后，西方商业银行普遍放弃了对规模的片面追求，转而运用财务指标分析经营绩效，尤其是运用杜邦分析模型，其核心是资产收益率，并且可将其分解成三因素或四因素模型，通过对组成部分的时间序列分析和同行业竞争者的比较来评价银行的经营效率。与规模考核相比，财务指标分析更注重资金的运用效率。

然而，财务指标分析也存在着自身无法克服的弊端，主要体现在没有将风险和收益纳入一个框架内评估,即在不考虑风险的情况下或者风险等量假设下评价收益。众所周知,会计信息基于账面价值,是静态的,难以反映现实中的不确定性,这是以会计信息为基础的财务指标分析的致命弱点。与此相伴而生的是银行盈利和风险在时间上的错配,比如,一笔贷款发生在经济繁荣时期,根据会计的权责发生制原则,盈利也被计入当期,然而当随后的经济形势恶化后,贷款无法收回,损失被计入了后续年份,从而夸大了繁荣时期的盈利而加剧了衰退时期的亏损,不能反映银行每一年真实的绩效。

经风险调整的资本回报率(ROAOC),即通常所说的经济资本回报率作为资本回报水平的衡量指标,是一个基于风险调整的绩效评价框架,可用以分析风险调整后的绩效表现,也可以用于观察不同业务的获利能力。RAROC 概念最早是由信孚银行于 20 世纪 70 年代提出的,后被其他商业银行采用推广和不断完善。目前,该指标已逐渐成为商业银行普遍应用的绩效评价手段之一。

(二) RAROC 的计算方法

风险调整后的资本回报率为经预期损失和以经济资本计量的非预期损失调整后的收益率。RAROC 的中心思想是将风险带来的未来可预计的损失量化为当期成本,直接对当期盈利进行调整,衡量经风险调整后的收益大小,并考虑为可能的最大风险做出资本储备。RAROC 计算公式的分子为经风险调整的收益,反映的是银行收益创造能力,RAROC 的分母为经济资本,反映的是银行承受的风险水平。其计算公式为:

$$RAROC = (\text{收入} - \text{资金成本} - \text{经营成本} - \text{预期损失}) \div \text{非预期损失(经济资本)}$$

从这一公式我们可以看到,RAROC 所涉及的基本概念有收入、资金成本、经营成本、预期损失和非预期损失(经济资本)。

1. 收入

收入是指商业银行在日常经营过程中获得的总收入。其中包括利息收入和非利息收入。

2. 资金成本

资金成本是商业银行筹集和使用资金的成本。其主要包括吸收存款或发行债券等筹集来的资金所产生的利息支出。

3. 经营成本

经营成本又称经营费用,是指商业银行在日常经营管理过程中所发生的管理费用,其中包括工资、固定资产折旧和电子设备运转维护费等。

4. 预期损失

商业银行经营管理过程中会面临信用风险、操作风险和市场风险等,而这些风险造成的损失可以分为预期损失和非预期损失两部分。无论是预期损失还是非预期损失,对商业银行来说,都应该实时监测并准确计量,才能有效控制风险。

预期损失是商业银行预期在特定时期内资产可能遭受的平均损失。一般情况下,实际损失总是大于或者小于平均损失值,但根据大数定律,实际损失平均值趋于期望损失。因而,在预测损失时,用期望损失估计预期损失,表示对未来平均损失的预测。预期损失是比较确定的,实际发生的损失一般围绕平均损失上下波动。因此,在管理上可以把平均损失值看成相对确定的,以准备金的形式计入银行的经营成本,可通过定价转移到金融产品价格中去。商业银行将预期损失视为风险成本，作为总成本的一部分。

非预期损失是相对于预期损失来说发生概率较小的那部分损失。它是一定置信水平下的最大损失值超出预期损失平均值以外的损失。预期损失平均值是确定的，超出预期损失平均值以外的非预期损失值是相对不确定的，随置信水平的改变而不同。

预期损失和非预期损失之间的联系和区别，如图 11-1 所示。

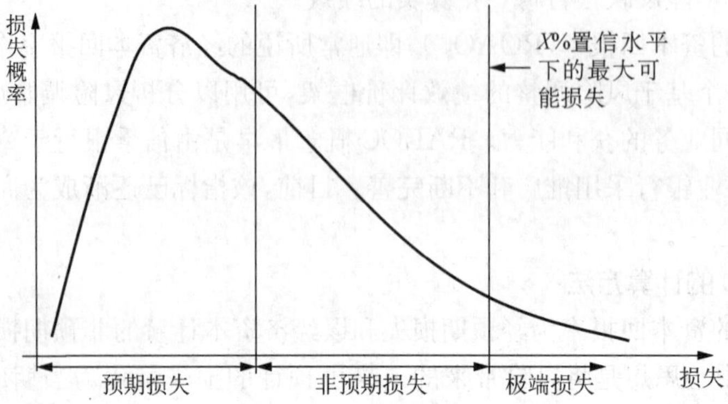

图 11-1　损失分布图

此外，在图 11-1 中，还涉及极端损失的概念。极端损失是指超出非预期损失之外的可能威胁到商业银行安全性和流动性的重大损失。极端损失发生的概率极低，但一旦发生，损失巨大，如战争或重大灾害，是银行无法主动控制的。极端损失在损失分布图上表现为向右边不断延伸的部分。预期损失与置信水平的设定无关，而非预期损失和极端损失是通过置信度来划分的。置信度是人为设定的，可大可小，但也不是随意设定的，与商业银行的风险偏好、风险管理要求密切相关。非预期损失和极端损失是不能通过定价转移的。巴塞尔委员会在 2004 年 1 月发布的文件《改变信用的预期和非预期损失的整体处理方法》中，将预期损失和非预期损失分开处理。对预期损失通过计提损失准备金和冲减利润方式来缓冲，对一定置信水平下的非预期损失，用资本来缓冲。对于规模巨大的灾难性损失，如地震、火灾等，可通过购买商业保险转移风险，但对于因衍生产品交易等过度投机行为造成的灾难性损失，则应当采取严格限制高风险业务或行为的做法予以规避。

二、RAROC 方法中的经济资本核算

(一) 经济资本的概念

经济资本是指在一定置信水平下，用来缓冲资产或业务非预期损失的资本。在数量上，经济资本等于非预期损失。大型国际性银行的通常管理目标是保持其 AA 级的信用等级。具有 AA 级的银行在一定时期的违约概率小于 0.03%，这说明其应选择的经济资本置信水平至少应该是 99.97%。经济资本的要求必须能覆盖非预期损失。所以，经济资本的数量等于损失概率分布图 11-1 中第 X 分位数与预期损失的差，其中 X% 是置信水平。

【例 11-1】 某信用评级为 AA 级的银行在某地区发放贷款。银行估计平均每年违约的贷款占未偿还本金的 1%。在 99.97% 的置信水平下的 VaR 下，估计贷款损失为未偿还本金的 3%。因此，每 100 元贷款所需要的经济资本金为 2 元(在 99.97% 的置信水平下，

VaR 与预期损失的差)。

账面资本是依据一定的会计方法和规则,在商业银行资产负债表上反映出来的资本,体现为商业银行的所有者权益。监管资本是监管机构根据当地情况规定的银行必须执行的强制性资本标准。不同的监管主体制定了不同的监管规则,典型的是《巴塞尔资本协议》所规定的资本要求,成为国际银行业的准则。各国监管机构也因地制宜地根据本国情况设立了各自的监管资本标准。

(二) 经济资本的测量

银行可以采用自上而下法与自下而上法来计算经济资本。在实践中采用最多的方法是自下而上法。使用该方法,首先,建立各个业务部门对不同风险类别的损失分布。然后,进行汇总,汇总过程的第一步是计算各类风险的总损失分布,第二步求出整个银行的整体损失的概率分布。最后,根据汇总以产生整个银行所需要的经济资本的总量。

最简单的方法是假定涵盖 n 个不同风险的整体经济资本等于各项风险资本金的总和。其计算公式为:

$$E_{total} = \sum_{i=1}^{n} E_i$$

公式中,E_{total} 表示面临 n 种不同风险的商业银行整体资本金的数量,E_i 表示第 i 项风险所对应的资本金的数量。巴塞尔委员会对于监管资本的做法与上式一致。银行的整体监管资本金等于信用风险、市场风险及操作风险资本金的总和。

三、RAROC 方法在银行绩效评价中的应用

(一) RAROC 应用于银行绩效评价的流程

风险调整的资本回报率的价值在于可以解决绩效评价和资本配置中的一系列问题。通常,绩效评价和资本配置是一个动态循环的流程,可分为以下四个具体的步骤:

第一步,度量风险,确定可供配置的经济资本总量。经济资本总量的确定要在科学合理度量商业银行面临风险的基础上,这样才能真正达到覆盖风险,增加银行价值。

第二步,确定银行所能接受的最低回报率。这一回报率的估算可以依据资本资产定价模型、股利定价模型等方法计算,并结合银行自身情况确定。

第三步,进行经济资本的配置,即将有限的经济资本在各类风险、各个层面和各种业务之间配置,实现银行总体在可接受风险下收益的最大化。配置的基本原则或者判断标准就是各类业务经过风险调整的资本回报率要高于银行设定的最低回报率。这是使用 RAROC 绩效评价的关键和核心步骤。

第四步,随着银行业务本身的变化定期运用 RAROC 模型对于业务进行动态考核。

(二) RAROC 绩效评价的应用举例

【例 11-2】 假设某家银行在某一时期内有三个投资机会可选择,分别为 A、B、C,银行的最低回报率 $HR=8.5\%$,这三个投资对银行股东的预期收益分别为 180 万元、170 万元和 160 万元,投资额均需 2 亿元,假设银行根据资产对资本 10∶1 的比率配置投资资本,因此该项投资所需资本 P 为 2 000 万元。

银行会选择[预期收益 E(R)/投资资本 P]>HR 的投资项目,用 E(R)表示预期产生的收益,用 P 表示项目投资所需的资本。银行运用资本回报率衡量的投资决策举例,如表 11-4 所示。

表 11-4 银行运用资本回报率(ROE)衡量的投资决策举例

投资项目	E(R)	P	ROE=E(R)/P	HR	是否投资
A	180	2 000	180/2 000=0.090	0.085	是
B	170	2 000	170/2 000=0.085	0.085	是
C	160	2 000	160/2 000=0.080	0.085	否

从表 11-4 中可知,如果按照传统的资本回报率评价标准进行产品绩效评价并配置资本,那么银行会选择投资 A 或 B,最佳选择是 A。不过这种投资决策忽略了风险对银行投资的影响。在有效市场假设下,高收益必定伴随着高风险,传统的资本回报率指标难以判断各投资项目的风险。最终,银行经营管理者可能为取得短期的收益而承担过度风险。

在 RAROC 绩效评价体系下,情况却截然不同,以上的决策错误也将得到修正。出于便于比较的考虑,假设 A 投资需要占用的经济资本额为 2 160 万元,B 投资需要占用的经济资本额为 2 000 万元,C 投资的对应经济资本数额为 1 840 万元,EP 是每个投资项目的经济资本数,RAROC 通过 E(R)/EP 近似。银行运用 RAROC 衡量的投资决策举例,如表 11-5 所示。

表 11-5 银行运用 RAROC 衡量的投资决策举例

投资项目	E(R)	EP	RAROC=E(R)/EP	HR	是否投资
A	180	2 160	180/2 160=0.0833	0.085	否
B	170	2 000	170/2 000=0.0850	0.085	是
C	160	1 840	160/1 840=0.0870	0.085	是

在考虑了投资项目风险的情况下,投资 B 或 C 的 RAROC 大于银行资本的最低回报率,因而是可以进行投资的,而且最佳选择变为 C。银行的战略决策应当向投资 C 进行倾斜。由于投资 A 的 RAROC 小于银行资本的最低回报率 HR,银行将不会选择 A 项目进行投资。

根据上例可知,银行通过传统的资本回报率指标 ROE 筛选投资项目,容易倾向于选择高风险的项目。RAROC 则使风险与业务盈利综合体现为一个简单数值,很好地避免了过度承担风险。因此,银行根据各业务单位的绩效评价结果来指导业务决策、配置经济资本,常用方法就是比较 RAROC 和最低回报率。如果 RAROC 超过最低回报率,那么,业务产品和业务单位能够创造价值,否则是损害价值的,即:

经风险调整的资本回报率 > 最低回报率 → 股东价值增值

经风险调查的资本回报率 < 最低回报率 → 股东价值损失

以 RAROC 作为衡量标准,就可以迫使银行和各业务单位管理者通过降低风险、减少经济资本占用,并有效使用经济资本来达到提高股东价值的目标。

(三) RAROC 在银行经营管理中的作用

RAROC 的原则就是在资本总量一定的前提下，银行必须向能够提供最大的 RAROC 的业务倾斜。

【例 11-3】 假设一家银行的资本是 100 亿元，它的经济资本的总量最大可以是 100 亿元，该银行设立两个分行，分别为 A 和 B。A 分行的 RAROC 是 15%、B 分行的 RAROC 是 10%，则经济资本在两个部门之间的不同配置组合，可能导致不同的结果。

第一种方案：100 亿元的经济资本全部配置给 A 分行，则银行整体的 RAROC 自然为 15%。

其他任何一种方案：假定配置给 A 分行的经济资本为 α，则配置给 B 分行的经济资本为 $(100-\alpha)$，则银行整体的 RAROC 为：

$$RAROC=\frac{15\%\times\alpha+10\%\times(100-\alpha)}{100}=\frac{10+5\%\times\alpha}{100}$$

在 $0\leqslant\alpha\leqslant 100$ 的情况下，10%≤整体 RAROC≤15%，这就是说，其他任何一种经济资本在 A 分行与 B 分行之间的分配形式，银行整体的 RAROC 都不可能超过第一种方案。但在实践中，并不是如此简单，还需结合现实条件，综合权衡，不是简单地追求 RAROC 最大化。

在实践中，还要考虑以下因素：

首先，分行或部门、产品的风险调整回报率指标并非一成不变的，某一类业务、某一个地区范围内的客户资源是有限的。当银行把所有资源都投到这个地区扩大业务规模时，一般会面临客户资源不足的问题，结果会造成客户资信等级的下降，风险的增大，从而降低收益。由于边际客户和业务的收益呈递减的趋势，随着业务的扩大，银行在这个地区的 RAROC 也呈递减的趋势。其次，银行无条件将资源从 RAROC 低的分行转移到 RAROC 相对较高的分行是有成本的，并且这样的成本很有可能超出了银行可以承受的范围。鉴于上述问题，银行在经济资本配置的实践活动中，一般都不会出现第一种方案中的极端情形，而采用一些替代的方法。

商业银行会根据股东对资本的回报要求、风险偏好以及银行对市场的综合判断等因素，进行资本的优化配置，把资本合理有效地配置到效率高，能够为银行创造利润的地方，最终的结果就是整个银行资源的优化配置和经济利润的增长，从而使银行价值最大化。比如，规定每笔业务的基准 RAROC 的要求，如果某业务的 RAROC 大于基准收益率，稀缺的银行资本可以配置到该项业务上，低于这个标准的原则上不做，从而保证整个银行的 RAROC 必定等于或高于这个 RAROC 标准。

课程思政案例

中国商业银行在世界银行排名中屡获佳绩

一、思政目标

本案例围绕以振兴中华为己任的爱国意识教育展开，重点让学生理解银行终归要回归本源，服务于经济社会发展，尽更多的社会责任。同时，教育学生应该以为实现中华民族伟大复兴的中国梦为己任，努力成为有理想、有担当、有作为的新时代大学生。

二、案例内容

银行的一级资本实力是衡量银行资本充足状况的重要指标，反映了银行抗风险和利润增长能力，是全球银行综合实力的标尺。2021 年 6 月 28 日，英国《银行家》杂志公布了“2021 年全球银行 1 000 强”榜单。从本次排名情况看，我国银行业上榜总数与美国的差距继续缩小，一级资本总规模合计达到 2.96 万亿美元，接近于美国 1.58 万亿美元的 2 倍。中资银行在榜单前 20 强中夺下 9 个席位，其中，工商银行、建设银行、农业银行和中国银行连续 4 年位居前四名。

2020 年，面对新冠肺炎疫情冲击和经济下行压力，我国沉着应对，及时采取多种措施，坚持疫情防控和复工复产两手抓，取得显著成效，有力地抵御了各种内外部不确定性，经济恢复态势不断稳固，成为全球唯一实现经济正增长的主要经济体。这为我国银行业保持健康稳健发展、跻身全球领先银行榜单创造了良好的条件。另外，我国采取多方面举措，拓宽银行资本补充渠道，丰富银行资本补充方式。各家主要银行充分运用政策，通过发行永续债、优先股、二级资本债等，不断加大资本补充力度，资本水平持续呈现显著增长态势。

工商银行、建设银行、农业银行和中国银行四家大型银行连续 4 年蝉联榜单前四位。其中，位居榜首的是工商银行。凭借一级资本等雄厚实力，工商银行已连续 9 年位居该榜单榜首。2021 年，工商银行的一级资本增长了 15.7%，从 2020 年的 3 802 亿美元增加到 2021 年的 4 399 亿美元，几乎是排名第五位的美国最大银行摩根大通的 2 倍。

排名第二位的建设银行一级资本增长了 14.4%，从 2020 年的 3 161 亿美元增加到 2021 年的 3 616 亿美元。位列第三位的农业银行一级资本规模也从 2776 亿美元增长 21.1%至 3 362 亿美元，第四名中国银行的一级资本从 2 584 亿美元增长 18.1%至 3 051 亿美元。除了上述四家银行占据前四席位之外，还有 5 家银行进入榜单前 20 名。交通银行位列全球银行 1 000 强第 11 名，招商银行位居第 14 名，浦发银行排名第 18 名，兴业银行置身第 19 名。中国邮政储蓄银行也从 2020 年的第 22 名跃升到 2021 年的第 15 名。

与此同时，四家大型银行的利润均实现正增长，在全球银行利润排行榜中同样位列前四。具体来看，工商银行税前利润为 600.50 亿美元，建设银行税前利润为 515.49 亿美元，农业银行税前利润为 405.90 亿美元，中国银行税前利润为 377.30 亿美元。

整体而言，全球银行 1 000 强有效应对了新冠疫情的影响。在疫情冲击下，2021 年全球银行 1 000 强的一级资本总规模实现正增长，达到创纪录的 9.9 万亿美元，资产总额提升 16%达到 148.6 万亿美元，存款总额也提升 17%达到 93.9 万亿美元。

与中国银行业强势增长形成鲜明对比的是，欧洲银行业在疫情冲击下进一步掉队。数据显示，欧洲银行中只有汇丰银行一家跻身全球十强排名第八位，且汇丰银行的盈利重点实际位于中国香港和中国内地市场，而非欧洲市场。专家预计，展望未来，欧美地区低(负)利率的环境将进一步损害银行业的盈利空间和规模增长，预计全球银行业“东升西降”格局将持续，中国银行业的规模和实力有望进一步提升。

三、思考题

1. 请思考我国银行业如何实现高质量发展。

2. 请思考新时期如何加强大学生的社会责任感？

参考文献

全球银行 1 000 强榜单出炉！9 家中资银行进入前 20 强，https://baijiahao.baidu.com/s?id=1704090981903055042&wfr=spider&for=pc。

本章小结

1. 绩效评价是商业银行发展转型的重要工具，是实现战略目标的指挥棒。商业银行应建立一套科学合理的绩效评价体系，充分发挥绩效评价激励约束作用，引导商业银行转型升级。

2. 商业银行的财务报表主要有资产负债表、利润表和现金流量表。资产负债表是反映商业银行在某一特定时点全部资产、负债和所有者权益情况的会计报表。利润表是反映商业银行在一定会计期间的经营成果的财务报表。现金流量表是反映商业银行在一定会计期间经营活动、投资活动和筹资活动产生的现金和现金等价物流入和流出的报表。

3. 比率分析法是以绩效评价指标为核心，从盈利能力、经营效率、风险性和清偿力四个方面对银行经营绩效分别进行评价，最后形成科学完整的结论。

4. 杜邦分析法是一种用来评价公司盈利能力和股东权益回报水平，从财务角度评价企业绩效的一种经典方法。其基本思想是将企业净资产收益率逐级分解为多项财务比率乘积，这样有助于深入分析比较企业经营业绩。

5. RAROC 是风险调整后资本回报率，即风险调整后净利润与占用的经济资本的比率。RAROC 是商业银行内部绩效测评的主要指标，是商业银行经济资本配置的依据。

本章思维导图

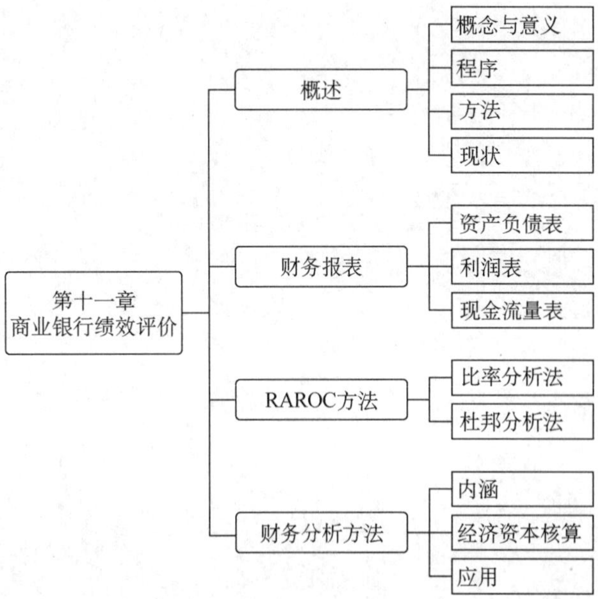

图 11-2　思维导图

思考题

1. 商业银行绩效评价的作用是什么?
2. 商业银行资产负债表的主要内容及作用是什么?
3. 商业银行利润表的作用是什么?
4. 怎样理解商业银行的现金流量表?
5. 商业银行绩效评价中盈利性指标有哪些?
6. 如何理解四因素杜邦分析法?
7. RAROC 的定义和作用是什么?
8. RAROC 应用于银行绩效评价的流程?

第十二章 商业银行全面风险管理

本章学习目标

风险管理能力是商业银行稳健经营和可持续发展的基石，是银行的核心竞争力。商业银行全面风险管理的目的在于最大限度地减少所承受的各种风险带来的损失，《巴塞尔协议》将银行风险区分为八大类风险，其中最主要的风险有四类，即信用风险，市场风险、流动性风险和操作性风险。限于篇幅，同时由于本书第十章中已经讲述了市场风险管理的主要方法，因而本章中将主要探讨信用风险、流动性风险和操作风险的管理，其他风险不再涉及。学生通过本章学习，应掌握商业银行风险的概念和分类；掌握全面风险管理的内涵和流程；掌握信用风险的识别、评估、监测和控制措施；掌握操作风险的识别、评估、监测和控制措施；掌握流动性风险的识别、评估、监测和控制措施；熟悉我国商业银行风险管理的相关法律法规。

第一节 商业银行全面风险管理概述

一、银行风险概述

（一）风险的概念

当前，商业银行处在一个充满不确定性的经营环境里、各类风险层出不穷。风险管理的前提是正确认识风险。风险是指商业银行在经营活动中，因不确定因素的影响，而遭受经济损失或不能获得额外收益的可能性。风险具有普遍性、客观性和可变性。对于商业银行而言，在当今复杂多变的经营环境下，风险是普遍存在的，而且风险可能会随着时间和空间的变化不断变化，同时，无论商业银行采取何种措施，均不可能将风险完全消除，只能尽可能地将其带来的损失降至最低。风险是把“双刃剑”，可能带来一定的损失，同时也可能带来超额收益。

（二）银行风险的分类

在《巴塞尔协议》中，将银行面临的主要风险划分为八大类，即信用风险、市场风险、操作风险、法律风险、流动性风险、国别风险、声誉风险和战略风险。除这些风险之外，我国银保监会还要求商业银行将洗钱和恐怖融资风险纳入全面风险管理体系进行统一管理，但该风险在此不再赘述。

1. 信用风险

信用风险是指债务人或交易对手未能履行合同规定的义务或信用质量发生变化，影响金融产品价值，从而给债权人或金融产品持有人造成经济损失的风险。传统上，对于大多数的商业银行而言，信用风险主要来自贷款，是债务人未能如期偿还债务而给银行造成的损失可能性。因此，信用风险往往被称为违约风险。

2. 市场风险

市场风险是指因市场价格（利率、汇率、股票价格和商品价格）的不利变动而使银行表内和表外业务发生损失的风险。市场风险存在于银行的交易和非交易业务中，主要包括利率风险、汇率风险、股票风险和商品风险。这里的商品，是指可以在二级市场上交易的某些实物产品，如农产品、矿产品（包括石油）和贵金属（不包括黄金）等。我国的商业银行由于实行分业经营和对投资于商品市场的限制，其主要面临的市场风险为利率风险和汇率风险。

3. 操作风险

操作风险是指由不完善或有问题的内部程序、员工和信息科技系统，以及外部事件所造成损失的风险。操作风险主要来源于各类操作风险事件。根据《巴塞尔协议》的分类，这些风险事件包括七种类型，即内部欺诈，外部欺诈，就业制度和工作场所安全，客户、产品和业务活动，实物资产的损坏，营业中断和信息技术系统瘫痪，执行、交割和流程管理。这些风险普遍存在于商业银行业务与经营的活动中，具有普遍性。此外，操作风险还具有非营利性特征，是一种纯粹风险，即只有带来损失的可能性而无获利的机会。

4. 法律风险

法律风险是指商业银行因日常经营和业务活动无法满足或违反法律规定，导致不能履行合同、发生争议/诉讼或其他法律纠纷而造成经济损失的风险。在我国，银保监会颁布的《商业银行操作风险管理指引》中，将法律风险归属于操作风险管理范畴。

此外，与法律风险密切相联系的风险还有合规风险，具体是指商业银行因没有遵循法律、法规或准则可能遭受法律制裁、监管处罚、重大财务损失和声誉损失的风险。商业银行应综合考虑合规风险与信用风险、市场风险、操作风险和其他风险的关联性，确保各项风险管理政策和程序的一致性。

5. 流动性风险

流动性风险是指商业银行虽然有清偿能力，但无法及时获得充足资金或无法以合理成本及时获得充足资金以应对资产增长或支付到期债务的风险。流动性风险如不能有效控制，将有可能损害商业银行的清偿能力。

流动性风险可以分为融资流动性风险和市场流动性风险。融资流动性风险是指商业银行在不影响日常经营或财务状况的情况下，无法及时有效地满足资金需求的风险。市场流动性风险是指由于市场深度不足或市场动荡，商业银行无法以合理的市场价格出售资产以获得资金的风险。

6. 国别风险

国别风险是指由于某一国家或地区经济、政治、社会变化及事件，导致该国家或地区借款人或债务人没有能力或者拒绝偿付银行债务，或使银行在该国家或地区的商业利益遭受损失的风险。国别风险可能由一国或地区经济状况恶化、政治和社会动荡、资产被国有化或征用、政府拒付对外债务、外汇管制或货币贬值等情况引发。国别风险存在于授信、国际资本市场业务、设立境外机构、代理行往来和由境外服务提供商提供的外包服务等经营活动中。

7. 声誉风险

声誉是指商业银行所有利益相关者基于持久努力、长期信任建立起来的无形资产。声誉风险是指由商业银行经营、管理及其他行为或外部事件导致利益相关方对商业银行负面评价的风险。声誉事件是指引发商业银行声誉风险的相关行为或事件。重大声誉事件是指造成银行重大损失、市场大幅波动、引发系统性风险或影响社会经济秩序稳定的声誉事件。

8. 战略风险

战略风险是指商业银行在追求短期商业目的和长期发展目标的过程中，因不适当的发展规划和战略决策给商业银行造成损失或不利影响的风险。它主要体现在四个方面：一是商业银行战略目标缺乏整体兼容性；二是为实现战略目标而制定的经营策略出现缺陷；三是为实现战略目标所需要的资源匮乏；四是整个战略实施过程的质量难以保证。

二、全面风险管理的概述

（一）全面风险管理的概念

商业银行风险管理是指商业银行为了最大限度地减少因承担风险而可能遭受的损失，运用各种风险管理方法和工具，对不同风险进行识别和分析、评估和计量、监测和报告、控制和缓释等活动的总称。

全面风险管理模式出现的背景是从20世纪80年代后，银行面临的风险越来越多，银行损失的来源不再是单一的信用风险，而是信用风险、市场风险、操作风险、流动性风险、声誉风险和战略风险等各种类型的风险，且这些风险互相交织在一起。

全面风险管理，是指商业银行围绕总体经营目标，通过在管理的各个环节和经营过程中执行风险管理的基本流程，培育良好的风险管理文化，建立健全全面风险管理体系，包括风险管理的治理架构、风险偏好和策略、风险管理的政策和流程、风险管理信息系统和内部控制系统，对银行所有风险进行统一有效管理，从而实现风险管理总体目标的过程和方法。

（二）全面风险管理的原则

1. 匹配性原则

全面风险管理应当与宏观经济风险状况和银行的系统重要性等相适应，并根据环境变化予以调整。

2. 全覆盖原则

全面风险管理应当覆盖商业银行各项业务，本外币、表内外、境内外业务；覆盖所有分支机构、附属机构，部门、岗位和人员；覆盖所有风险种类和不同风险之间的相互影响；贯穿决策、执行和监督全部管理环节。

3. 独立性原则

银行业金融机构应当建立独立的全面风险管理组织架构，赋予风险管理部门足够的授权、人力资源及其他资源配置，建立科学合理的报告渠道，与业务条线之间形成相互制衡的运行机制。

4. 有效性原则

银行业金融机构应当将全面风险管理的结果应用于经营管理，根据风险状况、市场和宏观经济情况评估资本和流动性的充足性，有效抵御所承担的总体风险和各类风险。

三、全面风险管理体系构建的要素

2016年9月，我国银保监会公布《银行业金融机构全面风险管理指引》，其中明确银行业金融机构应建立全面风险管理体系，采取定性和定量相结合的方法，识别、计量、评估、监测、报告、控制或缓释所承担的各类风险，并指出全面风险管理体系的构建要素。

（一）全面风险管理的治理架构

银行业金融机构应当建立组织架构健全、职责边界清晰的风险治理架构，明确董事会、监事会、高级管理层、业务部门、风险管理部门和内审部门在风险管理中的职责分工，建立多层次、相互衔接、有效制衡的运行机制。在职责分工方面，董事会承担全面风险管理的最终责任；监事会承担全面风险管理的监督责任；高级管理层承担全面风险管理的实施责任；业务条线承担风险管理的直接责任；风险管理条线承担制定政策和流程，日常监测和管理风险的责任；内审部门承担业务部门和风险管理部门履责情况的审计责任。

国际范围内先进银行的风险治理架构的特征有全面性、集中性、垂直性、独立性和有效性等。全面性是指风险管理组织架构全面渗透到银行的各项业务过程和各个操作环节，覆盖所有的部门、岗位和人员。集中性是指在集团、地区层面设有完全独立于业务单元的风险管理部门，在风险政策制度、计量分析和风险监控等方面，实行全行整体层次上的集中管理。垂直性是指建立隶属关系实行垂直管理的风险组织架构和报告线路。在总行设首席风险官，一级分行设风险总监，二级分行设风险主管，向县级支行派出风险经理。风险总监由总行统一派出，不受分行的管辖。独立性是指风险管理组织体系以独立风险管理部门为依托，与各个业务部门在职能上独立的，由董事会、风险管理委员会及首席风险官直接领导。有效性是指风险管理组织和措施能够保证风险管理的目标得以实现。

1. 董事会及专门委员会

在现代公司治理中，形成了股东大会、董事会、监事会和高管层为核心的“三会一层”治理机制。董事会受托于公司股东，向股东大会负责，是商业银行的决策机构。商业银行董事会应当根据银行风险状况、发展规模和速度，建立全面的风险管理战略、政策和程序，判断银行面临的主要风险，确定适当的风险容忍度和风险偏好，督促高级管理层有效地识别、计量、监测、控制并及时处置商业银行面临的各种风险。

在董事会中还设立了相关专门委员会，发挥专业职能，完成董事会授权的上述风险管理职责。董事会专门委员会向董事会提供专业意见或根据董事会授权就专业事项进行决策。各专门委员会成员应当是具有与专门委员会职责相适应的专业知识和工作经验的董事。各专门委员会负责人原则上不宜兼任。

与风险直接相关的专门委员会包括风险管理委员会、关联交易委员会和审计委员会。按照《商业银行公司治理指引》中的规定，风险管理委员会主要负责监督高级管理层关于信用风险、流动性风险、市场风险、操作风险、合规风险和声誉风险等风险的控制情况，对商业银行风险政策、管理状况及风险承受能力进行定期评估，提出完善商业银行风险管理和内部控制的意见。关联交易控制委员会主要负责关联交易的管理、审查和批准，控制关联交易风险。审计委员会主要负责检查商业银行风险及合规状况、会计政策、财务报告程序和财务状况，还负责商业银行年度审计工作，提出外部审计机构的聘请与更换建议，并就审计后的财务报告信息真实性、准确性、完整性和及时性做出判断性报告，提交董事会审议。

2. 监事会

监事会是商业银行的内部监督机构，对股东大会负责，除依据《公司法》等法律法规和商业银行章程履行职责外，还应当重点关注以下事项：①监督董事会确立稳健的经营理念、价值准则和制定符合本行实际的发展战略。②定期对董事会制定的发展战略的科学性、合理性和有效性进行评估，形成评估报告。③对本行经营决策、风险管理和内部控制等进行监督检查并督促整改。④对董事的选聘程序进行监督。⑤对董事、监事和高级管理人员履职情况进行综合评价。⑥对全行薪酬管理制度和政策及高级管理人员薪酬方案的科学性、合理性进行监督。⑦定期与银行业监督管理机构沟通商业银行情况等。银行业金融机构监事会负责监督检查董事会和高级管理层在风险管理方面的履职尽责情况并督促整改。

3. 高级管理层

高级管理层由商业银行总行行长、副行长、财务负责人及监管部门认定的其他高级管理人员组成。高级管理层向董事会负责，是商业银行的执行机构。同时，高管层接受监事会监督。高级管理层依法在职权范围内的经营管理活动不受干预。

银行业金融机构高级管理层在风险管理方面必须执行董事会的决议，履行以下职责：①建立适应全面风险管理的经营管理架构，明确全面风险管理职能部门、业务部门以及其他部门在风险管理中的职责分工，建立部门之间有效制衡、相互协调的运行机制。②制定清晰的执行和问责机制，确保风险偏好、风险管理策略和风险限额得到充分传达和有效实施。③对董事会设定的风险限额进行细化并执行，包括但不限于行业、区域、客户和产品等维度。④制定风险管理政策和程序，定期评估，必要时调整。⑤评估全面风险和各类重要风险管理状况并向董事会报告。⑥建立完备的管理信息系统和数据质量控制机制。⑦对突破风险偏好、风险限额以及违反风险管理政策和程序的情况进行监督，根据董事会的授权进行处理。⑧风险管理的其他职责。

4. 风险管理部门

《商业银行公司治理指引》明确规定，商业银行应当建立独立的风险管理部门，并确保该部门具备足够的职权、资源以及与董事会进行直接沟通的渠道。风险管理部门在风险总监的领导下，负责全面风险管理，牵头履行全面风险的日常管理，包括但不限于以下职责：①实施全面风险管理体系建设，牵头协调各类具体风险管理部门。②识别、计量、评估、监测、控制或缓释全面风险和各类重要风险，及时向高级管理人员报告。③持续监控风险偏好、风险管理策略、风险限额及风险管理政策和程序的执行情况，对突破风险偏好、风险限额以及违反风险管理政策和程序的情况及时预警、报告并提出处理建议。④组织开展风险评估，及时发现风险隐患和管理漏洞，持续提高风险管理的有效性。

在风险管理部门的组织形式上，注重强调“三道防线”在风险管理流程中的作用，分别对应的是商业银行风险管理的前、中和后台。“三道防线”，是指在银行内部构造三个不同职责的对风险管理承担不同职责的部门，相互协调配合，分工协作，提高风险管理的有效性。第一道防线是业务条线部门，具体承担人员是前台业务人员，是商业银行业务经营和风险管理的最前线。第二道防线是风险管理职能部门。专门的风险管理部门能够有效监控和评估各个业务条线的风险活动。第三道防线是内部审计部门。《商业银行内部审计指引》规定，商业银行应设立独立的内部审计部门，审查、评价并督促改善商业银行经营活动、风险管理、内控合规和公司治理效果，编制并落实中长期审计规划和年度审计计划，开展后续审计，评价整改情况，对审计项目的质量负责。内部审计部门向总审计师负责并报告工作。

中国工商银行的全面风险管理的治理架构，如图 12-1 所示。

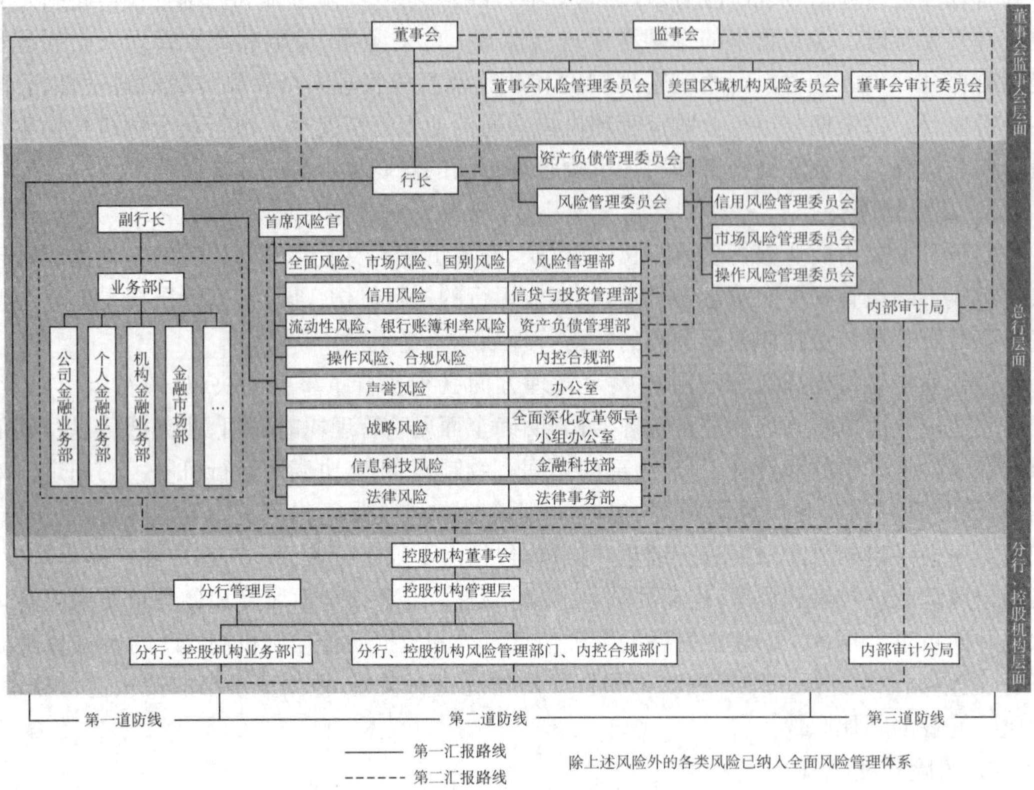

图 12-1　中国工商银行的全面风险管理的治理架构

（二）风险文化、风险偏好和风险限额

1. 风险文化

风险文化是指商业银行在经营管理活动中逐步形成的风险管理理念、哲学和价值观，通过商业银行的风险管理战略、风险管理制度及员工的风险管理行为体现出来的一种企业文化。风险管理文化是商业银行风险管理体系中的一种“不成文的规定”，包括员工的风险观、风险管理意识和职业道德等，决定了商业银行在风险管理上的价值取向、行为规范和道德水准。风险文化的作用在于能够有效地使员工形成正确的风险意识，并自觉约束自我的各种行为，从而保持与银行风险管理的目标相一致。

2. 风险偏好

风险偏好是指商业银行在追求实现战略目标的过程中，愿意且能够承担的风险类型和风险总量。风险偏好是董事会负责设定，作为银行资本管理和各项业务经营的导向，也是银行战略设定的指路牌。商业银行一般通过风险偏好声明向利益相关者传达。风险偏好一般可分为激进型和稳健型等不同类型。

3. 风险限额

风险限额是有效传导银行风险偏好的重要工具。《银行业金融机构全面风险管理指引》

明确规定，银行业金融机构应当根据风险偏好，按照客户、行业、区域和产品等维度设定风险限额。风险限额应当综合考虑资本、风险集中度、流动性和交易目的等。全面风险管理职能部门应当对风险限额进行监控，并向董事会或高级管理层报送风险限额使用情况。风险限额临近监管指标限额时，银行业金融机构应当启动相应的纠正措施和报告程序，采取必要的风险分散措施，并向银行业监督管理机构报告。

从国际范围看，风险限额主要包括集中度限额、VaR 限额和止损限额三种形式。集中度限额是指设定单个风险敞口的规模上限。VaR 限额是指对业务敞口的风险价值（Value at Risk）进行额度限定。止损限额是指对银行持有的资产价值实际损失设定的最高额度。我国商业银行一般按照风险类型采取比率指标或者绝对额指标对风险限额进行设定。我国商业银行实践中常用的风险限额指标体系，如表 12-1 所示。

表 12-1　银行风险限额指标体系

序号	风险偏好类型	指标	限额值
1	整体风险偏好	资本充足率	不低于 x%
2		经济资本净回报率	不低于 x%
3		外部评级	不低于 x
4	信用风险偏好	不良贷款率	不低于 x%
5		贷款拨备率	不低于 x%
6		风险集中度（单一客户和集团客户）	不高于 x%
7		信用风险非预期损失限额	不高于 x 亿元
8		某行业的信贷限额	不高于 x 亿元
9		某品种信贷产品的投放额度	不高于 x 亿元
10	市场风险偏好	交易账户 VaR 值	不高于 x 亿元
11		人民币利率风险压力测试损失限额	不高于 x 亿元
12		某产品或组合敞口限额	不高于 x 亿元
13		某产品或组合敏感度限额	不高于 x%
14	操作风险限额	案件风险率	每年不高于百万分之 x
15		操作风险非预期损失额	每日操作风险非预期损失低于 x 亿元
16		业务系统中断恢复时间	低于 x 小时
17	流动性风险偏好	流动性覆盖率	不低于 x%
18		净稳定资金比率	不低于 x%
19		核心负债依存度限额	不低于 x%
20		流动性比率限额	不低于 x%
21	国别风险	国别风险敞口限额	根据不同等级限定
22	声誉风险偏好	客户满意度	不低于同业水平

（三）全面风险管理政策与流程

1. 全面风险管理政策

全面风险管理政策是银行为了确保达到全面风险管理目标而制定的一系列规章制度和办法，使得风险识别、计量、缓释和监控能力与银行的规模、复杂性及风险状况相匹配。

完善的全面风险管理政策应包括：

（1）全面风险管理的方法，包括各类风险的识别、计量、评估、监测、报告、控制或缓释，风险加总的方法和程序。

（2）风险定性管理和定量管理的方法。商业银行对能够量化的风险，应通过风险计量技术，加强对相关风险的计量、控制和缓释；对难以量化的风险，应当建立风险识别、评估、控制和报告机制，确保相关风险得到有效管理。

（3）风险管理报告。报告内容至少包括总体风险和各类风险的整体状况；风险管理策略、风险偏好和风险限额的执行情况；风险在行业、地区、客户、产品等维度的分布；资本和流动性抵御风险的能力。

（4）压力测试安排。压力测试体系中应明确压力测试的治理结构、政策文档、方法流程、情景设计、保障支持、验证评估以及压力测试结果运用。应当定期开展压力测试，覆盖各类风险和表内外主要业务领域，并考虑各类风险之间的相互影响。压力测试结果应当运用于银行业金融机构的风险管理和各项经营管理决策中。

（5）新产品、重大业务和机构变更的风险评估；每项业务都应有对应的风险管理政策和程序。未制定的，不得开展该项业务。

（6）资本和流动性充足情况评估。

（7）应急计划和恢复计划。应急计划应当说明可能出现的风险以及在压力情况下（包括会严重威胁银行生存能力的压力情景），应当采取的措施。

2. 全面风险管理的流程

（1）风险识别/分析。风险识别/分析是指对影响商业银行各类经营目标实现的前在风险事件或因素予以全面识别，进行系统分类并查找风险原因的过程。这是全面风险管理的第一步，目的在于尽快、及早发现商业银行所面临的风险，并确定严重程度，为下一步的风险计量和评估做好准备。

（2）风险计量/评估。风险计量/评估是在风险识别/分析基础上，对风险发生的可能性、风险将导致的后果及严重程度进行充分的分析和评估，从而确定风险水平的过程。风险计量一般基于银行积累的历史数据以及专家经验判断，根据风险类型、风险分析的目的及信息数据的可获得性，采取定性、定量或者定性和定量相结合的方式进行。

（3）风险监测/报告。风险监测是银行通过制定监测指标密切关注各种风险的变化和发展趋势，在风险恶化之前提交相关部门，以便尽快采取恰当风险控制措施，保证风险控制在设定目标之内。风险监测随着风险变化而动态变化，不是静止的。根据风险监测信息分析而形成的书面报告称为风险报告。风险报告是将风险信息传递给内外部门和机构，使其能够了解银行风险状况的工具，是银行实施全面风险管理的媒介，贯穿于风险管理的整个流程和层面。

（4）风险控制/缓释。风险控制/缓释是商业银行对已经识别和计量的风险采取分散、对冲、转移、规避和补偿等策略以及合格的风险缓释工具进行有效管理和控制风险的过程。风险分散是指通过多样化的投资来分散和降低风险的方法。风险对冲是指通过投资或购买与标的资产收益率波动负相关的某种资产或衍生品，来冲销标的资产潜在风险损失的策略。风险转移是指银行将自身的风险暴露转移给第三方，包括出售风险头寸、购买保险或进行避险交易(如互换、期权等)。风险规避是指银行拒绝或退出某种业务或市场，以规避承担该业务或市场带来的风险。风险补偿是指在事前对风险承担的价格补偿。

根据风险控制手段采取的时机不同，风险控制分为事前控制和事后控制两种。事前控制是指银行在开展某项业务活动之前制定一定的标准或方案，避免银行业务开展后承担的风险超过自身承受能力。常见的事前控制方法包括限额管理、风险定价和应急预案等。限额管理是对风险限额进行设定、超额调整、超限额报告和处理的相关制度。风险定价根据风险计量的结果，对风险低、回报高的业务确定较低的价格，而对于风险高、回报低的业务确定较高的价格，以对风险进行补偿。应急预案是针对极端市场压力环境下采取的应对突发事件和风险的各种措施。事后控制是指银行在风险持续监控的基础上，根据所承担的风险水平和变化趋势，采取一系列风险转移或缓释工具来降低水平，从而将风险控制在银行目标之内的各种手段。其主要包括风险缓释或转移、风险资本的重新分配和提高风险资本水平等。抵质押和担保是风险缓释的常用手段。

(四) 内部控制与内部审计

1. 内部控制

1) 内部控制的概念

内部控制是指商业银行董事会、监事会、高级管理层和全体员工参与，通过制定和实施系统化的制度、流程和方法，实现控制目标的动态过程和机制。

商业银行内部控制的目标在于：①保证国家有关法律法规及规章的贯彻执行；②保证商业银行发展战略和经营目标的实现；③保证商业银行风险管理的有效性；④保证商业银行业务记录、会计信息、财务信息和其他管理信息的真实、准确、完整和及时。

2) 内部控制的原则

内部控制应遵循四个原则：第一，全覆盖原则。商业银行内部控制应当贯穿决策、执行和监督全过程，覆盖各项业务流程和管理活动，覆盖所有的部门、岗位和人员。第二，制衡性原则。商业银行内部控制应当在治理结构、机构设置及权责分配、业务流程等方面形成相互制约、相互监督的机制。第三，审慎性原则。商业银行内部控制应当坚持风险为本、审慎经营的理念，设立机构或开办业务均应坚持内控优先。第四，相匹配原则。商业银行内部控制应当与管理模式、业务规模、产品复杂程度和风险状况等相适应，并根据情况变化及时进行调整。

3) 内部控制实施的要素

内部控制的要素包括内部环境、风险评估、控制活动、内部监督、信息与沟通五大要素。内部环境主要包括治理结构、机构设置及权责分配、内部审计、人力资源政策和企业文化等。风险评估包括设置风险目标、风险识别、风险分析和风险应对等。控制活动一般包括不相容职务分离控制、授权审批控制、会计系统控制、财产保护控制、预算控制、运营分析控制和绩效考评控制等。内部监督是商业银行对内部控制建立与实施情况进行监督检查，主要目的是发现内部控制的缺陷，保证内部控制目标的实现。内部监督主要包括各类监督活动、缺陷认定和责任追究。信息与沟通主要包括信息收集、信息传递、信息共享和反舞弊机制。

4）内部控制活动的重点

内部控制活动主要包括不相容职务分离控制和授权审批控制两方面。

(1) 不相容职务分离控制。其主要体现在：第一，对于银行机构和岗位设置方面，商业银行要明确划分相关部门之间、岗位之间、上下级机构之间的职责，建立职责分离、横向与纵向相互监督制约的机制。涉及资产、负债、财务和人员等重要事项变动均不得由一个人独自决定。第二，对于商业银行资金业务，要体现权限等级和职责分离的原则，做到前台交易与后台结算分离、自营业务与代客业务分离、业务操作与风险监控分离，建立岗位之间的监督制约机制。第三，对于商业银行柜台业务，严格执行“印、押、证”三分管制度。商业银行应当建立会计、储蓄事后监督制度，配置专人负责事后监督，实现业务与监督在空间与人员上的分离。第四，对于商业银行代理业务，商业银行要严格按照会计制度正确核算和确认各项代理业务收入，坚持收支两条线，防止代理收入被截留或挪用。第五，对于商业银行基金托管业务，银行的人事、行政和财务上独立于基金管理人，双方的管理人员不得相互兼职。要确保基金托管业务与基金代销业务相分离，基金托管的系统、业务资料应当与基金代销的系统、业务资料有效分离。第六，对于商业银行会计业务，岗位设置应当实行责任分离、相互制约的原则，严禁一人兼任非相容的岗位或独自完成会计全过程的业务操作。第七，对于银行的信息系统，商业银行要明确计算机信息系统开发人员、管理人员与操作人员的岗位职责，做到岗位之间的相互制约，各岗位之间不得相互兼任。

(2) 授权审批控制。商业银行根据风险大小，对不同种类、期限、担保条件的授信确定不同的审批权限，审批权限应当采用量化风险指标。同时，商业银行应建立有效的授信决策机制，包括设立授信审查委员会，负责审批权限内的授信。行长不得担任授信审查委员会的成员。授信审查委员会审议表决应遵循集体审议、明确发表意见和多数同意通过的原则，全部意见应当记录存档。商业银行各级机构应明确规定授信审查人、审批人之间的权限和工作程序，严格按照权限和程序审查、审批业务，不得故意绕开审查、审批人。

2. 内部审计

1）内部审计的概念

内部审计是一种独立、客观的监督、评价和咨询活动，是银行业金融机构内部控制的重要组成部分。内部审计通过系统化和规范化的方法，审查评价并改善银行业金融机构经营活动、风险状况、内部控制和公司治理效果，促进银行业金融机构稳健发展。

内部审计的目标是保证国家有关经济金融法律法规、方针政策、监管部门规章的贯彻执行；在银行业金融机构风险框架内，促使风险控制在可接受水平；改善银行业金融机构的运营，增加价值。内部审计工作应当独立于经营管理，以风险为导向，确保客观公正。

2）内部审计的特征

内部审计具有独立性、客观性。第一，独立性。内部审计的活动独立于所审查的活动之外，具体可以理解为内部审计部门的独立性和内部审计人员的独立性。内部审计部门独立性是指享有经费、人员、内部管理、业务开展方面的独立性，不受管理层和其他方面的干扰。人员的独立性是指内部审计人员在审计活动中不受任何来自外部的干扰，独立自主地开展审计工作。第二,客观性。内部审计的客观性具体是指要求内部审计必须保持公正、不偏不倚的态度。内部审计人员在审计工作时,不与任何方面达成重大的质量妥协,不能把对其他事务的判断凌驾于审计事务的判断之上。商业银行需要以制度形式明确赋予内部审计部门履行职责所必需的权限,不能将内部审计人员置于无法做出客观专业判断的处境中。内部审计部门应建立内部审计人员的审计回避制度,确保内部审计的客观性。

3) 内部审计的对象

《银行业金融机构内部审计指引》规定,商业银行内部审计的事项包括七个方面:经营管理的合规性及合规部门工作情况;内部控制的健全性和有效性;风险状况及风险识别、计量、监控程序的适用性和有效性;信息系统规划设计、开发运行和管理维护的情况;会计记录和财务报告的准确性和可靠性;与风险相关的资本评估系统情况;机构运营绩效和管理人员履职情况等。

第二节　信用风险管理

一、信用风险的识别

商业银行一般按照客户类型来识别信用风险,主要将客户划分为法人客户和个人客户两大类。法人客户根据组织形式不同,可以进一步划分为单一法人客户和集团法人客户。在本书第五章中已经对单一法人客户和个人客户的信用风险识别内容进行了讲解,在此主要讲述集团法人客户和贷款组合等信用风险识别的内容。

(一) 集团法人客户的信用风险识别

1. 集团法人客户的界定

集团法人客户是指存在控制关系的一组企、事业法人客户或同业单一客户。商业银行应按照《企业会计准则第 33 号——合并财务报表》规定的控制关系判断标准,根据实质重于形式原则识别集团客户。

识别集团客户应至少考虑以下特征:

(1) 一方在股权上或经营决策上直接或间接控制另一方或被另一方控制。

(2) 两方共同被第三方控制。

(3) 一方主要投资者个人、关键管理人员或其亲属(包括三代以内直系亲属关系和二代以内旁系亲属关系)直接或间接控制另一方。

(4) 存在其他关联关系,可能不按公允价格原则转移资产和利润,应视同集团客户管理。商业银行识别集团客户时,对于不受大额风险暴露监管要求约束的主体,如果两个客户同受其控制,但客户之间不存在控制关系,可以不认定为集团客户。

2. 集团法人客户信用风险

集团法人客户信用风险是指由于商业银行对集团客户多头授信、过度授信和不适当分配授信额度,或集团客户经营不善以及集团客户通过关联交易、资产重组等手段在内部关联方之间不按公允价格原则转移资产或利润等情况,导致商业银行不能按时收回由于授信产生的贷款本金及利息,或给商业银行带来其他损失的可能性。

集团法人客户信用风险主要来自银行对其的授信业务。授信是指商业银行向客户直接提供资金支持,或者对客户在有关经济活动中可能产生的赔偿、支付责任做出保证。它包括但不限于贷款、贸易融资、票据承兑和贴现、透支、保理、担保、贷款承诺和开立信用证等表内外业务。

3. 集团法人客户风险识别的要点

(1) 充分获取集团法人客户的基本信息。商业银行在对集团法人客户授信时,应要求集团客户提供真实、完整的信息资料,包括但不限于集团客户各成员的名称、相互之间的关联关系、组织机构代码、法定代表人及证件、实际控制人及证件、注册地、注册资本、主营业务、股权结构、高级管理人员情况、财务状况、重大资产项目、担保情况和重大诉讼情况以及在其他金融机构授信情况等。必要时,商业银行可要求集团客户聘请独立的具有公证效力的第三方出具资料真实性证明。

(2) 重点识别关联方及其相关信息。在授信前,商业银行应重点关注客户的注册资金、股权分布和股权占比变更情况;通过间接持股形成的关联关系,通过非股权投资方式形成的隐性关联关系;客户核心资产重大变动及其净资产 10%以上的变动情况;客户对外融资、大额资金流向、应收账款情况;客户主要投资者、关键管理人员及亲密亲属的个人信用记录。

(3) 充分搜集、调查、核实客户本身及关联方的授信情况。商业银行要进行充分的资信尽职调查,对照授信对象提供的资料,对重点内容或存在疑问的内容进行实地核查,并在授信调查报告中反映出来。调查人员应当对调查报告的真实性负责。

(4) 全面和深入分析集团内各个关联方之间的关联交易情况。全面分析集团的股权结构,找到最终控制人和所有关联方,判断关联方的交易是否属于正常交易。尤其要关注以下交易是否属于关联交易:①与无正常业务关系的单位或个人发生重大交易;②价格、利率、租金及付款条件异常的交易;③与特定客户或供应商发生大额交易;④实质与形式不符的交易;⑤易货交易;⑥进行明显缺乏商业理由的交易;⑦处理方式异常的交易;⑧资产负债表日前后发生的重大交易;⑨互为提供担保或连环提供担保;⑩存在有关控制权的秘密协议;⑪除本权益性投资外,资金以各种方式供单位或个人长期使用。

(5) 商业银行对法人客户的识别频率与额度授信周期应当保持一致。在定期识别期间,密切注意集团法人客户成员单位发生产权关系变动,导致其与集团关系发生变化的,应及时要求上报有关材料给牵头行,牵头行汇总后上报给管辖行,进行集团法人客户资料更新。同时,定期核实是否超过授信限制和风险承担能力。

(二) 贷款组合的信用风险识别

商业银行在识别贷款组合时,应更加关注组合内单个贷款之间的相关性,且应更多地关注系统性风险因素的影响。在相关性识别方面,应分析贷款组合内不同贷款之间的相关性高低及方向,监测相关性同向变化的贷款对贷款组合价值的影响。

二、信用风险的评估与计量

信用风险评估和计量是信用风险管理的重要环节。目前,主要的信用风险评估和计量的方法有很多种,大致经历了专家判断法、信用评分模型和违约概率模型三个阶段。前两种属于传统的信用风险评估与计量方法,而违约概率模型属于现代信用风险评估与计量方法。

(一) 传统信用风险管理方法

1. 专家判断法

专家判断法是历史最悠久的信用风险分析方法，是依赖信贷专家和高级信贷人员的专业知识、技能和经验，运用专业性分析工具，来分析评价各种关键要素，并依据各自的主观判断来综合评定信用风险的系统。在实务中，国际国内银行业形成了一些被广泛认可的专家判断系统，如企业信用分析的5Cs系统、5Ps系统和5Ws系统等。5Cs系统在第五章中已有介绍，在此不再赘述。这些方法的优点是简单易行，但主要缺陷是主观性太强，容易出现判断的偏差。

2. 信用评分模型

信用评分模型是利用可观察到的借款人的相关特征变量，运用不同的量化方法和模型，计算出具体得分数值，并根据分值大小将借款人归类到不同的风险等级，来刻画借款人信用风险高低。对于个人客户而言，这些特征变量包括年龄、性别、居住地、婚姻状况、职业、收入、资产和负债等。对于法人客户而言，主要包括基本信息、行业特征、财务信息和经营信息等。信用评分模型提高了信用风险评价的客观性，但是要求银行需积累大量的历史数据，对数据的要求较高。

信用评分模型的关键在于特征变量的选择和各自权重的确定。在权重确定方面有两类方法，一类是主观性赋权模型，包括平衡打分卡、层次分析法、模糊综合评价法、网络层次分析法和数据包络分析法等；另一类是客观性赋权模型，包括线性概率模型、线性识别模型、Z计分模型和ZETA模型、基于不同残差分布的违约识别模型(Probit模型、Logit模型和极值模型)等。这些方法不再一一详细赘述。其中，商业银行用得较多的是平衡计分卡模型、Z计分模型和Logit模型等，下面分别加以说明。

(1) 平衡计分卡模型。该方法是商业银行在评估中小企业考核信用状况时常用的方法，将中小企业主的个人信用指标、企业主的资产状况指标、中小企业的履约能力和偿债能力等列入一个自动计算的计分表格中。同一笔业务，只要录入的要素相同，结果就是一致的，从而保证审批标准的客观性和标准化，避免人为因素的干扰。这种方法能够应对大量中小企业授信审批的需求，实现自动审批，提高审批效率。

(2) Z计分模型。Z计分模型是美国纽约大学斯特商学院教授爱德华·阿尔特曼在1968年提出的以财务比率为基础的多变量模型。该模型运用多元判别分析法，通过分析一组变量，使其在组内差异最小化的同时实现组间差异最大化，在此过程中，要根据统计标准选入或舍去备选变量，从而得出Z判别函数。这些变量充分反映了借款人的财务状况和还本付息能力高低。然后，根据Z值的大小同衡量标准相比，从而区分出高破产风险企业和低破产风险企业，分别将其归入高违约风险等级和低违约风险等级。最初，阿尔特曼分析了美国破产和非破产企业的特征，选择了五个财务指标来构建判别函数，分别是营运资本/总资产、留存收益/总资产、息税前利润/总资产、股票市值/债务账面价值和销售收入/总资产。如果是非上市公司，可以把股票市值换为账面价值，同样可以使用。

(3) Logit模型。该模型又称为逻辑回归模型，是最早的离散选择模型，也是目前应用最广泛的信用风险计量模型。该模型中因变量是破产和正常经营两种情况，自变量是不同的财务比率指标。该模型残差分布假设符合累积Logistic分布。其判别规则是，如果模型得出的概率大于0.5,表明企业破产概率较大,违约风险等级较高;如果模型得出的概率低于0.5,表明企业破产概率较小,违约风险等级较低。

(二) 现代信用风险管理方法

现代信用风险管理方法开始于20世纪80年代。按照使用的计量方法不同,可以分为基于期权技术、风险价值(VaR)、保险精算、风险中性定价和宏观模拟等不同类型。限于篇幅,本书主要介绍KMV模型和CreditMetrics模型,以分析风险计量思路为主,略去公式推导过程。

1. 基于期权定价技术的KMV模型

1997年,美国KMV公司利用布莱克-斯科尔斯的欧式看涨期权定价模型开发出Credit Monitor模型,简称KMV模型,又称预期违约概率模型(Expected Default Frequency,简称EDF)。该模型是实际中应用最为广泛的信用风险模型之一。理解这个模型的核心是把公司与银行的借贷关系看做期权交易,公司股权价值相当于期权费。那么,在债务到期日,如果公司资产的市场价值高于公司债务违约点,则公司股权价值为公司资产市场价值与债务之间的差额;如果此时公司资产价值低于公司债务违约点,则公司变卖所有资产用以偿还债务,公司损失全部股权价值。KMV公司根据有关统计分析后发现,违约最频繁的分界点为公司1年以下短期债务的价值加上未清偿长期债务账面价值的一半。那么,在得到公司未来时刻的预期价值及违约点后,就可以确定公司价值下降百分之多少时即达到违约点。KMV公司将要达到违约点资产价值需下降的百分比对资产价值标准差的倍数称为违约距离,即违约距离=(资产的预期价值－违约点)÷(资产的预期价值×资产值的波动率)。

该模型以期权定价公式为基础,具有比较充分的理论依据,特别适用于上市公司信用风险度量。其具体计算步骤为:首先,利用Black-Scholes期权定价公式,根据公司股权的市场价值及其波动性、到期时间、无风险借贷利率及负债的账面价值估计出公司资产的市场价值、资产价值的波动性。其次,根据公司的负债计算出公司的违约实施点,计算借款人的违约距离。最后,根据公司的违约距离与预期违约率(EDF)之间的对应关系,求出预期违约率(EDF)。

KMV模型的优点在于:第一,该模型是动态模型,通过股票价格来测算上市公司的预期违约概率,因而市场信息也能被反映在模型当中,能够及时反映风险的变化。第二,该模型具有一定的前瞻性,预测能力较强。第三,该模型将违约与公司特征而不是公司的初始信用等级联系在一起。第四,EDF指标本质上是一种对风险的基数衡量法,与传统的序数衡量法不同,可以反映信用风险水平差异的程度,但也存在相对更适用于上市公司以及难以对短期风险利差准确估计等缺点。

2. 基于风险价值的CreditMetrics模型

风险价值是指在正常的市场条件和给定的置信水平下,用于评估和计量金融资产在一定时期内可能遭受的最大价值损失。1997年,摩根大通集团联合7家国际著名金融机构共同开发出CreditMetrics模型,该模型可以应用于几乎所有的信贷产品及其组合,还可以应用于互换等金融衍生品,因而,在银行信用风险评估与计量领域已成为行业标准模型之一,并得到了金融监管当局的高度认可。该模型的最大优势在于将信用等级转移、违约率、违约回收率和违约相关性纳入了一个统一的框架。

该模型的基本假设为：①风险期限固定为1年；②市场风险与信用风险无关，即模型中唯一的变量是信用等级；③同一信用等级的违约率相同，且等于历史平均违约率；④不同债务人的信用等级的联合分布采用两者资产回报率的联合分布来估计；⑤违约损失的回报率不为0；⑥采取盯市的范式。为简单起见，以单一资产为例，该模型的计算过程主要包括：首先，确定公司当期的信用等级转换概率。一般采用标准普尔、穆迪等外部评级公司公开的各个信用等级的转换矩阵。其次，确定公司所借贷款未来的价值分布。信用等级的变化会通过信用风险的价差反映出来，从而影响贷款的市场价值。一般采用现金流贴现原理来计算。最后，估计贷款的价值分布和计算VaR值。一般有两种计算方法，一种是采用正态分布，另一种采用蒙特卡洛模拟法得到基于债务价值的实际分布。在分布确立后，就可以得到具体的VaR值。

该模型的优点是拓展了违约的概念，采用盯市范式，可以更好地反映资产价值变化；适应性强，应用范围广；可以采取蒙特卡洛模拟方法代替硬性的正态分布假设，使得计算结果更加可靠。该模型也存在一些问题，如违约率直接取自历史数据平均值，有点脱离实际，是依赖信用状况变化历史数据向后看的方法；忽略了市场风险，但现实中往往市场风险和信用风险紧密联系。

三、信用风险监测

信用风险监测是指风险管理人员通过各种监控技术，动态捕捉信用风险指标的异常变动，判断是否达到引起关注的水平或已经超过阈值。如果风险达到或超过阈值，就应及时调整授信政策，优化资产组合，采取风险控制的相关措施，以有效控制信用风险。信用风险监控的指标主要有三类，分别是信用水平类、信用风险迁徙类和信用风险抵补类指标，以充分静态和动态地反映信用风险的变化。

（一）风险水平指标

风险水平指标主要包括不良资产率、单一集团客户授信集中度和全部关联度三类指标。

1. 不良资产率

不良资产率为不良资产与资产总额之比，不应高于4%。该项指标为一级指标，包括不良贷款率一个二级指标，不良贷款率为不良贷款与贷款总额之比，不应高于5%。

2. 单一集团客户授信集中度

单一集团客户授信集中度为最大一家集团客户授信总额与资本净额之比，不应高于15%。

该项指标为一级指标，包括单一客户贷款集中度一个二级指标，单一客户贷款集中度为最大一家客户贷款总额与资本净额之比，不应高于10%。

3. 全部关联度

全部关联度为全部关联方授信总额与资本净额之比，不应高于50%。

全部关联方授信总额是指商业银行全部关联方的授信余额，扣除授信时关联方提供的保证金存款以及质押的银行存单和国债金额。

关联方的界定按照《商业银行与内部人和股东关联交易管理办法》及相关法规要求执行。关联方包括关联自然人、法人或其他组织。

(二) 风险迁徙指标

风险迁徙类指标用来衡量商业银行风险变化的程度,表示资产质量从前期到本期变化的比率,属于动态指标。

风险迁徙类指标包括正常贷款迁徙率和不良贷款迁徙率。这两项指标为一级指标。正常贷款迁徙率包括正常类贷款迁徙率和关注类贷款迁徙率两个二级指标。不良贷款迁徙率指标包括次级类贷款迁徙率和可疑类贷款迁徙率两个二级指标。

1. 正常贷款迁徙率

正常贷款迁徙率为正常贷款中变为不良贷款的金额与正常贷款之比。正常贷款包括正常类和关注类贷款。

正常贷款迁徙率的计算公式为:

$$\text{正常贷款迁徙率}=\left(\begin{matrix}\text{期初正常类贷款中}\\\text{转为不良贷款的金额}\end{matrix}+\begin{matrix}\text{期初关注类贷款中}\\\text{转为不良贷款的金额}\end{matrix}\right)\div\left(\begin{matrix}\text{期初正常类}\\\text{贷款余额}\end{matrix}-\begin{matrix}\text{期初正常类贷款}\\\text{期间减少金额}\end{matrix}+\begin{matrix}\text{期初关注类}\\\text{贷款余额}\end{matrix}-\begin{matrix}\text{期初关注类贷款}\\\text{期间减少金额}\end{matrix}\right)\times 100\%$$

期初正常类贷款中转为不良贷款的金额,是指期初正常类贷款中,在报告期末分类为次级类/可疑类/损失类的贷款余额之和。期初关注类贷款中转为不良贷款的金额,是指期初关注类贷款中,在报告期末分类为次级类/可疑类/损失类的贷款余额之和。期初正常类贷款期间减少金额,是指期初正常类贷款中,在报告期内,由于贷款正常收回、不良贷款处置或贷款核销等原因而减少的贷款。期初关注类贷款期间减少金额,是指期初关注类贷款中,在报告期内,由于贷款正常收回、不良贷款处置或贷款核销等原因而减少的贷款。

下面举例说明正常贷款迁徙率的计算过程。

【例 12-1】 假设某商业银行在 2018 年第一季度初的贷款共计 1 000 亿元,其中正常类、关注类、次级类、可疑类和损失类贷款分别为 900 亿元、50 亿元、30 亿元、15 亿元和 5 亿元。该季度正常回收的存量贷款为 100 亿元,全部为正常类贷款,清收处置不良贷款 25 亿元,其他不良贷款形态未发生变化,新发放贷款 225 亿元,均为正常类贷款。截至该季度末,正常类和关注类贷款分别为 950 亿元和 40 亿元,则该银行本季度的正常贷款迁徙率为:该行本季度初正常贷款的余额为 950 亿元(900+50),期内减少额为 100 亿元,期末正常贷款为 990 亿元(950+40),其中来自原正常贷款的为 765 亿元(990-225),期内贷款迁徙为不良贷款的金额为 85 亿元(950-100-765),所以正常贷款迁徙率为 10%[85/(950-100)×100%]。

2. 正常类贷款迁徙率

正常类贷款迁徙率为正常类贷款中变为后四类贷款的金额与正常类贷款之比。其计算公式为:

$$\text{正常类贷款迁徙率}=\begin{matrix}\text{期初正常类贷款}\\\text{向下迁徙金额}\end{matrix}\div\left(\begin{matrix}\text{期初正常类}\\\text{贷款余额}\end{matrix}-\begin{matrix}\text{期初正常类贷款}\\\text{期间减少金额}\end{matrix}\right)\times 100\%$$

期初正常类贷款向下迁徙金额是指,期初正常类贷款中,在报告期末分类为关注类/次级类/可疑类/损失类的贷款余额之和。

3. 关注类贷款迁徙率

关注类贷款迁徙率为关注类贷款中变为不良贷款的金额与关注类贷款之比。其计算公式为：

$$\text{关注类贷款迁徙率}=\frac{\text{期初关注类贷款向下迁徙金额}}{\left(\text{期初关注类贷款余额}-\text{期初关注类贷款期间减少金额}\right)}\times 100\%$$

期初关注类贷款向下迁徙金额是指，期初关注类贷款中，在报告期末分类为次级类/可疑类/损失类的贷款余额之和。

4. 次级类贷款迁徙率

次级类贷款迁徙率为次级类贷款中变为可疑类贷款和损失类贷款的金额与次级类贷款之比。其计算公式为：

$$\text{次级类贷款迁徙率}=\frac{\text{期初次级类贷款向下迁徙金额}}{\left(\text{期初次级类贷款余额}-\text{期初次级类贷款期间减少金额}\right)}\times 100\%$$

期初次级类贷款向下迁徙金额是指，期初次级类贷款中，在报告期末分类为可疑类/损失类的贷款余额之和。期初次级类贷款期间减少金额是指期初次级类贷款中，在报告期内，由于贷款正常收回、不良贷款处置或贷款核销等原因而减少的贷款。

5. 可疑类贷款迁徙率

可疑类贷款迁徙率为可疑类贷款中变为损失类贷款的金额与可疑类贷款之比。其计算公式为：

$$\text{可疑类贷款迁徙率}=\frac{\text{期初可疑类贷款向下迁徙金额}}{\left(\text{期初可疑类贷款余额}-\text{期初可疑类贷款期间减少金额}\right)}\times 100\%$$

期初可疑类贷款向下迁徙金额是指，期初可疑类贷款中，在报告期末分类为损失类的贷款余额。期初可疑类贷款期间减少金额是指，期初可疑类贷款中，在报告期内，由于贷款正常收回、不良贷款处置或贷款核销等原因而减少的贷款。

(三) 风险抵补指标

1. 预期损失率

预期损失率是商业银行发放的贷款或交易组合在整个经济周期内预计的平均损失，具体可由信用风险损失分布的数学期望计算得到。其计算公式为

$$\text{预期损失率}=(\text{预期损失}/\text{资产风险暴露})\times 100\%$$

2. 拨备覆盖率

该指标全称是不良贷款拨备覆盖率，是指商业银行各类损失准备与不良贷款余额之比。其计算公式为：

$$\text{拨备覆盖率}=\left[\left(\text{一般准备}+\text{专项准备}+\text{特种准备}\right)\Big/\left(\text{次级类贷款}+\text{可疑类贷款}+\text{损失类贷款}\right)\right]\times 100\%$$

3. 贷款拨备率

贷款拨备率是贷款损失准备与各项贷款余额之比。该指标是巴塞尔委员会为应对贷款分类的周期性而引入的一个没有风险敏感性的指标。其计算公式为：

贷款拨备率＝[(一般准备＋专项准备＋特种准备)/各项贷款余额]×100%

4. 贷款损失准备充足率

贷款损失准备充足率是商业银行实际计提的贷款损失准备与应提的贷款损失准备之间的比率。其计算公式为：

贷款损失准备充足率＝(贷款实际计提准备/贷款应提准备)×100%

综上所述，商业银行信用风险监测的主要指标，如表12-2所示。

表12-2 商业银行信用风险监测的主要指标

	指标	计算公式	监管标准
贷款风险水平	不良资产率	不良资产÷贷款总额×100%	≤4%
	不良贷款率	不良贷款÷贷款总额×100%	≤5%
	单一客户贷款集中度	最大一家客户贷款总额÷资本净额×100%	≤10%
	单一集团客户授信集中度	最大一家集团客户授信总额÷资本净额×100%	≤15%
贷款风险迁徙	正常贷款迁徙率	正常贷款中变为不良贷款的金额÷正常贷款×100%	
	正常类贷款迁徙率	正常类贷款中变为后四类贷款的金额÷正常类贷款×100%	
	关注类贷款迁徙率	关注类贷款中变为不良贷款的金额÷关注类贷款×100%	
	次级类贷款迁徙率	次级类贷款中变为可疑类贷款和损失类贷款的金额÷次级类贷款×100%	
	可疑类贷款迁徙率	可疑类贷款中变为损失类贷款的金额÷可疑类贷款×100%	
贷款风险抵补	预期损失率	(预期损失÷资产风险暴露)×100%	
	拨备覆盖率	贷款损失准备÷不良贷款余额×100%	120%～150%
	贷款拨备率	贷款损失准备÷各项贷款余额×100%	1.5%～2.5%
	贷款损失准备充足率	贷款实际计提准备÷应提准备×100%	≥100%

四、信用风险控制措施

(一) 规避风险

风险的规避手段主要包括信贷准入、信贷退出和限额管理。

信贷准入是指银行通过制定信贷政策，明确银行对客户开办某项信贷业务或产品的最低要求。常见的制定信贷准入策略考虑的因素包括客户的信用等级、客户的财务及经营状况、银行的信贷投向和国家的政策限制等。对于不符合信贷准入的项目和客户，银行不能开展授信业务，以规避由此带来的信用风险。

信贷退出是指银行在对存量信贷资产进行风险收益评估基础上，主动收回对超出其风险容忍度的贷款，以优化信贷结构，提高信贷资产质量，达到降低风险承受水平和总量的目的。收益评估的基准指标可以依据银行的 RAROC 以及同业的贷款收益水平衡量。对于低于基准的信贷资产要主动进行管理,逐步降低信贷存量水平直至退出。

限额管理是指银行根据自身风险偏好、风险承担能力和风险管理策略,对银行承担的信用风险设定上限,防止银行承担过度风险。设定风险限额的目的在于确保所发生的风险损失能够被事先设定的风险资本加以覆盖。一般来说,风险限额分为对单一客户的授信限额、集团客户的授信限额、区域风险与国家风险限额、信贷组合限额(集中度限额、行业限额和产品限额)。

(二) 降低风险

商业银行信贷业务环节多、流程长,涉及银行诸多部门和岗位,因此,加强信贷业务关键环节的内部控制是降低信用风险的主要手段,主要包括有效的授信决策机制、授信岗位设置、授信操作规范、授信风险责任制和贷后管理等。

(三) 风险缓释

信用风险缓释是指银行运用合格的抵质押品、净额结算、保证和信用衍生工具等方式转移或降低信用风险。信用风险缓释工具应符合国家法律规定、确保可实施,应具备应完备手续、确有代偿能力并易于实现、与债务人风险之间无实质的正相关性。信用风险缓释覆盖的范围,原则上应包括借款本金、利息、复利、罚息、违约金、实现债权的费用和所有其他应付费用。

一般而言,可以作为信用风险缓释的工具包括抵质押品、保证、信用衍生工具和净额结算等。常见的抵质押品包括金融质押品、应收账款、商用和自住房地产和土地使用权等。信用衍生工具是用来分离和转移信用风险的各种工具和技术的统称。常见的信用衍生工具包括信用违约互换、总收益互换、信用联结票据和信用利差期权等。2016 年 9 月,中国银行间市场交易商协会发布《信用违约互换业务指引》《信用风险缓释凭证业务指引》和《信用联结票据业务指引》等公告,标志着我国信用衍生工具市场进一步完善。

(四) 承担风险

银行信用风险的承担,意味着银行需要获取相应的回报,需要通过适当的贷款定价来覆盖风险的成本,并提取相应的准备金,以抵补风险损失。在贷款定价中,要遵循风险与收益相配比原则,不同贷款定价的差异要反映不同客户和项目信用风险的差异。

第三节 操作风险管理

一、操作风险识别

(一) 操作风险识别的概念

操作风险识别是指通过一定的标准和手段,鉴别分析业务活动中可能导致操作风险的隐患和产生风险的环节,以确定风险的性质、种类以及风险产生原因和影响程度的过程。操作风险的识别可以根据前文中所述的风险来源和风险事件来识别,同时考虑银行所处的内外环境、战略目标、产品和服务的变化等因素。

(二) 操作风险识别的方法

操作风险的识别可以根据风险事件发生的时间分为事前识别和事后识别。事前识别是在操作风险事件尚未发生时，通过对产品和业务的操作流程及人员、技术和外部环境进行分析，以找出潜在的风险环节和部位的过程。事后识别是指在操作风险事件发生后，确定风险事件是否为既定操作风险事件的类别，并分析发生的原因和影响。

二、操作风险评估

操作风险与控制自我评估是国际主流的操作风险评估工具，具体是指银行各业务管理部门按照操作风险评估流程，识别并评估业务经营活动中固有风险，再通过分析现有风险控制措施的有效性，评估残余风险，进而提出优化风险控制措施建议的一系列管理活动。

简言之，操作风险与控制自我评估主要评估固有风险、控制措施和剩余风险。固有风险是指在没有任何管理措施的情况下，业务经营活动中本身所具有的风险。剩余风险是实施了旨在改变风险可能性和影响强度的管理控制活动后仍然保留的风险。这两个风险之间的关系可简单表示为"固有风险减去控制措施等于剩余风险"。操作风险与控制自我评估的特征为全面性、及时性、客观性、前瞻性和重要性。

三、操作风险监测

操作风险的监测是针对风险评估发现的关键风险因素，通过设计风险指标及门槛值，对关键风险因素进行量化，以跟踪和掌握风险大小变化，并发布操作风险提示信息，以降低损失事件发生频率和影响程度的过程。

（一）关键风险指标

关键风险指标是代表某一业务领域操作风险变化指标的统计指标，是识别操作风险的重要工具。它一般包括业务交易量、员工水平、技能水平、客户满意度、市场变动、产品成熟度、地区数量和产品等。通过界定这些指标的阈值，监测指标数值大小及变化，揭示当前操作风险水平及变化趋势。良好的关键风险指标体系要满足整体性、重要性、敏感性和可靠性等原则，且须明确数据口径、门槛值和报告路径等信息。

常用的关键风险具体指标包括每亿元资产损失率、每万人案件发生率、百万元以上案件发生比率、超过一定期限尚未确认的交易数量、失败交易占总交易数量的比例、员工流动率、客户投诉次数、错误和遗漏的频率以及严重程度等。《商业银行风险监管核心指标》将操作风险损失率作为操作风险监控的核心指标。操作风险损失率为操作造成的损失与前三期净利息收入加上非利息收入平均值之比。

（二）损失数据收集

操作风险损失数据收集是指操作风险损失数据的收集、汇总、监控、分析和报告工作。这些损失数据包括损失事件信息和会计记录中确认的财务影响。在数据收集过程中，要遵循重要性、准确性、统一性、谨慎性和全面性原则。同时，在收集数据时要明确损失数据的口径（总损失和净损失），建立适当的数据阈值，分析不同数据采集时点的差异（发生日、发现日、核算日等），明确合并级分拆事件规则（一次事件多次损失和有因果关系的多次损失等）。

四、操作风险控制措施

(一) 降低风险

降低操作风险的主要手段是强化内部控制，对可能出现操作风险的各个环节进行有效控制，以最大限度地降低风险。

当前，我国商业银行操作风险主要存在于授信、资金业务、存款业务、中间业务、会计和计算机系统等领域。《商业银行操作风险管理指引》特别强调了 12 类内部控制的内容，具体包括：①部门之间具有明确的职责分工以及相关职能的适当分离，以避免潜在的利益冲突；②密切监测遵守指定风险限额或权限的情况；③对接触和使用银行资产的记录进行安全监控；④员工具有与其从事业务相适应的业务能力并接受相关培训；⑤识别与合理预期收益不符及存在隐患的业务或产品；⑥定期对交易和账户进行复核和对账；⑦主管及关键岗位轮岗轮调、强制性休假制度和离岗审计制度；⑧重要岗位或敏感环节员工八小时内外行为规范；⑨建立基层员工署名揭发违法违规问题的激励和保护制度；⑩查案、破案与处分适时、到位的双重考核制度；⑪案件查处和相应的信息披露制度；⑫对基层操作风险管控奖惩兼顾的激励约束机制。

(二) 缓释风险

操作风险缓释是在量化分析操作风险点分布、发生概率和损失程度基础上，采用适当的缓释工具，限制、降低或分散操作风险。

目前，主要的操作风险缓释手段有业务连续性管理计划、商业保险和业务外包等。业务连续性计划是指为实现业务连续性而制定的各类规划及实施的各项流程。商业银行应当制定与其业务规模和复杂性相适应的应急和业务连续方案，建立恢复服务和保证业务连续运行的备用机制，并应当定期检查、测试其灾难恢复和业务连续机制，确保在出现灾难和业务严重中断时这些方案和机制的正常执行。商业保险手段是商业银行通过购买商业保险的手段将风险缓释。商业银行可购买保险以及与第三方签订合同，并将其作为缓释操作风险的一种方法，但不应因此忽视控制措施的重要作用。业务外包是指商业银行将某些业务外包给具有较高技能和规模的机构来管理以转移操作风险。常见的外包业务包括客户服务呼叫中心等技术外包、程序外包、营销外包和法律事务等专业性服务外包和后勤性外包。需要明确的是外包的是业务，最终操作风险的管理责任不会减弱。

(三) 规避风险

规避风险是指通过撤销风险高的高危地区营业网点和关闭高风险业务等方式避免操作风险的发生。需要注意的是，规避风险的实际成本会非常高，可能会造成业务和产品的市场占有率出现大幅下降，从而影响商业银行的经营业绩。

(四) 承受风险

商业银行在使用上述各类风险控制的手段后，对于那些无法降低或者难以避免的风险只能采取主动承担的手段，通过提高产品定价、增加拨备和补充资本等方式进行主动管理，以最大限度地减轻对银行经营的负面影响。

第四节　流动性风险管理

流动性风险管理是识别、计量、监测和控制流动性风险的全过程。商业银行应当坚持审慎性原则，充分识别、有效计量、持续监测和适当控制银行整体及在各产品、各业务条线、各业务环节和各层机构中的流动性风险，确保商业银行无论在正常经营环境中还是在压力状态下，都有充足的资金应对资产的增长和到期债务的支付。

一、流动性风险识别

流动性风险是银行所有风险中最具破坏力的风险。对流动性风险进行有效管理的第一步就是充分识别流动性风险的来源。总体上，流动性风险来源于银行内部因素、外部因素和风险转换因素三个方面。

从银行内部来看，流动性风险主要来源于三个方面，一是资产负债期限结构，主要表现为资产和负债的错配，即大量短期借款（负债）用于长期贷款（资产），出现"借短贷长"现象。二是资产负债的币种结构不合理。三是资产负债的分布结构不合理，表现为资金来源（负债）和运用（资产）同质性强、集中度高，现金流量单一。

从银行外部来看，宏观因素是驱动银行体系进而影响单个银行流动性的根本因素。宏观经济过热和过冷时期，伴随着货币政策的紧缩和宽松，银行的流动性也会出现收紧和宽松的局面。对于国内商业银行而言，外汇占款是影响商业银行流动性的另外一个因素。还有不同市场对银行流动性的影响也不同。例如，货币市场、债券市场、资本市场和外汇市场的波动都会影响银行流动性。季节性因素、新股发行也是影响我国银行流动性的重要因素。

从风险转换因素来看，信用风险、市场风险、操作风险及其他风险也可能引发流动性风险。流动性风险也可能又引发或者加剧信用风险、市场分析、操作风险及其他风险。这些风险相互交织在一起，互为强化，最终给银行经营造成致命的影响。

二、流动性风险评估与计量

在融资流动性风险方面，全球各国对流动性风险评估和计量的指标有很多，但《巴塞尔协议》主要从短期和中长期对流动性风险进行计量。短期中现金流分析在本书第四章中进行分析，在此不再赘述。

在市场流动性方面，风险评估和计量主要从银行流动性供给需求的因素、银行体系流动性、金融市场流动性和单个银行流动性等进行计量。

（一）融资流动性风险的评估和计量

1. 短期流动性风险计量

（1）流动性比率。该指标主要衡量短期（1 个月）内流动性资产和流动性负债的匹配情况。流动性比例的计算公式为：

$$流动性比例 = 流动性资产余额 \div 流动性负债余额$$

其中，流动性资产包括现金、黄金、超额准备金存款、1 个月内到期的贷款及其他短期资产。流动性负债包括活期存款、1个月内到期的定期存款、1个月内到期的其他负债等。

我国监管机构要求商业银行流动性比例的监管标准为不低于25%。

(2) 流动性覆盖率。该指标旨在确保商业银行具有充足的合格优质流动性资产，能够在规定的流动性压力情景下，通过变现这些资产满足未来至少30天的流动性需求。流动性覆盖率的计算公式为：

$$\text{流动性覆盖率} = \text{合格优质流动性资产} \div \text{未来 30 天现金净流出量}$$

其中，合格优质流动性资产是指满足具有风险低、易于定价、价值稳定、与高风险资产的相关性低等基本特征，能够在无损失或极小损失的情况下快速变现的各类资产。

我国监管机构要求流动性覆盖率的监管标准为不低于100%。

(3) 优质流动性资产充足率。该指标为确保商业银行保持充足的、无变现障碍的优质流动性资产，在压力情况下，银行可通过变现这些资产来满足未来30天内的流动性需求。优质流动性资产充足率的计算公式为：

$$\text{优质流动性资产充足率} = \text{优质流动性资产} \div \text{短期现金净流出}$$

我国监管机构要求商业银行优质流动性资产充足率的监管标准最低为100%。

(4) 超额备付金率。银行为适应资金营运的需要，保证存款支付和资金清算时有随时可调用的资金，按规定在中国人民银行开设存款账户，存入一定数量的准备用于支付的款项。由于此存款账户和法定存款准备金使用同一个存款账户，因此，超额备付金就是超过法定存款准备金要求数量以外保留的准备金，其应达到的数额用占其存款总额的比率来衡量。其计算公式为：

$$\text{超额备付金率} = \left(\text{在中央银行存款} + \text{库存现金} - \text{法定准备金}\right) \div \text{存款总额} \times 100\% = \left(\text{超额准备金存款} + \text{库存现金}\right) \div \text{存款总额}$$

商业银行短期融资流动性风险计量指标，如表12-3所示。

表12-3　商业银行短期融资流动性风险计量指标

指标名称	计算公式	监管要求
流动性比率	流动性资产余额÷流动性负债余额	≥25%
流动性覆盖率	合格优质流动性资产÷未来30天现金净流出量	≥100%
优质流动性资产充足率	优质流动性资产÷短期现金净流出	≥100%

2. 中长期流动性风险计量

(1) 核心负债依存度。该指标反映中长期较为稳定的负债占总负债的比例。其计算公式为：

$$\text{核心负债依存度} = \text{核心负债} \div \text{总负债}$$

其中，核心负债包括距到期日3个月以上(含)定期存款和发行债券以及活期存款的50%。总负债是指按照金融企业会计制度编制的资产负债表中负债总计的余额。

我国监管机构要求核心负债依存度的最低监管标准为60%。

(2) 流动性缺口率。该指标反映资产负债错配的程度，用 90 天内表内外流动性缺口与 90 天内到期表内外流动性资产之比。本指标计算本外币口径数据。其计算公式为：

流动性缺口率 = 流动性缺口 ÷ 90 天内到期表内外资产

其中，流动性缺口为 90 天内到期的表内外资产减去 90 天内到期的表内外负债的差额。

我国监管机构要求流动性缺口率的监管标准最低为 −10%。

(3) 流动性匹配率。该指标衡量商业银行主要资产与负债的期限配置结构，旨在引导商业银行合理配置长期稳定负债、高流动性或短期资产，避免过度依赖短期资金支持长期业务发展，提高流动性风险抵御能力。流动性匹配率的计算公式为：

流动性匹配率 = 加权资金来源 ÷ 加权资金运用

我国监管机构要求商业银行流动性匹配率的最低监管标准为不低于 100%。

(4) 净稳定资金比例。该指标旨在确保商业银行具有充足的稳定资金来源，以满足各类资产和表外风险敞口对稳定资金的需求。净稳定资金比例的计算公式为：

净稳定资金比例 = 可用的稳定资金 ÷ 所需的稳定资金

其中，可用稳定资金估算银行持续处于压力之下，仍然有稳定的资金来源可维持银行持续经营和生存 1 年以上。所需稳定资金估算在持续 1 年的流动性紧张环境中，无法通过自然到期、出售或抵押借款而变现的资产数量。

《巴塞尔协议》要求商业银行的净稳定资金比例不低于 100%。

(5) 存贷比。该指标可以在一定程度上衡量银行以相对稳定的负债(存款)支持流动性较弱的资产(贷款)扩张的能力。其计算公式为：

存贷比 = 贷款余额 ÷ 存款余额

一般而言，该指标不应超过 75%。该指标通过计算月度日均比例与期末比例也可以作为观察银行存贷款稳定性状况的手段。

(6) 其他指标。它们主要包括同业市场负债比例和融资集中度指标等。

同业市场负债是对同业市场流动性高度敏感的不稳定资金来源。同业市场负债比例是衡量商业银行从同业机构交易对手获得的资金占总负债的比例。其计算公式为：

同业市场负债比例 =(同业拆借 + 同业存放 + 卖出回购款项) ÷ 总负债

我国监管机构要求商业银行同业市场负债比例不高于 33.3%。

融资集中度指标反映商业银行融资来源的集中程度。融资集中度的管理目的是避免商业银行的融资来源过度集中于某一个或者某一类客户、市场和地区，提高流动性资金来源的稳定性。它主要有两个指标：一是最大十户存款比例，其具体计算公式为：

最大十户存款比例 = 最大十家存款客户存款合计额 ÷ 各项存款

二是最大十家同业融入比例，具体计算公式为：

最大十家同业融入比例 =(最大十家同业机构交易对手同业拆借 + 同业存放 + 卖出回购款项) ÷ 总负债

商业银行中长期融资流动性风险计量指标，如表 12-4 所示。

表 12-4　商业银行中长期融资流动性风险计量指标

指标名称	计算公式	监管要求
核心负债依存度	核心负债÷总负债	≥60%
流动性缺口率	流动性缺口÷90 天内到期表内外资产	≥−10%
流动性匹配率	加权资金来源÷加权资金运用	≥100%
净稳定资金比例	可用的稳定资金÷所需的稳定资金	≥100%
存贷比	贷款余额÷存款余额	≤75%
月末存款偏离度	(月末最后一日各项存款−本月日均存款)÷本月日均存款	≥4%
同业市场负债比例	(同业拆借+同业存放+卖出回购款项)÷总负债	≤33.3%
融资集中度	最大十户存款比例=最大十家存款客户存款合计额÷各项存款	≤10%
	最大十家同业融入比例=(最大十家同业机构交易对手同业拆借+同业存放+卖出回购款项)÷总负债	≤10%

(二) 市场流动性风险的评估和计量

商业银行流动性评估要时刻关注市场流动性因素的变化，评估银行体系流动性供给因素和金融市场流动性以及单个银行流动性指标的变化。这些因素具体包括：①影响银行体系流动性供给的因素，主要包括外汇储备的变化、央行公开市场操作的力度、法定准备金率的调整等。②银行体系流动性指标的变化。主要包括回购利率、SHIBOR 等货币市场利率的走势。③金融市场流动性指标，主要包括股票市场指数、国债市场指数、信用债市场利率/相对国债点差、银行债市场利率/相对国债点差等。这些市场的相对点差高低反映了与无风险国债市场均衡相对比的偏离程度。④单个银行流动性指标，包括银行自身的信用债/相对国债的点差等。

三、流动性风险监测与报告

(一) 流动性风险的监测

1. 资产负债期限错配方面

商业银行应当定期监测所有表内外项目在不同时间段的合同期限错配情况，并分析其对流动性风险的影响。合同期限错配情况的分析和监测可以涵盖隔夜、7 天、14 天、1 个月、2 个月、3 个月、6 个月、9 个月、1 年、2 年、3 年、5 年和 5 年以上等多个时间段。相关参考指标包括但不限于各个时间段的流动性缺口和流动性缺口率。

2. 融资来源的多元化和稳定程度方面

商业银行应当按照重要性原则，分析商业银行的表内外负债在融资工具、交易对手和币种等方面的集中度，对负债集中度的分析应当涵盖多个时间段。相关参考指标包括但不限于核心负债比例、同业融入比例、最大十户存款比例和最大十家同业融入比例。当商业银行出现对短期同业批发融资依赖程度较高、同业批发融资增长较快和发行同业存单增长较快等情况时，或商业银行在上述方面明显高于同质同类银行或全部商业银行平均水平时，应当及时了解原因并分析其风险变化。

3. 无变现障碍资产监测方面

商业银行应分析其种类、金额和所在地。相关参考指标包括但不限于超额备付金率、优质流动性资产以及向中央银行或市场融资时可以用做抵(质)押品的其他资产。

4. 银行体系的流动性风险监测方面

商业银行应当密切跟踪研究宏观经济形势和金融市场变化对银行体系流动性的影响,分析、监测金融市场的整体流动性状况。发现市场流动性紧张、融资成本提高、优质流动性资产变现能力下降或丧失、流动性转移受限等情况时,应当及时分析其对商业银行融资能力的影响。

(二) 流动性风险报告

流动性风险报告是将风险管理信息传递给银行各个层次的管理机构和部门,协助风险管理信息的交流。其主要内容包括流动性风险偏好、流动性风险管理策略、主要政策和程序、内部风险管理指标和限额和应急计划及其测试情况等。风险报告体系主要源自流动性风险的计量基础和限额体系。一份典型的流动性风险报告应包括现金头寸分析、期限错配分析、资金来源与运用匹配分析、流动性压力测试和各条线流动性分析等内容。

四、流动性风险的预警

商业银行根据业务规模、性质、复杂程度及风险状况,监测可能引发流动性风险的特定情景或事件,采用适当的预警指标,前瞻性地分析其对流动性风险的影响。

可参考的情景或事件包括但不限于:①资产快速增长,负债波动性显著上升。②资产或负债集中度上升。③负债平均期限下降。④批发或零售存款大量流失。⑤批发或零售融资成本上升。⑥难以继续获得长期或短期融资。⑦期限或货币错配程度加剧。⑧多次接近内部限额或监管标准。⑨表外业务、复杂产品和交易对流动性的需求增加。⑩银行资产质量、盈利水平和总体财务状况恶化。⑪交易对手要求追加额外抵(质)押品或拒绝进行新交易。⑫代理行降低或取消授信额度。⑬信用评级下调。⑭股票价格下跌。⑮出现重大声誉风险事件。

五、流动性风险控制措施

(一) 资产管理

商业银行的资产组合可以通过资产到期、资产出售和资产抵押方式提供流动性。因而,通过对资产到期日、资产组合和抵押品管理可以有效控制流动性风险。在具体管理措施上,商业银行可以通过制定特定的比例来管理资产到期日,如中长期贷款比例等;在资产的组合管理中,对集中度、变现能力进行精细化安排;在抵押品管理中,采取回购等方式获得流动性。

(二) 负债管理

负债是商业银行获取融资资金的主要渠道,尤其是对于依赖批发性融资的银行,更要重视流动性的负债端管理。其主要包括负债来源的分散化管理和保持“市场接触”管理。在负债来源的分散化管理方面,尽量在期限、交易对手、抵押状态、金融工具类型和机构的地理位置等方面保持适度的分散性。在保持“市场接触”管理方面,在融资市场上保持适当的活跃度,建立交易对手的风险识别和监测机制,并与中央银行保持密切沟通,理解中央银行对紧急融资的要求和原则,并做好准备。

（三）压力测试

压力测试是一种银行风险管理和监管分析工具，用于分析假定的、极端但可能发生的不利情景对银行整体或资产组合的冲击程度，进而评估其对银行资产质量、盈利能力、资本水平和流动性的负面影响。压力测试可以分析银行承受流动性压力事件的能力，帮助银行发现并预防未来可能发生的流动性危机，以提高在流动性压力情况下履行其支付义务的能力。

压力测试时常用的主要假设情景包括：①流动性资产价值的侵蚀。②零售存款的大量流失。③批发性融资来源的可获得性下降。④融资期限缩短和融资成本提高。⑤交易对手要求追加保证金或担保。⑥交易对手的可交易额减少或总交易对手减少。⑦主要交易对手违约或破产。⑧表外业务、复杂产品和交易、超出合约义务的隐性支持对流动性的损耗。⑨信用评级下调或声誉风险上升。⑩母行或子行、分行出现流动性危机。⑪多个市场突然出现流动性枯竭。⑫外汇可兑换性以及进入外汇市场融资的限制。⑬中央银行融资渠道的变化。⑭银行支付结算系统突然崩溃。

（四）应急计划

商业银行应当根据其业务规模、性质、复杂程度、风险水平、组织架构及市场影响力，充分考虑压力测试结果，制定有效的流动性风险应急计划，确保其可以应对紧急情况下的流动性需求。

流动性风险应急计划应当符合以下要求：①设定触发应急计划的各种情景。②列明应急资金来源，合理估计可能的筹资规模和所需时间，充分考虑跨境、跨机构的流动性转移限制，确保应急资金来源的可靠性和充分性。③规定应急程序和措施，至少包括资产方应急措施、负债方应急措施、加强内外部沟通和其他减少因信息不对称而给商业银行带来不利影响的措施。④明确董事会、高级管理层及各部门实施应急程序和措施的权限与职责。⑤区分法人和集团层面应急计划，并视需要针对重要币种和境外主要业务区域制定专门的应急计划，对于存在流动性转移限制的分支机构或附属机构，应当制定专门的应急计划。

课程思政案例

邯郸农行金库被盗案

一、思政目标

本案例围绕以合规为核心的金融法治教育展开，重点让学生理解操作风险管理的重要性，强化学生对银行全面风险管理的理解，培养学生遵法守法的职业素养，提高学生对银行审慎经营认识的水平。

二、案例内容

中国农业银行河北邯郸分行在2006年到2007年间的金库现金被盗案曾引起了全社会广泛的关注。2006年10月，在邯郸农行担任现金管理中心调度员的任某某和担任管库员的赵某某私下策划偷盗金库钱财买彩票获利。但由于邯郸农行内部规定金库需要至少2个管库员才能打开，于是，任某某和赵某某诱劝同为管库员的张某某一同加入，经不起诱惑的张某某最终同意了。2006年10月13日，三人从邯郸农行窃取金库现金10万元，任某某随后进入彩票站购买彩票，他没想到自己运气很好，仅花了2万多元买彩票便中奖了10万元。之后，任某某用中奖奖金和剩余金库现金再去购买彩票，但这次却一无所获。为了填平金库减少的现金金额，也为了试着谋取更多的利益，几天后，三人再次从金库窃取现金 10 万元，这次购买彩票的结果仍然是血本无归。数天后，张某某担惊受怕，打算退出，并表示自己情愿补平库款。之后，任某某、赵某某继续购买彩票并中奖了 21 万元，但他们两个人对张某某隐瞒了中奖的事实。2006 年 10 月 23 日，任某某从彩票中的奖金中拿出 18 万元，张某某则自己拿出 2 万元，将总计 20 万元现金归还邯郸农行金库。张某某从此不再窃取金库现金，结束了这数十天的违法行为。但得到不义之财的任某某却一发不可收拾。由于邯郸农行此后调整了岗位，任某某和马某某掌握了金库的出入职权，任某某在说服了马某某参与窃取计划后，两人打开金库大门窃取金库现金。此后两人肆意作为，任某某买彩票，马某某在单位守库。从窃取 5 万元买彩票开始，到 10 万元、20 万元、几百万元等。从 2007 年 3 月 16 日到 4 月 14 日，任某某和马某某二人几乎每天从邯郸农行金库窃取现金，次数达到 20 多次，金额共计 5 095 万元，其中 4 500 余万元都用来购买彩票。但只有两次中奖，一次中 8.5 万元，一次中 1.8 万元。任某某只分给马某某 1 万元，又把剩下的现金都用于继续购买彩票。一直到 4 月 14 日晚上 9 时许，最后中奖的希望破灭，两人分头潜逃，但法网恢恢，疏而不漏，两人很快就被公安机关抓获。

邯郸市中级人民法院根据各被告人在犯罪中的具体情节和作用，依照《中华人民共和国刑法》和最高人民法院有关司法解释，以贪污罪判处被告人任某某死刑，剥夺政治权利终身，并处没收个人全部财产，以挪用公款罪判处任某某有期徒刑 6 年，对任某某数罪并罚，决定执行死刑，剥夺政治权利终身，并处没收个人全部财产；以贪污罪判处被告人马某某死刑，剥夺政治权利终身，并处没收个人全部财产；以挪用公款罪判处被告人赵某某有期徒刑 5 年；以挪用公款罪判处被告人张某某有期徒刑 2 年，缓刑 2 年。

在这起邯郸农行金库现金被盗案中所反映出的风险管理漏洞值得深思。第一，据相关新闻报道，任某某好赌，马某某嗜酒贪玩，邯郸农行在起初招聘 2 人时，没能考察到两人这些习性，而且邯郸农行在给两人定岗及换岗时，并未考察两人品质道德，便给予金库管理工作，使得两人一再犯罪而未继续考核。第二，任某某和马某某在窃取金库现金后便将现金存入个人账户，这两个人经常出入邯郸各银行存款、转账、取款，而这些银行并未发出大额资金流动的警示，这反映了银行现金存款转账取款业务管理的风险预警能力的欠缺。第三，按照当时银行有关规定，金库存放的大额现金存款应在每天上午交给当地人民银行，但当时在金库有几亿元现金的邯郸农行却并未执行，任某某和马某某由于窃取现金导致数日无法向人民银行缴纳金库现金存款，但邯郸农行有关负责人却不加以审问。第四，前车之鉴未被重视，在 2006 年，邯郸农行下属的磁县磁州支行曾发生银行柜员利用职务之便，直接上前台进行操作，偷支储户存款和系统内往来资金，挪用公款 820 万元，用于购买彩票，这样重大的犯罪案件，已集中反映出邯郸农行系统内部控制存在着严重的问题，但并没有引起河北、邯郸两级农行的重视，促使其全面检查和完善内部控制系统，最终导致震惊全国的金库自盗案件的发生。第五，邯郸的彩票售卖机构在短期内收到大额资金用来发放彩票，但彩票售卖机构却并未觉察异常并将情况上报，这存在着彩票管理机构监察职能的缺失，需要值得反省。

三、思考题

1. 请思考银行实施全面风险管理中面临哪些难题。
2. 请列出堵住上述风险管理中相关漏洞的具体措施。

参考文献

[1] 邯郸农行金库巨款被盗案今宣判，两主犯获死刑。https://www.chinacourt.org/article/detail/2007/08/id/260550.shtml。

[2] 郭长水.邯郸农行金库被盗案揭示的八大漏洞[J].中国内部审计，2008(1):77.

本章小结

1. 商业银行面临的主要风险划分为八大类，即信用风险、市场风险、操作风险、法律风险、流动性风险、国别风险、声誉风险和战略风险。

2. 商业银行全面风险管理是指商业银行围绕总体经营目标，通过在管理的各个环节和经营过程中执行风险管理的基本流程，培育良好的风险管理文化，建立健全全面风险管理体系，对银行所有风险进行统一有效管理，从而实现风险管理总体目标的过程和方法。全面风险管理的最主要特征为风险管理的全面性，体现为对所有风险、表内外所有业务、经营管理的全过程以及所有人员和机构的有效管理，即全风险、全业务、全过程和全员性。

3. 内部控制是商业银行董事会、监事会、高级管理层和全体员工参与，通过制定和实施系统化的制度、流程和方法，实现控制目标的动态过程和机制。内部控制活动中的重点是不相容职务分离控制和授权审批控制。

4. 内部审计是一种独立、客观的监督、评价和咨询活动，是银行业金融机构内部控制的重要组成部分。内部审计通过系统化和规范化的方法，审查评价并改善银行业金融机构经营活动、风险状况、内部控制和公司治理效果，促进银行业金融机构稳健发展。内部审计的特征是独立性和客观性。

5. 集团法人客户信用风险主要来自银行对其授信的业务。商业银行在识别贷款组合时，应更加关注组合内单个贷款之间的相关性，且应更多地关注系统性风险因素的影响。

6. 商业银行信用风险评估和计量方法大致经历了专家判断法、信用评分模型和违约概率模型三个阶段。前两种属于传统的信用风险评估与计量方法，而违约概率模型属于现代信用风险评估与计量方法。

7. 信用风险监控的指标主要有两类，分别是信用水平类指标和信用风险迁徙类指标，分别静态和动态的反映信用风险的变化。信用水平类指标主要包括不良资产率、单一集团客户授信集中度、全部关联度三类指标。风险迁徙类指标包括正常贷款迁徙率和不良贷款迁徙率。

信用风险控制措施包括规避风险、降低风险、缓释风险和承担风险。

8. 操作风险的识别主要有两种方法，分别是自我评估法和因果分析法。操作风险与控制自我评估(RCSA)是国际主流的操作风险评估工具。操作风险与控制自我评估主要评估固有风险、控制措施和剩余风险。操作风险的监测通过关键风险指标(KRI)和操作风险损失数据收集(LDC)进行。

操作风险的控制主要为降低风险、缓释风险、规避风险和承受风险。

9. 流动性风险来源于银行内部因素、外部因素和风险转换因素三个方面。短期流动性风险计量指标包括流动性比率、流动性覆盖率、优质流动性资产充足率和超额备付金率。中长期流动性风险计量指标包括核心负债依存度、流动性缺口率和流动性匹配率、净稳定资金比例。

流动性风险控制措施主要包括资产管理、负债管理、压力测试和应急计划。

本章思维导图

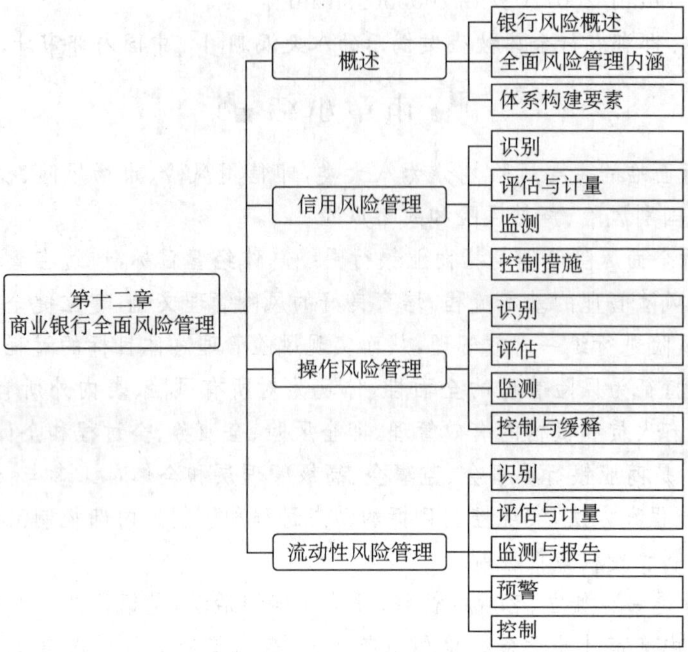

图 12-2 思维导图

思 考 题

1. 风险、收益与损失之间的关系是什么？
2. 银行面临的风险主要有哪些？
3. 简述全面风险管理的定义、原则和管理要素。
4. 全面风险管理的流程是什么？
5. 内部控制的重点是什么？
6. 内部审计的内容是什么？如何保证审计的效果？
7. 简述集团法人客户风险识别的要点。
8. 现代信用风险管理方法的发展脉络和趋势是什么？
9. 如何理解信用风险监测的迁徙指标？
10. 如何正确运用信用风险控制措施来有效管控风险？
11. 操作风险的识别和评估的要点是什么？
12. 短期和中长期流动性风险识别的核心指标是什么？
13. 简述压力测试的概念。
14. 简述应急计划的基本制定要素。

第十三章 商业银行发展趋势

本章学习目标

在信息技术和互联网发展冲击下，商业银行需要摒弃传统思维和经营模式，主动创新，全面适应快速变化的市场，积极建设网络银行、开放银行、智慧银行和物联网银行。学生通过本章学习，应了解商业银行的未来发展趋势；掌握网络银行、智慧银行、开放银行和物联网银行的定义和特征；熟悉新型银行业态的应用场景。

第一节 网络银行

一、网络银行的概述

(一) 网络银行的概念

网络银行是指商业银行利用计算机局域网络、无线和有线通信网络、互联网等现代信息技术向客户提供各类金融产品和服务活动的新型金融业态。它具体包括自助银行、电话银行、移动银行、互联网银行和直销银行等不同形态。

(二) 网络银行的特征

1. 交易的电子化和数字化

网络银行将传统银行所使用的纸质票据和单据进行数字化转换，从而实现了交易的数字化，此外，也实现了电子化和无纸化。同时，网络银行普遍采用数字签名，大大提高了交易的安全性。

2. 业务处理效率高

电子化和数字化交易的广泛使用，改变了商业银行原有的手工处理业务的方式，大大提高了业务处理的速度，缩短了客户办理业务等待的时间，提高了客户的服务满意度，充分体现了以客户为中心的现代银行服务理念。

3. 高度的开放性

网络技术覆盖面广、网络信息传输速度快和信息量大，使客户不论在世界的任何地方，都可以享受到银行的各类服务，不受时空限制和地理位置限制，有效地拓展了银行服务范围。客户只要能够接入银行的服务网络，就能够享受到"任何时间、任何地点、任何方式"的开放式服务，彻底摆脱物理网点地理方位的限制，打破银行"朝九晚五"的营业时间制约，实现全天候不间断服务。

4. 交易成本低

网络银行客户的交易不依赖于客户和业务发生的地点，银行的交易处理也不依赖于员工的人工操作。所有业务进行自动化处理，具有明显的"非人格化"特征。因而，网络银行交易节省了大量的人力成本，提高了业务处理速度同时也降低了单笔业务的营运费用，客户的边际成本不断下降，体现了规模经济的优势。

二、网络银行产生的主要动因

(一) 信息技术的推动

商业银行是信息密集型的经济组织。信息技术推动了银行业与科技深度融合，银行业向科技驱动发展。1946年2月14日，世界上第一台通用电子数字计算机“埃尼阿克”在美国研制成功，标志着全球进入信息化时代。随着计算机从最初的电子管时代，快速发展到20世纪70年代大规模集成电路时代，功耗、体积、价格进一步下降，速度和可靠性不断地提高，软件工程技术此时也开始发展，两者结合后在一些银行开始运用在业务数据输入、输出、审核及账务处理中。20世纪80年代，局域网技术开始兴起，推动银行在内部组建局域服务网络，客户可以通过远程计算机个人终端(PC机)用专线连接上银行专用内部网络办理业务。同时，ATM、POS机等金融自动化技术也开始大范围使用，尤其是20世纪90年代，因特网逐渐成熟，银行开始建设专门的网站，面向客户提供金融服务。

(二) 电子商务的兴起

电子商务的各类交易不能离开电子支付，这极大地带动了网络银行的发展。商业银行作为全社会资金运动和交易的中心，也已经成为电子支付的核心。2005年10月，中国人民银行公布《电子支付指引》，将电子支付界定为单位、个人直接或授权他人通过电子终端发出支付指令，实现货币支付与资金转移的行为。电子支付的类型按照电子支付指令发起方式分为网上支付、电话支付、移动支付、销售点终端交易、自动柜员机交易和其他电子支付。我国电子支付从2005年起快速发展，交易规模持续增加，尤其是以第三方支付为代表的新型支付技术在规模和技术上都领先全球。

(三) 客户需求的变化

客户需求是引领商业银行业务发展和转型的重要推动力。当前，随着互联网的飞速发展，尤其是移动互联网的普及，越来越多的客户成为网民。商业银行不向网络银行转型将会失去客户。同时，客户对银行产品和服务的需求已经发生了转变，对金融产品和服务的便捷性、方便性和个性化的要求越来越高，银行与客户的交互方式也迅速变化。例如，越来越多的客户可以用自己想要的方式、在方便的时间使用自己的钱，客户到银行柜台的必要性锐减。

(四) 银行竞争的需要

在互联网时代，向网络银行转型是商业银行面临的必然选择，否则在同业竞争中将面临客户流失和市场份额丧失的风险。相反地，越早在网络银行建设中先发制人的银行往往能够占据市场先机，获得更多客户认可和更大市场份额。以招商银行为例，该行在1995年6月首次推出集多储种、多币种、多功能服务于一身的电子货币卡“一卡通”，引领了中国银行业从存折时代迈入银行卡时代。

三、我国网络银行发展的历史演进与表现形态

(一) 银行电子化阶段(20世纪80年代至1996年)

20世纪80年代初，伴随着全球信息化推行步伐，我国商业银行信息化建设开始起步，并

在“微机开路，应用先行”的建设模式下，逐步以计算机处理代替手工操作，以银行基层营业网点为单位，开发了单机版的储蓄、对公系统，从而实现了在存款、贷款和汇款等业务领域的微机单点应用，开启了单机电子化银行的先河。随着银行单机电子化的普及，我国进入电子支付时代，非现金支付工具逐渐取代现金并普及应用。20 世纪 80 年代后期，在单机电子化和银行业务发展的双重推动下，商业银行开始逐步从单机网点向同城网络建设实施战略转移，在加快网点电脑化建设的同时，开始有计划地建设微机同城网络，开发了网络版微机系统，开始了银行业务的网络化处理。随之兴起的银行通存通兑系统就是这一时期的典型代表。20 世纪 90 年代末期，我国储蓄业务逐渐在全国实现通存通兑，对公业务、ATM 自助银行也实现了联网运行，我国商业银行逐步建成了以业务、授权和清算三大网络为主体的全国电子化服务网络，实现了汇兑业务从手工联行时代向电子支付结算时代的跨越。之后形成全国电子化服务网络，实现了汇兑业务向电子支付结算时代的跨越，也为网络银行的发展奠定了技术基础。

(二) 银行互联网化阶段(1997 年至 2013 年)

20 世纪 90 年代末期，随着互联网在我国的快速兴起，银行业也开始拥抱互联网。标志性事件就是 1997 年招商银行推出的“一网通”业务，开启了银行互联网化阶段的先河。随后各大商业银行迅速跟上，中国银行、中国建设银行和中国工商银行等也相继推出了各自的网上银行系统。这标志着我国银行业已经迈入了“水泥＋鼠标”的线上线下相融合的全新服务模式。在这一阶段，我国互联网用户规模迅速增长，用户数量从 1999 年的 400 万，发展到 2012 年年底的 5.64 亿。这直接催生了电子商务的快速发展，也拉动了我国银行电子支付业务的发展。2013 年 7 月 2 日，招商银行推出国内首家微信银行，将银行业务与微信 APP 的功能融为一体，大大提高了客户的金融服务体验，推动我国银行业进入移动银行新时代。

(三) 互联网直销银行阶段(2014 年至 2015 年)

2014 年以来，伴随着我国金融监管环境逐渐宽松，一些互联网企业巨头也看到了直销银行的巨大商机，纷纷利用自身的网络优势、客户优势和金融科技优势组建互联网银行。在形态上，互联网银行不设置线下的物理经营网点，普通员工少而科技人员多，以降低营运费用。在经营重点上，主要面向网络客户群体，利用“弱实名制”的监管便利，用影像识别软件比对开户人上传身份证影像和人脸影像、个人预留公安部照片三者一致的做法，来保证客户信息的鉴真性。在风险控制方面，彻底抛弃传统银行的重视抵押物和保证的做法，以大数据和云计算为依托，利用客户的交易信息和行为数据，对客户的信用状况进行评价。我国四家互联网银行基本信息，如表 13-1 所示。

表 13-1　四家互联网银行基本信息　　单位:亿元

	微众银行	网商银行	新网银行	苏宁银行
银行全称	深圳前海微众银行	浙江网商银行	四川新网银行	江苏苏宁银行
开业时间	2015 年 1 月	2015 年 6 月	2016 年 12 月	2017 年 6 月
注册地	广东省深圳市	浙江省杭州市	四川省成都市	江苏省南京市

（续表）

	微众银行	网商银行	新网银行	苏宁银行
主要股东	腾讯、百业源、立业等	蚂蚁金服、复星、万向等	新希望、小米、红旗连锁等	苏宁云商、日出东方等
主要贷款产品	微粒贷、微业贷	网商贷	好人贷	苏宁云贷
总资产（2018年年底）	2 200	959	362	237
净利润（2018年）	24.7	6.7	3.7	0.04

资料来源：Wind 数据库，各银行 2018 年报，国信证券经济研究整理。

（四）互联网交易型银行阶段（2016 年至今）

随着人工智能、大数据等技术在银行业中的应用，一种去中介化和更低成本的交易模式应运而生，这就是互联网交易型银行。互联网交易型银行是通过互联网服务于客户交易的银行。银行在其中不再发挥信用中介职能，而主要作为信息中介，采用完全数字化的方式为个人及企业提供包括投融资、支付结算和风险管理等金融交易服务。成熟的互联网交易型银行具有去信用中介化、交易互联网化、投融资平台化、交易的生态化四大特征。互联网交易型银行生态体系涵盖了银行、交易平台、支付机构、增信机构、投资者、融资者和场景合作方，由五大交易构成：①企业自交易，即由核心企业向价值链上下游提供金融交易服务。②银行投融资平台交易，是指银行作为信息中介提供交易金融服务，打通自有客户的资金与资产。③跨平台交易，即作为信息中介的不同银行客户之间的交易，实现广义的投融资人置换。④债权转让交易，即投资者之间的资产二级转让交易。⑤场外开放平台交易，即将金融交易嵌入交易场景，在更开放的交易生态中实现投融资交易。

从 2012 年起，国内商业银行向互联网交易化转型的实践方面，广发银行、交通银行和浦发银行等已经开始实践，建立交易型银行的思维和模式逐渐成熟。2013 年，交通银行明确提出要由资产持有型向交易型银行转变和从做存量向做流量转变的战略转型思路。2013 年，招商银行强化了与平台之间的合作，与广东网金控股股份有限公司合作搭建的“小企业 E 家”平台，开创了银行的异业联盟模式，在业内起到了巨大的示范效应。还有一些金融机构直接设立交易性的互联网平台来推动转型，如平安控股集团旗下的陆金所资产交易平台和建设银行旗下的善融商务平台等。2016 年，招商银行合并原现金管理部与贸易金融部，成立了国内首个交易银行部。未来的互联网交易型银行逐步向投融资平台和去中介化方式升级，嵌入丰富的多元化应用场景，改变业务组织架构，向综合业务平台升级发展。

第二节 智慧银行

一、智慧银行概述

（一）智慧银行的概念

智慧银行是传统银行、网络银行的高级阶段，是传统银行在智能化趋势的背景下，以客户为中心，重新审视银行和客户的实际需求，并利用人工智能和大数据等新兴技术实现银行服务方式与业务模式的再造和升级。

智慧银行是指银行充分运用先进互联网技术和信息科技成果，深入挖掘和满足客户需求，能够灵活、快速反应地为客户提供全方面金融智能服务模式的新型金融业态。这种智能服务模式以交易处理离柜化、业务流程精简化、产品营销协同化和客户体验人性化为目标，注重业务流程优化创新，借助智能设备组合应用，提供以客户自助办理为基础，银行服务人员协同为辅助，并逐步向泛金融服务拓展的新型服务模式。

（二）智慧银行的特征

1. 高度智能化

高度智能化主要表现在：第一，服务无人化。智慧银行借助人工智能、VR/AR等各类智能设备提供业务服务，银行营业网点内部实现5G网络覆盖，基本均能实现"无人"自助体验。第二，营销智能化。智慧银行的背后是大数据和云计算的支持，能够从客户的场景交易信息中抽象出客户的偏好和交易特点，从而为客户提供更加精细化的服务。第三，风险控制智能化。智慧银行改变了传统的人工为主的风险控制方式，引入大数据主导的新型风险控制体系，风险控制的场景更加多元化和个性化，可以针对不同业务和不同客户群体，实行精准风险管理。同时，智能风控还可以做到实时反欺诈、智能反洗钱以及信贷客户关联关系探查等方面。第四，投顾业务智能化。智慧银行利用云计算等技术，搜集金融市场上所有的金融产品，根据客户的需求，进行有效的整合，为客户提供针对性的自动化的投资咨询建议。第五，银行管理智能化。智慧银行技术在银行的内部管理中全面运用，实现业务运营集约化、内部管理精细化、流程操作自动化，提高了银行经营效率。

2. 运营科技化

随着智慧银行建设需求的不断提高，在信息技术迭代更新加速、用户使用场景更加多元以及客户需求持续变化的背景下，银行已经不满足于传统的科技外包以及与科技公司合作的模式，不断加大科技投入，并探索设立自己独立的金融科技公司，金融科技化属性明显。有关数据显示，中国银行业IT相关投资规模已破千亿元，预计到2022年，中国银行业整体IT市场将超1 500亿元，2018—2022年年均复合增长率将达8%。相应地，预计我国银行业来自数字化渠道收入占银行总收入比，将从2017年的15%跃升到2022年的45%。

3. 服务个性化

服务个性化主要体现在：第一，智慧银行能够敏锐地探知到客户的真实感受和潜在需求。第二，智慧银行运用先进技术手段，能够在获取客户个人静态信息和交易动态信息基础上实现精准化"画像"，推出"千人千面"智能营销模型，实现客户精准营销。第三，智慧银行可以建立包含所有客户各类信息数据的分布式数据库，满足互联网高频、高并发场景需求。第四，智能风控技术能够有效保护客户信息和财产安全，提高客户的忠诚度。第五，智慧银行能够有效优化银行服务流程，提高服务效率，同时，能提供跨时空的、方便快捷的全方位服务，实现敏捷化银行服务。第六，智慧银行能够有效支撑银行打造移动互联网生态场景体系，实现金融服务移动化、线上化、场景化，提高了触客、获客、黏客及活客的能力。

二、智慧银行产生的主要动因

(一) 金融科技的"ABCD"技术的驱动

金融科技的"ABCD"技术，即人工智能(AI)、区块链(Blockchain)、云计算(Cloud Computing)和大数据(Big Data)。这些技术为银行业带来了技术变革及数据收集、处理方式革新的机遇。

人工智能(AI)是研究、开发用于模拟、延伸和扩展人的智能的理论、方法、技术及应用系统的一门新的技术科学。人工智能最重要的特征是 AI in all，将传统金融中按既定规则、经验办事和简单重复性工作完全替代。在 OCR 票据识别、人脸识别和信贷关联关系网络甄别等领域，人工智能技术表现出优异的技术优势。

区块链本质上是一种特殊的分布式账本技术。分布式账本是由网络节点维护、验证、加密以及审核后的共识记录。区块链是一种实现分布式账本的方法，它在分布式账本的基础上还包含了储存信息的"区块"，并通过在原有链条上产生新的区块来验证交易的有效性。基于这种技术架构，区块链以去中心化的方式集体维护一个可信数据库，提供了一种在不可信环境中进行信息与价值传递交换的机制，具有公开透明、安全可靠和开放共识的特点。在金融领域内，区块链技术在加密代币、支付清算、供应链金融、证券和保险等细分领域得到落地应用。例如，在银行业中，基于区块链的跨境支付模式拥有效率更高、成本更低和流动性更强等优势；在大额支付领域，区块链应用主要从理论层面探讨其对大额支付系统带来的效率、透明度、弹性及稳健性等潜在效益。

云计算属于分布式计算的一种方式，是指通过网络"云"将巨大的数据计算处理程序分解成无数个小程序，然后，通过多部服务器组成的系统进行处理和分析这些小程序得到结果并返回给用户。云计算服务已经不单单是一种分布式计算，而是分布式计算、效用计算、负载均衡、并行计算、网络存储、热备份冗杂和虚拟化等计算机技术混合演进并跃升的结果。云计算具备资源高效聚合与分享、多方协同的特点，它将能够整合银行产业链各方参与者所拥有的面向最终客户的各类服务资源，包括产品、网点服务和客户账户信息等，为客户提供更加全面、整合和实时的服务信息，解决客户当前面临的信息不对称困境。

研究机构 Gartner 认为，大数据是需要新处理模式才能具有更强的决策力、洞察发现力和流程优化能力来适应海量、高增长率和多样化的信息资产。大数据具有"5V"的特点，即大量(Volume)、高速(Velocity)、多样(Variety)、低价值密度(Value)和真实性(Veracity)。金融行业数据资源丰富，而且业务发展对数据依赖程度高。大数据技术在金融领域的应用起步早、发展快，已经成为金融行业的基础能力。大数据技术能够支持银行进行数据集成、数据存储、数据计算、数据管理和数据分析等。大数据技术在银行最典型的应用就是可以有效提高银行信贷风险评估的精准度和有效性，提升信贷审批的效率。

(二) 基于 Web2.0 的下一代网络银行推动

互联网技术的发展从早期的 Web1.0 的单向简单信息浏览发展到注重用户信息交互和内容生成的 Web2.0 阶段，并催生了基于 Web2.0 的下一代网络银行。随着互联网 Web2.0 的迅速发展发展，金融市场的变化、竞争对手的压力、客户越来越个性化的需求使得传统的以交易为中心的网络银行已经不能符合银行业务发展的需求。与传统的以银行为中心的网络银行相比，基于 Web2.0 的下一代网络银行是网上金融超市，是以用户为中心的网上营销平台，为终端用户提供良好的客户体验。在 Web2.0 技术的催生下，互联网产生了海量的以内容为主的行为数据和以交易为主的动态数据，这为银行收集客户相关大数据信息提供了便利。同时，在银行内部也积累了大量的历史交易数据。这使得智慧银行的产生具备了大数据分析的基本前提。

(三) 银行市场竞争的倒逼

在互联网金融时代，银行市场竞争不仅仅局限在银行业内部，以阿里巴巴、腾讯等为代表的互联网巨头和电商机构也开始大规模介入各类银行业务。同时，这些机构利用自身的技术优势和客户优势，已经逐渐建立起来共生共荣闭环发展的生态圈层体系。例如，蚂蚁金服作为阿里集团旗下提供金融服务的主要机构，其品牌众多包括支付宝、芝麻信用、蚂蚁聚宝、蚂蚁达克、蚂蚁金融云、网商银行、余额宝、招财宝、蚂蚁花呗、蚂蚁借呗和众安保险共计 11 个线上品牌。此外，蚂蚁金服旗下还有保险代理公司、商业保理公司、小额贷款公司、融资担保公司、基金销售公司和基金管理公司。蚂蚁金服持有第三方支付、基金管理、基金销售、银行和保险等相关的金融牌照。这些非银行金融机构造成银行客户的脱媒，大量存款资金从银行流失，客户也从传统银行转出。

三、智慧银行的国内外实践

智慧银行起源于 IBM 公司提出的智慧网点理念。IBM 公司归纳出了构建智慧银行的四大突破点，分别是业务运营创新与转型、整合的风险管理、新锐的洞察与应变能力以及部署动态的 IT 基础架构。从国内外的实践来看，智慧银行的建设首先从银行的基层营业网点展开，而后逐渐在银行各个领域铺开。智慧银行的建设不仅仅局限于网点的升级改造和自助化升级，更主要的是给整个银行系统带来的革命性的理念和全新的技术更新。2018 年 4 月 20 日，国内首家也是中国农业银行首家自己动手、自己做主的 DIY 智慧银行在重庆解放碑开业。该智慧银行网点突出"以客为尊"和"以客户为中心"的理念，用金融科技、AI 技术、大数据分析重新定义新时代金融服务，真正展示了让客户参与、由客户主导的"未来、科技、互动"全新的"高品质"金融服务。在智慧银行里，客户可以充分体验金融科技带来的变化。通过人脸识别，可享受由大数据和智能 AI 分析量身定制的产品组合推荐；可使用财富计算器，自主选择产品组合；可根据买房、买车、留学等个性需求，以游戏的方式体验丰富的定制场景。

第三节　开 放 银 行

一、开放银行概述

(一) 开放银行的概念

关于开放银行的定义，国内尚未达成一致。在中国互联网金融协会发布的《2019 开放银行发展研究报告》中，将开放银行界定为以用户为中心，以 API、SDK 等技术实现方式为特点，通过双向开放的形式深化银行与第三方机构的业务连接与合作的新型银行业态。这种业态将金融服务能力与客户的生活、生产场景相融合，提升金融资源优化配置和服务效率，实现多方合作共赢。API 是开放应用程序编程接口（Application Programming Interface）的简称，是一组定义、程序及协议的集合，通过 API 接口实现计算机软件之间的相互通信。SDK 是软件开发工具包（Software Development Kit）的简称，一般都是一些软件工程师为特定的软件包、软件框架、硬件平台和操作系统等建立应用软件时的开发工具的集合。开放银行的基本框架，如图 13-1 所示。

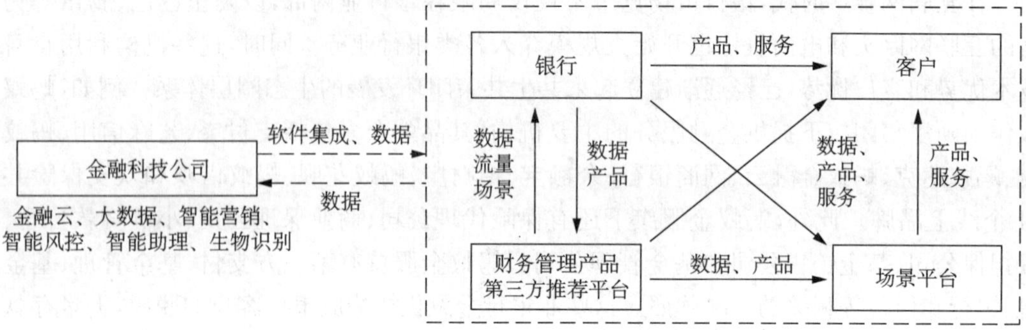

图 13-1　开放银行的基本框架

资料来源：亿欧智库。

（二）开放银行的形态

根据发展程度，开放银行可分为三种形态，分别是银行即服务、开放账户信息和共享收益平台。开放银行的初级形态是银行即服务，是指银行通过 API、SDK 等技术把银行产品和服务打包，无缝衔接到合作方平台和场景中，提供更加高效的服务。开放账户信息是指银行向其他银行和合作方开放银行账户信息，实现客户的共享。共享收益平台是开放银行的高级形态，是指银行与各个合作方共同建立互惠互利的生态服务体系，充分发挥网络效应和范围经营效应，共享合作收益。

（三）开放银行的特征

1. 开放化

开放银行通过 API 或者 SDK 技术开放了银行的客户账户数据和产品及服务的信息后，这些数据和信息可以被第三方平台和其他合作机构获得，有利于进行重新搭配组合，丰富平台的场景内容。开放银行摆脱了服务的地域限制和时间限制，实现产品销售和服务的 24 小时不断线，直接通过网络在线购买产品和服务，实现了全球范围内的金融服务广覆盖。开放银行延长了银行服务时间范围，免去了客户奔波到物理网点的麻烦，使得客户服务获取时间能够更加机动，有利于吸引并留住互联网客群，增强用户黏性，提高客户活跃度。

2. 场景化

以支付宝、微信为代表的场景平台，构建了包括社交、消费、出行、娱乐、旅行和教育等在内的丰富多彩生活场景，吸引并留存线上用户，获得了巨大的流量。相比之下，银行的自身场景应用较少，日活跃用户较低。但是，一旦银行通过 API 或者 SDK 技术接入这些第三方场景平台后，就可以共享场景，并通过提供支付、查询、缴费、贷款、理财和信用卡还款等服务，有机地融入不同场景中，大大拓展了银行产品应用的场景。

3. 平台化

开放银行不是单一技术或业务解决方案，而是一种平台生态的新服务模式，是银行业在数字化转型的新阶段。银行可以通过 API 或 SDK 等技术，以平台化的开放思维，建设自己的开放平台，也可以把银行服务嵌入该行之外的第三方平台。用户通过第三方平台能够无缝使用银行产品和服务，扩大银行和第三方平台服务范围，同时用户体验得到优化，拓宽银行服务边界，实现银行服务升级并创造新的价值。

4. 生态化

开放银行的创新在于，其不是提供独立的服务，而是基于金融科技，形成以商业银行为中心的开放生态系统，实现银行、场景、客户的无缝连接，实现与其他银行业金融机构、金融科技公司和行业企业等合作伙伴共享信息和服务，共同构建开放的泛银行生态系统。这个生态化的系统共有两种形式，一种是银行自建生态系统。银行利用与客户之间的资金循环，基于客户的消费和生产场景，构建相对封闭的价值链条。另一种是银行对接已经成熟的第三方平台，利用其已有的生态系统，将各类银行产品和服务融入其中，建立起优势互补、分工协作和合纵互联的生态网络。

5. 普惠性

开放银行的产品具有门槛低、利率高、覆盖广和选择多的特点。这与普惠金融的理念相匹配。由于开放银行通过互联网和金融科技大幅降低了银行服务的进入门槛，使得大众能够更广泛地获取专业的银行产品和服务。以银行财富管理服务为例，在传统银行模式下，一般的服务起点在 1 万元资金以上，而在开放银行中，这个起点已经降到了 1 分钱。银行不再只关注所谓的高净值资产客户，改变了一直奉行的"二八"经营原则，使得原来难以进入财富管理领域的低净值的"长尾"客户也享受到了同样的服务。

二、开放银行产生的主要动因

(一) 客户需求的变化

客户的期望不断提高、需求越来越多样化和个性化，要求随时随地都能享受到银行全面、直观和无缝隙的体验。近年来，互联网和移动设备的普及改变了大众的消费习惯，数字化成为各行业趋势。这些需求在银行的新客户群体体现得更为明显。新客户年龄的下降与银行互联网化关系密切，互联网场景能够吸引年轻客户的关注。

(二) 银行业外部竞争的加剧

2013 年以来，我国互联网金融蓬勃发展。余额宝、P2P 网络借贷平台和众筹等互联网金融模式迅速成长。这些银行业之外的竞争对手给银行的经营造成了极大威胁，造成银行在负债端和资产端都面临客户流失、存款下降和贷款降低的"脱媒"局面。此外，长期以来，我国银行业务开展依赖于自有场景的构建，以线下网点作为主要服务提供渠道，被动地服务存量客户，没有从根本上解决新客获取难题，而开放银行却使得银行可以借助外部多元化场景，扩大银行客群的覆盖范围，提高客户的活跃度，解决银行流量增加乏力的困境。

(三) API经济模式的推动

API经济是基于应用程序编程接口技术所产生的经济活动的总和。API经济是信息网络化时代产生的一种崭新的经济现象。API作为不同生态成员之间的连接器,在构建生态黏性、缩短生态距离和拓展生态边界等方面发挥重要作用,成为数字生态银行转型的重要抓手。

对于商业银行而言,运用API技术有以下好处:第一,运用此技术,不用修改银行的核心业务系统,保证银行业务连续性和安全性的同时又能增强数据的共享性和拓展性。第二,可以实现分层管理,有助于银行可以控制开放的范围,确保数据安全。

(四) 监管层的政策支持

开放银行是我国"互联网+"战略在银行业的体现。2015年7月,国务院发布的《关于积极推进"互联网+"行动的指导意见》,明确指出金融业是"互联网+"应用的关键领域之一,鼓励各金融机构利用云计算、移动互联网和大数据等技术手段,加快金融产品和服务创新。2016年7月,中国银监会发布的《中国银行业信息科技"十三五"发展规划监管指导意见(征求意见稿)》,鼓励银行建立互联网金融技术平台,在保障安全和合规的基础上逐步开放互联网金融服务接口,并支持银行与其他机构开展跨界合作,积极拓展金融跨境、跨领域和跨行业服务能力,构建互联网金融生态圈,形成联合竞争优势。2019年8月,国务院办公厅发布的《关于促进平台经济规范健康发展的指导意见》,鼓励银行业金融机构基于互联网和大数据等技术手段为平台经济发展提出支持。2019年9月,中国人民银行发布的《金融科技发展规划(2019—2021年)》,支持金融机构借助API、SDK等手段深化跨界合作,将金融业务整合解构和模块封装,支持合作方在不同应用场景中自行组合与应用,借助各行业优质渠道资源打造新型商业范式,实现资源最大化利用,构建开放、合作和共赢的金融服务生态体系。

三、开放银行的建设模式

(一) 自建模式

商业银行资助搭建开放平台,自主构建各种场景,开发技术接口,向合作机构输出创新能力,赋能开放银行生态圈。这种模式适合大型银行,自身的数据资源和技术优势强大,但是建设周期较长,风险也较大。

(二) 合作共建模式

商业银行与金融科技公司共同合作,利用金融科技公司开发的产品或者服务,组建合作项目组,联合设立实验室,共同推进开放银行生态网络建设,以达到开放共赢的效果。根据各家银行公布的信息,百度公司与中国农业银行和浦发银行、腾讯公司与中国建设银行和华夏银行等均建立了联合实验室,推进双方的合作。这种模式多数以中小银行为代表。

(三) 投资模式

商业银行通过股权投资和兼并收购的方式投资金融科技公司,开发开放银行技术和平台。

(四) 联盟模式

一般是大型银行与中小银行或者是中小银行之间建立的联盟性组织,吸收金融科技公司等合作方，共同进行数据交换和技术开发，完善合作平台。这种模式下，中小银行往往自身难以开发金融生态系统平台，多数是依靠大型商业银行的开放生态系统平台进行联合改造，合作探索创新开放生态平台。

四、开放银行的国内外实践

（一）欧美银行业开放银行的实践

开放银行最早出现在欧美。2004 年，PayPal 公司首次推出 PayPal API。这被视为全球金融领域服务开放的先声。银行可以通过 API 接入 PayPal 平台为客户提供服务，实现了金融服务嵌入生活场景，客户无须到银行实体物理网点就可以享受到无处不在的服务。这被视为是银行开放服务的革命性创新。2007 年，欧洲议会和欧盟理事会通过《欧洲支付服务法案》（简称 PSD），目的是建立统一的欧洲支付市场。2013 年 1 月，欧盟委员会对该方案进一步修订，发布支付服务命令方案 PSD2，成为欧盟开放银行的立法基础。2013 年 6 月，英国竞争和市场服务局在欧盟之后推出开放银行计划。同年 8 月，英国财政部牵头成立开放银行工作组，研究开放银行的框架和标准。2016 年 1 月，在欧盟的 PSD2 正式生效不久，英国在 2016 年 3 月率先发布了《开放银行标准》。2018 年 1 月，英国竞争和市场管理局要求汇丰银行等 9 家机构开放数据共享。至此，英国成为全球第一个开放银行落地实施的国家。

开放银行在欧美主要有两种不同形态。一种是大型商业银行自主搭建开放平台，对接外部生态圈。其典型代表有西班牙对外银行和美国花旗银行等。另一种是中小银行与其他机构合作，通过开发 API 接口，融入第三方平台的生态圈，实现资源的共享。其典型代表是德国的 Fidor Bank。

1. 西班牙对外银行

西班牙对外银行成立于 1857 年，是一家全球性金融集团，目前在 35 个国家有业务分布。2015 年，西班牙对外银行确定了数字型发展战略，提出建立 21 世纪全球最佳数字银行的目标，在数字销售、客户体验、分销网络、数字能力、基础设施、组织和文化等维度进行业务的转型。开放银行就是其数字化战略的重要组成部分。2016 年 2 月，西班牙对外银行宣布上线 API 开放平台，从集中式业务模式转向协作式模式转变，为互联网金融创业公司、个人开发者提供关键数据支持和 API 接口调用权限。最初开放的接口包括支付、授权、账户和银行卡等四类接口。2017 年 5 月，西班牙对外银行正式推出 API Market，进一步开放了 8 个大类的接口。任何用户均可以在金融沙盒环境内免费调用，并进行数据和服务的深度开发，完成监管沙盒测试，与西班牙对外银行达成合作意向后，投放市场。截至 2019 年上半年，西班牙对外银行已经在西班牙、墨西哥和美国等国家共计开放 12 类 API 接口，已经成为欧洲开放银行的领导者。

2. 德国的 Fidor Bank

该银行成立于 2009 年，是一家纯在线银行，主要特色是发展社群金融，将银行业务与社交群体联系起来，在线上与客户交流金融信息和讨论金融话题，了解客户的金融需求，改进客户的用户体验。除此之外，该银行通过开放 API 的方式，向企业和其他金融机构输出支付、线上社区运营等能力。在线上贷款创新方面，该银行甚至可以将 Facebook 上粉丝的“点赞”数量作为存贷款业务利率定价的参考，每多获得 2 000 个赞，客户的储蓄存款年利率就会提高 1 个百分点，贷款年利率就会减少 1 个百分点，直到两者分别达到上限和下限的限制。

（二）我国银行业开放银行的实践

虽然开放银行的立法欧美走在全球前列，但实际上开放银行的实践，中国并未落后。2003 年 10 月，淘宝平台推出支付宝，我国各家银行陆续开放 API 接口支持本行客户通过支付宝进行支付，催生了我国移动支付业务的快速发展。2013 年，中国银行正式发布中银开放平台，同时开放了 1 600 个接口，涉及网点查询、汇率牌价查询、移动支付和跨国金融等。2018 年以来，浦发银行明确推出建设 API 银行战略，之后各家银行开始快速跟进。2018 年被称为我国开放银行的发展元年。

1. 中国工商银行的生态开放银行

2018 年 4 月，中国工商银行推出互联网金融服务平台，提供账户管理、资金结算和投资理财等 9 大类 34 种业务的标准化封装输出，合作业务涵盖了政府民生、高校、交通出行、汽车交易和餐饮零售等领域。实际上，这也是该行的开放化转型的体现，目标是向客户提供数字化、智能化和开放化的金融服务，构建开放的智慧银行生态系统。一是将业务架构由内部延展至外部机构，搭建跨界生态平台，形成"全覆盖、全渠道、全领域"的全新生态业务架构。二是打造"核心业务＋开放生态平台"双核心的 IT 架构，建设开源、自主可控的科技生态系统，强化开放业务、场景建设和价值链的对外延伸支撑能力。三是形成"自有平台＋开放平台"融合共生的建设模式，以自有的"三融"平台为开放基石，以 API 开放平台、金融生态云平台为跨界抓手，探索良性互动、优势互补和共赢发展的新生态。

2. 浦发银行的无界开放银行

2018 年 7 月，浦发银行推出 API 无界开放银行平台，将业务与技术、开放与生态、能力与场景形成有机统一体，发布了 37 类超过 300 个服务品种类型，以开放、共享、高效、直达为特征的 API 开放平台为媒介，提供账户类、支付结算类和产品销售等基本金融产品为主和订单管理、权益兑换等增值金融产品为辅的产品体系，涵盖了零售电商和跨境电灯多个场景，与银联、京东、携程和万科等近 130 家合作机构的应用进行对接，将服务能力和创新业务进行输出，形成金融服务无界延伸的新生态系统。

第四节　物联网银行

一、物联网银行概述

（一）物联网银行的概念

广义上，物联网银行是指通过将物联网思维和技术植入传统商业银行中的所有活动的总称。狭义上，物联网银行是指银行业金融机构充分利用物联网思维和技术，有机整合各类场景等经济活动中的信息流、资金流和物流，为客户提供存、贷、汇等金融服务的新型智慧金融组织模式。

（二）物联网银行的特征

1. 智能化

物联网银行通过利用各种信息传感设备和智能计算技术，对用户海量的感知数据和信息进行大数据分析，并进行云计算等处理，实现银行的智能化信贷决策和风险控制，塑造新服务、新产品和新业务模式。

2. 精细化

物联网银行利用射频识别、二维码、传感器等感知、捕获、测量技术随时随地对生产场景和生活场景进行信息采集和获取，对客户的金融需求能够通过真实场景进行无缝精准嵌入，通过精准的用户画像与借款场景，以用户资质、还款能力、还款表现、行为习惯等多维度信息综合判断用户真实金融需求，向客户提供千人千面的个性定制化服务。

3. 普惠化

传统经营模式下，银行信息获取的滞后性明显，且偏重于固定资产的抵押担保，对固定资产偏弱的中小微民营企业的金融服务覆盖率较低。针对中小微企业可抵押固定资产偏少和存货动产丰富等特征，物联网银行可实现对这些企业的真实生产场景进行全流程、多维度和穿透式信息感知，最大限度地降低双方的信息不对称程度，有效缓解中小微企业融资难、融资贵问题。

二、物联网银行产生的主要动因

(一) 物联网技术的发展

物联网让万物通过网络连接在一起，形成物物相联、人物互联和人人互联的“人、物、网”三维立体网络空间。物联网具有的重要特征为：第一，全面感知性，即利用射频识别装置、传感器和二维码等随时随地获取物体的信息。第二，可靠传递性，即通过各种电信网络与互联网的融合，将物体的信息实时准确地传递出去。第三，智能处理，即利用云计算、模糊识别等各种智能计算技术，对海量的数据和信息进行分析和处理，对物体实施智能化的控制。

(二) 客户的需求发生变化

第一，对信息资源要求量更大，信息传递的时效性更强，更加强调互动性。第二，群落特征更加明显，更加相信群体的判断。第三，渴望与外界联系，尤其是社交媒体沟通，更倾向于获得个性化的建议，期望定制化的服务。第四，对技术的使用体验感更强，期望的满意度更高。在这种客户需求引导下，银行也需要改变自身的角色，利用物联网技术进行转型，成为个性化咨询服务的提供者、价值聚合的枢纽以及综合化和便利化服务的接入者。

(三) 有效缓解信息不对称

物联网技术能够帮助银行在收集信息时，通过物联网思维和技术对用户的生产场景、生活场景等信息实现了动态实时获取，拓宽用户信息的收集内容，降低用户信息的收集成本，提高用户信息的收集效率，最大限度地缓解了银行与用户之间的信息不对称程度，实现金融效率的提高和交易成本的降低。

三、物联网银行的典型应用场景

(一) 支付结算

物联网技术在支付结算领域运用改变了传统的支付方式。一些新型的物联网支付技术运用到支付结算领域。例如，物联网将推动感知支付时代的来临，通过感知消费者的周边环境和自身状态，以确保支付者的资金安全、人身安全。而且，还能通过将支付行为与企业运营状态、个人健康、家庭情况的动态变化相关联，动态调整支付额度，控制银行的风险。在消费领域，一些银行开始将移动支付和物联网技术相结合。

（二）理财咨询

物联网银行可以通过实时监控客户财产的变化，根据客户的支出需求，量身定做个性化的理财咨询方案。例如，银行可以为客户筛选更加适合的汽车保险投保方案，利用在客户汽车上的传感器，实施掌握客户汽车的运行状态和客户的驾驶行为特征数据，并通过智能穿戴设备感知客户身体健康状况，综合制定完整的保险方案，还可以根据消费物品的习惯和特征，为客户量身定做服装和配饰，提供特惠优惠购物信息等。土耳其担保银行(Garanti)就推出了一款名为 iGaranti 的移动应用 APP，可以实时为客户发送目标品牌的优惠信息，并制定最佳的省钱策略，最终根据客户的消费习惯和方式确定账户月末余额，提供系统性的理财方案。

（三）动产抵押贷款

利用物联网技术能够有效收集和处理信息，减少信息不对称的特征，银行的贷款授信业务大幅降低了信用风险，获得了越来越广泛的应用。在动产抵押贷款中，银行通过物联网技术、GPS 定位和生物识别等手段，对动产抵押物进行识别、定位、跟踪和监控等系统化、智能化管理，然后进行数据汇总并分析，使银行可以从时间、空间两个维度，全面感知和监督动产存续的状态和发生的变化，对抵押物进行有效风险监控，这种无遗漏环节的监管，将会极大地降低项目风险。2013 年，平安银行就推出了融合动产融资管理和电子仓单质押的“物联网＋供应链金融”业务模式。基于物联网技术，银行可以进一步把普通仓单打造成具备标准属性的“标准单”，这种新型仓单将具备唯一性和排他性特点，商业银行可以通过风险模型、数据分析和评估体系等完成对仓单的市场定价。在此基础上，平安银行再推动仓单在权威机构进行登记注册或认证，提升仓单的信用度，实现仓单高效流通。动产融资未来将形成“仓单交易”模式，银行提供标准化仓单，吸引各种资金参与，可能会延伸出一个全新的基于物联网技术的大宗商品仓单的交易市场。

课程思政案例

总理见证首家互联网银行第一笔贷款

一、思政目标

本案例围绕以金融科技创新为核心的科技报国教育展开，重点让学生理解金融科技在银行经营管理中的重要性，强化学生对金融科技的理解，培养学生科技创新思维，提高学生对金融科技的认知水平。

二、案例内容

2014 年 7 月 25 日，中国第一个互联网银行深圳前海微众银行正式批准筹建。2014 年 12 月获得由深圳银监局颁发的金融许可证，是国内首家开业的民营银行。微众银行借助互联网、移动通信及物联网技术，通过云计算、大数据等方式在线实现为客户提供存款、贷款、支付、结算、汇转、电子票证、电子信用、账户管理、货币互换、投资理财、金融信息等全方位无缝、快捷、安全和高效的金融服务。

2015年1月4日，中共中央政治局常委、国务院总理李克强来到广东省深圳市。在深圳前海微众银行里，李克强总理敲下电脑回车键，卡车司机徐军就拿到了3.5万元贷款，这是微众银行作为国内首家开业的互联网民营银行完成的第一笔放贷业务。该银行既无营业网点，也无营业柜台，更无需财产担保，而是通过人脸识别技术和大数据信用评级发放贷款。同时，李克强总理勉励微众银行要在互联网金融领域闯出一条路子，给普惠金融、小贷公司、小微银行发展提供经验，要降低成本让小微客户切实受益。可以说，这是微众银行迈出的一小步，却是我国金融改革发展的一大步。

中央财经大学银行业研究中心主任郭田勇表示，民营银行是金融系统释放改革红利的重要产物，李克强总理在微众银行成立之初就亲临视察，体现出对目前金融改革方向的充分肯定。目前，针对小微企业和居民的普惠金融领域，传统金融机构的服务能力尚有欠缺，通过设立民营银行，一方面可以在总量上提供更多有效的金融供给，另一方面可以利用创新手段提高金融服务的水平，倒逼传统金融改革。总之，互联网银行在降低交易成本、提升客户体验以及扩大金融业覆盖面上有独特优势，传统银行需要不断创新和改革，跟上金融科技发展的步伐，适应互联网银行发展的大趋势。

三、思考题

1. 互联网银行的优劣势分别是什么？

2. 互联网与银行的融合带来了哪些风险？

参考文献

[1] 总理见证首家互联网银行第一笔贷款，http://www.gov.cn/guowuyuan/2015-01/04/content_2799850.htm。

[2] 专家解读：李克强考察前海微众银行有何深意？http://politics.people.com.cn/n/2015/0104/c1001-26322036.html。

本章小结

1. 网络银行是指商业银行利用计算机局域网络、无线和有线通信网络、互联网等现代信息技术向客户提供各类金融产品和服务活动的新型金融业态。它具体包括自助银行、电话银行、移动银行、互联网银行和直销银行等不同形态。

2. 智慧银行是指银行充分运用先进互联网技术和信息科技成果，深入挖掘和满足客户需求，能够灵活快速地为客户提供全方面金融智能服务模式的新型金融业态。智慧银行具有高度智能化、运营科技化和服务个性化的特征。

3. 开放银行是以用户为中心，以API、SDK等技术实现方式为特点，通过双向开放的形式深化银行与第三方机构的业务连接与合作的新型银行业态。开放银行具有开放化、场景化、平台化、生态化和普惠性的特征。

4. 物联网银行是通过将物联网思维和技术植入传统商业银行中的所有活动的总称。物联网银行具有智能化、精细化和普惠化的特征。目前，物联网技术在银行经营中主要在支付结算、理财咨询和动产抵押贷款等场景中应用。

本章思维导图

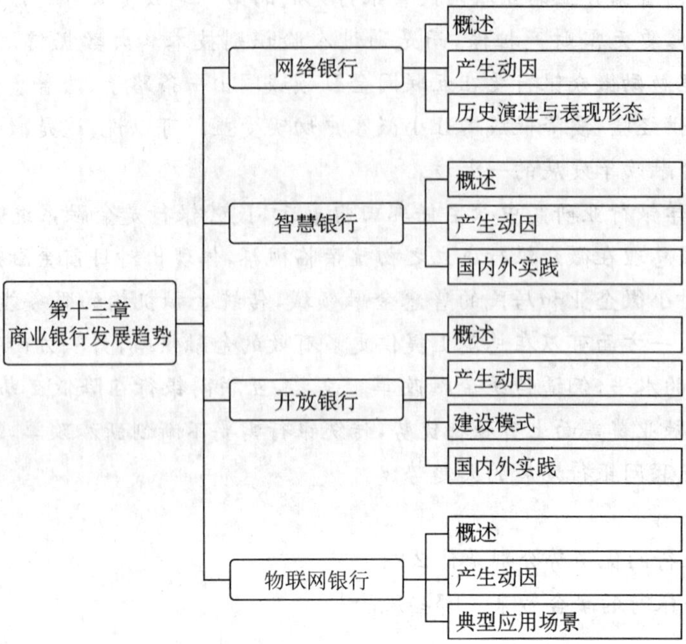

图 13-2　思维导图

思考题

1. 推动银行业务和经营业态创新发展的动力是什么？
2. 如何理解网络银行和传统银行的关系？
3. 金融科技的“ABCD”技术分别是什么？如何推动银行智慧化经营？
4. 开放银行的风险有哪些？如何有效控制？
5. 未来物联网银行的应用场景如何开拓？

参 考 文 献

[1] 戴国强. 商业银行经营学(第五版)[M]. 北京:高等教育出版社,2018.
[2] 庄毓敏. 商业银行业务与经营(第五版)[M]. 北京:中国人民大学出版社,2019.
[3] 彭建刚. 商业银行管理(第五版)[M]. 北京:中国金融出版社,2019.
[4] 鲍静海,马丽华. 商业银行经营与管理(第二版)[M]. 北京:高等教育出版社,2018.
[5] 王向荣. 商业银行经营管理[M]. 上海:格致出版社,上海人民出版社,2015.
[6] 胡修,金发奇,杨大光. 商业银行经营与管理[M]. 武汉:武汉大学出版社,2015.
[7] 李成. 商业银行经营学[M]. 西安:西安交通大学出版社,2016.
[8] 杨米沙. 金融营销[M]. 北京:中国人民大学出版社,2014.
[9] 赵占波. 金融营销学[M]. 北京:北京大学出版社,2014.
[10] 陆剑清,黄溥君笑. 金融营销学精讲[M]. 大连:东北财经大学出版社,2017.
[11] 周浩明,肖紫琼,龚治国. 商业银行经营与管理[M]. 上海:上海交通大学出版社,2014.
[12] 蔡则祥,曹源芳. 商业银行业务经营与管理[M]. 北京:高等教育出版社,2019.
[13] 朱淑珍. 金融风险管理[M]. 北京:北京大学出版社,2019.
[14] 陆静. 商业银行经营管理[M]. 北京:清华大学出版社,北京交通大学出版社,2011.
[15] 约翰·赫尔. 风险管理与金融机构[M]. 北京,机械工业出版社,2018.
[16] 刘肖原,范淑芳. 商业银行经营与管理(第二版)[M]. 北京:中国人民大学出版社,2014.
[17] 王周伟. 风险管理(第 2 版)[M]. 北京,机械工业出版社,2017.
[18] 王周伟. 风险管理计算与分析:软件实现[M]. 北京:机械工业出版社,2016.
[19] 李伟民. 金融大辞典[M]. 哈尔滨:黑龙江人民出版社,2002.
[20] 宋玮. 商业银行管理[M]. 北京:清华大学出版社,2012.
[21] 史建平. 商业银行管理[M]. 北京:北京大学出版社,2011.
[22] 蔡鸣龙. 商业银行信贷管理(第二版)[M]. 厦门:厦门大学出版社,2016.
[23] 张丽华. 商业银行经营学[M]. 济南:山东人民出版社,2014.
[24] 张素琴. 商业银行经营管理[M]. 北京:中国农业大学出版社,2004.
[25] 唐士奇. 现代商业银行经营管理原理与实务[M]. 北京:中国人民大学出版社,2019.
[26] 王梅. 商业银行业务与经营[M]. 北京:中国金融出版社,2014.
[27] 中国银行业协会银行业专业人员职业资格考试办公室. 个人理财[M]. 北京:中国金融出版社,2019.
[28] 中国银行业协会银行业专业人员职业资格考试办公室. 银行业法律法规与综合能力[M]. 北京:中国金融出版社,2019.
[29] 中国银行业协会银行业专业人员职业资格考试办公室. 风险管理[M]. 北京:中国金融出版社,2019.
[30] 方正证券研究所证券研究报告. 表外资产并非荒蛮之地:兼论表外不良率和一个悖论[R],2018 年 9 月.
[31] 方正证券研究所证券研究报告. 银行理财净值化转型进展如何?[R],2018 年 10 月.
[32] 华泰证券研究所证券研究报告. 资管新生态,重塑新格局:资管新规时代各类资管机构的未来展望[R],2019 年 12 月.

[33] 光大证券研究所证券研究报告.解码同业业务的兴衰更替——同业业务风险研究[R],2019年12月.
[34] 兴业证券研究所证券研究报告.同业业务放缓表外业务重塑[R],2017年8月.
[35] 亿欧智库.2019开放银行与金融科技发展研究报告[R],2019年6月.
[36] 韦玲艳.2019中国开放银行发展专题分析(案例篇)[R],易观智库,2019年11月.
[37] 亿欧智库,2019银行业财富管理研究报告:开放银行时代的银行财富管理新思路[R],2019年12月.
[38] 陆岷峰,汪祖刚.关于"物联网+银行"发展战略的研究[J].当代经济管理,2017,39(12):76-82.
[39] 陆岷峰.打造具有物联网基因的现代化商业银行[N].金融时报,2017-09-04.
[40] 吴朝平.API开放银行:金融科技背景下商业银行转型升级的重要方向[J].金融理论与实践,2020(1):67-72.
[41] 费方域,许永国.开放银行是上海金融科技中心建设的关键[J].新金融,2019(6):19-24.
[42] 王卫东.传统银行向智慧银行的转变[J].中国金融,2015(18):79-80.
[43] 王卫东,黄晟,甘绮翠,邱琪铮,崔澈.智慧的银行——推动中国银行业转型与创新[R].IBM商业价值研究院,2009:4-5.
[44] 尹龙.网络银行与电子货币——网络金融理论初探[D].西南财经大学,2002.
[45]丘永萍.银行的演进:中国网络银行发展三十年[J].互联网经济,2017(4):90-95.
[46] 中国民生银行,中国金融认证中心.中国直销银行白皮书[R],2018年1月.
[47] 林玥.我国直销银行运营模式比较及选择研究[D].上海社科院,2019.
[48] 宁小军.互联网交易型银行——未来金融交易变革的趋势[J].银行家,2016(8):113-115.
[49] 宁小军.中国互联网交易型银行的发展之路——探究国内传统银行的转型尝试[J].银行家,2016(9):118-119.
[50] 罗兰贝格分析.互联网交易型银行发展三个阶段[OL],中国经济网,2016-10-19.
[51] 前瞻产业研究院.中国智慧银行深度调研与投资战略规划分析报告[R],2017年5月.
[52] 中国信通院,腾讯研究院.金融区块链研究报告[R],2018年7月.
[53] 中国信息通信研究院.中国金融科技前沿技术发展趋势及应用场景研究[R],2018年1月.
[54] 许子明,田杨锋.云计算的发展历史及其应用[J].信息记录材料,2018,19(8):66-67.
[55] 新零售金融智库.云计算到底能为银行的业务带来什么?[R],2018年1月.
[56] 埃森哲咨询公司.物联网银行[R],2014.
[57] 邵平.物联网金融与银行发展[J].中国金融,2015(18):16-18.